LA EPIDEMIA QUÍMICA

La crisis de salud producida por
la contaminación química cotidiana

Un llamamiento a la acción urgente

Carlos de Prada

Título: La epidemia química
Autor: Carlos de Prada

C/ Moratín 11, 4°, 27B
46002 Valencia
www.edicionesi.com
info@edicionesi.com

Edita: Ediciones i
Imprime: Gráficos S.L.

ISBN: 978-84-96851-58-0
Depósito legal: V-1373-2012
Impreso en España

A las víctimas del envenenamiento del planeta.

A quienes tienen el valor de defenderles.

A la belleza y la pureza del mundo.

A Belén, Clara y Marina. A mi padre, por su altruismo. Al padre de mi padre, médico y naturalista castellano que, como el personaje de Ibsen, padeció represalias oficiales por defender la salud de las personas. A mi madre. A Teresa de Prada. A mis hermanos. A Antonio Herrero.

INTRODUCCIÓN

"La contaminación química es una de las causas principales del crecimiento del cáncer, la infertilidad, las enfermedades congénitas y otros muchos problemas de salud".

Eso es lo que decían los científicos firmantes del denominado "Llamamiento de París" (del que luego hablaremos con más detalle).

Pero, pese a ésa y muchas otras advertencias de la ciencia, la sociedad no está reaccionando. Seguimos, como hace décadas, preocupados sobre todo por las enfermedades causadas por agentes como los microbios. Seguimos sin ser plenamente conscientes de que junto a las enfermedades tradicionales, hace mucho tiempo que comenzó la era de otras nuevas enfermedades, las enfermedades ambientales originadas por factores como los tóxicos químicos:

Cánceres (como los de mama, próstata, páncreas, leucemias...), infertilidad, asma, alergias, abortos, malformaciones, déficit de atención e hiperactividad, enfermedades auto-inmunes, migrañas, endometriosis, Parkinson, diabetes, obesidad, síndrome de fatiga crónica, sensibilidad química, alteraciones tiroideas...

Se trata de todo un conjunto de problemas sanitarios cuya incidencia no para de crecer y en el que, en mayor o menor medida combinados con otros factores, la creciente polución química podría tener un importante papel.

Los científicos no dejan de llamar la atención sobre el hecho de que el aumento, brutal en ocasiones, de la incidencia de algunas de estas enfermedades esté coincidiendo con el 'boom' de la industria química, que ha multiplicado exponencialmente su volumen de actividad, año a año, especialmente desde la Segunda Guerra Mundial.

Nuestro entorno ha sufrido una muy notable transformación de su naturaleza química al haber entrado en escena miles de sustancias sintéticas que con frecuencia, como sugieren centenares de investigaciones realizadas, podrían tener efectos sobre nuestra salud a niveles 'bajos' de concentración, como los que ya tenemos en nuestros cuerpos.

Millones de toneladas de sustancias químicas tóxicas son esparcidas de las más diversas formas. Y alcanzan el organismo humano a través del aire, el agua o la dieta, como sucede, por ejemplo, con los residuos de pesticidas de muchos alimentos o con los metales pesados y otros contaminantes que puede haber en el pescado.

Como veremos en esta obra, para buscar sustancias tóxicas basta con analizar el polvo que inhalamos en cualquier casa normal. Podemos encontrar en él centenares de tóxicos procedentes de pesticidas domésticos, productos de limpieza y aseo, pinturas, tejidos, ambientadores, plásticos, fragancias...

Además de contaminantes más 'clásicos' como el DDT o los PCBs, en nuestros cuerpos podemos encontrar otros que a mucha gente le resultarán sorprendentes, por ejemplo, retardantes de llama. Estos compuestos sintéticos, que aplicamos, entre

LA CIENCIA ALERTA, PERO LA SOCIEDAD NO ESCUCHA EL LLAMAMIENTO DE PARÍS

Hace unos pocos años, un grupo de prestigiosos científicos, suscribieron la llamada Declaración internacional sobre los peligros sanitarios de la contaminación química, más conocida como el Llamamiento de París[1]. El Llamamiento, abanderado por la Asociación para la Investigación Terapéutica Anti-Cancerosa, mostraba gran inquietud ante el deterioro de la situación sanitaria en el mundo y apuntaba que la contaminación química podía haber contribuido de forma muy importante, por ejemplo, al notable incremento que desde 1950 se ha registrado en la incidencia del cáncer en los países industrializados[2].

Pero los científicos del Llamamiento de París, también aludían a otros problemas sanitarios. No podían dejar de hacerlo ante la extensísima cantidad de estudios existentes que asocian la contaminación a aspectos tales como, entre otros, el espectacular incremento de la esterilidad, sobre todo masculina, que se está dando en las zonas industrializadas. Se mostraban alarmados, por ejemplo, por el hecho de que hoy en Europa el 15% de las parejas sean estériles. Habla esta declaración científica de sustancias que son perturbadoras del equilibrio hormonal, cancerígenas, mutágenas, tóxicas para la reproducción, esterilizantes, causantes de malformaciones congénitas, alergénicas, que inducen enfermedades respiratorias como el asma (que hoy afecta a uno de cada siete niños europeos), que son "neurotóxicas, induciendo enfermedades degenerativas del sistema nervioso en los adultos y una bajada del cociente intelectual en los niños", o que son "inmunotóxicas, induciendo déficits inmunitarios en particular en los niños, y que estos déficits inmunitarios son generadores de infecciones, en particular víricas".

No ha de extrañar pues que los firmantes del Llamamiento de París afirmasen que "la contaminación química bajo todas sus formas se ha convertido en una de las plagas humanas actuales" que nos llena de enfermedades "que la medicina moderna no consigue detener" y que constituye una amenaza grave "para la supervivencia del hombre". Que "estando en peligro nuestra salud, la de nuestros hijos y la de las generaciones futuras, es la especie humana la que está en peligro".

Eso es, querido lector, lo que nos dicen estos y otros centenares de científicos más, a lo largo y ancho del mundo. En este libro recogeremos algunas de sus investigaciones. Puedes, si así lo juzgas oportuno, desoírles. Pero, honradamente, es probable que no sea eso lo que nos dicte el sentido común.

No debe caer en saco roto la sugerente comparación que hacen los científicos que suscriben el Llamamiento, basándose en otra declaración científica anterior, la Declaración de Wingspread, de 1991[3]. En esa otra declaración, un conjunto de investigadores estadounidenses atribuían la desaparición de diversas poblaciones de especies animales a enfermedades causadas por la contaminación. No se les pasaba por alto que esas enfermedades que habían hecho desaparecer poblaciones animales tenían un inquietante paralelismo con las enfermedades que se estaban observando en la especie humana. Es evidente lo que nos quieren decir con ello.

UN HECHO INCONTESTABLE, NUESTROS CUERPOS ESTÁN CARGADOS DE TÓXICOS PELIGROSOS

El 24 de junio de 2004 la por entonces Ministra de Medio Ambiente española, doña Cristina Narbona se prestaba a una prueba singular. Un equipo de científicos le estaba extrayendo un poco de su sangre. No era uno de tantos análisis de sangre que miden una serie de parámetros de rutina.

Lo que se buscaba no era saber el nivel de azúcar en sangre o la cantidad de glóbulos rojos. No. El tipo de análisis que se le iba a realizar medía algo que, desafortunadamente hasta ahora, se mide pocas veces en la sangre de los españoles.

Lo que se buscaba en su sangre eran, en concreto, 103 sustancias químicas pertenecientes a siete grupos de contaminantes reconocidos. Eran sustancias que, de manera natural nadie debía llevar en su sangre, sin embargo se encontraron en ella. Había algunos compuestos perfluorados, que debían estar a lo mejor en una sartén antiadherente, pero no en la sangre de una Ministra. También encontraron sustancias retardantes de llama que teóricamente debían estar en la carcasa de un ordenador, pero no corriendo por las venas de nadie. Asimismo, se vieron determinados pesticidas organoclorados que no fueron fabricados con la idea de llegar al cuerpo de Cristina Narbona, sino para matar plagas, y PCBs (policlorobifenilos) que fueron fabricados para estar en un transformador eléctrico y no para aparecer en una analítica sanguínea. Otras sustancias encontradas en estos análisis fueron los ftalatos, sustancias que deberían estar dentro de un plástico, para hacerlo blando, pero que tampoco debían estar dentro de organismo humano alguno. Y todavía se vieron otras, como los almizcles sintéticos, hechos para engañar a nuestro olfato con un olor a perfume, y que deberían estar dentro, por ejemplo, de un detergente o un producto de la limpieza o un champú, pero nunca integrar parte de la química de un ser vivo.

Nuestra Ministra tenía cuarenta y tres de esas sustancias que nadie debería tener. Decenas de sustancias que, entre otras cosas, pueden actuar dentro de su cuerpo alterando el equilibrio de su sistema hormonal. Pero obviamente no era sólo aquella Ministra quien tenía ese problema.

El mismo análisis, que se integraba dentro de la campaña Detox de WWF, se realizó a muchas personas de diecisiete países; decenas de ministros, eurodiputados y otros ciudadanos. Las muestras de sangre se enviaron a prestigiosos centros de análisis. Y se vio que en aquellas muestras de sangre había 76 productos tóxicos, muchos de ellos persistentes y bioacumulativos. Cada persona tenía una media de 41 compuestos.

Y es importante hacer notar que, evidentemente, ese resultado no implicaba que esas decenas de sustancias tóxicas fuesen las únicas que había en la sangre de esas personas. Implicaba sólo que de las 103 sustancias buscadas eran ésas las que se habían encontrado. Muestra de ello es que cuando, por ejemplo, el Environmental Working Group de EE.UU. buscó 210, encontró 167 productos químicos en la sangre y orina de las personas que analizó, con una media de 91 sustancias por persona[4]. Y lo mismo puede verse repasando datos como los obtenidos por los Centros para el Control y Prevención de Enfermedades (CDC), de ese mismo país[5].

En resumen, es un hecho objetivo que tenemos en nuestros cuerpos un cóctel de centenares de sustancias químicas tóxicas. Como es un hecho objetivo, que analiza-

¿CÓMO Y DESDE DÓNDE NOS LLEGAN LOS VENENOS?

Vamos a ver de forma muy clara y sencilla de qué forma nuestros cuerpos han acabado atiborrados de tóxicos que pueden causarnos problemas diversos; desde una alergia a un cáncer, pasando por otros muchos.

Para hacerlo, primero veremos cómo la contaminación química ambiental puede alcanzarnos, por ejemplo, a través de la comida, y luego veremos otras posibilidades que tienen relación, por ejemplo, con infinidad de productos con los que convivimos cotidianamente en el hogar.

Tras lo que vamos a ver tendremos claro cuán omnipresentes son estos tóxicos en nuestra vida, aunque muchas personas no sean debidamente conscientes de ello. Y todo lo anterior servirá luego para que entendamos más claramente por qué es muy probable que muchas de las lacras de salud que afectan a nuestra sociedad puedan tener que ver con todo esto.

SOMOS 'ASPIRADORAS' DE CONTAMINANTES

En ciertos ámbitos existe la creencia de que puede contaminarse indefinidamente porque, al fin y al cabo, los millones de toneladas de sustancias tóxicas que generamos y vertemos al medio ambiente acaban 'diluyéndose' en la vastedad de la atmósfera, las aguas o los suelos planetarios, que al hacerlo, sus concentraciones acaban siendo tan bajas que no pueden dañarnos. Ojalá fuese cierto. Lamentablemente, no lo es.

La realidad es otra. La realidad es que -como sabe cualquier persona con unos conocimientos básicos de ecología-, por una serie de circunstancias muchos de esos contaminantes, lejos de dispersarse, acaban concentrándose. Es precisamente en los seres vivos, especialmente los seres humanos, donde se concentran de forma muy singular.

Es una obviedad que los seres vivos forman una unidad indisoluble con el medio en el que se encuentran. El agua que tenemos en nuestros cuerpos es la misma que antes corrió por los ríos. El aire de nuestros pulmones es el que nos rodea. Los nutrientes que constituyen nuestro cuerpo proceden de los vegetales y animales.

A través de las cadenas alimentarias un contaminante que se encuentre, por ejemplo, en el sedimento de un río, puede acabar siendo absorbido por seres microscópicos. Estos seres serán ingeridos por otros algo mayores y estos, a su vez, por otros aún más grandes. De hecho, los seres vivos son, demasiadas veces, como verdaderos imanes que van recopilando los contaminantes que hay dispersos por el entorno, concentrándolos en sus cuerpos.

Una de las más claras evidencias de todo esto es que, precisamente, uno de los sistemas que se emplean para descontaminar suelos contaminados, absorbiendo las sustancias tóxicas de ellos, sea usar algunas especies de microorganismos, plantas u hongos que se sabe que los capturan.

Pero en realidad, la 'biorremediación' no la hacen sólo estas especies que singularmente vemos que sirven para eso. Todos los seres vivos estamos absorbiendo la contaminación química o radiactiva de nuestro entorno. Es como si nuestros cuerpos fuesen las 'depuradoras' o 'filtros' de la contaminación química ambiental. Lamentablemente, actuar como tales tiene un precio, especialmente cuando lo que tiene que depurarse es algo para lo que los sistemas vivos no estaban diseñados.

La contaminación industrial humana ha hecho que una serie de sustancias tóxicas naturales que antes estaban confinadas dentro de minerales estén ahora diseminadas en mucha mayor cantidad por el entorno en una forma que los técnicos llaman 'bio-disponible' (es decir, pudiendo contaminar las formas de vida). Es el caso de algunos metales pesados como el mercurio o el plomo, por ejemplo.

Además, y ello es si cabe aún más preocupante, la inventiva humana ha diseñado decenas de miles de sustancias químicas que no existían en la Naturaleza. Muchas de ellas han sido producidas y liberadas en órdenes de millones de toneladas y son, igualmente, bio-disponibles. Especial preocupación revisten aquellas que son enormemente persistentes en el medio, resistiéndose durante décadas y décadas a su degradación y que, además, tienden a acumularse en los seres vivos.

Para comprender bien lo que sucede debemos entender que nuestro planeta es un planeta viviente. No hay una nítida separación entre sus componentes vivos y los no vivos. Y ello es especialmente claro en la delgada capa viva de nuestro planeta en la que vivimos: la Biosfera.

Cuando vertemos algo en el agua o en el suelo, por ejemplo, no lo estamos haciendo en el agua o en el suelo, entendidos estos como si sólo fuesen entes minerales, sino en toda la compleja trama viviente que hay en esa agua o en ese suelo, o que dependen o se ven ligados a ellos.

No estamos vertiendo sustancias en un medio inerte, sino en unos ecosistemas vivos que son, de hecho, organismos. Estamos vertiendo contaminantes dentro de los seres vivos. Algunos de estos contaminantes pueden además tender a acumularse singularmente y a persistir mucho tiempo dentro de los organismos. Y, cuando ello sucede, suele iniciarse otro preocupante fenómeno que es, precisamente, uno de los principales problemas de las sustancias químicas contaminantes: el de la biomagnificación.

¿Qué es la bio-magnificación? Pues, explicándolo de modo muy sencillo, el proceso por el cual la concentración de contaminantes va creciendo dentro de los seres vivos a medida que estos ocupan un escalón más alto en la cadena alimentaria.

Pongamos que en las aguas de un lago hay una concentración determinada de un contaminante. En pequeñas algas microscópicas de esa masa de agua que van absorbiendo esos contaminantes como si fuese cualquier otra cosa más de su entorno la concentración puede ser ya centenares de veces superior. Y mucho mayor será en los pequeños animalillos filtradores que integran el zooplancton. La concentración puede ser decenas de miles de veces superior en los pequeños invertebrados que se alimentan de ese zooplancton y fitoplancton. Y en los pequeños peces que se alimentan de estos invertebrados, estaremos ya en concentraciones cientos de miles mayores. Ahora, por el concepto del pez grande que se come al chico, sigamos subiendo por la cadena hasta llegar a los grandes peces superdepredadores: el resul-

como el mercurio o el plomo, no estaban antes diseminadas por la tierra en las proporciones y del modo que hoy lo están. Todo ese caldo de nuevas sustancias, tras combinarse entre sí y con las de la Biosfera, puede haber dado lugar a millones de nuevas sustancias. Estamos, pues, ante la introducción de un cambio de una entidad muy notable en la química que, en el fondo, sustenta la vida sobre la Tierra.

No se sospechó debidamente lo que podía suceder cuando esas sustancias entraran en contacto con las que preexistían, en especial con aquellas que integraban la trama de la vida. Es como esa persona que, ya desde antes de tener un hijo, está soñando cómo quiere que este sea. Y luego, cuando ese hijo crece, acaba haciendo todo lo contrario de lo que su padre quería. Su padre, por ejemplo, acaso hubiera querido que tuviese unas compañías y luego resulta que el hijo acaba buscando otras.

Del mismo modo, muchos químicos crearon miles de sustancias para que éstas tuvieran únicamente la compañía de un motor, o de un plástico, o para que sólo matasen a un insecto... Y luego resultó que esas sustancias de las que eran 'padres' se lanzaron a 'conocer mundo' y acabaron integrándose, quién iba a sospecharlo, en los organismos vivos, incluidas las personas.

Tenemos un ejemplo paralelo en lo que sucedió con los famosos CFCs (clorofluorocarbonos) y el agujero de la capa de ozono. ¿Quién iba a decirle al químico que los diseñó que acabaría sucediendo lo que pasó? ¿Quién iba a decirle a la señora que usaba aquel espray de laca para su pelo que estaba ayudando a acabar con algo tan vasto y remoto como la capa de ozono de la estratosfera que protege al planeta del exceso de radiación ultravioleta? Pues aquello tan impensable sucedió. Las moléculas de CFCs eran capaces de viajar a la estratosfera y destruir en ella grandes cantidades de ozono. Y se abrió un agujero de millones de kilómetros cuadrados que veremos cuando se cierra, mientras llevamos años asistiendo a un incremento en los casos de melanomas y otros problemas derivados del exceso de radiación solar.

Algo parecido, aunque en otro ámbito, está sucediendo con otras muchas sustancias químicas sintéticas que usamos cotidianamente, como si no pasara nada. Muchas de ellas, además de aquellos fines para los cuales fueron creados, han acabado teniendo otros no buscados. Es como si, hablando literariamente, hubieran cobrado 'vida propia' y se hubieran marcado sus propios objetivos, entre ellos, el de mezclarse de forma particularmente insidiosa con las sustancias que formaban parte de los seres vivos. Y los efectos de esto pueden estar dejando pequeño lo del agujero en la capa de ozono. Porque el 'agujero' que están abriendo es ahora en otra capa que envuelve a nuestro planeta y que nos atañe aún de forma más directa, ya que formamos parte integrante de ella: la Biosfera. No se trata ahora de la destrucción de unas moléculas de ozono, sino de la destrucción del equilibrio químico de la vida sobre la Tierra. Es un 'agujero' de enfermedad y muerte.

Los seres vivos no estaban preparados para esto. No estaban preparados para tal invasión de una química sintética, una especie de química alienígena, o lo que es lo mismo, ajena, que no había existido desde que la vida era vida. Y mucho menos para una química sintética introducida a tal escala, tanto en cuanto al número de nuevos compuestos, cada uno 'de su padre y de su madre', como en cuanto a las enormes cantidades en que muchos de ellos eran producidos.

Hasta ese momento sólo existía un 'laboratorio' que generaba sustancias: la Naturaleza. Y la capacidad innovadora de ese 'laboratorio', como ya se ha dicho, seguía unas reglas más o menos estables. Los seres vivos estaban acostumbrados a eso. No había precedentes de que en tan poco tiempo se generasen tantas sustancias y, mucho menos, que las sustancias se generasen en un laboratorio ajeno a la Naturaleza y con unos criterios ajenos a los de la Naturaleza. Eran sustancias, por tanto, frecuentemente, muy distintas a las naturales. Incluso peor, cuando eran siniestramente parecidas a las naturales, podían inducir a la comisión de graves errores en la química de los seres vivos. Y eso es lo que ha sucedido en muchas ocasiones, por ejemplo, con muchísimas sustancias sintéticas que son lo suficientemente parecidas a las hormonas naturales como para interferir los sistemas de señales químicas que presiden importantes acontecimientos de la vida de nuestros cuerpos ya desde la misma concepción.

Todo un aluvión de química ajena a la vida entró y continúa entrando bruscamente en el seno de la química viviente. Y precisamente este entrar de sopetón, en tan poco tiempo y en tal número de sustancias, es lo que hace que se esté superando la capacidad de adaptación de los seres vivos.

No es que la 'guerra química' fuese algo desconocido en la Naturaleza. Gracias a ella existe, por ejemplo, la penicilina que las levaduras producían contra las bacterias. Pero estos cambios químicos naturales se daban a una escala y ritmo determinados, frecuentemente a niveles locales y a lo largo de muchas generaciones. Los cambios que se están introduciendo ahora son semejantes a una auténtica explosión, por su rapidez y extensión global. Para entenderlo en terminología bélica, es como si los sistemas naturales se comportaran como un ejército de la antigüedad, con sus mismos parámetros, con sus mismas estrategias y armamentos, y tuvieran que enfrentarse a un ejército moderno, provisto de reactores y misiles balísticos con cabezas nucleares.

Para percatarnos de la complejidad del ataque al que estamos aludiendo, baste decir que las sustancias a las que nos referimos pertenecen a centenares de grupos diferentes y que tan solo uno de ellos puede tener miles de variantes. Es un ataque sorpresa, a gran escala y a todos los niveles. ¿Cabe esperar que la vida pueda adaptarse a tal invasión repentina?

La cruda verdad es que, queriéndolo o no, estamos inmersos en un experimento químico de proporciones planetarias en el que nosotros mismos, con el resto de las especies, somos los cobayas.

Los países occidentales hemos centrado una buena parte de nuestro desarrollo en la tecnología. Podría decirse que hemos creado una capa de tecnología, cada vez más gruesa, que nos envuelve cotidianamente y que cubre también parte de la superficie de la Tierra. Podemos llamar Tecnosfera a esa capa que, por primera vez de forma tan contundente desde los albores de la evolución, se ha extendido sobre el planeta. La Tecnosfera, como hemos dicho, tiene su propia química. Una química que ha sido producida a gran escala y que es esencialmente diferente a la de los sistemas vivos.

Si ambas químicas fuesen estancas, es decir, si pudiese funcionar cada una por su lado sin relacionarse entre sí, probablemente no habría habido ningún problema. Lo que sucede es que tal estanqueidad no existe. En nuestro planeta todo, para bien o para mal, acaba interaccionando. Era inevitable que la química de la Tecnosfera y la química de la Biosfera acabasen mezclándose y, por lo que hemos visto, entrando en conflicto. A la vez que crece el tamaño de la Tecnosfera, y con ello la cantidad de

La pregunta que cualquier hombre o mujer de la calle puede hacerse es, obviamente, ¿cómo tenemos en nuestras casas tal problema de contaminación química que muchos creen que sería algo más típico de encontrar junto a un conglomerado de industrias químicas? Y la respuesta es bien sencilla: esas industrias no sólo pueden verter tóxicos a la atmósfera o los ríos, sino, ante todo, en los productos que fabrican y que ponen a la venta. Muchas materias primas son, de cabo a rabo, y por mucho que se autorice su uso, tóxicas. Y muchos productos finales también lo son o las portan. Da igual que sean plásticos, tejidos, muebles, productos de la limpieza, pinturas, juguetes... el caso es que, al final, acaban en casa. Y esas sustancias, con mayor o menor intensidad, acaban siendo liberadas en su interior, aunque muchas veces no lo percibamos.

Es algo tan sencillo como comprar un sofá, unas cortinas, una alfombra, un televisor, un ordenador, unos cables... Todas estas y muchas más cosas pueden haber sido impregnadas, y de hecho suelen serlo, con uno de los grupos de sustancias tóxicas más preocupantes: los retardantes de llama con bromo. Pequeñas cantidades de esos retardantes de llama acabarán siendo liberadas y terminarán en el aire, desde donde pasarán a nuestros pulmones, y, desde ellos, a nuestra sangre.

En lugares del mundo como California, donde unas normas de incendios especialmente exigentes hacen que se usen cantidades muy altas de estas sustancias, los halcones peregrinos, que obviamente no viven en casas amuebladas, sino muy lejos de ellas, tienen concentraciones muy altas de estas sustancias. Pero es que hasta los osos polares del Ártico tienen estas sustancias en sus tejidos. Imagínense una persona que está directamente junto a los productos impregnados.

Un día, a lo mejor, compramos una sartén antiadherente, un abrigo o unas botas con cierto tratamiento de impermeabilización o incluso anti-manchas... Y al hacerlo, estaremos añadiendo a lo mejor otro grupo de sustancias preocupantes al polvo que luego respiraremos en casa: los compuestos perfluorados.

Y así pasa con, uno tras otro, todos los grupos de sustancias tóxicas preocupantes. Algunos de estos grupos sólo están en unos pocos productos, otros, por el contrario, están en una gran cantidad de ellos.

Adquirimos un perfume, un producto de limpieza, una crema corporal, o revestimos el suelo con PVC, o compramos un juguete de plástico blando... y así podemos hacer entrar en casa otro de los grupos de sustancias más preocupantes: los ftalatos[23]. Algunas de estas sustancias están vinculadas a tantos problemas sanitarios por innumerables estudios realizados que sería interminable referirlos.

Productos de aseo personal, detergentes, productos de limpieza... harán entrar a nuestra casa otro grupo: los alquilfenoles, entre los cuales hay famosos alteradores de nuestro equilibrio hormonal. El nonilfenol, uno de los más tristemente célebres, puede haber venido en un limpiador, en una pintura, en la ropa o en un juguete.

Un detergente o un ambientador, por ejemplo, pueden meter en casa también los almizcles sintéticos, uno de los grupos de contaminantes que más preocupan hoy en día.

El bisfenol A, una de las auténticas 'estrellas' en el ámbito de los tóxicos, puede entrar en casa de mil formas distintas, desde en las resinas epoxi que se emplearon en pinturas, revestimientos de suelos, adhesivos de materiales... hasta en el plástico policarbonato del ordenador, los CDs, DVDs... Sin olvidar, por supuesto, que el problema no será sólo el bisfenol A que podamos respirar, sino que se sumará al que ya tendremos en nuestro organismo por haber comido de un lata revestida con una película de resina epoxi en su interior, o haber bebido de una botella que libere la sustancia, o, quien sabe, porque la tubería que trae el agua potable a casa lo tiene en su revestimiento interior.

Nosotros mismos habremos diseminado por la casa otros tóxicos, al esparcir por ella, por ejemplo, un pesticida doméstico, con piretroides. Pero también puede ser que haya entrado sin que queramos ya que muchas veces, objetos como una moqueta o un tejido vienen tratados con estas sustancias de fábrica para prevenir ácaros y demás.

Y así podríamos seguir, uno tras otro, con todos los grupos de sustancias tóxicas y con todas las formas a través de las cuales han llegado a nuestras casas[24]. Pero basta con lo dicho para ilustrar cuál es la situación y abrir los ojos, pues a pesar de ser una de las principales vías por la que llegan contaminantes peligrosos a nuestros cuerpos, no hay la debida conciencia.

Los sistemas tóxicos de producción implican formas tóxicas de vivir. Y la conciencia de ello es importante para presionar a las autoridades y a las empresas a fin de que corrijan las situaciones que lo hacen posible. Esa presión puede ejercerse de diversas maneras. Una de ellas es la de forzar cambios legislativos, controles, ejecución de planes... que hagan que no se produzcan y vendan cosas que contengan una serie de compuestos. Otra, no menos importante, es la variación de hábitos de consumo por parte de los ciudadanos, ya que hay a la venta alternativas sin tóxicos o con mucha menor toxicidad para prácticamente todas las cosas que hemos citado y muchas más[25].

Edificios enfermos

Un europeo típico pasa en ambientes cerrados en torno a entre un 85% y un 95% de su vida, a menudo en edificios mal ventilados, y no pocas veces prácticamente herméticos, que propician la acumulación en las atmósferas interiores de toda una serie de elementos perjudiciales, tales como los compuestos volátiles[26]. Desde los materiales de construcción y decoración, muebles, tejidos... a toda serie de productos empleados en los más diversos usos, al final es un hecho que se produce una importante acumulación de factores físicos y químicos negativos[27] que pueden tener serias consecuencias sanitarias[28].

Cuando más de un 20% de los ocupantes del edificio se queja de una serie de síntomas, se considera que estamos ante un edificio que padece el Síndrome del Edificio Enfermo, algo que, según la Organización Mundial de la Salud afectaría nada menos que al 30% de los edificios de oficinas[29]. Es, por tanto, algo que afecta a un gran número de personas.

Entre los muchos factores que pueden incidir se citan la deficiente ventilación, la construcción ligera y poco costosa, el que muchas superficies estén cubiertas de materiales textiles como las moquetas, las sustancias emanadas desde adhesivos, pinturas o barnices aplicados a los

tipo, así como los síntomas. Era algo que estaba pasando en toda Europa con objetos tales como calzado, sofás y prendas de vestir.

El pánico se apoderó de ella. Llevó las botas a analizar por si la causa pudiese estar en algún componente químico que tuviesen en su interior. Los resultados mostraron que esas botas tenían sustancias como el dimetilfumarato (aparte de bencenos, toluenos, ciclohexanonas...). Se trata de sustancias peligrosas para la salud, sobre todo en las cantidades en que algunas de ellas estaban presentes en el calzado.

En cierta manera sintió alivio. Había al menos identificado las sustancias que le habían hecho tanto daño. Pero eso no cambiaba el daño recibido. Tres años después Margarita sigue con los efectos secundarios de aquella fuerte exposición a esos tóxicos, efectos que es probable que le acompañen mucho tiempo. Sigue con lesiones en los pies que no acaban de curar, con dolores musculares, con sensación de piernas inquietas, con grietas muy dolorosas que llegan a sangrar. Margarita, como otros afectados en España por la misma causa, se repiten: "No somos los mismos desde que el dimetilfumarato entró en nuestras vidas".

La exposición al dimetilfumarato ha desencadenado además en ella un proceso de sensibilización química. "Ahora noto la presencia de sustancias químicas en ropa, muebles, productos de limpieza y artículos varios. Antes esto no me sucedía. Tuve un cuadro respiratorio importante después de planchar un pijama nuevo de mi hijo. El vapor que desprende la plancha me irritó de tal forma que termine vomitando y con una sensación de ahogo muy fuerte". "¿Quién va a creer que te has puesto mala por planchar una prenda?", se preguntaba. Sin embargo, es un hecho objetivo que, como comenta, "resulta que muchas prendas están notificadas en el sistema de alertas por contener sustancias muy peligrosas para la salud e incluso algunas de ellas son cancerígenas".

Para Margarita, después de aquella compra que hizo hace unos años en Valladolid, ir de compras es una experiencia muy diferente. No es raro que tenga que salir de una tienda con irritación en el aparato respiratorio y en la tráquea y una tos persistente. Y cosas como que su marido estrene una cazadora, por las emanaciones químicas de la prenda, le hacen pasar malos ratos. Su sensibilidad ante las más diversas sustancias químicas tóxicas se ha exacerbado extraordinariamente, de modo que aún a niveles muy bajos su organismo reacciona. Y teniendo en cuenta la profusa utilización de este tipo de sustancias en tantos productos, cabe imaginar su problema.

El dimetilfumarato que inició el problema de Margarita, hoy responsable de una asociación que denuncia el tema (Andafed), es causa de la que se ha popularizado con el nombre de 'alergia del sofá' o de los zapatos[31]. Es algo que ha afectado a centenares de personas en España y en otros países (Francia, Finlandia, Polonia, Reino Unido, Italia...).

Es una sustancia que ha estado presente en determinadas bolsitas que acompañan a ciertos productos comercializados. Dichas bolsitas debieran contener simplemente un desecante (silica gel) pero en ocasiones, estas bolsas contenían este fungicida, muy tóxico y sensibilizante, que puede causar lesiones en la piel entre otros desarreglos. Entre los efectos atribuidos a esta sustancia se citan picor, enrojecimiento, quemaduras, eczema, lesiones oculares o articulares, dolores musculares, trastornos respiratorios, e incluso hipersensibilidad (manifestada al oler la sustancia). Con el agravante de que muchos médicos no saben bien como tratar los problemas causados.

Aunque se ha denunciado que hay que recelar especialmente de ciertas bolsitas en las que se leía 'mould proof', también se ha alertado de algunas donde sólo decía 'silica gel' y se ha requerido que se hagan más análisis.

El problema se dio fundamentalmente con productos importados de China, lo que no quiere decir que sólo en establecimientos regentados por personas de esta nacionalidad puedan haber llegado los productos, ya que diversas marcas de muchos países importan productos de China.

Las primeras alertas en España sonaron en 2007. El tema ocasionó la retirada de decenas de miles de pares de zapatos del mercado y la adopción de otras medidas. Sin embargo, las asociaciones de afectados, como Andafed, denunciaron las insuficiencias en los sistemas de alerta e información a la población bastante tiempo después de iniciarse el problema. Análisis realizados por encargo de estas asociaciones encontraron la sustancia en un tercio de las bolsitas que recogieron en diferentes productos de diversos comercios[32].

El ejemplo del dimetilfumarato es inmejorable para ver cómo los objetos que compramos en los comercios pueden contener sustancias que dañen nuestra salud. Lo malo es que por graves que sean las consecuencias que pueda tener el dimetilfumarato, al menos son más fácilmente visibles o identificables, acaso por la agresividad inmediata de la sustancia, que las que producen otras sustancias que actúan de forma menos evidente, pero pudiendo causar alteraciones muy graves tales como el asma o el cáncer, por ejemplo. De todo ello vamos a ver casos.

ALGUNOS EJEMPLOS DE PRODUCTOS CON TÓXICOS QUE USAMOS COTIDIANAMENTE

Productos 'sucios' de limpieza

En el año 2006, una muy completa investigación[33] encargada por la Agencia de Protección Ambiental de California, en los EE.UU. concluyó que "como resultado del uso de productos de limpieza o ambientadores podían darse altas exposiciones a contaminantes en ambientes interiores".

Los científicos que realizaron ese estudio tenían muy presente toda la evidencia que asocia problemas tales como el asma, las alergias o irritaciones respiratorias con la presencia de sustancias que los productos de limpieza pueden introducir en los ambientes en los que respiramos. En otro apartado de este libro nos referimos a ello con detalle, cuando hablamos, por ejemplo, de las causas químicas del asma.

Aunque la mayor parte de la población simplemente ignore estos riesgos, entre los científicos que han estudiado el problema, los únicos por tanto con base para saber si hay que preocuparse o no, existe una gran inquietud. Creen que es algo que puede estar causando muchos problemas de salud. Y su preocupación es mayúscula porque, como señalan los autores de la investigación californiana citada, no se está hablando de algo a lo que se expongan pequeños sectores de población. Son muchos millones de personas los que se exponen a las sustancias generadas por el uso de millones de toneladas de productos de limpieza a lo largo y ancho del mundo. Es, sin duda, uno de los más claros ejemplos de uso masivo de productos químicos en nuestro entorno más inmediato.

En la investigación californiana se comentaba, por ejemplo, que productos de limpieza o ambientadores pueden contener sustancias tales como los temidos éteres de glicol basados en el etileno[34]. Los éteres de glicol han sido asociados por estudios científicos a desarreglos tales como anomalías congénitas, infertilidad masculina y femenina, cáncer de testículos, fetotoxicidad, caída de las defensas, etc.[35] También comentaban, por ejemplo, que uno de los tipos de sustancias que más generosamente suelen usarse en los productos de limpieza, los terpenos[36], no sólo es que puedan ser alergénicos, sino que pueden reaccionar con el ozono de los espacios cerrados produciendo preocupantes concentraciones de sustancias contaminantes como el cancerígeno e irritante formaldehído o los radicales hidroxilos[37].

Muchos productos de limpieza pueden, en fin, contribuir a la existencia de un inquietante cóctel químico en el interior de los hogares. Suelen contener sustancias que pertenecen a algunas de las categorías que más preocupan a los investigadores y de las que hablamos en otro apartado de esta obra: fragancias sintéticas, alquilfenoles, ftalatos, etc. Estas sustancias pueden alterar el equilibrio de nuestras hormonas o aparecer ligadas a otros problemas[38]. De todo esto, por supuesto, las etiquetas de los productos nada dicen, conformándose a lo sumo con advertir de qué hacer en caso de ingestión de los productos, e ignorando estos riesgos más 'sutiles' sobre los que nos ilustran las investigaciones científicas[39]. Tan 'sutiles' como los del tabaco, sobre los que las autoridades sanitarias sí obligan a informar con etiquetas bien visibles.

La dejación de las autoridades en estos temas es realmente llamativa, aunque muchas personas crean que existe un adecuado control. La Administración no está actuando de acuerdo a lo que la ciencia sabe sobre estas cuestiones y las medidas que se adoptan para proteger la salud son muy limitadas[40]. Al mismo tiempo, tampoco se están poniendo en marcha campañas informativas que pudieran orientar a los ciudadanos acerca de los productos alternativos de limpieza sin tóxicos que existen y que han demostrado una alta eficacia.

Tóxicos sobre nuestra piel

Los productos de aseo y cosméticos merecen una atención especial cuando se habla de la exposición cotidiana a sustancias que pueden ser tóxicas. Son productos que muchas veces se aplican sobre la piel y, dada la permeabilidad de ésta, pueden así llegar en seguida a la sangre y a través de ella distribuirse por todo el organismo.

Sin embargo, es algo sobre lo cual existe muy poca conciencia. La gente, en general, se limita a comprar los productos y a usarlos, entendiendo que el mero hecho de que estén a la venta implica que han pasado unos controles y que no pueden contener nada perjudicial. Máxime si la publicidad de estos productos, como suele suceder, apela muchas veces a su carácter 'natural' omitiendo que buena parte de su contenido puede ser sintético petroquímico.

Lo que la ciencia está descubriendo es muy diferente de esa visión tan optimista. Pensemos, por ejemplo, en una crema solar. El criterio para comprarla y usarla suele ser únicamente que tenga el factor de protección que se busca. Se va a un establecimiento, se compra y luego se usa sin problemas sobre niños, mujeres embarazadas, etc. Casi nadie mira la etiqueta, y si la mira, no le dicen nada los nombres de sustancias químicas que puedan aparecer en ella.

Sin embargo, hay científicos que sí que se han dedicado a estudiar algunas de esas sustancias y sus efectos. Por ejemplo, investigadores de la Universidad de Zúrich, en Suiza, como el doctor Walter Lichtensteiger, han visto que diversas sustancias empleadas como filtros ultravioleta pueden alterar el equilibrio hormonal de los organismos[41].

Estas sustancias, dentro del organismo, pueden, por ejemplo, imitar los efectos de hormonas femeninas como los estrógenos, induciendo alteraciones. Algunas de ellas, como el 4-methylbenzylidene canfor (4-MBC) y 3-benzylidene canfor (3-BC) en experimentos sobre animales han sido ligadas a efectos tóxicos para el desarrollo y perturbación del tiroides[42].

Los científicos suizos, queriendo conocer la presencia de compuestos de esta clase que había en las personas, se dedicaron, en los años 2004, 2005 y 2006, a hacer un seguimiento de la presencia de estos contaminantes en la leche materna. Resultado: un 76, 5% de las muestras contenía este tipo de sustancias. Una cifra muy relacionada con el porcentaje de mujeres que en un cuestionario decían usar productos que los contenían[43]. Es decir, que tales sustancias pasan a través de la piel y se acumulan en el cuerpo, pudiendo detectarse en la leche[44].

Lichtensteiger y sus colegas recomendaban a las mujeres que minimizasen el uso de estos productos durante periodos críticos como el embarazo y la lactancia, para así prevenir efectos de los contaminantes hormonales en las criaturas.

Como se dice en otras partes de esta obra, la gente imagina que el mundo de las sustancias tóxicas y sus riesgos es algo que sólo atañe a los trabajadores de la industria química o a quienes viven en zonas muy polucionadas, no se dan cuenta de que algunas de las situaciones de exposición a sustancias preocupantes pueden ser muy cercanas y cotidianas.

Los científicos suizos resumían en su publicación lo que la ciencia sabe acerca de estas sustancias[45]. Decían que al principio sólo preocupaba hasta qué punto protegían del sol o si podían tener algún efecto en la piel. Pero luego, al ver cómo penetraban en el cuerpo, la preocupación se extendió a otros posibles efectos. También, el ver que estas sustancias aparecían en los peces, -lo que evidenciaba que se convertían en contaminantes ambientales que podían llegarnos también a través de la dieta-, los motivos de preocupación aumentaron.

Las investigaciones de laboratorio mostraron la actividad estrogénica de diversos filtros presentes en cremas solares. Se ha visto cómo algunas de estas sustancias pueden estimular el crecimiento del útero inmaduro de ratas o, según el caso, exhibir actividad anti-androgénica o afectar al eje tiroideo. Son bastantes las investigaciones que se han venido realizando[46].

Sin embargo determinados sectores no están demasiado interesados en que se conciencie a la población sobre estos riesgos. Es lo que comentaba el doctor Nicolás Olea, catedrático de la Universidad de Granada, cuando aludía a una anécdota que tenía que ver precisamente con el investigador suizo antes aludido.

Había sido invitado a un congreso de dermatología en los EE.UU., pero finalmente recibió una carta para que no acudiese porque, según le decían los organizadores del congreso "la sociedad americana no está preparada para oír lo que usted tiene que contarnos". Llamativo, ¿no? Se ve que hay temas que 'no interesa' que la sociedad conozca. Lo llamativo es que en un congreso científico 'no interese' saber la verdad. Y cabe preguntarse si el peso que ciertas empresas (como las que comercializan cremas, etc.) pueden tener en ciertos ámbitos de la medicina, como pueda ser en este caso la dermatología, no estará relacionado con que determinados estamentos médicos no den voces de alerta.

Si hay estudios científicos serios que dicen que sustancias presentes en cremas solares -como la benzofenona 3 (BP-3), el octilmethoxycimamate (OMC) o el 3 (4-methylbenzylidene) camphor- pueden ser absorbidas por la piel y alterar el equilibrio hormonal del organismo, nadie debería tener derecho a silenciarlo.

Precisamente, este tipo de productos de uso cotidiano, como las cremas solares, cremas faciales, lociones, etc. son uno de los ejes de mayor preocupación actual de los científicos interesados en prevenir problemas de salud humana inducidos por sustancias químicas tóxicas[47].

Si ahora hiciésemos una recapitulación, sumando todas las maneras por las cuales nos van llegando los tóxicos, nos daríamos cuenta de que debemos hacer un esfuerzo para evitar cualquier otra fuente de tóxicos que pueda ser importante, como ésta de la que ahora hablamos. Porque el suma y sigue es tremendo: Tóxicos que podemos inhalar diariamente y que están en fragancias, pinturas, tejidos, conservantes de la madera, plásticos, productos de limpieza, ambientadores... pesticidas y tóxicos industriales como las dioxinas o los PCBs en los alimentos, retardantes de llama, alquilfenoles... etcétera. ¿Está nuestro cuerpo en condiciones para que encima 'inyectemos' en la sangre, a través de la piel, otro nuevo chorro de sustancias sintéticas dudosas, tales como las que puede haber en una crema, pongamos por caso, tales como ciertos antioxidantes sintéticos, solventes, fragancias, conservantes, colorantes…?

Que los cosméticos y productos de aseo pueden contener sustancias problemáticas es algo que ha sido muy estudiado, aunque lamentablemente, lo que sabe la ciencia no lo sabe igualmente el hombre de la calle. Pueden existir sustancias en ciertos aceites minerales que se añaden a algunas cremas[48], sustancias como el triclosán[49], contaminante muy frecuente en la leche materna humana[50], que además poluciona el medio acuático, generando subproductos peligrosos[51]. También con bastante frecuencia pueden estar presentes los ftalatos[52] de los que tanto hablamos en esta obra, o algunos alfa-hidroxi ácidos[53], o compuestos como las benzofenonas[54]. Y otras muchas sustancias tales como aluminio, plomo[55], nitrosaminas, 1,4 dioxane, fragancias sintéticas, parabenes, etc., podrían llegarnos de esta forma.

Sustancias, en fin, asociadas por muchos estudios a las más diversas enfermedades, desde dermatitis atópicas en los niños[56] o fotosensibilidades cutáneas[57], a efectos hormonales o diferentes tipos de cáncer.

Tradicionalmente, buena parte de los estudios realizados, se centraban en efectos muy concretos y localizados, como los que tenían que ver con posibles daños sobre la piel o los ojos, descuidando otros posibles efectos como los relacionados con el hecho de que estas sustancias pueden pasar al torrente circulatorio y causar desarreglos más sutiles pero con frecuencia de mayor trascendencia. El sector de los productos de aseo y cosmética, en cuanto al deficiente control que tiene, guarda algunas similitudes y puntos en común con lo que también diremos de las fragancias. Hablamos de las leyes que protegen supuestos o verdaderos secretos comerciales y que hace que no se informe de los contenidos reales de estas sustancias.

Hay alternativas

La información que recibe la población acerca de los posibles riesgos es muy escasa. También es poco lo que sabemos sobre los productos alternativos, que existen en muchos casos y no contienen sustancias conflictivas, y que consiguen los mismos o mejores resultados. Hay marcas de cosmética y productos de higiene personal, sometidas a algunas certificaciones más exigentes que las de marcas convencionales, que están comercializando muchos productos sin sustancias petroquímicas, colorantes o perfumes sintéticos. Abarcan desde leches corporales a cremas de manos, pasando por cremas hidratantes, protectores solares, lociones faciales, contornos de ojos, mascarillas, champús, jabones, geles, desodorantes, tintes de pelo, etc[58].

Los parabenes

Sobre los parabenes, por ejemplo, se ha escrito mucho. Es uno de los grupos de sustancias que tradicionalmente ha sido más fácil de encontrar en las etiquetas[59].

Hay estudios científicos que los han asociado a desarreglos tales como dermatitis de contacto alérgica. Otros aluden a efectos estrogénicos que podrían tener que ver con otros problemas, como daños al esperma[60] o el cáncer de mama femenino[61].

Los parabenos o parabenes[62] suelen ser añadidos a los productos como conservantes. Se emplean para impedir la proliferación de hongos, levaduras o microbios que podrían estropear los productos. Pueden encontrarse en tantos elementos cotidianos que, sumando todas las fuentes de exposición, las cantidades de estas sustancias que pueden llegar a acumularse en el cuerpo son bastante apreciables. Podemos encontrarlos muy frecuentemente en desodorantes, cremas para la piel y otros cosméticos, pero también en fármacos[63] e incluso alimentos[64].

Perfumándonos con tóxicos

Una fragante toxicidad

Cuando en febrero de 2005 la asociación Greenpeace presentó el informe "Eau de Tóxicos"[65], una investigación sobre las sustancias químicas presentes en los perfumes, la gente no salía de su asombro. Resultaba que, sin saberlo, las personas que, fascinadas por los anuncios de televisión, se ponían un glamuroso perfume, podían, en la práctica, estar perfumándose con tóxicos. Eso sí, todo entre buenos olores. Y es que el que una cosa sea tóxica o no, no depende de si su olor nos resulta agradable, sino de su composición.

Greenpeace se había limitado a comprar 36 aguas de perfume y colonias de las más famosas y llevarlas a un laboratorio independiente holandés[66] para que las analizase. Después publicó los resultados, citando los productos y las marcas.

Las sustancias que se intentaban detectar pertenecían a dos de los grupos que más trabajo han dado a los estudiosos de los problemas causados por las sustancias químicas sintéticas, problemas como la alteración del equilibrio hormonal. En concreto: los ésteres de ftalato y los almizcles sintéticos.

¿Y cuál fue el resultado? Pues que estas sustancias, unas veces en unas concentraciones y otras veces en otras, estaban presentes en buena parte de los productos analizados. A veces se encontraban a niveles altos.

Pensemos por ejemplo en el dietil-ftalato, presente en 34 de los 36 perfumes estudiados, a veces a concentraciones bastante altas (como sucedía con el perfume Eternity for Women de Calvin Klein, en el que era nada menos que un 2,2% en peso).

¿Y qué hacían esta y otras sustancias semejantes allí?, se preguntarán muchos. ¿Qué hacen unas sustancias que pertenecen a uno de los grupos de compuestos más estudiados por su capacidad de generar problemas en algo que la gente puede poner sobre su piel y respirar a diario?

Los ftalatos, no lo olvidemos, han sido asociados a desarreglos como, entre muchos otros: cambios hormonales, daños en el esperma, asma, alergias, feto-toxicidad, malformaciones genitales, trastornos menstruales o parto prematuro[67].

¿Cómo es pues que están ahí? ¿Acaso por error? ¿Por una contaminación involuntaria de los productos? No. Están ahí de forma deliberada, ya que son una de las materias primas más usadas hoy en día por la industria química, de la que la industria de los perfumes es parte integrante. Se usan en los perfumes como puedan usarse en los plásticos, por ejemplo.

En el caso concreto del dietil-ftalato, se utiliza como disolvente y vehículo de las fragancias en muchos productos de cuidado personal, tales como cosméticos o, en otros casos, como desnaturalizador del alcohol. Un uso frecuente de los ftalatos suele ser el de fijadores de los perfumes.

Greenpeace, en realidad, no había descubierto algo que ya no se supiese. Muchos científicos ya habían publicado sobre el tema. Pero sí aportó datos concretos de gran interés para el público sobre algo que -y a pesar de todo lo que saben los técnicos-, la mayor parte de la gente desconoce, como pueden ser los riesgos de la presencia de ftalatos y almizcles sintéticos en los perfumes. La gente, en general, ni siquiera ha oído estos nombres ni sabe lo qué significan. Lo único que se sabe de los perfumes es, en buena medida, lo que intenta transmitir sobre ellos la publicidad que hace quien los vende.

Pocas personas saben qué son en realidad los perfumes y con qué están hechos. Por ejemplo, que antaño se producían a partir de sustancias naturales y en muy escasa cantidad y que hoy la industria química los produce a gran escala con frecuencia a partir de sustancias sintéticas más baratas, derivadas del petróleo.

No saben que tras una etiqueta que simplemente dice 'perfume' o 'fragancia', puede haber miles de sustancias, centenares en un solo producto. Como ya hemos dicho, entre esas sustancias pueden contarse algunas problemáticas[68].

La divulgadora americana Debra Lynn Dadd comenta que el día que la Academia Nacional de las Ciencias (National Academy of Sciences, NSC) investigó el tema, vio que más del 80% de los ingredientes no tenían datos de toxicidad o que cuando los tenían eran insuficientes. Añade que cuando a finales de los años 80 the National Institute of Occupational Safety and Health (NIOSH), revisó 2.983 productos químicos usados por la industria de las fragancias, se encontró con que 884 sustancias podían tener mayor o menor toxicidad. Entre ellas, había sustancias asociadas a irritaciones cutáneas y oculares, reacciones alérgicas, sensibilización química, desórdenes del sistema nervioso central, defectos de nacimiento, cáncer, etc[69].

Son bastantes las investigaciones realizadas, como las de Lance Wallace[70], de la Agencia de Protección Ambiental de California que identificó 150 sustancias en 31 productos perfumados[71]. Entre las sustancias analizadas, estaban algunas que han sido ligadas a diferentes problemas de salud, sin excluir el cáncer[72].

Las fragancias han sido asociadas a problemas como algunas alergias cutáneas[73], cuya incidencia crece[74]. La alergia a los perfumes es, de hecho, una de las causas más frecuentes de dermatitis de contacto[75] o de, por ejemplo, alergias solares[76]. También algunas fragancias se han visto ligadas al origen o al empeoramiento de problemas respiratorios, especialmente entre personas especialmente sensibles a sustancias irritantes, como los que padecen asma[77] o rinitis, por ejemplo[78].

El crecimiento brutal del uso de perfumes en los últimos 40 años, y con ello, de la exposición a muchas nuevas sustancias no debidamente estudiadas, preocupa a muchos investigadores, especialmente por haber corrido en paralelo con el crecimiento de incidencia de una serie de problemas sanitarios.

Para comprender la posible magnitud del problema de las fragancias, debemos entender que se generan en cantidades enormes, y que preocupan no sólo por sus efectos sobre la salud humana sino también, a mayor escala, sobre los ecosistemas. Hablar de fragancias no es sólo hacerlo de las que hay en los frascos de colonia. Es también hablar de las que se incorporan a los productos de la limpieza, a los detergentes[79], disolventes, pesticidas, cosméticos, champús, jabones, plásticos... Son uno de los tipos de productos químicos más frecuentes en nuestro entorno.

Un sector poco controlado

Una de las cosas que más está entorpeciendo conocer mejor los riesgos sanitarios que pudieran, eventualmente, tener algunas sustancias concretas es que esta industria se ampara en las leyes que protegen el secreto comercial, impidiendo así divulgar las sustancias que utiliza.

¿Se han fijado alguna vez en la etiqueta de un perfume, en el caso de que la lleven? Es evidente que todo descansa en un acto de fe del que lo compra que se ve obligado a creer, que el fabricante no habrá introducido ninguna sustancia peligrosa de entre las cientos que puede incorporar. Lo singular es que la Administración, en buena medida, tampoco pueda forzar a los fabricantes a informar demasiado acerca de las sustancias que utiliza[80]. En caso de producirse problemas, la situación no favorece la correcta identificación de los compuestos involucrados. No se facilita demasiado a los científicos la adecuada evaluación de los riesgos.

En lugar de ser controlada, lo que sucede más bien es que la propia industria establece frecuentemente -mediante una sorprendente autoregulación- si sus productos son seguros. La Administración sólo interviene en unos ámbitos muy limitados o ante crisis muy evidentes.

Ambientadores

Otro de los ejemplos de un producto de uso cotidiano que puede introducir en el aire que respiramos sustancias muy conflictivas es el de los ambientadores que tan alegremente se emplean en tantos hogares y edificios en general.

En esta ocasión, las etiquetas sí que dan alguna pista en ciertos casos, aunque pocas veces sean leídas con atención[81]. Advertencias como la de que 'no se respiren los aerosoles' o que el producto 'no sea usado en lugares que no estén bien ventilados' pasan desapercibidas[82]. Y, por supuesto, no se repara en sus implicaciones. Por ejemplo, cabe preguntarse, ¿en qué sitios 'bien ventilados' se usan? Pensemos en un hogar en invierno o en una oficina en un edificio 'inteligente' prácticamente hermético.

Es un hecho que buena parte de las personas que usan estos productos lo hacen pensando que son absolutamente inocuos, que son simplemente algo que perfuma sin más. E incluso en los casos en los que las etiquetas pudieran listar algunas pocas de las sustancias contenidas en el ambientador, los usuarios no tienen conocimientos suficientes para deducir nada que pudiese inquietarles.

Sin embargo, los que sí están preocupados son algunos investigadores que se han dedicado a estudiar las sustancias que contienen y sus posibles efectos[83]. En experimentos con animales de laboratorio expuestos a algunos de esos compuestos se han visto efectos como irritación sensorial y pulmonar, problemas respiratorios o conductas anormales[84]. Otras investigaciones asocian la exposición de personas a sustancias de ambientadores del hogar con efectos diversos como más riesgo de sufrir depresiones maternales[85] o, entre otras cosas, problemas en los niños. Un estudio realizado por investigadores de la Universidad de Bristol[86] sobre 14.000 mujeres, encontró que aquellas que más usaban ambientadores y aerosoles tenían cerca de un 25% más de dolores de cabeza y casi un 20% más de depresiones post natales. Y los niños menores de seis meses que estaban en hogares donde se usaban estos productos todos los días, tenían un 30% más de infecciones de oído, y cerca de un 20% más diarreas[87].

En el año 2005, la Asociación Europea de Asociaciones de Consumidores[88], que agrupa a entidades de diferentes países, hizo público un informe[89], basado en análisis químicos rigurosos, que reveló la presencia de sustancias cancerígenas en ambientadores y productos de aromaterapia. En total se analizaron 56 productos de diferentes categorías[90], desde los ambientadores más al uso hasta velas perfumadas, entre otros. Y se denunció la falta de regulación, que permite que se pongan a la venta productos sin una adecuada garantía sanitaria sobre su contenido químico[91].

Entre las asociaciones que colaboraron estaba también la española Organización de Consumidores y Usuarios (OCU) cuyos responsables, a la vista de los resultados obtenidos en los análisis encargados, no dudaron en pedir la prohibición de muchos de los productos, ya que denunciaban que 23 de los 36 que ellos habían estudiado eran perjudiciales[92].

La asociación española denunciaba que en los productos había sustancias cancerígenas como el benceno o el formaldehído, o algunas que podían ser tóxicas para la reproducción, como los almizcles artificiales o los ftalatos, al margen de sustancias que podían ser irritantes, causar alergias, o tener otros efectos.

El informe de las asociaciones europeas añadía a los análisis propios un repaso bastante amplio de los estudios científicos que habían sido publicados con anterioridad acerca de las sustancias que pueden estar presentes[93] en este tipo de productos y posibles efectos sanitarios tales como el asma infantil o las alergias[94].

TÓXICOS EN EL PUESTO DE TRABAJO

Trabajos tóxicos

En el año 1992, la empresa Ardystil, dedicada a la aerografía textil, en la zona de Alcoi (Alicante) pasó de ser una empresa desconocida a llenar las páginas de los diarios nacionales. El motivo: la muerte en poco tiempo de varias de las personas que trabajaban en ella y el desarrollo de fibrosis pulmonar en decenas de ellas. Tiempo después, además, se registraron tumores en algunos de los afectados así como problemas en la descendencia de las mujeres que trabajaron allí, tales como malformaciones congénitas. Aquellas personas, muchas de ellas mujeres muy jóvenes, se dedicaban a estampar telas con pistolas de aire cargadas de tintes y disolventes[95].

En el caso se daban una serie de factores que desembocaron en un drama: unas sustancias tóxicas, una forma inadecuada de usarlas, una falta increíble de información sobre los riesgos, una Administración que decía que allí no pasaba nada, que no había tóxicos en concentraciones que entrañasen un riesgo... Factores que, lamentablemente, siguen presentes en otros muchos lugares de España, aunque pocas veces llegue a publicarse en los periódicos, cosa reservada sólo para los casos más vistosos. Hablamos de esos casos en los que se producen muertes y aglomeraciones de enfermos en muy poco tiempo, cuando, normalmente, todo suele pasar de forma más sutil. Aunque, globalmente, esa 'sutileza' acabe generando ingentes cantidades de enfermedades y muertes.

Varios millones de trabajadores españoles corren el riesgo de sufrir accidentes y enfermedades a consecuencia de las sustancias químicas peligrosas, según el Instituto Sindical de Trabajo, Ambiente y Salud (ISTAS[96]). En Europa nada menos que siete millones de personas sufrirían enfermedades profesionales vinculadas a la exposición a sustancias tóxicas[97].

El alcance real del problema es silenciado, particularmente en países como España. Las cifras oficiales de personas afectadas siempre suelen ser escandalosamente inferiores a las reales.

Sin duda, las repercusiones económicas de reconocer el alcance real de lo que sucede, deben explicar en parte ese hecho. No olvidemos que reconocer, por ejemplo, que un trabajador ha contraído un cáncer a consecuencia de haberse expuesto a una sustancia en una empresa puede tener una serie de consecuencias tanto para la compañía en la que trabaja como para la Administración.

Todo ello, unido a otros factores, como pueda ser una escasa conciencia acerca de estas cuestiones, origina que España sea un país en el que muchas enfermedades profesionales muy claras no lleguen a ser incluidas en los registros.

Según el ISTAS, en 2005 España era el cuarto país de la Unión Europea en el triste ranking de las naciones en las que se declaraban menos enfermedades profesionales de las que realmente se producían. La verdad es que la cosa venía ya de antiguo. En 1985, por ejemplo, año en el que en Italia se declararon 250.000 enfermedades profesionales, en España lo fueron tan solo 3.100[98].

La evidencia muestra una muy preocupante situación nacional en lo que se refiere a esta cuestión y, en particular, al porcentaje de enfermedades laborales derivadas de la exposición a tóxicos.

Cada año miles de trabajadores mueren en España a consecuencia de exponerse a este tipo de sustancias, y más de 36.000 personas enferman[99] (más de 13.000 dermatitis, 5.400 enfermedades respiratorias crónicas, casi 5.000 intoxicaciones, 4.400 casos de asma...).

Resulta especialmente elocuente que sea en las enfermedades más graves donde se aprecia una más notable diferencia entre las cifras de los casos que realmente deben producirse y los que se reconocen oficialmente. Precisamente como sería de esperar si el motivo que llevase a ese infra-reconocimiento fuese evitar afrontar las consecuencias (acciones legales, indemnizaciones, subsidios, etc.).

Los casos de cáncer que se registran serían así, nada menos que dos millares de veces menos de los que se producen realmente, mientras que esa desproporción, en el caso del asma, sería de 'sólo' dieciséis veces menos y en el de las dermatosis 'sólo' de seis veces menos.

Existe realmente poca información y ello acaso tampoco sea algo casual. La Administración debería haber potenciado más la investigación científica sobre este asunto, visto objetivamente su peso sanitario, pero se ha preferido no hacerlo. Aún así, hay estimaciones que, a pesar de basarse en premisas extremadamente moderadas, ofrecen unas cifras que, con independencia de que parece más que probable que necesiten ser revisadas muy al alza, deberían promover acciones contundentes.

Una de esas estimaciones es la del estudio realizado por científicos como Manolis Kogevinas, del Instituto d´Investigació Médica de Barcelona, que evidenciaba nada menos que más de cinco millones de personas en España estarían expuestos a agentes cancerígenos en el trabajo[100] y que ello podría estar causando una media de 8.000 nuevos casos de cáncer anuales y 5.000 muertes[101].

Las profesiones en las que pueden darse tales exposiciones a cancerígenos son muy diversas: Por supuesto, las relacionadas con la industria química o la metalúrgica, pero también otras como las artes gráficas o la jardinería (oficio hoy tan dado al uso generoso de pesticidas). Así mismo, otras profesiones como la peluquería o la eliminación de pintadas[102] pueden verse afectadas.

Existe en general un grado de ignorancia muy profundo acerca de este tipo de riesgos en las empresas, tanto en lo que se refiere al riesgo de cáncer como de otros problemas sanitarios más o menos graves. Y esta ignorancia es, de nuevo, un aliado de toda una serie de intereses económicos aunque no lo sea tanto de la salud pública. Es un ámbito donde la Administración debiese haber trabajado seriamente para crear una conciencia y en el que, inexplicablemente, no lo ha hecho apenas.

En buena parte de las empresas en las que se manejan sustancias tóxicas no existe información acerca de los riesgos. Muy frecuentemente ni siquiera se sabe que se están usando sustancias peligrosas.

Muestra de lo dicho es lo que el ISTAS pudo constatar en los años 2002 y 2003, cuando tras visitar 222 empresas, y ver que en 98 de ellas existían sustancias cancerígenas, comprobó que en un 67% de los casos ni siquiera lo sabían los delegados de prevención de la empresa. Cabe imaginar qué medidas de prevención pueden tomarse cuando ni siquiera se conoce la existencia de un riesgo.

Y obviamente, lo dicho para el riesgo de cáncer opera para otros problemas sanitarios que pueden ser causados por sustancias químicas tóxicas. Esas sustancias pueden estar presentes en casi todos los centros de trabajo y profesiones, y no sólo en aquellos en los que de forma más típica pueda pensarse, como la industria química, las refinerías, la industria metalúrgica o determinados talleres o fábricas. Oficios como el de agricultor, por ejemplo, pueden entrañar riesgos muy severos especialmente por el manejo de pesticidas, pero también en sectores como el de la construcción se emplean con frecuencia muchas sustancias tóxicas y para qué hablar de los pintores. Oficios como los de peluquería o limpieza conllevan también una serie de riesgos de exposición a sustancias, al igual que, por ejemplo, el trabajo en una tintorería[103]. Pero es que ni el trabajador de una oficina está exento de ciertos peligros, como puedan ser los derivados de una fumigación en un local.

Los problemas sanitarios que pueden generarse por exposiciones a sustancias en el lugar de trabajo son muy variados y, demasiadas veces, no es fácil asociar la causa y el efecto. Ocurre, por ejemplo, si han sido causados por exposiciones a niveles bajos de tóxicos durante mucho tiempo, y si, como tantas veces pasa, los problemas tardan mucho en manifestarse, como sucede con tantos casos de cáncer. Si a ello se suma la ignorancia que existe acerca de que algo puede causar un problema y el afán de silenciarlo por parte de ciertos intereses, podremos darnos cuenta de por qué tantos daños causados por sustancias químicas no son asociados a ellas.

Así pasa con muchísimos casos de cáncer y otras muy variadas patologías, unas más graves y otras menos: asma, enfisemas, rinitis alérgica, encefalopatía tóxica por disolventes, pérdidas de memoria, eccemas[104], cuadros de fatiga extrema...

El caso del amianto

Lo que ha sucedido en España con el amianto es revelador acerca de cómo suele procederse en los temas en los que las exposiciones laborales a sustancias generan enfermedades. Aunque el amianto es un mineral y su forma de causar desarreglos difiere básicamente de la manera en que actúan muchos contaminantes químicos, es interesante recoger aquí su problemática.

Lo primero a destacar es el alto número de personas afectadas. La estimación es que medio millón de personas puedan morir en Europa en 35 años a consecuencia de la exposición a este mineral, según un informe que encargó la Unión Europea. De ellas, decenas de miles en España (acaso 50.000) correrán esa suerte.

Inhalar fibras de amianto puede producir una serie de graves problemas susceptibles de llegar a la muerte, tales como la fibrosis pulmonar (o asbestosis), el mesotelioma pleural (cáncer de pleura) o el cáncer de pulmón[105].

¿Qué personas pueden haberse visto expuestas al amianto? Muchas[106]. Albañiles, fontaneros, electricistas, caldereros, personas que trabajan en reparación ferroviaria o en la industria textil, trabajadores de industrias de fibrocementos, naval y portuaria, mecánicos de automóviles[107], etc.

Pero hoy, cuando la peligrosidad del amianto está ya fuera de toda duda, lo que ha llevado a decretar su prohibición en tantos países, lo que más nos interesa es extraer conclusiones. Y en eso, la 'lección' del amianto es realmente muy reveladora. Porque en pocos asuntos como en este se ve hasta qué punto la Administración y las compañías pueden anteponer los intereses económicos a la verdad y la vida humana, aun cuando desde mediados del siglo XX existía constancia fehaciente de lo dañino que era el amianto.

Se realizó un esfuerzo notable de desinformación, que exageraba lo necesario e insustituible que era el amianto, a la vez que minimizaba los peligros, haciendo lo posible por poner en duda todo lo que la ciencia decía. Hoy, por fin, toda la sociedad conoce la verdad. Tanto lo fácil que era sustituirlo sin problemas como los daños pavorosos que ha generado en decenas de miles de personas que han sufrido y muchas veces muerto tan solo para evitar unas molestias a ciertas industrias.

La adopción de medidas se demoró durante décadas por ese motivo, haciendo que en Francia la prohibición del amianto no llegase hasta 1997 y en España, -dato bastante elocuente acerca de la situación de nuestro país en estas cosas-, hasta 2002. Y, entretanto, ingentes cantidades de enfermos y sus familias, fueron maltratadas por las autoridades que se negaban a reconocer el problema, negándoles con ello ayudas que podrían haber aliviado al menos un poco su sufrimiento.

En esa estrategia encubridora España ha 'brillado' con una fuerza singular. Prueba de ello es que mientras en países como Estados Unidos se reconocían 10.000 muertes anuales, en Reino Unido 2.000 y en Francia 1.500, en España, que precisamente era uno de los mayores consumidores de amianto de la Unión Europea[108], sólo se reconocieran el equivalente a unos dos fallecimientos anuales (37 fallecimientos en 17 años: entre 1980 y 1997)[109].

Obviamente, lo comentado para el amianto puede extrapolarse a lo que sucede con cualquier otro producto que produzca daños en la salud en un entorno laboral y más allá de él, como pueden ser infinidad de sustancias químicas tóxicas. Lo del amianto es un termómetro que mide la forma en que suelen actuar en estos temas empresas y administraciones[110].

INDUSTRIAS TÓXICAS

Fábricas de venenos

En la geografía española, como en la de otros países, hay una serie de zonas que tienen el triste privilegio de concentrar de modo singular una serie de actividades contaminantes. Pensemos en la ciudad de Huelva, por ejemplo. Huelva tiene unos potentes polos químicos -petroquímica, fosfatos, papeleras, metalúrgicas...- y unas balsas de residuos con fosfoyesos radiactivos y aguas ácidas, de una extensión similar a la de la ciudad. Los problemas de contaminación en el entorno de esta ciudad andaluza han dado pie a un fuerte movimiento social de denuncia. Pero son más los sitios de España donde la concentración de industrias genera situaciones preocupantes: Tarragona, Puertollano, Cartagena, Martorell, Flix... Al margen de esos puntos, singularmente conflictivos por acumularse en ellos una serie de instalaciones, hay diseminados por la geografía española otros numerosos puntos que merecen nuestra atención.

Ha habido casos de contaminación realmente escandalosos. Por ejemplo, algunos vinculados a empresas fabricantes de pesticidas como el famoso caso de Inquinosa (Industrias Químicas del Noroeste) de Sabiñánigo, en Huesca, que contaminó hace años las orillas de uno de los ríos más importantes de la cuenca del Ebro, el río Gállego. Aquella empresa vertió decenas de miles de toneladas del muy tóxico hexaclorociclohexano (HCH), residuo de la fabricación del peligroso pesticida lindano, en simples basureros al aire libre. Hay, no obstante, otros muchos puntos del país donde se han dado graves casos de contaminación con residuos semejantes, por ejemplo, algunas zonas del País Vasco con suelos fuertemente polucionados con residuos de la fabricación del lindano o la zona de Porriño (Pontevedra). En Monzón (Huesca) el río Cinca ha padecido también una fuerte contaminación, en este caso con DDT, a consecuencia de industrias como Montecinca. Greenpeace denunció haber detectado 3.000 veces el límite 'permitido' por la Confederación Hidrográfica del Ebro, según los análisis que realizó la Universidad Autónoma de Madrid. Esa fábrica produce el pesticida dicofol, utilizando DDT en el proceso.

Pero, más allá de los casos más sonados, son muchas las fuentes de venenos que están manando en España, a lo mejor no de forma tan impactante pero que, a la larga, pueden representar la emisión de ingentes cantidades de tóxicos. Entre ellas podemos citar algunas clases de industrias. Nunca está de más saber de dónde vienen las cosas que pueden castigar nuestra salud.

Cabe citar, en un lugar de triste 'privilegio' a industrias como la del cloro y sus asociadas, con un largo historial de denuncias habidas sobre su contaminación con dioxinas, hexaclorobenceno, mercurio, etc.

¿Dónde están? En España, en sitios como Pontevedra, Torrelavega, Guipúzcoa, Monzón o Sabiñánigo, por ejemplo. Es una industria con muchas ramificaciones, ya que las sustancias cloradas se utilizan en los más diversos sectores como el de los plaguicidas, los disolventes, o el papelero. Y por supuesto, en la fabricación de plásticos, como el PVC (con fábricas en lugares como Hernani, Monzón, Vila-Seca o Martorell).

La industria papelera es también merecedora de un lugar de 'honor' al hablar de las industrias contaminantes. Y no le faltan merecimientos. Sería interminable siquiera resumir todos los conflictos que han causado este tipo de instalaciones, a consecuencia de problemas que han generado, tales como el vertido de dioxinas. Es imposible no advertir su presencia en las zonas donde se emplazan, como pueden ser en España, Huelva, Pontevedra, Navia, Torrelavega o Sangüesa, por ejemplo.

Pero no podemos olvidar el papel 'estelar' que representan las incineradoras cuando hablamos de las instalaciones que pueden llenar de venenos nuestro entorno, y por ende, tarde o temprano, nuestro cuerpo. Por ello han sido objeto de tantas campañas de oposición, pese a lo cual los llamados poderes públicos no se cansan de promoverlas a beneficio privado.

En España tenemos algunas incineradoras tristemente célebres como la de Cerceda (La Coruña), la de Zabalgarbi (Bilbao), las catalanas de Vielha (Lérida), Gerona, Sant Adriá del Besós (Barcelona), Mataró (Barcelona), Tarragona, o Constantí (Tarragona), la balear de Son Reus (Mallorca), u otras como la madrileña de Valdemingómez.

Uno de los principales motivos de oposición a las incineradoras, sean de residuos industriales o de residuos sólidos urbanos, es que se consideran una de las principales fuentes de emisión de tóxicos como las dioxinas y furanos. Son contaminantes persistentes y bioacumulativos que, tras dispersarse por el medio ambiente, acaban concentrándose en la cadena alimentaria pudiéndonos llegar así a través de la comida[111].

En Mataró (Barcelona), tras la instalación de una planta incineradora se vio cómo durante los cuatro años en que se fueron midiendo los niveles en sangre, las concentraciones de dioxinas y furanos aumentaron: aproximadamente un 45% en la población de Mataró que vive lejos de la planta y un 40% en el grupo que reside cerca de ella, considerándose la causa más probable la contaminación alimentaria[112]. El valor de dioxinas en las poblaciones de Mataró y Arenys de Mar era cerca de un 25% superior al observado en otros países desarrollados.

Científicos como el neurotoxicólogo Eduardo Rodríguez Farré, no se han cansado de denunciar el riesgo que representa la emisión de dioxinas que suele darse en las incineradoras de residuos[113]. Un problema muy real que en Francia, por ejemplo, llevó al cierre de varias incineradoras de residuos urbanos en la región de Lille tras detectarse altos índices de dioxinas en la leche de vaca en un amplio radio.

El Ministerio de Medio Ambiente de Francia reconoció en 1998 que entre 1.800 y 5.200 franceses morían anualmente por cánceres causados por las dioxinas. La cifra no está mal, teniendo en cuenta que se refiere sólo a uno de los muchos tipos de sustancias cancerígenas existentes.

La incineración es un buen negocio para unas pocas empresas de bienes de equipo, constructores, eléctricos y bancos accionistas, pero un mal negocio para el conjunto de la sociedad. Los primeros cobran cantidades desorbitadas por cada tonelada de residuos que queman, subvenciones, venta de electricidad, etc., y los segundos han de pagar no sólo la opción de gestión de residuos más cara en términos de coste económico, sino la factura sanitaria.

El negocio particular de la incineración se ha extendido, además, a muchas plantas cementeras que, para abaratar los costes en combustible, se han dedicado a quemar residuos en sus hornos. En España sucede, por ejemplo, en lugares como Arrigorriaga, Venta de Baños, Buñol, Sant Vicente del Raspeig, Lorca, Yepes, Bilbao... El saldo que puede tener la práctica de quemar así toda clase de residuos tóxicos, plásticos (como envases de pesticidas), aceites de motores, neumáticos, etc., es, según se ha denunciado, la emisión de PCB, dioxinas, furanos, plomo, cadmio, mercurio, etc.

No debemos olvidar, de todos modos, fuentes de contaminantes más clásicas, tales como las industrias metalúrgicas. En España las hay en lugares como Avilés, Reinosa, Santander, Amurrio, Basauri, Azcoitia o Bergara. Al margen de la polución que siempre han generado, se da además la circunstancia de que muchas instalaciones se dedican al 'reciclaje' de metales llegados de España y del extranjero, lo que puede sumar más contaminantes procedentes de plásticos, pinturas, aceites... e incluso, en alguna ocasión, materiales radiactivos.

También es un triste clásico la contaminación que generan instalaciones tales como las refinerías y otras ligadas al ciclo de los hidrocarburos, tanto por las emisiones que generan a la atmósfera como por los vertidos a las aguas.

En realidad, sería muy largo enumerar todas las clases de industrias que pueden generar emisiones contaminantes graves. La cantidad de sustancias tóxicas que puede utilizar una industria es increíble. Pensemos si no, en la textil, por ejemplo. En el año 2005, la organización Greenpeace sacó a la luz un detallado y riguroso informe[114] en el que hacía un repaso de la cantidad de compuestos tóxicos que tal clase de industria puede emplear. Si se dejan a un lado los pesticidas agrícolas que ya puede llevar el algodón de partida o los ectoparasiticidas que puede portar la lana, pongamos por caso, en todo el tratamiento de los tejidos se emplea frecuentemente una abundantísima cantidad de sustancias tóxicas:

Alcoholes y alquilfenoles etoxilados de los detergentes con los que se limpia la lana (sin descartar a veces el uso del cancerígeno disolvente tricloroetileno); aceites minerales (posible fuente de hidrocarburos aromáticos policíclicos) como lubricante que facilite que pueda luego hilarse mecánicamente; bactericidas y fungicidas para que se conserven bien los hilos en los almacenes; colas químicas (que pueden tener sustancias tóxicas) que se aplican luego a los hilos para que no se rompan en los telares; tratamientos químicos o blanqueados con cloro para desencolar los tejidos (pudiendo originarse triclorometano y dioxinas); tintura y estampación (proceso en el que pueden usarse sustancias tales como cromo 6, bencenos, ftalatos, hidrocarburos aromáticos, etc.); y para terminar, el acabado, en el que pueden añadirse otras sustancias como biocidas, retardantes de llama, etc.

Se ha denunciado en muchas ocasiones el uso de ciertas sustancias en la industria textil y que, en algún caso, podrían generar problemas. Se hablaría de la utilización de compuestos organoestánnicos como estabilizantes del PVC, o el plomo, usado por el mismo motivo además de en pinturas, o el formaldehído usado para evitar que la ropa encoja y fijar en ella colorantes y pigmentos, por no citar más sustancias conflictivas.

El empleo de determinadas sustancias en el sector textil puede muchas veces entrañar un riesgo para la salud de los trabajadores y/o del medio ambiente, por ejemplo a través de vertidos desde las fábricas. Del primer supuesto es un ejemplo el sonado caso en España del síndrome Ardystil, que dañó la salud de trabajadoras textiles de Alcoi (Alicante). Del segundo, podemos recordar lo acaecido con el industrial textil Puigneró que acabó condenado varias veces por vertidos a un río catalán en los años 90.

Pero el textil es tan solo, como se ha dicho, uno de los muchos tipos de industrias que pueden generar problemas de contaminación química severos. A lo largo de esta obra veremos, en sus diferentes apartados, otras posibilidades.

El que contamina no paga

Aunque los más diversos responsables, de un color político u otro, no hayan cesado de afirmar que en España iba a aplicarse el principio de que quien contamina paga, la realidad está siendo bien diferente y alcanzando niveles de auténtico escándalo.

Un dato sobre el particular: en España prácticamente el 100% del coste de la restauración de suelos contaminados se paga con fondos públicos, frente al 7% de Francia[115].

La patente debilidad de la Administración española frente a las industrias contaminantes, el grado de permisividad e incluso de complicidad oficial, es sencillamente inconcebible.

Uno de los casos más famosos fue el del vertido de millones de metros cúbicos de lodos tóxicos que afectó a la zona del Parque Nacional de Doñana en abril de 1998. La empresa involucrada no sólo no pagó nada de los cientos de millones de euros de dinero público que se invirtieron en la limpieza de la zona, sino que cobró subvenciones después, poco antes de marcharse de España despidiendo a sus trabajadores[116].

Otro caso notable es el de los vertidos de la empresa Ercros en Flix (Tarragona) -donde hay un "islote" de 700.000 toneladas de lodos tóxicos (con DDT, PCBs, HCB, mercurio, etc.)- cuya descontaminación se prevé que cueste 200 millones de euros, de los que la empresa responsable va a pagar muy pocos.

Sería, en fin, muy largo referirse a muchas situaciones semejantes, de mayor o menor calado, en las que se ve que, no sólo no hay mano dura haciendo que se cumpla la ley y reine la justicia, sino que, más bien, en ocasiones parece que al que contamina se le anima. En parte, algo de ello pareció haber en el apoyo de algunas instituciones, por ejemplo, al empresario textil Puigneró, en Cataluña, que acabó sin pagar adecuadamente por sus reiterados vertidos tóxicos.

Los casos que podrían citarse sobre la permisividad e incluso la connivencia oficial con la contaminación industrial son innumerables. Para conocerlos basta a veces con repasar, por ejemplo, algunas manifestaciones contenidas en las memorias anuales de la fiscalía general del Estado en los apartados referidos a los delitos ambientales y en las que se llega a denunciar casos de funcionarios de la Administración que avisaban a los infractores de actuaciones judiciales, facilitando que pudieran sustraerse a la actuación de la justicia.

En otro orden de cosas, vemos, por ejemplo, detalles como que la Administración española haya concedido hace unos pocos años a las empresas cloro alcalinas trece años más, hasta el año 2020, para poder seguir contaminando con mercurio, en lugar de forzarlas a que adopten la mejor tecnología disponible. Un ejemplo que, en realidad, está lejos de ser una excepción en el trato dispensado generalmente por la Administración a las industrias contaminantes[117].

BASURA TÓXICA

Residuos tóxicos y peligrosos

La actividad industrial genera en España millones de toneladas anuales de residuos tóxicos y peligrosos. Una parte de ellos proceden de actividades industriales y otra de residuos de la minería que pueden tener una altísima toxicidad (por los metales pesados que contienen), como se vio con el famoso vertido de las minas de Aznalcóllar que afectó al Parque Nacional de Doñana, repleto de contaminantes como el arsénico, entre otros, o como se vio en el más reciente vertido de Hungría, cargado de metales tóxicos como el ya citado, el cromo o el mercurio.

Al sumar estos residuos de la minería, la cantidad de millones de toneladas se multiplica extraordinariamente. Así, a finales de los años 90 España generaba algo más de tres millones de toneladas anuales de residuos tóxicos industriales, pero sumándolos a los de la minería la cantidad final era de más de catorce millones de toneladas de residuos tóxicos y peligrosos. Desde luego una cantidad más que considerable para ser generada tan solo en un año. Y eso que hay muchas empresas que, produciendo este tipo de desechos, no lo declaran, por lo que las cifras pueden ser aún muy superiores.

La verdad es que existe un considerable descontrol en estos temas[118] y no hay unas perspectivas de que esa cantidad tremenda de residuos que se generan anualmente pueda reducirse a unos niveles aceptables en un plazo razonable.

Ha crecido, eso sí, la cantidad de estos residuos que son 'gestionados'. Y se ha mejorado algo en el descontrol casi total que existía hace algún tiempo, cuando se vivían situaciones como, por ejemplo, la de la empresa Inquinosa que, como antes comentábamos, vertía directamente en basureros de pueblos al aire libre, o como los también citados suelos contaminados del País Vasco con residuos de la fabricación del peligroso lindano. Otro caso emblemático sería el de la bahía de Portman (Murcia) que fue rellenada por entero con lodos con metales pesados, por no citar más casos.

Tampoco deben olvidarse aquellas situaciones en las que aparentemente se estaba poniendo orden pero en realidad, se estaba haciendo algo muy diferente. Un ejemplo de ello es lo que sucedió en los años 90 con el plan corrector de vertidos que supuestamente iba a limpiar la ría de Huelva de buena parte de los vertidos químicos que recibía, y en el que, como luego se supo, lo que se hizo, entre otras cosas, fue transportar enormes cantidades de residuos de ácidos débiles con metales pesados hacia las sierras de Huelva y Sevilla, para verterlas sin más en escombreras de minas desde las que podían contaminar los ríos.

En el tema de los residuos tóxicos y peligrosos no hay soluciones mágicas que los hagan desaparecer o que hagan que dejen de ser una amenaza al cien por cien. Y ello no es sólo cierto en los casos más abiertamente fraudulentos como el citado, sino de una forma más general incluso para los desechos que acaban en las instalaciones que quieren presentarse como las más 'adecuadas' y en las que, en principio, puede parecer que hay un mayor 'control'.

La única solución real para los residuos sería no producirlos. Sin embargo, toda una serie de empresas e instituciones intentan presentar la realidad de otra forma, como si por el hecho de que los residuos acaben en alguna instalación de gestión o tratamiento de los mismos la situación estuviese resuelta.

La creciente cantidad de basura tóxica que generamos ha venido de la mano del floreciente negocio de tratamiento residuos que, obviamente, descansa en la ilusión de que nos 'solucionan' el problema. Sin embargo, una atenta mirada a la cuestión no hace más que incrementar la inquietud.

¿Es una solución depositar millones de toneladas de residuos tóxicos y peligrosos en enormes y crecientes vertederos industriales? ¿Es una solución quemar parte de ellos en plantas incineradoras u hornos de cementeras, pongamos por caso?

Basta conocer lo que sucede en alguna de estas grandes instalaciones de gestión de residuos, como el vertedero tóxico de Nerva (Huelva) para hacerse una idea de la realidad. Es una realidad en la que existen demasiadas dudas: dudas sobre si algunas clases de residuos que antes de ser depositadas allí debieran recibir tratamientos de inertización realmente los reciben, sobre si se mezclan residuos que no debieran mezclarse por los riesgos que ello entraña (tales como incendios espontáneos o explosiones), sobre si los sistemas utilizados garantizan realmente que no haya una contaminación química más allá de la instalación, dudas sobre qué tipos de venenos y de qué procedencia acaban allí, dudas sobre las más diversas irregularidades que se cometen, etc. La realidad siempre suele ser muy diferente de los escenarios ideales que prometen las empresas que se benefician con estas instalaciones e incluye cosas tales como vertidos de sustancias a los cauces fluviales, filtraciones y demás. Cuesta pensar que acumular, como en Nerva, cientos de miles de toneladas de peligrosos venenos en una serie de lugares sea una solución.

En cuanto a la incineración en cementeras ya la Agencia de Protección Ambiental (EPA) de los EE.UU. reconocía en un informe al Congreso de ese país en 1995, que tal actividad era la tercera en importancia en cuanto a emisión de dioxinas (después de las incineradoras de residuos médicos y de residuos sólidos urbanos) y la segunda en emisiones de mercurio en ese país. Las cementeras que queman residuos peligrosos, según otro informe de la EPA del año 1994 generan cenizas de cemento cargadas de plomo, cadmio y cromo. Buena parte de esas cenizas, retenidas por filtros, se convierten en sí mismas en residuos tóxicos y peligrosos que gestionar (y que en países como EE.UU. han acabado siendo arrojadas en sitios altamente inadecuados tales como minas o canteras). Parte de esos y otros tóxicos acaban también incorporados en el cemento y en todo lo que se construya con él.

En realidad no estamos sino ante toda una serie de pseudo-soluciones nacidas del hecho de no adoptar la única solución real: evitar en origen la generación de residuos. Es una triste constante en la sociedad en la que vivimos no prevenir los problemas, sino vivir de ellos. Es decir, en lugar de crear negocios que se sustenten de evitar los problemas, lo que se hace es montar negocios que prosperan gracias a la existencia de esos problemas. Negocios que van viento en popa siempre que esos problemas, como el de los residuos, crezcan.

De ese modo, cuantas más toneladas de residuos tóxicos y peligrosos se generen, más dividendos para una serie de empresas que viven precisamente de 'gestionar' la basura venenosa. Y, por otro lado, se consiente así que las empresas que los producen puedan seguir empleando tecnologías sucias sin reconvertirse. El esquema es realmente demencial. Y sus consecuencias ambientales y sanitarias no pueden ser más preocupantes.

Si a lo dicho para los residuos tóxicos y peligrosos sumamos lo que acontece con los residuos sólidos urbanos, dentro de los cuales hay también fracciones que pueden ocasionar una importante polución química, nos daremos cuenta de la magnitud del problema.

En España se producen anualmente más de 25 millones de toneladas de basura urbana. España aumentó su producción de estos residuos en un 40% entre 1996 y 2003. Más de la mitad de esos residuos acaban en basureros. Aunque se hayan clausurado muchos de los miles de basureros que en su día salpicaron buena parte de la geografía española, gran cantidad de ellos siguen siendo un problema. Durante años se vertieron en ellos todo tipo de cosas que permanecen ahora enterradas pero filtrándose hacia aguas subterráneas y superficiales. Del mismo modo, los basureros actuales también siguen representando un problema en muchos casos. Y una parte de las basuras citadas, algo más de un 6%, se destina a plantas de incineración existentes en diversas zonas españolas[119] que crean gran preocupación por generar sustancias tóxicas como las dioxinas, que acaban en emisiones a la atmósfera o en las cenizas retenidas por sus filtros. En cualquier caso, estas plantas no sólo emiten dioxinas. Se han identificado más de 200 sustancias, muchas de ellas muy peligrosas[120]. En estos momentos hay una considerable ofensiva para construir nuevas plantas de incineración en España.

ESPARCIENDO TÓXICOS SOBRE NUESTRA COMIDA

Venenos por vocación: Los pesticidas

Los pesticidas, a diferencia de otros venenos de los que hablamos en esta obra que a lo mejor no tenían vocación de serlo, fueron diseñados desde un principio para dañar organismos vivos. Y bien que están cumpliendo su cometido. No debemos olvidar que en su desarrollo inicial influyó mucho la investigación para su uso en conflictos militares, tales como la Primera y Segunda guerras mundiales. Después esa guerra química se reorientó y se dirigió contra las plagas agrícolas, por ejemplo. Sin embargo, como vemos en los más diversos puntos de este libro, las bajas no están siendo sólo insectos y 'malas hierbas' sino, demasiadas veces, seres humanos.

Estos venenos, que el hombre lleva décadas esparciendo conscientemente sobre el planeta, pertenecen a diferentes familias: organofosforados, organoclorados, carbamatos, piretroides...Y se destinan a usos tales como matar hierbas, hongos, insectos, ácaros...

Cada año, decenas de miles de toneladas de estos venenos son rociadas en millones de hectáreas de España. Y su uso crece. En tan solo diez años, entre 1994 y 2004, la producción de plaguicidas en España aumentó un 63% (de 100.568 a 163.602 toneladas[121]).

¿Dónde esparcimos estos venenos? Virtualmente, por todas partes. Buena parte de ellos se fumigan sobre las tierras que producen los vegetales que comemos, tanto en los cultivos de secano como en los de regadío. Se esparcen con más profusión en las zonas de agricultura intensiva[122]. También en algunas áreas se fumigan estepas contra la langosta[123] o amplias zonas de pinares contra plagas como la procesionaria. Y, por supuesto, se usan por doquier en las cunetas de las carreteras o vías de tren para eliminar la vegetación. En algún caso, se fumigan zonas urbanas desde el aire[124] aunque es más común que en ellas puedan darse fuertes aplicaciones de pesticidas a nivel de tierra por distintas razones[125]. Y para qué hablar de campos de golf o de parques y jardines (como cuando se pretende fumigar copas de árboles, con ventiladores que los esparcen a los cuatro vientos). Con mucha frecuencia en determinadas urbanizaciones se usan más pesticidas por unidad de superficie que en las áreas agrícolas intensivas, y son muchas veces plaguicidas muy peligrosos[126]. Pero es que, en realidad, ¿dónde no se usa hoy en día algún pesticida? En las piscinas se usan para matar los hongos. Y en los hoteles, vagones de tren, oficinas, casas, hospitales... para acabar con los más diversos organismos. En muchos casos, por ejemplo, se fumigan espacios públicos regularmente, aunque no tengan ningún problema de plagas. Pero es que hasta la ropa, una alfombra, una pintura, un plástico, una madera[127], etc., pueden tener pesticidas incorporados ya desde la fábrica, sin seguir con más posibilidades[128]. Estas sustancias venenosas se han hecho omnipresentes en nuestro mundo. Por ello, no es de extrañar que muchas de ellas acaben llegando a nuestros cuerpos a través de la comida, el agua o el aire que respiramos.

La investigadora Ana María García, de la Universidad de Valencia, con motivo de un Congreso Nacional de Epidemiología celebrado en Barcelona, hizo públicos en el año 2002 unos datos reveladores acerca de la presencia de residuos de pesticidas en los vegetales que llegan a los mercados y que estaban en un 60% de las frutas (78% en el caso concreto de las de las naranjas). En las lechugas era un 35% y en el arroz un 37%. La Agencia de Salud Pública de Barcelona realizó un estudio sobre la presencia de este tipo de contaminantes en los alimentos de los mercados de esa urbe (entre 1998-2003) y detectó que estaban en un 28% de las frutas analizadas y un 20% de los cereales. Entidades como la Organización de Consumidores y Usuarios han realizado también análisis ofreciendo resultados preocupantes. Los datos de la Unión Europea mostraban en 2002 que más del 40% de las muestras tomadas en los países de la Unión Europea, tenían tales residuos[129], frecuentemente de pesticidas clasificados como peligrosos[130].

En otros apartados de esta obra veremos más datos acerca de la presencia de este tipo de residuos en el agua o en el aire. Hay incluso investigaciones en Estados Unidos que muestran cómo los pesticidas fumigados en áreas agrícolas pueden ser transportados por el aire a distancias considerables pudiendo llegar a respirarse niveles preocupantes de ellos en algunas poblaciones.

Además suelen ser usados demasiado alegremente en espacios cerrados, muchas veces por sistema, sin necesidad alguna. Como en una especie de disparatada 'guerra preventiva' contra las plagas o supuestas plagas (que de todo hay). En algunos países, como España, se fumigan espacios públicos con pesticidas no porque haya una plaga declarada sino siguiendo un calendario regular, por ejemplo una vez al mes. Y este tipo de situaciones puede causar muchos problemas. El abuso en el empleo de estas sustancias contribuye a que crezcan los residuos de ellos en los entornos en los que nos desenvolvemos, tales como hogares, locales comerciales, hoteles, oficinas, trenes, escuelas, guarderías... Y ello, aparte de los posibles efectos que la exposición crónica a estos compuestos (que pueden ser muchos y que abordamos en otras partes de esta obra) pueden generar, en algunos casos, intoxicaciones agudas. Fumigaciones de este tipo o motivadas por la presencia de unas pocas hormigas, por ejemplo, han dejado hondas secuelas en muchas personas[131].

Ejemplo de lo dicho son los centenares de afectados en Cataluña que han sufrido graves dificultades respiratorias, síndromes irritativos, pérdidas de memoria, dificultad de concentración, Síndrome de Fatiga Crónica, Sensibilidad Química Múltiple, hipotiroidismo, problemas hormonales y de autoinmunidad, etc., por este tipo de acciones[132]. Muchas personas quedaron con incapacidad permanente. Los casos de varios centros hospitalarios y hoteles catalanes[133] fueron especialmente sonados.

Este tipo de problema está perfectamente documentado por las autoridades, como evidencian las notas técnicas de prevención del Instituto Nacional de Seguridad e Higiene en el Trabajo que describen los diversos trastornos causados[134]. Diferentes informes aluden, por ejemplo, a los efectos neurotóxicos que pueden producir[135] muchas de estas sustancias[136], y describen, entre otras cosas, ciertos problemas neurocomportamentales de tipo crónico con disminución de las capacidades cognitivas.

No obstante, el uso que suele hacerse de los pesticidas, tanto en lugares públicos como en los hogares es, demasiadas veces, irresponsable. Y ello cuando bastaría muchas veces con leer las etiquetas, por ejemplo, de algunos pesticidas domésticos (a pesar de lo muy incompletas que suelen ser) para encontrar una serie de graves advertencias y recomendaciones de uso que pocas veces son tenidas en cuenta. Algunas etiquetas advierten de riesgos como la neumonía química, y sin embargo muchas personas tienen la sensación de que lo que usan es totalmente inocuo y puede rociarse generosamente, como si fuese para perfumar, en habitaciones cerradas donde hay niños o mujeres embarazadas. Y si no se tiene conciencia de esos riesgos más inmediatos de los que advierten las etiquetas, mucho menos de los que puede entrañar la exposición cotidiana a niveles muy bajos de algunos de estos compuestos.

Un negro historial

Los pesticidas tienen un triste historial de daños sobre la Naturaleza y sobre la salud humana. Su uso agrario a gran escala, iniciado con promesas publicitarias de incrementos de productividad a bajo coste, ha venido de la mano con una desnaturalización de las prácticas de cultivo, lo que ha causado un debilitamiento de los sistemas naturales que protegían las cosechas, la generación de resistencias en las plagas y unas severas consecuencias de contaminación química.

Y todo ello se vio ya desde el principio, como sucedió con el DDT. Tras unos años de incrementos en la producción la realidad se impuso. Los pesticidas perdían eficacia y para conseguir leves mejoras debía aumentarse mucho su uso. Al principio no había especies que fuesen resistentes. Hoy son cientos. Y mientras, poblaciones enteras de insectos beneficiosos, que se comían a los insectos plaga, han desaparecido por estos venenos que no discriminan entre amigos y enemigos. Igual pasó con las 'malas hierbas'. Han generado tales resistencias frente a los pesticidas que han forzado a los fabricantes de estos venenos a crear cosechas transgénicas que resistan sus herbicidas, ante el incremento de su uso y que amenazaba no sólo a las plantas objetivo, sino a los propios cultivos[137].

A pesar de las resistencias industriales que negaban los daños fomentando una pseudociencia cómplice, consiguiendo que se demorase la protección de la salud pública frente a estas sustancias, la verdadera ciencia fue demostrando los efectos adversos de un pesticida tras otro, por ejemplo de aquellos que eran más persistentes en el medio y que se acumulaban más en los cuerpos de los seres vivos. A medida que eso sucedía, los fabricantes iban sustituyéndolos por otras sustancias.

La consecuencia es que hoy, además de tener todavía en nuestros cuerpos residuos de los pesticidas más persistentes que se usaron con mayor profusión hace décadas, tenemos también residuos de otros en principio menos persistentes pero que al ingerirlos constantemente, al fin y al cabo, pueden causar también daños.

Décadas de envenenamiento consciente han inyectado estas sustancias en la trama de la vida haciendo que se difundan a enormes distancias, permaneciendo por mucho tiempo, y alcanzando hasta los rincones aparentemente más impolutos del globo. Es ingente la cantidad de investigaciones científicas que abordan los efectos de esta invasión de química sintética. Prueban sus daños en los animales acuáticos, en las aves y en otras especies, incluyendo, claro está, y de forma muy notable, al hombre.

Nada sorprendente, por otro lado, pues son sustancias, como ya se ha dicho, diseñadas específicamente para dañar organismos vivos. Y bien que lo hacen, sea atacando el sistema hormonal, el nervioso o el inmunitario, entre otros.

Podríamos aquí centrarnos en los casos más espectaculares, como la tragedia de Bhopal en la India, donde la explosión de una fábrica de pesticidas en los años 80 mató de golpe, como si fuesen insectos, a miles de personas y dejó cientos de miles de afectados. Podríamos hablar de los centenares de miles de personas que han sufrido malformaciones congénitas, cánceres, daños neurológicos, etc., por las fumigaciones con el Agente Naranja, pesticida utilizado en la Guerra de Vietnam. Incluso podríamos dar datos de la Organización Mundial de la Salud que nos dicen que los pesticidas causan en el mundo unos 220.000 muertos al año y 25 millones de afectados[138]. O podríamos dar las cifras del Instituto de Recursos Mundiales que hablan de entre tres millones y tres millones y medio al año de intoxicaciones agudas por pesticidas en el tercer mundo.

Pero esos datos, con todo lo llamativos que puedan resultar, no son sino la punta del iceberg del problema sanitario de los pesticidas. Básicamente por referirse ante todo a los casos de intoxicaciones agudas y más visibles, obviando lo que afecta realmente a un porcentaje mucho mayor de la población mundial: la exposición a niveles teóricamente 'bajos' de pesticidas a lo largo de toda la vida, desde el momento de la concepción dentro de la madre, hasta la muerte, y los efectos que una ingente cantidad de investigaciones científicas asocian a ese hecho.

Fijarnos sólo en los casos de intoxicación aguda puede tener su importancia. Podemos centrarnos, por ejemplo, en los muchos casos que se dan en una de las zonas agrícolas españolas donde más pesticidas se usan, como es el suroeste de la provincia de Almería, en torno a poblaciones como El Ejido (Almería)[139]. Pero al evaluar casos como estos olvidamos impactos sanitarios mucho más amplios, no sólo en las propias zonas agrícolas, sino en la población general.

Para empezar, se ignorarían así muchos efectos que pueden sufrir los mismos agricultores a consecuencia de la exposición durante largos periodos de tiempo a niveles de pesticidas por debajo de los que podrían producir una intoxicación aguda. Se trata de efectos que, con demasiada frecuencia, son más graves que los de las intoxicaciones agudas. Y es que se sabe que el contacto con plaguicidas está asociado, por ejemplo, al Parkinson o, entre otras muchas cosas, a algunos tumores. En España el doctor Gonzalo López Abente, del Instituto de Salud Carlos III, publicó un interesante monográfico sobre "Cáncer en agricultores" en el que se analizaban los excesos de riesgo de cánceres cerebrales, de estómago, linfomas[140], leucemia, cáncer de próstata o testículo que pueden darse en estas personas.

Además, los pesticidas generan daños más allá de los agricultores mismos, tanto en las zonas agrícolas como fuera de ellas. En las poblaciones de las áreas donde se realizan las fumigaciones se ha visto por ejemplo, que es más fácil que las mujeres den a luz hijos con malformaciones. Una interesante investigación realizada en Estados Unidos, por sólo citar un caso, mostraba que si una mujer concebía un hijo en la época en que había una mayor acumulación de pesticidas en las aguas, por el uso de estos en la agricultura, corría un riesgo mucho mayor de padecer ese problema[141]. También se sabe, y de ello damos datos en otros apartados de esta obra, que los niños de zonas con más exposición a algunos compuestos podrían también tener una mayor propensión a males como el síndrome de disgenesia testicular (incluido el cáncer de testículos cuando crezcan), o ciertos cánceres infantiles[142].

Los pesticidas aparecen ligados a innumerables problemas sanitarios, desde el síndrome de fatiga crónica a la esclerosis lateral amiotrófica[143]. Resumir siquiera los estudios científicos que han asociado estas sustancias con problemas de salud[144] sería una labor interminable. Sin afán de que sea memorizada, sino simplemente para dar una idea, a continuación enumeramos algunos de ellos.

Pueden consultarse bases de datos científicos, tales como la de 'The Collaborative on Health and the Environment', que nos muestra cómo los pesticidas han sido asociados a síntomas tales como arritmias, dermatitis de contacto, neuropatía periférica o infertilidad masculina. Así mismo, también han sido ligados, con una buena carga de evidencia científica, a enfermedades tales como: leucemias de adulto, anemia aplástica, asma, cáncer de huesos, cáncer cerebral infantil, leucemia infantil, daños cognitivos (aprendizaje deficiente, problemas de memoria, déficit de atención...), mala coordinación, fetotoxicidad, malformaciones genitourinarias en varones y mujeres, alteraciones hormonales, caída de la inmunidad, bajo peso al nacer, linfoma no Hodgkin, desórdenes menstruales, mieloma múltiple, pre-leucemia, cáncer de páncreas, Parkinson, fotosensibilidad, porfiria tóxica, cáncer de próstata, problemas psiquiátricos, infertilidad femenina, cáncer de riñón, mareos, cáncer de piel (no melanoma), cáncer de testículos... Y también se han relacionado por otros estudios a males como hepatitis, déficit de atención e hiperactividad, enfermedad de Lou Gehrig, Alzheimer, angiosarcoma hepático, autoinmunidad, problemas de conducta, cáncer de vejiga, tumor cerebral, cáncer de mama, bronquitis, malformaciones cardiacas congénitas, cáncer cervical, síndrome de fatiga crónica, cirrosis, malformaciones congénitas en general, cáncer de colon, problemas de visión, menopausia temprana, cáncer de esófago, síndrome de la Guerra del Golfo, linfoma de Hodgkin, cáncer de laringe, cáncer de pulmón, melanoma, Sensibilidad Química Múltiple, esclerosis múltiple, cáncer nasofaríngeo, defectos del tubo neural, labio leporino, cáncer de ovario, neumonía, retinoblastoma, artritis reumatoide, malformaciones esqueléticas, sarcoma de los tejidos blandos, cáncer de estómago, cáncer de testículos, trombocitopenia, cáncer de tiroides, vasculitis o tumor de Wilm. No está mal, ¿no? Los pesticidas son, sin duda, uno de los grupos de sustancias que la ciencia ha asociado a los más dispares problemas de salud.

Muchos de los estudios científicos realizados no aluden a daños asociados a exposiciones a niveles altos de pesticidas, como los que pueden tener personas particularmente expuestas como agricultores o fumigadores, sino muchas veces, aluden a daños en personas expuestas a niveles más 'bajos' como puedan ser las que simplemente llevan estos tóxicos en sus cuerpos por haber ingerido alimentos contaminados con ellos dentro de los límites 'legales'. De hecho, aunque antes muchos estudios se centraban en analizar los efectos que padecían sectores de población particularmente expuestos, hace tiempo que muchas de las investigaciones se centran en ver los efectos que pueden tener los niveles 'bajos' de pesticidas que tiene en sus cuerpos una buena parte de la población.

Lamentablemente, mientras la ciencia es cada vez más consciente de los riesgos de este tipo de sustancias, la población tiene, en general, una considerable ignorancia acerca de ello, lo que genera que no exista una percepción del riesgo. Ello lleva a que no se adopten medidas preventivas frente a la exposición a estas sustancias. Un ejemplo de ello se expone en el capítulo dedicado a la asociación entre la presencia de niveles bajos de pesticidas en la alimentación de los niños y determinados problemas que desarrollan. Otro ejemplo puede ser lo que, en otro apartado, vemos sobre algunas enfermedades femeninas. Y existen muchos más. No hay conciencia del riesgo.

Un antecedente: "Primavera silenciosa"

"Luego, una rara plaga se extendió sobre el lugar y todo empezó a cambiar. (...) Hubo una quietud extraña. (...) Los pocos pájaros que se veían estaban moribundos; temblaban violentamente y no podían volar. Fue una primavera carente de voces. En las mañanas que una vez palpitaron con el matutino coro de las voces de multitudes de pájaros, ahora no había sonido alguno; solamente el silencio cubría los terrenos, los bosques y los pantanos".

Rachel Carson, 'Silent Spring' (Primavera silenciosa).

El párrafo anterior pertenece a uno de los libros que marcó un hito en la concienciación sobre los peligros de la contaminación química. Fue escrito por una tímida científica estadounidense que hasta el momento de publicarlo, en 1962, había sido más conocida por publicar libros de biología marina. Sin embargo, esta mujer llevaba mucho tiempo preocupada por el daño que podían estar haciendo los venenos sintéticos que se esparcian por los campos de su país.

Se dedicó a recoger un montón de evidencias científicas sobre los daños que se estaban causando. Intentó publicar algunos artículos pero, al no conseguirlo, se decidió a escribir un libro con un título evocador: 'Silent Spring', en el que condensar todo lo que sabía sobre el peligro de los pesticidas. Dedicó varios años a prepararlo. Habló con muchos investigadores. Lo dotó de una fuerte base en la literatura científica e hizo que su libro fuese revisado por una larga lista de científicos antes de publicarlo.

Una de las cosas que más le impactó de entre los muchos testimonios que reunió preparando su libro, fueron los relatos de zonas fumigadas con DDT que se habían quedado sin pájaros. Y ello influyó en el título que terminó dando a su obra[145].

Como era de esperar, al conocerse parte de los contenidos del libro en 1962, la industria química intentó desacreditarla, pero el público no cayó en el engaño y se percató de que estaba ante una obra muy sólida y seria.

Carson fue invitada a participar en varios programas de televisión y declaró ante diversas comisiones del Congreso pidiendo que se protegiese la salud de las personas y de la Naturaleza frente a la amenaza de los pesticidas que se usaban entonces tan alegremente.

Sin embargo, mientras todo esto sucedía, un cáncer de mama iba poco a poco ganandole la batalla, de modo que falleció en abril de 1964 con 56 años de edad, tan solo un año y medio después de publicar su libro.

Irónicamente hoy se sabe, por múltiples investigaciones realizadas, que los pesticidas podrían estar involucrados en el origen del cáncer de mama, cosa que, obviamente, Carson no sabía entonces. De alguna manera, era como si la inteligencia de Carson hubiese emprendido una lucha contra lo que podía, probablemente, estar matándola a ella misma.

La muerte segó su vida demasiado pronto, haciendo que dejase este mundo sin sospechar el impacto de su libro.

Menos de un año después de la primera publicación de parte del contenido de 'Primavera silenciosa', decenas de proposiciones de control del DDT habían sido presentadas en diversos estados. El propio Presidente Kennedy reconoció que la obra de Carson había influido determinantemente en que se investigase más en serio los efectos del DDT.

Carson no pudo ver, por ejemplo, cómo en 1970 el Congreso de los Estados Unidos creaba la Agencia de Protección Ambiental como una más de las muchas consecuencias directas que había tenido su obra, ni conoció el movimiento social que había despertado. Tampoco vio cómo en 1972 el Gobierno prohibía el uso doméstico del DDT.

En 1962 escribió a una amiga con mucha humildad "ahora puedo creer que he ayudado por lo menos un poco". No creía que un libro pudiera producir grandes cambios. Se equivocaba.

Como dijo una de sus biógrafas, Carson se había convertido en un símbolo contundente del poder de un solo individuo para cambiar la sociedad.

El libro de Carson es considerado hoy uno de los más influyentes de toda la historia literaria de los Estados Unidos.

La científica había explicado en cierta ocasión la motivación de escribirlo: "sentí que tenía una obligación solemne de hacer lo que pudiera". Y ciertamente, lo hizo, aunque muriese sin ser plenamente consciente de ello.

Una obra anticipadora

"El más alarmante de todos los atentados del hombre contra su circunstancia, es la contaminación del aire, la tierra, los ríos y el mar con peligrosas y hasta letales materias".

Rachel Carson. Primavera Silenciosa.

El libro, leído hoy, prácticamente medio siglo después, impacta por su clarividencia y su anticipación. Tanto, que da la sensación de que su autora tuviese las ideas más claras y viese las situaciones más nítidas que las personas más concienciadas de hoy. Y ello a pesar de que en todo este intervalo de tiempo ha crecido infinitamente la cantidad de evidencias científicas que le dan la razón e incluso que han mostrado pruebas de más impactos de los que esta autora describiese porque no pudo imaginarlos.

Probablemente, parte del hecho de que entonces pareciera existir una conciencia más nítida del riesgo se deba a la 'tinta de calamar' con que los intereses creados han enturbiado durante décadas nuestra visión del problema, ocultando lo que dice la comunidad científica. Son décadas de desinformación.

Impacta cómo la investigadora nos decía cosas tan contundentes como ésta y que hoy parecen olvidadas, incluso por muchas organizaciones ecologistas que se dedican a temas menos importantes: "El más alarmante de todos los atentados del hombre contra su circunstancia, es la contaminación del aire, la tierra, los ríos y el mar con peligrosas y hasta letales materias. Esta polución es en su mayor parte irreparable; la cadena de males que inicia, no sólo en el mundo que debe soportar la vida, sino en los tejidos vivos, es en su mayor parte irrecuperable. En esta contaminación, ahora universal, del medio ambiente, la química es la siniestra y poco conocida participante de la radiación en el cambio de la verdadera naturaleza del mundo... la naturaleza de su vida". Más adelante insistirá: "La guerra química nunca se gana y toda vida resulta captada en su violenta contradicción. Parejo con la posibilidad de la extinción de la especie humana por la guerra atómica, el problema central de nuestra época se presenta por consiguiente con la contaminación del medio ambiente total del hombre por medio de tales sustancias de increíble potencia dañina".

Impresiona hoy tal contundencia, ante todo, cuando a pesar de que supuestamente la conciencia ecológica ha crecido desde entonces, muy poca gente siente realmente la gravedad de asuntos como los que describía y sentía esta mujer hace décadas. También es impactante, por otro lado, que la situación, lejos de haber mejorado desde que esta científica escribiese esas líneas, ha empeorado muy notablemente.

Hoy los asuntos ligados a los efectos de la contaminación química casi se han convertido en algo olvidado. Los medios de comunicación no hablan apenas de ello, y cuando se ocupan de temas ambientales, suelen hacerlo, si acaso, de otros como el cambio climático. E incluso una parte del movimiento ecologista parece haber dejado de lado estas cuestiones, a pesar de que se publiquen sobre ello millares de estudios científicos de los que la población apenas llega a saber nada porque no hay quien ayude a difundirlos.

De matar personas a matar insectos

'Primavera silenciosa' nos muestra, con una claridad meridiana, de qué forma tan irresponsable se inició el uso de los pesticidas a gran escala. Nos explica que ya desde el primer momento se sabía que era innecesario y dañino usar esas sustancias, pero cómo, a pesar de todo, las industrias químicas y sus aliados en la Administración estadounidense, no dudaron en falsear la realidad para extender su uso, recurriendo a campañas de 'terrorismo publicitario' que exageraban el impacto de plagas o supuestas plagas, creando artificialmente estados de psicosis e histerismo que propiciaban el uso desesperado e irracional de sus productos.

Comenzaron con todo esto, cuando ya existían sistemas de control de plagas infinitamente más eficaces y sin efectos perjudiciales, como los basados en el control biológico. No se dudó en actuar, incluso, contra 'plagas' imaginarias, inventándolas con tal de garantizar la venta de enormes cantidades de productos químicos para 'combatirlas'.

Carson detalla cómo, sintomáticamente, esta industria de los pesticidas es hija directa de la Segunda Guerra Mundial, cuando se probaban venenos con insectos con los que matar a las personas. Cuando, acabado el conflicto, las empresas perdieron la opción de matar personas, buscaron una forma de dar salida a sus productos, y crearon toda una maquinaria publicitaria para inventar la apariencia de necesidad de sus compuestos.

"Esta industria es hija de la Segunda Guerra Mundial. En el curso del desarrollo de agentes químicos para la guerra, algunas materias fueron descubiertas como letales para los insectos. El hallazgo no se produjo por casualidad: los insectos fueron ampliamente usados para probar los productos químicos mortales al hombre". No era pues tan sorprendente esperar que se produjesen efectos sobre el ser humano.

De la guerra química contra las personas se pasó a la guerra química contra la Naturaleza (que finalmente también es una guerra contra las personas). La excusa, como en tantas guerras donde se inventan excusas, fueron las plagas o las supuestas plagas. Surgió un negocio tan innecesario y perjudicial como rentable para unas pocas empresas. Se inventó una necesidad inexistente para dar cobertura a estas ventas.

El planeta, como nos desgrana Carson, se convirtió en escenario de un experimento químico-biológico sin precedentes, acometido por intereses mercantiles y sin un estudio científico previo de sus posibles consecuencias, tanto para la Naturaleza como para la salud de las personas. Cuesta hacerse una idea del calibre de la irresponsabilidad que se describe. Vastas regiones del planeta comenzaron a verse anegadas por el uso a gran escala de pesticidas sintéticos de gran toxicidad. Un chorro sin fin de química sintética, por primera vez en la historia evolutiva, entró en el equilibrio químico planetario con la sutileza de un elefante en una cacharrería.

El DDT, el clordano, el dieldrín, el aldrín, el endrín... y otros venenos organoclorados, empezaron a ser inyectados en las arterias de la delicada trama química de la Biosfera. También lo serían sustancias de otros grupos, como los organofosforados (entre los que se cuentan el paration o el malation) o como los pesticidas carbamatos.

Estos productos eran menos eficaces que los sistemas de lucha biológica empleados por los agricultores hasta entonces pero, a diferencia de aquellos sistemas tradicionales, dejaban beneficios a una serie de industrias químicas que hasta ese momento no contaban con ese lucrativo negocio.

Es más, precisamente la ineficacia era una garantía de continuidad del negocio, ya que cuantas más plagas hubiese, y cuanto más fuerte fuesen, tantos más pesticidas habría que usar, según el demencial sistema que acababa de inaugurarse. Se generaba, además, dependencia, como con las drogas.

Cada vez se requerían dosis mayores, o productos más fuertes, porque las plagas generaban enseguida resistencias contra estos productos, y además, estas sustancias sintéticas no mataban tanto a las plagas como a la miríada de enemigos naturales de éstas.

Se estaban exterminando los complejos sistemas naturales que mantenían a raya a las plagas, de modo que parecía que sólo quedaba la opción de las soluciones sintéticas.

El sinsentido era patente desde un principio. No es que no se supiese entonces y fuese algo que se tardaría en aprender. No. Desde el primer momento, y la científica americana dejaba constancia de todo ello, se sabía y bien a las claras, que todo era un perfecto disparate.

Se sabía qué iba a pasar ya antes de iniciarse las fumigaciones. Era algo que cualquier experto honrado en ciencias naturales podía prever sin ningún esfuerzo. Era de sentido común para cualquiera que supiese cómo funciona la Naturaleza y qué efecto iba a tener en ella una intervención química disparatada como ésa. Y como no podía ser de otro modo, enseguida comenzaron a verse las consecuencias.

Por citar uno de los muchos ejemplos que comentaría Carson, se vio que tras las fumigaciones, la mosca negra de Ontario no sólo no desaparecía, sino que sus poblaciones se multiplicaban por diecisiete. Pronto se vio que si se fumigaba con DDT contra las orugas acababa habiendo más orugas y no menos.

Pero la maquinaria creada por la industria química no estaba dispuesta a detenerse por algo tan baladí como que estuviese creando más problemas de los que supuestamente solucionaba. No. El negocio era el negocio.

Y si la verdad no interesaba, se fabricaba una 'verdad' virtual que sirviese de cobertura para seguir vendiendo toneladas de pesticidas.

Carson narra algunos ejemplos, como la emisión de documentales pavorosos que creaban auténticas psicosis en la sociedad americana de aquellos años. En algunos de ellos se mostraba, con todos los efectos cinematográficos perfectamente estudiados para generar determinados sentimientos, supuestas invasiones de hormigas asesinas.

Hablaban de hormigas que mataban rebaños enteros y que arrasaban cosechas de amplias regiones. El que tales daños no existiesen no importaba. Lo que importaba era que eso creaba una necesidad inventada que iba a usarse como excusa para fumigar millones de hectáreas del sur de EE.UU. con productos tan peligrosos como el DDT o el dieldrín. Esos documentales creaban el caldo de cultivo.

El cerebro de los americanos fue cuidadosamente lavado año tras año con publicidad de esa clase, para que viesen con buenos ojos que cantidades astronómicas de dinero, muchas veces público, fuese a parar a las arcas de algunos fabricantes.

Carson denunciaba, por ejemplo, que durante más de 40 años nadie había considerado que la hormiga roja fuese amenaza alguna para el ganado o las cosechas (más bien lo que hacían eran comerse a otros insectos que sí eran perjudiciales para las mismas, aparte de airear la tierra). Pero que, curiosamente, cuando surgió el negocio de los pesticidas, la cosa cambió bruscamente: "Con el desarrollo de los productos de amplio poder letal, se produjo un cambio en la actitud oficial hacia ese insecto. En 1957 el Departamento de Agricultura de Estados Unidos emprendió una de las campañas publicitarias más notables de su historia. La hormiga encendida se convirtió de buenas a primeras en un cúmulo de notas del Gobierno, noticiarios y documentales cinematográficos y relatos de inspiración oficial en los que se la describía como un azote para la agricultura sureña y un asesino de pájaros, ganados y hombres. Se anunció una poderosa campaña en la que el Gobierno Federal en cooperación con los estados interesados, pulverizaría unos veinte millones de acres" -unos ocho millones de hectáreas, nada menos- "en nueve estados del sur. Los fabricantes de plaguicidas parecen haber encontrado el gran negocio con los programas de eliminación de plagas dirigidos por el Departamento de Agricultura de Estados Unidos", informaba alegremente un periódico financiero en 1958.

Y tanto, porque no era otra cosa que un simple negocio privado, a costa de dinero público, sin ninguna otra justificación real que ese negocio en particular y sin generar ningún otro beneficio y sí muchos perjuicios.

Ni siquiera se acabó con esas hormigas, que continuaron extendiéndose. Pero millones de hectáreas quedaron contaminadas con productos peores que el DDT, como el dieldrín, causando bárbaras mortandades de aves y peces, por no hablar de la desaparición de poblaciones enteras de zarigüeyas, armadillos o mapaches, y sin contar con los severos daños que padecieron muchos animales domésticos de esas zonas, ni con la contaminación de la leche de las vacas.

Así comenzó la aventura de los pesticidas y así continuaría hasta nuestros días. "Lo que es pasado es prólogo".

Se fumigaba también brutalmente incluso sobre ciudades donde no había ni un insecto de los que supuestamente se perseguían, pero sí niños, por ejemplo. Pasaba lo mismo con las fumigaciones contra una polilla egipcia que realmente no era ya un problema, al haber sido controlada por sistemas naturales. Y así sucedía otros muchos casos que desgranaba esta científica.

A la hora de vender algo, y cuando es vender lo que importa, el rigor científico pasa a un segundo, tercer o cuarto plano. La ciencia, simplemente, no interesa. No interesa la verdad. Interesa el negocio, y cuando la verdad, por demostrada que esté, molesta, se la arrincona y silencia.

Eso es lo que se hizo, deliberadamente, desde un principio: ocultar la evidencia científica que se iba acumulando. Había que difundir una falsa sensación de inexistencia de riesgos, lo que propiciaría un uso 'alegre' y 'generoso' de los productos. Otra cosa hubiese retraído el consumo y las ventas. Y no era eso lo que se buscaba. Ni es eso lo que sigue buscándose hoy, ni con los pesticidas ni con otros productos químicos de uso cotidiano.

Mientras, nos diría Carson también, todo ello hacía posible que creciese la contaminación química de los ecosistemas. Nació una compleja polución a la que los seres vivos no podían adaptarse, dado que se había abierto una nueva caja de Pandora con la creación progresiva de más y más sustancias sin dar tiempo a una posible adaptación. "La química a la que la vida tiene que adaptarse, ya no se reduce a ser sencillamente el calcio, el sílice y el cobre y los demás minerales arrancados a las rocas por el agua y arrastrados al mar por los ríos, es la creación sintética de la inventiva humana, obtenida en los laboratorios y sin contrapartida en la Naturaleza. El adaptarse a esta química requeriría tiempo en la escala de la naturaleza, no sólo los años de la vida de un hombre, sino los de generaciones. Incluso si por algún milagro ello fuera posible, resultaría inútil, porque los nuevos productos salen de los laboratorios como un río sin fin" (...) "¿Puede creer alguien posible que se extienda semejante mezcolanza de venenos sobre la superficie de la tierra sin que resulten inadecuados para todo ser viviente? No deberían llamarse 'pesticidas' sino 'biocidas' ".

Carson se descorazonaba con los centenares de compuestos nuevos que cada año se producían en los Estados Unidos. Y cabe preguntarse hoy: ¿qué haría si pudiese ver cómo el problema se ha incrementado? Y eso que Carson hablaba sólo de los pesticidas y no de otras sustancias con efectos semejantes y en algunos casos peores que los de estos y que también se producen y vierten en el medio, en órdenes de millones de toneladas anuales.

De una forma estremecedora, predecía problemas clave en los que hoy insisten muchos científicos. Uno de ellos es la creación de un complejísimo 'cóctel' químico de innumerables sustancias sintéticas que mezcladas entre sí y con las naturales componen perturbadoras combinaciones de efectos impredecibles. Le inquietaba la presencia de ese 'cóctel' en las aguas, por ejemplo.

"¿En qué lagos o ríos, por el efecto catalizador del aire o la luz, pueden nacer peligrosos productos por parentesco químico con otros catalogados como 'inofensivos'? Sin duda uno de los aspectos más alarmantes de la contaminación del agua es el hecho de que aquí -en río o lago o pantano o, por la misma causa, en el vaso de agua servido en nuestra mesa- están mezclados productos que ningún químico responsable pensaría en mezclar en su laboratorio".

Consignó también aspectos como los efectos de la química sintética de los pesticidas en el delicadísimo equilibrio químico-biológico de los suelos, detallando daños causados por diversos pesticidas, como el herbicida 2,4-D.

Los lectores de 'Primavera silenciosa', se sobrecogían al saber, gracias a esta científica, cómo las sustancias químicas vertidas en la Naturaleza, por ejemplo en las aguas, acababan indefectiblemente dentro de los organismos vivos, y no sólo dentro de los que se querían eliminar, sino de todos los demás. Así, el DDD (un 'pariente' del DDT) al cabo de un tiempo ya no se detectaba en el agua de un lago, el lago Clear, pero sí, y en concentraciones aumentadas, en los seres vivos del mismo.

Pasaba revista a los más variados disparates. Por ejemplo, narraba cómo se fumigaba indiscriminadamente en Michigan, con el ultratóxico aldrín, aún sobre masas de agua y poblaciones (sin avisar ni consultar a las personas que vivían allí). La excusa era acabar con una supuesta 'plaga' de escarabajos japoneses que realmente ya estaba controlada con métodos biológicos. Contaba también cómo había mortandades masivas o esterilidad de petirrojos por fumigar los olmos con DDT contra un coleóptero que ya se mantenía a raya con otros métodos más eficaces. No importaba que se estuviese viendo que donde se fumigaba aumentaba la mortalidad de estos árboles. Los pobres petirrojos morían al comer lombrices llenas de DDT. Igualmente los pájaros carpinteros fueron barridos de amplias zonas por este producto y otros como el heptacloro. Eran productos que no acababan con las plagas pero sí con insectos y aves enemigas de ellas.

"Las pulverizaciones están matando a los pájaros, pero no salvan a los olmos. La ilusión de que la salvación de los olmos está al cabo de una manguera de pulverizar es una autosugestión que va conduciendo a una colectividad tras otra a un callejón de enormes gastos que no producen resultados verdaderos. Greenwich y Connecticut han estado pulverizando por espacio de diez años. Después de esto, un año húmedo trajo consigo condiciones especialmente favorables para el escarabajo, y la mortalidad de los olmos creció en un 1.000%".

Carson seguirá comentando más casos concretos y añadirá que "donde se dependía de las pulverizaciones la enfermedad no tenía límites", apuntando que "las pulverizaciones venenosas destruyen todas las defensas naturales" y que en donde no se había recurrido a ellas, y se había seguido con sistemas como la eliminación de la madera enferma, como se hizo en New York, la proporción de olmos enfermos era mínima.

Mientras se prodigaban las fumigaciones comenzaron a observarse una serie de anomalías nunca antes vistas en la fauna salvaje. Refiere Carson los daños reproductivos que se daban en las poblaciones del águila calva, el ave emblema de los Estados Unidos, que casi no tenía crías por causa de la presencia del DDT en el pescado. Comenta cómo en una zona de Florida donde un especialista en aves estudiaba estas rapaces desde finales de los años 30 y en los que "el número de crías registradas cada año era alrededor de 150" algo cambió de improviso. "En 1947 la producción de polluelos comenzó a disminuir. Algunos nidos no contenían huevos; en otros había huevos vanos. Entre 1952 y 1957 alrededor del 80% de los nidos no tuvo crías". Pronto se hallaron evidencias de la relación de esto con sustancias químicas contaminantes como el DDT.

Y así seguirá esta autora describiendo horrores padecidos por la Naturaleza, como los causados por las fumigaciones con DDT en los bosques de abetos y que exterminaban a los salmones.

Se mostraba particularmente preocupada por el efecto que la acumulación de estas sustancias podría tener en las marismas y estuarios, así como por sus efectos sobre la producción pesquera. Ya se sabe que incluso en muchas especies de peces que tienen el desove en el mar sus crías entran después en las desembocaduras de los ríos para sufrir una serie de transformaciones.

Escribiría que "las pesquerías en aguas marinas o dulces son recursos de suma importancia que envuelven intereses y bienestar para enormes cantidades de personas. Que ahora están seriamente amenazadas por las sustancias químicas que penetran en aquellas aguas no puede seguir dudándose".

"De la era de las infecciones a la era de los venenos"

Pero Carson no se quedaba sólo en los efectos sobre especies animales como aves, mariscos o peces. No olvidaba aludir, de forma realmente contundente, a los efectos sobre la salud humana. Comentaba, de una forma realmente anticipadora, que había comenzado la "era de los venenos", que iba a sustituir a la era de las infecciones, y que ello iba a suponer pagar un alto coste en salud humana.

Le escandalizaba que, de forma intencionada, se estuviesen presentando como 'inocuas' sustancias muy peligrosas como el DDT o el dieldrín, incluso cuando se publicitaban para un uso doméstico.

En un capítulo, publicado ingeniosamente como "Más allá del sueño de los Borgia" (los Borgia eran una familia cuya leyenda negra los presentaba como eficaces envenenadores), decía que obviamente los efectos iban más allá de esos tan visibles de las fumigaciones a gran escala, que más importantes eran los efectos de "los innumerables contactos a pequeña escala a que estamos sujetos día tras día, año tras año. Como el constante gotear del agua que acaba horadando la piedra, ese contacto desde el nacimiento a la muerte con peligrosos productos químicos puede sernos al final desastroso. Cada uno de esos roces, por ligeros que sean, contribuye al progresivo crecimiento de sustancias químicas en nuestro cuerpo y al envenenamiento por acumulación. Probablemente ninguna persona es inmune a esa tentacular contaminación. Arrullados por el amable vendedor y la oculta elocuencia, el ciudadano se entera muy rara vez de que está rodeado de productos mortales; la verdad es que ni siquiera se da cuenta de que los está usando".

"Así, la era de los venenos ha quedado establecida como la época en que cualquiera puede meterse en un establecimiento y sin que se le pregunte nada, comprar sustancias de enorme potencia mortal".

Carson alertaba ya entonces, por ejemplo, de hasta qué punto se había frivolizado el uso de los venenos. Nos decía que una lata con DDT tenía una etiqueta que se limitaba a avisar de que podía estallar si se exponía al fuego. Ella alertaba de cómo, pese a que ya existía conciencia fehaciente del riesgo que representaba para la salud tener una casa rociada con sustancias de este tipo, como el ultratóxico dieldrín, se vendían alegremente incluso para su uso en la cocina. También avisaba de que se vendían como si nada lociones, cremas, etc., con sustancias muy peligrosas, para aplicarlas en las ropas o la piel; qué se vendían aparatos que llenaban las casas de vapor de lindano, enormemente peligroso, para librarse de insectos; que se recomendaba impregnar las ropas con DDT o dieldrín. Asimismo, señalaba cómo se consiguió que prácticas como la jardinería se basasen también en el uso frívolo de venenos, sin advertir de los riesgos a los usuarios. Carson avisaba sobre los aparatos que diseminaban por el aire de las zonas habitadas grandes cantidades de tóxicos; y denunciaba, en fin, muchos otros problemas, como la presencia de residuos de pesticidas en nuestros alimentos.

Y nos decía algo que nos resulta muy familiar hoy en día: "La existencia de tales residuos, o es minimizada por la industria como cosa sin importancia, o es negada, lisa y llanamente. Al mismo tiempo hay una muy fuerte tendencia a calificar de fanáticos o presuntuosos a los que son tan perversos que piden que su comida esté libre de venenos insecticidas".

Ya entonces, y esta autora nos daba múltiples pruebas de ello, la comida estaba contaminada con estas sustancias. Carson hacía un repaso de las concentraciones, a veces altísimas que se medían en vegetales, carne, mantequilla, lácteos...; y señalaba cómo el DDT había comenzado ya a medirse incluso en los cuerpos de los remotos esquimales del Ártico.

Esta mujer cuestionaba de manera extraordinariamente contundente los límites legales de contaminación por estas sustancias que comenzaron a establecerse. Hablamos de esos límites legales que hoy en día, machaconamente, las administraciones quieren hacernos pasar por 'seguros'.

Carson, hace ya cinco décadas, nos mostraba que aquello tan solo servía para dar una "apariencia de seguridad", que "en cuanto a la seguridad que puede obtenerse permitiendo una pizca de veneno en nuestros alimentos -un poco de éste, un poco de aquél- mucha gente discute, con gran razón, que haya ninguna cantidad de veneno deseable en la comida". Denunciaba que se llegara a los límites supuestamente 'seguros' de una sustancia concreta estudiando con animales de laboratorio, y de qué forma, sin tener en cuenta que para los seres humanos los contactos con los pesticidas "no sólo son múltiples, sino desconocidos para la mayoría, incontrolables e intasables", que no sólo llegan con la comida sino por otras muchas vías y que este "amontonamiento de productos químicos crea una exposición que no puede ser calculada".

Concluía con algo obvio: "establecer tolerancias es autorizar la contaminación pública de la comida con productos químicos ponzoñosos para que el agricultor y su labor puedan disfrutar del beneficio de una producción más barata... y por consiguiente, condenar al consumidor, imponiéndole una contribución, a mantener una burocracia encargada de inspeccionar que no le den dosis mortales de venenos. Pero hacer el trabajo de inspección de un modo eficaz, costaría mucho más dinero del que el legislador se atrevería a gastar, dado el actual volumen y la toxicidad de los productos químicos para la agricultura. De modo que, a fin de cuentas, el desgraciado consumidor paga sus impuestos, pero le dan el veneno sin miramientos".

Más adelante añadirá "este sistema, no obstante -el envenenar deliberadamente nuestra comida y a continuación inspeccionar el resultado- recuerda demasiado al 'Caballero blanco' de Lewis Carrol, que pensó en un plan para teñirse las patillas de verde y usar un abanico tan grande que no se pudieran ver". Es decir, un disparate. Pero es un disparate surrealista que se nos ha impuesto de tal modo que hoy, cinco décadas después, muchos juzgan como 'normal'. Y realmente así es: la norma es el disparate.

Todo podría resultar hasta hilarante si no fuese por las consecuencias de esta sinrazón impuesta en el mismo estilo de las consignas de la novela 1984 de Orwell, o de las del 'Mundo feliz' de Huxley. Es tan demencial que movería a risa si no fuese por los daños que todo esto ha creado, sobre todo -nos recalca Rachel Carson-, los daños sobre la salud humana. Y es al abordar este aspecto donde de nuevo el mensaje de esta científica adquiere toda su grandeza anticipadora. Porque hoy lo que dice está meridianamente claro, y lo fundamentan miles de investigaciones científicas realizadas, pero entonces verlo de forma tan nítida era algo que necesitaba de una mayor agudeza.

Sorprende lo claro que tenía conceptos que hoy son punteros en toxicología, como el de la crítica a los supuestos 'niveles legales' o el concepto del 'efecto cóctel' de múltiples sustancias, y el que asegura que no son precisas altas dosis de un tóxico, sino que niveles 'bajos' de exposición a largo plazo pueden tener efectos de erosión importante de la salud.

Carson nos adelantaba ya, hace 50 años, algunas de las cosas que estaban sucediendo, muchas veces por los efectos de la exposición constante a niveles supuestamente 'bajos' de venenos como los plaguicidas. Hablaba de los efectos neurotóxicos del DDT; de malformaciones congénitas; del incremento de la incidencia de la hepatitis que se había registrado desde 1950, coincidiendo con el incremento de venenos en el medio. También destacaba la caída de la reproducción humana (citando datos como el menor número de espermatozoides, lo que se ha demostrado más adelante). Y, cómo no, explicaba, entre otras cosas, el incremento en las tasas de cáncer. De los cánceres infantiles, decía que "hace un cuarto de siglo el cáncer en la infancia era considerado como una rareza. Hoy mueren de cáncer más escolares americanos que de ninguna otra enfermedad".

ENVENENANDO LAS AGUAS

En el año 2001, un grupo de científicos publicó los resultados de una investigación muy importante acerca del agua del grifo de algunas ciudades españolas. Dicho estudio aclaraba un aspecto muy conocido entre los técnicos pero prácticamente desconocido por el común de los mortales.

Mucha gente piensa que los tratamientos de potabilización garantizan que el agua que llega al grifo no pueda representar un problema para la salud bajo ningún concepto. Y ello puede ser cierto en especial en lo que se refiere a los contaminantes biológicos, como los microbios, pero no tanto para los contaminantes químicos. Y esto es cierto, no sólo porque demasiadas veces los sistemas de depuración no los eliminen, sino porque los tratamientos que recibe el agua antes de llegar a las casas pueden añadir contaminantes nuevos, por ejemplo a consecuencia de la cloración.

Se sabe que el cloro reacciona con la materia orgánica del agua y genera unas sustancias organocloradas y organobromadas llamadas thihalometanos, un numeroso grupo de compuestos entre los que figuran el cloroformo, bromodiclorometano (BDCM), dibromoclorometano (DBCM) y bromoformo. La formación de estas sustancias será mayor o menor en función de una serie de factores, tales como la cantidad de cloro que se utilice (que acostumbra a ser mayor en zonas como la mediterránea, donde el agua suele estar más contaminada orgánicamente), la temperatura, la existencia de determinadas sustancias en el agua, la acidez, la temperatura...

Pero lo que sí se sabe, y aquellos científicos por supuesto lo sabían, es que los trihalometanos y otras sustancias que se originan como subproductos de la cloración de las aguas pueden tener propiedades mutágenas y cancerígenas en experimentos con animales. Los trihalometanos, además, han sido asociados en estudios epidemiológicos, por ejemplo, con un incremento del riesgo de cáncer de vejiga urinaria. Y las más diversas investigaciones las asocian a otros problemas, tales como alteraciones de la reproducción y del desarrollo fetal[146].

Los investigadores de los que estamos hablando se centraron en analizar si realmente la presencia de esas sustancias podía estar generando un incremento del riesgo de padecer ese cáncer. Y se pusieron manos a la obra. Visitaron plantas potabilizadoras en cuatro áreas de España y tomaron 111 muestras de agua potable. Estudiaron los hábitos de consumo de agua, revisaron otros estudios epidemiológicos, datos de mortalidad, etc. Y de este modo, pudieron calcular el riesgo de cáncer de vejiga que podía deberse a los niveles de trihalometanos que habían medido.

La concentración de estos contaminantes no era igual en todos los sitios. Los niveles más altos de trihalometanos se daban en la zona mediterránea, en ciudades como Sabadell, Alicante (Elche y área de influencia), Barcelona y Manresa (con valores medios respectivos de 81, 80, 61 y 52 microgramos por litro o $\mu g/l$), midiendo valores más bajos en las otras dos zonas que estudiaron: Tenerife y Asturias (7 y 20 $\mu g/l$).

La conclusión de la investigación fue que en esas áreas con los niveles de trihalometanos más altos, el riesgo de cáncer de vejiga que podía atribuirse a los subproductos de la cloración podía ser, en promedio, de un 20%. Es decir, la presencia de esos trihalometanos en el agua influía notablemente en el riesgo de padecer ese tipo de cáncer en las ciudades con dichos niveles[147]. Muchos casos de cáncer de vejiga podían deberse a esto en las zonas estudiadas.

Los niveles eran altos en comparación con los registrados en otras zonas de la Unión Europea. Sin embargo, éste es un tema del que prácticamente la población no recibe ninguna clase de información. ¿Por qué? Aunque, como dicen los propios científicos autores del informe aludido, existan otras alternativas que no generarían ese problema, la Administración parece asumir que es un 'mal menor' en comparación con los riesgos de infecciones que se combaten con la cloración. ¿Pero por qué no se informa de algo así, dando ocasión a que sea la sociedad quién decida qué riesgos quiere correr y cuáles no, o si juzga que hay que optar por otros procesos?

Hasta ahora, normalmente, cuando los ciudadanos acceden a datos como estos es a través de algún informe que publica alguna organización. Pero no, como debiera ser, porque la Administración dé ninguna información detallada y fiable (y fácilmente accesible). Los datos que tiene la Administración pocas veces llegan a la ciudadanía, que se ve condenada a no saber qué es lo que está bebiendo y a no tomar ninguna medida para, si fuese el caso, protegerse mínimamente, bien sea buscando otro abastecimiento de agua, bien sea presionando para que se potabilice de otro modo, o incluso, entre otras opciones, instalando filtros de carbono activo que reduzcan los contaminantes.

En otoño de 2005, la Organización de Consumidores y Usuarios (OCU) tomó muestras del agua del grifo de decenas de capitales españolas. Al ver los resultados obtenidos en algunas de ellas como Cáceres, Ciudad Real, Zamora, parte de Alicante, Ávila y Murcia, se decidió a dar un llamativo título al informe que publicó: "Atención, agua no potable"[148].

¿Por qué un título tan llamativo? Pues porque esas seis ciudades sobrepasaban el límite legal de contaminantes como los trihalometanos en el agua del grifo y, por lo tanto, legalmente, su agua no cumplía los parámetros establecidos para el agua potable.

21 de las 57 muestras de agua que tomaron en las 50 capitales españolas en 2005, mostraban que el agua tenía niveles altos de trihalometanos y que seis de ellas, las antes citadas, no cumplían los requisitos legales exigidos. Y debe tenerse en cuenta que, según comentaba la OCU, en aquel momento en España era legal llegar hasta 150 μg/l, aún cuando a nivel internacional el límite era de 100 μg/l, límite este último que era superado por otras 15 muestras[149]. Y eso sin entrar en si el límite legal de 100 microgramos por litro realmente es una garantía de inocuidad. Si no, miren los resultados del estudio científico citado anteriormente sobre el cáncer de vejiga y verán de lo que hablamos. Demasiadas veces lo 'legal' y lo seguro no coinciden.

Unos pocos años antes la misma organización de consumidores había realizado otro informe[150] semejante en el que se denunciaba que casi una de cada tres muestras de agua de las capitales y ciudades importantes españolas tenía contaminantes como los dichosos trihalometanos y herbicidas (triazinas), que por lo visto, como pasa con tantos otros tóxicos, no son depurados por los sistemas clásicos.

Se habían tomado 100 muestras de 88 núcleos de población. Y nada menos que el 27% de las muestras tenía más de 100 microgramos por litro (μg/l) de trihalometanos, que es el límite considerado 'adecuado' por Sanidad. Se aludía al preocupante nivel de trihalometanos detectado en Murcia, Molina (Alicante), Córdoba, Valladolid, Ciudad Real o Zamora. Al margen de ello un 6% de las muestras superaba el límite 'legal' de los herbicidas (triazinas), como pasaba en Benavente, Córdoba, Andujar, Palma del Río o Málaga, entre otros.

No es más que un ejemplo que sirve para ilustrar un hecho: la ineficiente depuración química del agua potable. Tengamos presente que en realidad el problema va mucho más allá de lo que sucede con los trihalometanos o con un herbicida, ya que son miles de sustancias diferentes las que acaban en las masas de agua, miles, que además se combinan entre sí y sufren procesos de transformación química que aumentan la complejidad del cóctel o sopa química generada.

Realmente, los complejos aspectos de la contaminación química de las aguas apenas son tenidos en cuenta, y se fija mucho más la atención en otros como el de la contaminación microbiana, casi como si éste fuese el único problema digno de atención. Y por ello no extraña que, como hemos visto, para evitar una clase de contaminación (microbiológica), pueda incrementarse otra (química). Evitamos así unas enfermedades (cólera, tifus, problemas intestinales...) pero sin percatarnos ni interesarnos demasiado de hasta qué punto podemos estar favoreciendo otras (cáncer, daños reproductivos, malformaciones, problemas neurológicos...). Y esto, aún cuando en el mundo desarrollado, hoy en día, realmente las primeras apenas estén causando bajas y sean las segundas las que más estén creciendo.

Creemos que con haber matado a los microbios todo está solucionado, como si sólo hubiese enfermedades infecciosas. Nos alegramos de que desaparezcan los microorganismos del agua, pero nos da igual o no nos fijamos tanto en que se incremente al mismo tiempo el número de sustancias químicas tóxicas en ella.

Una de las eminencias españolas en el ámbito de la toxicología, Eduardo Rodríguez Farré, comentaba en un congreso de medicina ambiental algo muy interesante pero que poca gente sabe: que en el agua de Barcelona, antes de someterla a cloración, se miden unos 150 ó 170 compuestos y que, después de clorarla, se miden 330, porque muchas de las sustancias iniciales se combinan con el cloro y generan otras nuevas, muchas veces tóxicas[151]. Comentaba también que había alternativas de potabilización, como la de la ozonización, que podrían evitar el uso del cloro y sus consecuencias.

Pero eso sólo remediaría una muy mínima parte del problema de la contaminación química que puede llegarnos a través de las aguas, ya que es un hecho que hemos convertido a éstas en el receptáculo de ingentes cantidades de porquería química.

Muestra de ello lo vemos en otros apartados de esta obra, cuando nos referimos, por ejemplo, a las diversas alteraciones que los contaminantes generan en los ecosistemas acuáticos.

A las aguas van a parar enormes cantidades de vertidos industriales. Si damos por buenos los datos que suministra la propia industria española, lo cual ya sería un ejercicio de ingenuidad considerable, nuestras aguas reciben cada año más de un millón doscientas mil toneladas de contaminantes.

Es una cifra brutal, aún cuando procede del escasamente fiable Registro Estatal de Fuentes Contaminantes (EPER), basado en datos dados por las 2.159 industrias que más contaminan y sólo se refiere a 44 sustancias peligrosas.

Si a ello se suma la cantidad enorme de sustancias peligrosas que se vierten en otros sectores tales como la agricultura basada en los pesticidas, o las que se evacúan a los cauces desde los núcleos de población, podemos imaginarnos el panorama real.

Las aguas de nuestros ríos y zonas húmedas se han convertido, en demasiadas ocasiones, en cloacas industriales y urbanas.

Hay casos clamorosos como el del río Segura en Murcia y Alicante, cuyo escaso caudal incrementa aún más la concentración de los contaminantes que lleva; entre otros, se ha contado el cromo hexavalente, el hexaclorociclohexano (HCH), el cadmio o el mercurio. Algunos expertos han publicado ciertos datos al respecto, lo que les ha valido incluso tener que padecer una persecución por algunas autoridades, tantas veces interesadas en silenciar este tipo de problemas. Tal fue el caso del catedrático Manuel Nieves de la Universidad Miguel Hernández de Elche cuando hizo públicas[152] sus mediciones en numerosos puntos del río que mostraban altos niveles de cadmio y otros metales pesados, que llegaban a superar 176 microgramos/litro frente a los cinco autorizados por la normativa, o niveles del pesticida lindano de 100 nanogramos/litro así como concentraciones demasiado elevadas también de otros pesticidas como la simazina.

En el caso del Segura, hay decenas de publicaciones científicas sobre este asunto. Como tampoco faltan sobre la contaminación causada por el vertido de las minas de Aznalcóllar que afectó al Parque Nacional de Doñana en 1998, u otros casos en los que, una y otra vez, se ha visto la impunidad con la que se pueden envenenar nuestras aguas.

Otro caso relevante es el de la contaminación de cientos de miles de metros cúbicos de lodos en un embalse del Ebro en Flix (Tarragona) envenenados con sustancias como el mercurio, el hexaclorobenceno, los PCBs, el DDT, etc. Decenas de pueblos se abastecen del río aguas abajo. Se han medido altos niveles de mercurio en peces. Pero en este caso, como en otros, la impunidad ha campado por sus respetos, con la complicidad oficial.

Situaciones muy graves llegan a conocimiento de la población no tanto por las autoridades teóricamente competentes, sino por otras vías. Tal es también el caso, por citar otro ejemplo, de lo sucedido en ríos como el Cinca (Huesca), donde se han detectado muy altas incidencias de patologías hepáticas en peces, como barbos y alburnos, asociadas a vertidos industriales con mercurio. En algunos tramos de este río, afluente importante del Ebro, sigue existiendo además contaminación directa por tóxicos como el DDT[153], entre otras sustancias. Y, por supuesto, se han detectado también estos contaminantes y sus metabolitos en altas concentraciones en barbos, truchas o carpas, lo que ha llevado al Gobierno aragonés a desaconsejar su consumo.

A veces han de ser organizaciones no gubernamentales las que investiguen e informen a la población, normalmente con poco o nulo apoyo oficial. Un ejemplo sobre el tema que nos ocupa es el informe "Nadando en químicos"[154] que presentó Greenpeace en 2005, y en el que, en virtud de los análisis realizados en la Universidad de Exeter (Reino Unido) se veía que especies como la anguila del río Ebro o del Miño estaban contaminadas con retardantes de llama. Son sustancias que, aparte de los efectos que podrían tener sobre las especies silvestres, también podrían en algún caso tener implicaciones sanitarias. Y sin embargo no se informa.

Buena parte de nuestros ríos soporta una carga importante de contaminantes químicos. Pero se suele hablar sólo de los casos más llamativos, esos que de cuando en cuando atraen la atención de la prensa porque a lo mejor hay una mortandad de peces o un vertido extraordinario. Pero incluso en estos casos, suele asistirse siempre al mismo esquema: están en el candelero unos días y luego se olvidan. Hace unos años, por ejemplo, hubo un vertido industrial importante en el río Umia que desemboca en una de las rías de mayor riqueza marisquera de Galicia. Los telediarios hablaban día a día de las labores que se emprendieron para frenar el avance de la contaminación, y de cómo se intentaba neutralizar el efecto de aquel vertido, en el que había sustancias como benceno, tetracloroetileno, estireno, etilbenceno tolueno, xileno... Pocos días después el tema ya no interesaba. Nadie se preguntaba cómo había quedado aquel río, cuánta polución podría permanecer en sus aguas, ni qué efectos podría tener en la fauna fluvial e incluso en el marisco de la ría. Siempre pasa igual.

Y si eso ocurre con sucesos que en algún momento atraen la atención y donde sería de esperar que existiese luego un interés por hacer un seguimiento hasta el final, imagínense qué sucede con tantos y tantos ríos en los que lo que hay no son grandes vertidos puntuales, sino normalmente vertidos menores pero constantes. Nos referimos a vertidos que aunque nunca sean demasiado espectaculares individualmente, si se sumasen uno a uno, al cabo de un mes o de un año, globalmente representarían una cantidad de contaminantes muy superior a la de un gran vertido. A lo mejor no se darán grandes mortandades visibles de peces, pero sí que habrán producido, calladamente, la extinción de algunas especies y efectos subletales, pero muy graves, en otras. Porque los contaminantes están ahí, no en unos niveles que llamen mucho la atención, pero sí en los suficientes para ir haciendo estragos severos aunque menos visibles, salvo para quien los estudia. En el capítulo de alteraciones hormonales en la fauna abordamos alguna de las alteraciones vistas en ciertos organismos dulceacuícolas, tales como la feminización de machos de peces e incluso el hermafroditismo a consecuencia de esta polución.

Esta contaminación crónica, constante, de tantas y tantas cuencas fluviales causa inimaginablemente más daño que la de los casos más vistosos. Los ríos, a través de la escorrentía, reciben buena parte de los tóxicos que se usan en muy vastas superficies, sea en las labores agrícolas, como es el caso de los pesticidas, sea en los pueblos y ciudades. No pensemos sólo en las industrias. Pensemos, por ejemplo, en toda la compleja mezcla de sustancias químicas que se emplean en millones de hogares y que acaban en el río a través del alcantarillado, sin que los sistemas de depuración estén diseñados -si es que pudiesen estarlo- para neutralizarlas debidamente: detergentes, productos de limpieza, desatascadores de cañerías, disolventes, sustancias de pequeñas industrias y talleres, tintorerías, tiendas de fotos, imprentas... e incluso algo de lo que pocas o ninguna vez se habla, como pueda ser el gran volumen de hidrocarburos aromáticos que, cada vez que llueve en una ciudad, acaban en las alcantarillas.

Además, a pesar de que hay una normativa que en teoría debe garantizar que la gente esté informada, rara vez las administraciones dan a la población los datos que tienen acerca de esa contaminación más cotidiana. Y a lo mejor la gente llega a enterarse cuando algún conflicto determinado hace que alguien busque esos datos y los saque en la prensa (o alguien de la Administración los filtre).

Un ejemplo de ello fue cuando se supo que los análisis de la Confederación Hidrográfica del Júcar habían detectado pesticidas como el alacloro, el clorpirifos o la atrazina en el agua de la que se abastece Valencia. La noticia se refería a las aguas de ríos como el Turia. Anteriormente ya se habían publicado datos parecidos sobre las aguas del Júcar, cuando la Junta central de Usuarios del Vinalopó[155] hizo públicos en 2007 los resultados de las analíticas oficiales que mostraban que en el curso bajo de este río se superaban los límites permitidos de una serie de contaminantes: alacloro, cianuro, clorpirifos, endosulfan, hexaclorociclohexano, lindano, simazina, imazalil, etc.[156] El tema no había sido hecho público, como hubiese sido aconsejable para alguien preocupado por posibles repercusiones sobre la salud pública. Pero fuese como fuese, el caso ilustra cómo a veces la población se entera de datos oficiales de contaminación química no como debiera ser, de forma normalizada y transparente, sino por circunstancias puntuales que nada tienen que ver con un sano funcionamiento de las instituciones. ¿Por qué la Administración no da de forma sistemática tales datos y realiza alertas públicas sobre ellos?

Fíjense, además, que los datos oficiales dados a conocer en el caso aludido, se refieren a una flagrante violación de los niveles permitidos de una serie de sustancias muy preocupantes, tales como algunos pesticidas.

El tema de la polución por pesticidas es un asunto sanitario de primer orden, ya que muchas de las sustancias utilizadas han sido asociadas por la literatura científica, aún a niveles 'bajos' de concentración (es decir, con frecuencia muy por debajo de los límites permitidos), a los más diversos problemas, y los científicos recomiendan que se evite la exposición humana a estas sustancias. Sin embargo, esos datos estaban ahí, y la Administración no había hecho nada con ellos.

Obviamente, se conocen datos semejantes a los de estos ríos valencianos de muchos otros ríos en España sin que se hagan públicos de la forma debida.

Además, si ya la contaminación por sustancias más 'clásicas' como algunos venenos industriales o los pesticidas no se estudia debidamente (ni se da a conocer adecuadamente en los casos en los que se hace un seguimiento), la situación es mucho peor con contaminantes menos estudiados, pero sobre los cuales está creciendo mucho la preocupación en los últimos tiempos, tales como los fármacos.

Obviamente los fármacos no son unos recién llegados a las aguas. Deben llevar mucho tiempo como contaminantes de las mismas, pero el estudio de los efectos de este problema es relativamente reciente, especialmente en países como España.

Sin embargo, el número de investigaciones en este sentido es cada vez mayor. Una de ellas, realizada en las aguas del Parque Nacional de Doñana, detectó la presencia de antibióticos (sulfametoxazol, y trimetoprim), anti-inflamatorios (diclofenaco, ibuprofeno -el fármaco que aparecía en más cantidad-, ketoprofeno, naproxeno y salicílico), betabloqueantes (propranolol), reguladores lipídicos (clofíbrico y gemfibrozilo), un antiepiléptico (carbamazepina) u hormonas (naturales: estrona, 17β-estradiol y estriol; y una artificial: 17β-etinilestradiol)[157].

Los autores de la investigación, realizada por el Departamento de Química Analítica de la Universidad de Sevilla temían los posibles efectos que ello pudiese tener sobre el ecosistema.

Los fármacos detectados proceden de los eliminados por la orina y las heces, y en algunos casos de los que se tiran al retrete, y que de este modo acaban en las aguas residuales. Una vez en las depuradoras, que raras veces están diseñadas para eliminar este tipo de sustancias, se vierte de nuevo al río un caudal contaminado con una cantidad nada desdeñable de estas sustancias[158]. Los científicos denuncian que los sistemas de depuración sólo acaban con cierto porcentaje de la concentración de fármacos (de unos más y de otros menos) y recomiendan que se añadan tratamientos terciarios de oxidación o membranas.

Determinados organismos acuáticos parecen verse afectados por los fármacos en las aguas, tales como el cnidario Hydra attenuata. Y datos previos a este estudio, realizados por los mismos científicos en colaboración con la Universidad británica de Stirling, han mostrado que provocan alteraciones genéticas hepáticas y cerebrales en especies como el salmón atlántico[159]. Tampoco conviene olvidar que el efecto de los fármacos puede combinarse con el de otras muchas sustancias contaminantes (pesticidas, metales pesados, etc.).

Una de las investigaciones más amplias realizadas es la que se enmarca dentro del llamado Proyecto Aquaterra, que ha hecho un seguimiento de más de veinte fármacos en las aguas de cinco ríos europeos, entre ellos el Ebro. Así se han detectado en las aguas antidepresivos, antibióticos, antihistamínicos, analgésicos, antibióticos y otros medicamentos.

Algunos de estos fármacos, como es el caso de las píldoras anticonceptivas, por ejemplo, podrían tener notables efectos como contaminantes hormonales, sumándose a otras sustancias contaminantes que tienen propiedades análogas. En este sentido es interesante el resumen que hace el investigador Francesc Piferrer, del Institut de Ciències del Mar, del Consejo Superior de Investigaciones Científicas (Barcelona) cuando comenta que sustancias como "el etinilestradiol-17α (EE2), un compuesto activo de la píldora anticonceptiva femenina presente en el medio acuático, feminizarán el 100% de una población de salmones expuesta durante sólo 2 horas. Asimismo, se observó feminización tras la exposición a bisfenol-A y nonilfenol. Por el contrario, exposiciones igualmente cortas durante los estadios críticos a inhibidores del complejo P450 aromatasa (P450arom) resultaron en una masculinización de hembras genéticas. En lubinas sexualmente indiferenciadas, la exposición a EE2 provocó una proporción de hembras de más del doble que la del grupo control. Además, tratamientos fuera del periodo lábil, que no afectaron de forma significativa a la proporción de sexos, resultaron en menores tasas de maduración sexual de los machos, y los que sí maduraron mostraron una caída de su fertilidad. En su conjunto, estos datos ilustran la extraordinaria sensibilidad de los peces a la acción de ciertos contaminantes cuando la exposición ocurre en estadios tempranos"[160].

La preocupación, obviamente, no se centra sólo en los posibles efectos sobre los ecosistemas acuáticos, tales como daños hepáticos y renales o feminización de los peces macho (sea por medicamentos como las píldoras anticonceptivas u otras como la terapia hormonal sustitutiva), sino también en posibles efectos en los humanos que beban de estas aguas, especialmente en sectores vulnerables de la población, como las embarazadas. Una de las cosas que preocupan más es también la generación de resistencias a los antibióticos.

Como vemos, las aguas de nuestros ríos se han convertido en un complejísimo caldo químico en el que se pueden generar las cosas más impredecibles. Y la forma dominante de afrontar el problema tiene graves errores. No es posible creer honradamente que pueden contaminarse las aguas y que luego se va a remediar mediante procesos de depuración que, hoy por hoy, dejan muchísimo que desear incluso en los sitios donde mejor se aplican, y dejando a un lado que aún hay muchas poblaciones que ni siquiera depuran.

Convertir en cloacas químicas las aguas de las que luego vamos a beber, con las que vamos a regar nuestros alimentos, o las que van a dar al mar en el que viven los peces que luego acaban en nuestra mesa es un disparate. Aunque hubiese forma de filtrar todo eso, luego seguiría existiendo el problema de qué hacer con los venenos filtrados, problema que hoy ya se hace patente, por ejemplo, con tantos lodos de depuradora que en muchas ocasiones acaban siendo esparcidos por campos agrícolas como 'abono', tóxicos incluidos, y únicamente trasladando el problema a otros lugares.

Las aguas subterráneas

Y si, como hemos visto, se habla poco y mal de la contaminación de las aguas superficiales, mucho menos y peor se habla de la de las subterráneas que, todo hay que decirlo, son nada menos que el 97% de las aguas dulces en estado líquido presentes en los continentes. Deberíamos mimar los acuíferos, máxime con tantos problemas de agua como hay en el planeta. Sobre todo si pensamos que muchas veces la velocidad de renovación de las aguas de un acuífero puede ser lentísima y llevar incluso milenios, de modo que si lo contaminamos el efecto puede ser irreversible.

Lamentablemente, en general, nuestra sociedad ha venido comportándose, a efectos de prevenir su polución, como si las aguas subterráneas no existiesen. Basta un foco de contaminación en un solo punto para que, como si del efecto de una inyección se tratase, se puedan contaminar acuíferos enteros en muchos kilómetros cuadrados. Aun así se han hecho vertederos urbanos e industriales en los que se ha enterrado de todo. Y ahí seguirán, rezumando hacia abajo, por muchas décadas, sus compuestos químicos. Se han fumigado cientos de miles de hectáreas sobre suelos permeables, año tras año, década tras década. Y, en fin, se han hecho mil y una cosas semejantes en millares de puntos de España y en millones de puntos del planeta.

Lamentablemente, no son raras las veces que pudiendo haber sido utilizado un acuífero para uso urbano ha habido que desistir de ello a consecuencia de la pésima calidad de sus aguas. Esto sucedió en Barcelona hace unos años durante una sequía que redujo los caudales de las aguas superficiales de las que se abastece tradicionalmente aquella urbe. Se propuso entonces la posibilidad de abastecerse de los acuíferos del Llobregat que están pegados a la ciudad, pero la idea se descartó por su grado de polución. Y lo mismo pasa a lo largo y ancho del planeta. A pesar de que más de 1.500 millones de personas dependen de las aguas subterráneas para beber, la situación de los acuíferos es muy grave en muchísimos lugares.

Algo tan simple como una pequeña fuga en un depósito subterráneo de una gasolinera, tan insignificante que nadie se percata de ella durante años, es suficiente para que kilómetros cuadrados de acuífero se vean contaminados. Y lo dicho, que no es sino uno de los muchos posibles escenarios de contaminación y aunque parezca no tener demasiada entidad, puede producir, por sí solo, bastantes estragos. Por dar un dato referido a un país rico, hablaremos del Reino Unido, en el que sería de esperar, en principio, un poco más de cuidado en ciertos asuntos y un poco más de medios para poder vigilar el mantenimiento de algunas instalaciones. En ese país, en 1993, una multinacional reconoció que una de cada tres de sus más de mil estaciones de servicio había contaminado acuíferos. En Estados Unidos hay datos parecidos.

Si a desastres como estos unimos la costumbre que ha existido en tantos lugares de desprenderse de residuos tóxicos inyectándolos bajo tierra o de tantas y tantas industrias que, consciente o inconscientemente, han ido destilando venenos hacia el subsuelo desde balsas mal revestidas, nos daremos cuenta de la situación. Son muy conocidos casos como el del famoso Valle de la Silicona en California y la polución creada, por ejemplo, por sus depósitos de disolventes. Pero si sumamos problemas como las balsas de purines de las granjas porcinas, los fertilizantes, los pesticidas, los basureros y sus lixiviados, las balsas mineras (conteniendo aguas ácidas, metales pesados, etc.), y muchas otras posibilidades, nos daremos cuenta de cuantas cosas pueden haber migrado hacia las aguas subterráneas.

A todo ello hay que sumar otras fuentes, de origen más o menos 'natural' pero favorecidas muchas veces por la actuación humana, como puede ser la contaminación por arsénico que se da en tantas zonas. El caso más famoso es Bangladesh, pero en España, por ejemplo, hay también algunas áreas afectadas, lo que ha causado problemas de abastecimiento de agua potable en bastantes municipios de Castilla y León, por ejemplo.

Una de las más claras consecuencias de la crisis de contaminación química de las aguas, sean subterráneas o superficiales, es el crecimiento brutal de las ventas de agua embotellada en los últimos tiempos. Aunque la población no está ni mínimamente informada de problemas como los que hemos referido lo cierto es que existe un recelo creciente hacia el agua del grifo.

Pero la solución no debería ser beber agua embotellada, procedente de unas pocas fuentes de montaña que en principio parecen estar o están menos contaminadas, mientras una serie de empresas ven crecer sus beneficios vendiendo esa agua. La solución debería estar en frenar en origen la contaminación generalizada de las aguas a la que hoy asistimos y poder beber con confianza de las aguas del grifo. Lo otro es una huida hacia delante.

Y, todo hay que decirlo, el agua embotellada tampoco es necesariamente una garantía plena, al margen de su coste. Un ejemplo de ello es todo lo que se ha publicado acerca de los contaminantes hormonales que pueden ser liberados desde algunos de los plásticos en los que suele envasarse[161], incluidos algunos libres de uno de los contaminantes hormonales más célebres, el bisfenol A.

Mares envenenados

A pesar de la aparente vastedad de los mares y océanos que pareciera sugerir que la contaminación química que reciben se 'diluye' en ellos, lo cierto es que es precisamente en estas grandes masas de agua donde se están sintiendo los efectos de esta polución[162] de forma más clara.

El mar se ha convertido en el receptáculo de una buena parte de la contaminación planetaria, llegando a él una cantidad importante de los vertidos que se generan a veces muy lejos, por ejemplo a través de los ríos. Más de un 80% de los contaminantes que reciben los mares procede de tierra firme.

A través de ríos como pueda ser, en España, el Ebro, llegan a los mares ingentes cantidades de sustancias tóxicas. Son sustancias que las más diversas investigaciones han asociado a fenómenos tales como las epizootias que han ocasionado grandes mortandades de mamíferos marinos.

Es el caso de la gran mortandad de focas del mar del Norte o de la que, poco después, en los años 90, afectó a los delfines en el Mediterráneo, constatándose en ambos casos la asociación de este problema con los niveles de contaminantes, tales como los PCBs, que estos animales tenían en sus organismos (en el caso de los delfines afectados, por ejemplo, la cantidad de contaminantes químicos era dos y tres veces más alta que en los no afectados).

Tanto focas como delfines parecían tener minado su sistema inmunológico por los contaminantes del pescado que comían. Y hablamos del mismo pescado que, por cierto, consumimos los seres humanos en los mercados.

La contaminación del pescado con policlorobifenilos (PCBs), dioxinas, mercurio y otras sustancias es algo que ha sido reiteradamente advertido por comités científicos a las autoridades de la Unión Europea. Incluso, en algún país, se realizan campañas para advertir a las mujeres embarazadas de que no sobrepasen unas cantidades determinadas de ingesta de algunas especies por este motivo.

En el año 2001, el entonces Comisario Europeo de Sanidad, David Byrne, dio la voz de alarma sobre los niveles de dioxinas que contenía el pescado del mar Báltico. El Comité Científico de Alimentación Animal, por su parte, alertaría sobre la concentración de estos tóxicos en los peces, mayor que en otros alimentos (con riesgo mayor en los peces más grasos, como los arenques del Mar del Norte, porque las grasas son receptáculos para la acumulación de estos venenos). Lejos de poder considerar esas alarmas como algo puntual, debemos ser conscientes que son más bien parte de una norma que no afecta sólo a peces que vivan en mares más o menos cerrados.

Existe especial preocupación en países que, como Japón, consumen grandes cantidades de pescado. Diversos estudios se han encargado de mostrar la presencia de contaminantes, de los que luego hablaremos, como los retardantes de llama bromados o los compuestos organoestánnicos como el TBT en el pescado y marisco[163].

España es un país con un alto índice de consumo de pescado y ello ha sido asociado, por ejemplo, a los altos niveles de mercurio que tiene la población española. A finales de junio de 2011 la propia Agencia Española de Seguridad Alimentaria (AESAN) advertiría sobre el alto contenido de ese metal pesado en especies como el pez espada, el tiburón o el atún rojo, aconsejando cautela en su consumo para embarazadas y niños menores de tres años.

ENVENENANDO EL AIRE

Según la Organización Mundial de la Salud, en el mundo al menos 1.400 millones de personas respiran un aire que supera los límites que se consideran seguros. Cien millones de personas en el primer mundo respiran un aire contaminado e insalubre, según el mismo organismo, que probablemente se basa en unos parámetros, los de ciertos niveles 'permitidos' muy cuestionados científicamente, por lo que la cifra real debe ser muy superior.

Hay zonas del planeta donde las consecuencias sanitarias de la contaminación

Contaminación por hidrocarburos

No podemos dejar de citar aquí los efectos de la constante contaminación de los mares con hidrocarburos. Una de las formas más llamativas de esta contaminación son las mareas negras causadas por petroleros[164] o plataformas marinas[165]. Pero ese tipo de grandes vertidos, con todo lo vistosos que son, en realidad sólo constituyen una mínima parte de la contaminación por hidrocarburos de los mares. Debemos tener en cuenta también vertidos rutinarios desde refinerías, limpieza de tanques, etc.

Los hidrocarburos contenidos en el petróleo son cientos de sustancias diferentes, y cada tipo de crudo es distinto, igual que son distintos algunos de sus derivados según el origen. Algunas sustancias son líquidos muy volátiles, otras son espesas y oscuras; unas flotan, otras van al fondo.

Y los escenarios de contaminación que pueden generar son muy diversos también, desde los más evidentes, como las aves y otros animales petroleados, hasta los más sutiles que tienen que ver con la incorporación de los hidrocarburos en la cadena alimentaria[166].

Estos vertidos también pueden tener impactos en la salud humana, unos más sutiles y difíciles de seguir, otros más directos[167]. Entre estos últimos, se han estudiado algunos relacionados con personas expuestas intensamente a los vertidos[168]. De ahí se destacan daños cromosómicos, problemas respiratorios y hormonales (como alteración de los ciclos menstruales de mujeres) registrados en personas que participaron en la limpieza de la marea negra del Prestige, en España, en 2002[169].

Dentro de los hidrocarburos totales del petróleo se cuentan sustancias como el benceno, el tolueno, el xileno, el n-hexano... que pueden generar muy diversos problemas. La neurotoxicidad, aparte de la carcinogenicidad, suele ser compañera de algunas sustancias de este tipo[170]. Por último no conviene olvidar extremos como la generación de hidrocarburos aromáticos policíclicos (PAHs), tan conflictivos en muchos casos.

atmosférica son especialmente sangrantes. Uno de esos lugares es la India, donde se calcula que este problema pueda estar causando la muerte prematura de medio millón de menores de cinco años y de mujeres adultas. En todo el sur de Asia cada año mueren 1.400.000 personas (que para el 2020 podrían llegar a ser 8 millones de personas si se mantienen una serie de tendencias). Existe un crecimiento brutal de casos de asma, obstrucción pulmonar crónica, cáncer de pulmón, tuberculosis, etc.

En 1998 el informe "Signos Vitales. La situación del planeta" del Instituto de Recursos Mundiales (World Resources Institute), con sede en Washington, apuntaba que quienes viven en ciudades contaminadas de los Estados Unidos, tienen entre un 15 y un 17% más de riesgo de morir prematuramente. El mismo Instituto de Washington, en su informe del año 2000, comentaba que concretamente en China, la polución del aire a causa de la industria, el carbón, los vehículos a motor, etc. podía estar causando la muerte anual de un millón de personas y que a nivel global la contaminación atmosférica podía estar acabando con la vida de una cifra al menos tres veces superior.

Uno de los símiles más inquietantes que se hacen en informes como los citados es el que tiene que ver con los niños y que nos dice que lo que respiran en ciudades como Shanghái, Beijing, Calcuta, Teherán o México, es para ellos como si se fumaran dos paquetes de tabaco cada día. Además un 64% de los niños de Delhi y del 65% al 100% de los de Shanghái tienen cantidades consideradas peligrosas de plomo en su sangre, en buena medida a consecuencia de las emisiones de este metal pesado a causa de los combustibles.

Vivimos en una sociedad muy dependiente de una serie de elementos tales como los hidrocarburos, que, en sí mismos y al margen de los aditivos que se les introduzcan o no, son tóxicos. Estamos ya muy familiarizados con determinados problemas derivados de su manejo, como los vinculados a los episodios de contaminación marina causados por su transporte. Del mismo modo, se conocen bien los problemas que los vapores emanados por combustibles como la gasolina pueden generar sobre personas como los empleados de estaciones de servicio. Se sabe, por ejemplo, que son negativos para el sistema nervioso central, pudiendo producir irritación ocular y respiratoria, mareos, dolores de cabeza, somnolencia y falta de coordinación. Pero, obviamente, y más allá de los problemas sanitarios más restringidos que puedan derivarse de estas exposiciones, lo que más inquietud causa es la contaminación generada por la combustión de estos hidrocarburos, ya que se desprenden sustancias a las que se ven expuestas millones de personas. Sustancias como monóxido de carbono, dióxido de nitrógeno, dióxido de azufre, hidrocarburos aromáticos policíclicos, benceno, formaldehído y partículas en suspensión, que contribuyen a generar en muchas ciudades una atmósfera poco saludable.

El análisis de los efectos que puede tener sobre la salud la exposición a una serie de sustancias presentes en el aire contaminado de una ciudad no siempre es sencillo. Puede darse el caso de que algunos de los daños causados se camuflen bajo la apariencia de problemas de otra índole. Pensemos, por ejemplo, en como la contaminación puede causar irritaciones o daños en las vías respiratorias que propicien procesos infecciosos (que serán diagnosticados de este último modo sin reparar en su origen real).

Cada vez son más las investigaciones científicas que se están ocupando de estudiar la relación existente entre la contaminación atmosférica y toda una serie de problemas de salud. Si uno repasa las publicaciones científicas se encuentra con decenas de estos trabajos, algunos muy interesantes como, por ejemplo, el que publicó en febrero de 2007 en la revista 'The Lancet' W. James Gauderman, profesor de medicina preventiva de la Universidad del Sur de California. En este estudio Gauderman mostraba cómo los niños que viven cerca de una autopista, expuestos a las emisiones del tráfico rodado, podían ver afectado gravemente su desarrollo pulmonar, además de tener más probabilidades de sufrir asma u otras enfermedades respiratorias.

Pero el impacto de la contaminación atmosférica va mucho más allá del daño sobre el aparato respiratorio. Muchos estudios han determinado, por ejemplo, que las sustancias del aire contaminado aumentan la coagulabilidad de la sangre, lo que en el escenario actual de las enfermedades cardiovasculares no es precisamente nada bueno.

En España, Ferrán Ballester (de la Unidad de Epidemiología y Estadística de la Escola Valenciana d`Estudis per a la Salut de la Generalitat Valenciana) coordinó un estudio[171] realizado en 14 ciudades españolas en el que se veía cómo los niveles de contaminación atmosférica, especialmente de las partículas en suspensión, coincidían con un incremento de ingresos en los hospitales por enfermedades cardiovasculares.

En 2004, el Estudio Multicéntrico Español de los Efectos a Corto Plazo de la Contaminación Atmosférica en la Salud (EMECAS), que también fue coordinado por Ferrán Ballester, había ya analizado con anterioridad en trece ciudades españolas[172] lo que sucedía los días con altos índices de contaminación. Bastaba un par de días con estas condiciones para elevar la mortalidad en estas ciudades hasta un 1,5%.

Si repasamos los datos contenidos en el programa Clean Air for Europe (CAFE) la contaminación atmosférica estaría costando cada año en Europa la vida de al menos 310.000 personas, 16.000 de ellas en España (y eso que se está hablando sólo de mortalidades atribuibles de un modo muy directo, ya que el estudio de efectos a largo plazo es probable que arroje cifras mucho mayores).

Arden Pope, epidemiólogo de la Universidad de Brigham Young en los Estados Unidos, responsable del II Estudio de Prevención del Cáncer, ha demostrado la relación existente entre una mayor mortalidad por enfermedades respiratorias y cáncer de pulmón y los niveles existentes de ciertos componentes del aire contaminado, tales como las partículas y óxidos de azufre emitidos desde refinerías, centrales térmicas, motores diesel, etc. De modo que cada incremento de 10 microgramos por metro cúbico en estas sustancias, conllevaba un aumento de un 4% en el riesgo de morir por cualquier causa, del 6% de hacerlo por enfermedades respiratorias, y del 8% de hacerlo por cáncer de pulmón. El estudio de Arden Pope, que fue publicado en 2002 en la revista de la Asociación Médica Americana concluía que quienes viven en las ciudades más contaminadas de EE.UU. tienen un 12% más de riesgo de morir de cáncer de pulmón que quienes residen en ambientes más limpios. En 2003, Pope publicó otro trabajo sobre el riesgo de infarto que determinó que la contaminación urbana causaba el doble de muertes por infarto que por cáncer de pulmón y otros riesgos respiratorios.

Una de las cosas que más preocupa con relación a la contaminación atmosférica es la elevación de los niveles de ozono troposférico. Se aclara que hablamos siempre del ozono de la troposfera, es decir, del de la capa de la atmósfera más cercana al suelo, para no confundirlo con el ozono de la lejana estratosfera. Porque si en las capas altas de la atmósfera el ozono nos hace un gran favor atenuando la intensidad de la radiación ultravioleta que nos llega del sol, en las capas bajas, lejos de beneficiarnos, puede causarnos severos perjuicios. De modo que en el entorno de grandes ciudades, como pueda ser Madrid, frecuentemente a decenas de kilómetros de ellas, por una serie de reacciones químicas derivadas de la contaminación en presencia de una fuerte irradiación solar, suelen registrarse niveles de ozono que pueden contribuir a agravar el asma y fenómenos irritativos, hacer decrecer la función pulmonar o causar otros quebrantos en personas con problemas respiratorios.

En paralelo al crecimiento de la contaminación del aire, así como del número de personas que viven en ciudades, están creciendo también una serie de enfermedades que pueden estar relacionadas con ello de manera directa o indirecta. Hoy en día las enfermedades respiratorias se han convertido en un motivo principal de atención médica. En España constituirían el tercer problema de salud, ocasionando el 10% de todas las muertes. Y las previsiones que hace la Sociedad Española de Neumología y Cirugía Torácica (SEPAR) son que "en los próximos años tendrán una evolución claramente alcista". Una de las cosas que se espera, de seguir las tendencias, y entre otras causas por la contaminación, es que haya "un empeoramiento de enfermedades preexistentes como el asma y la enfermedad pulmonar obstructiva crónica (EPOC)"[173], enfermedad esta última que causa unas 18.000 muertes anuales en España.

Pero el panorama de enfermedades que pueden estar vinculadas con la contaminación de las ciudades es en realidad mucho más amplio, y a las ya citadas podrían sumarse otras muchas. Un equipo de investigadores de la Universidad de Zuyd (Holanda), en colaboración con la Universidad de Umea (Suecia), realizó hace poco un estudio mediante el cual se realizaron electroencefalogramas (EEG), para registrar los efectos cerebrales generados por la exposición a emisiones de motores diesel durante una hora, como las que se producen en una calle con mucho tráfico. Entre otras cosas, y según se apuntaba en el estudio referido, las partículas inhaladas pueden alcanzar el cerebro e inducir en él estrés oxidativo y alteración de la función cerebral, con efectos cognitivos[174]. Como comentaba uno de los autores del trabajo, "el estrés oxidativo ha sido implicado en enfermedades degenerativas del cerebro tales como el Parkinson y el Alzheimer". Esto, evidentemente, ha de abrir nuestros ojos hacia otras diferentes enfermedades que pueden tener que ver con la polución atmosférica, a la vez que con otros factores complejos.

El panorama no es, pues, demasiado tranquilizador. Además, no debemos olvidar que juntamente a la contaminación severa que podemos padecer en los ambientes urbanos y máxime en aquellos donde se incorpora la presencia de industrias conflictivas, hay otros factores que vienen a añadirse, multiplicando incluso los niveles de exposición a sustancias problemáticas. Me refiero, por ejemplo, a los escenarios de exposición en espacios cerrados de los que nos ocupamos en otros apartados.

NUESTRA SALUD EN PELIGRO

La crisis sanitaria causada por la contaminación química

DONDE MÁS TÓXICOS HAY, MÁS ENFERMEDADES Y MÁS MUERTES

En el 'triángulo de la muerte'
Joan Benach, finales de los 90

Joan Benach es un científico del Departamento de Ciencias Experimentales y de la Salud de la Universidad Pompeu Fabra de Barcelona. A inicio de los años 90 estudiaba las desigualdades en las condiciones de salud en la población española. Al principio, no se dedicaba a estudiar cuestiones que tuviesen que ver con el medio ambiente, sino otras. Por ejemplo, quería saber hasta qué punto la clase social a la que pertenecía una persona podía determinar que tuviese un mayor riesgo de contraer una serie de enfermedades.

Sin embargo, existían algunas dificultades para que Joan pudiese saberlo. Una de ellas era que en los certificados de defunción no figuraba la profesión del difunto. Así que, por éste y otros motivos, decidió analizar algo más fácil de ver con los datos de los que podía disponer. A raíz de esto, investigó si había más mortalidad en unos sitios que en otros.

Había datos de mortalidad de todos y cada uno de los más de 8.000 municipios españoles, lo que permitía conocer con bastante detalle cómo era la mortalidad en pequeñas zonas. Y lo que vio es que la salud no era la misma en unos sitios que en otros, que el riesgo de mortalidad variaba enormemente en función de la geografía. Y fue esto lo que le acabó llevando a cuestiones de índole ambiental.

En el año 1996 Joan Benach y sus colaboradores ya habían publicado un primer informe sobre las desigualdades geográficas observadas. Pero fue en el año 2001 cuando publicaron otro estudio que generó un revuelo considerable en algunas zonas de España. Su título era "Atlas de mortalidad en pequeñas áreas en España 1987-1995"[175] y fue editado en forma de libro con numerosos mapas en color.

Para realizarlo se habían basado en los datos oficiales existentes acerca de las 350.000 a 400.000 muertes que se dan anualmente en España. Tales datos fueron analizados en un lento proceso de meses de estimaciones, cálculos, realización de mapas.... El resultado mostraba de qué moría la gente, a qué edad, y en qué circunstancias, en cada municipio español.

Es interesante insistir en que la investigación del equipo de Joan Benach no perseguía, a priori, identificar ningún factor ambiental, como los que pudieran tener que ver con la mayor o menor contaminación en unos sitios u otros de España, y lo que ello podía representar para la salud de las personas. Sin embargo, era evidente que los resultados del informe que acababan de realizar mostraban importantes implicaciones en ese sentido.

De hecho, los resultados eran impresionantes. Se veían a la perfección, al asignarse en los mapas diferentes colores a las zonas con diversos grados de riesgo. Cada causa de muerte tenía dos mapas, uno para hombres y otro para mujeres. Y así, podía verse, por ejemplo, en qué zonas había más riesgo de muerte por enfermedades isquémicas del corazón, enfermedades cerebrovasculares, otras enfermedades cardiacas, cáncer de pulmón, enfermedad pulmonar obstructiva crónica, cirrosis, cáncer de próstata, cáncer de mama, cáncer de colon, diabetes, etc. Había, además, un mapa conjunto para todas las causas de muerte. Uno para hombres y otro para mujeres.

Uno de los aspectos más llamativos, que saltaba a la vista gracias a los diferentes colores, era que en una zona determinada del suroeste de España, en la que vivía en torno a un 8% de la población del país, estuviesen concentradas nada menos que la tercera parte de las zonas con más riesgo de mortalidad por las más diversas causas. En zonas como las del triángulo entre Huelva, Sevilla y Cádiz existía precisamente un mayor riesgo de mortalidad por toda una serie de enfermedades -cáncer, enfermedades isquémicas del corazón, diabetes...-. Una mujer o un hombre que viviese en ese triángulo, tenía mucho más riesgo de muerte que los que viviesen en otras zonas de España.

Pero ¿por qué?, se preguntaba Joan Benach. ¿Por qué esas provincias absorbían nada menos que una tercera parte del exceso de muertes que se daban en toda España en zonas de alto riesgo? ¿Por qué, por ejemplo, el 41% de las áreas estudiadas en la provincia de Huelva eran de alto riesgo para hombres y un 29% para mujeres? ¿Por qué en Cádiz los datos mostraban un 56% para hombres y un 50 % para mujeres?

¿Por qué, por ejemplo, se preguntaba tambien Benach, en Huelva los hombres tienen un exceso de riesgo de morir de un 53% en cáncer de piel, de un 27% de riñón, de un 19% de hígado y estómago, de un 14% de próstata y de un 11% de pulmón? ¿Por qué las mujeres tienen un exceso de mortalidad de un 40% en el cáncer de estómago, de un 27% en el de riñón, de un 22% en el de hígado, de un 20% en el de colon o de un 16% en el de pulmón? ¿Por qué?

Para dar fuerza al estudio, Benach y sus colegas, revisaron otras investigaciones anteriores relizadas en algunas de esas zonas conflictivas y se vio que los datos coincidían. Su estudio no era el único que había detectado excesos de mortalidad en esas zonas.

A nivel nacional el inventario se ocupaba de decenas de áreas con excesos de mortalidad. Y por supuesto se aludía a otras zonas muy contaminadas en otras partes del país, fuera de la aludida de Andalucía occidental, como la de Cartagena (Murcia), donde se dan, como en Huelva, altas tasas de diversos tipos de cáncer, como el de pulmón. Había 177 pequeñas áreas de España en las que se daba un exceso significativo de mortalidad -del 20 al 90% superior- respecto a la media nacional, entre los varones. En el caso de las mujeres eran 219 áreas, en las que el riesgo de morir por una serie de causas era del 20 al 60% más alto. Era evidente que el que se diese una mayor mortalidad en esas zonas concretas, y para enfermedades muy diferentes, no podía deberse al azar.

Curiosamente, como vemos en otros apartados de este libro, no faltan estudios científicos que hayan asociado la contaminación con enfermedades como las dichas. Y el hecho de que en las zonas citadas existan algunos de los principales focos de polución del país no pasó por alto a Benach. Huelva, por ejemplo, con sus industrias químicas, refinerías, papeleras, de fosfatos, metalúrgicas... es uno de los puntos negros de contaminación en Europa. En su ambiente se han medido altos niveles de arsénico, además de los más diversos contaminantes organoclorados[176], entre otras cosas, que pueden ser sustancias cancerígenas o causar otros dispares problemas sanitarios.

En la provincia de Cádiz existen también núcleos industriales muy fuertes en torno a su capital y en el Campo de Gibraltar. Y, entre otras cosas, en esta zona del suroeste español desemboca el Guadalquivir, que arrastra una ingente cantidad de contaminantes, sumándose esto a los pesticidas que utilizan en abundancia en las zonas agrícolas próximas, por ejemplo en los cultivos de fresa.

No obstante Joan Benach, como otros investigadores, no es partidario de atribuir a un solo factor la causa de los decesos o enfermedades. Más bien pensaba que debía ser un 'cóctel' de factores de riesgo los que se daban la mano para producir una situación semejante. Un cóctel que debía incluir factores sociales como el paro o la pobreza, pero en el que, por supuesto, no pueden obviarse factores ambientales como el de la polución. Para este investigador parecía claro que el que en unas zonas concretas como ésas se diese tal concentración de los excesos de riesgo de mortalidad tenía que ver, entre otras cosas, con la instalación de polos de desarrollo con industrias pesadas, malas condiciones laborales, pobreza, etc., sobre todo desde los años 60. Eran factores que sumados podían explicar lo que sucedía.

A la vista de todo lo que había descubierto no podía explicarse por qué desde ciertas instancias oficiales se seguía haciendo tanto hincapié en factores -como el estilo de vida- que tienden a responsabilizar de su salud sólo al individuo, y no a estos otros factores que parecían saltar a la vista en su informe.

Como a tantos investigadores que constatan realidades tan obvias sobre los factores ambientales, a Joan Benach le resultaba chocante que cuando la Administración habla de 'prevenir' algunas enfermedades pase de puntillas o ni siquiera aluda a estos factores tan evidentes. Le sorprendía que, sin embargo, una y otra vez se haga tanto hincapié en factores como la genética o la casualidad, sobre los que poco puede hacerse, restando siempre peso a los factores ambientales, sobre los que podría actuarse mucho más en favor de la prevención.

Para Joan Benach, es obvio que los mapas de mortalidad pueden ayudar a identificar las causas de los decesos, al detectar zonas problemáticas y observar qué es lo que hay en ellas que no haya en igual medida en otras áreas. Y por ello deberían ser muy tenidos en cuenta por las autoridades sanitarias.

En la introducción a su informe, sus colegas y él lo dejaban claro, haciendo un repaso histórico de lo que ese tipo de mapas ha representado tradicionalmente en la lucha contra las enfermedades. En el informe se reseñaba, por ejemplo, cómo a finales del siglo XVIII los mapas de las zonas con más incidencia de fiebre amarilla, fueron claves para luchar contra ella. Señala que también a mediados del siglo XIX los mapas de la incidencia del cólera en diferentes zonas de Londres sirvieron para conocer cómo actuaba la transmisión de la enfermedad. Asimismo, a finales del siglo anterior, los mapas del raquitismo sirvieron para asociarlo a factores ambientales como la escasez de luz solar. Y, en fin, comenta muchos otros casos que muestran la utilidad de los mapas de incidencia para esclarecer posibles causas y factores de riesgo, articulando medidas de prevención.

Lo que investigadores como Joan Benach y otros constatan una y otra vez es que, contra toda lógica, cuando los factores de riesgo tienen que ver con intereses económicos, parece que las autoridades pierden interés por los datos epidemiológicos que aportan los mapas de riesgo. No se haría si esos factores de riesgo fuesen otros, pero sí se hace con estos, anteponiéndolos a criterios sanitarios objetivos.

Es más, lo que al final pasa es que los científicos que alertan pueden acabar siendo cuestionados, criticados e incluso perseguidos por amenazar esos intereses económicos. El argumento de la obra teatral "Un Enemigo del Pueblo", del dramaturgo noruego Henrik Ibsen, se repite una y otra vez allí donde cualquier dato por verídico y fundamentado que esté, ponga en cuestión los negocios de una zona determinada. Es más, cuanto más real sea la amenaza que se denuncie y cuanto más contundentes sean las pruebas, tanto más fuerte será el esfuerzo por negarlo. El protagonista de la obra de Ibsen, el doctor Stockmann, denunciaba que las aguas del balneario de un pueblo estaban contaminadas y eran una amenaza para la salud. Pero había un problema: el balneario era la principal fuente de ingresos del pueblo. El resultado fue que todas las fuerzas sociales se conjuraron para ocultar esa contaminación y emprendieron una campaña de acoso y derribo contra el doctor al que hicieron la vida tan imposible que se vio forzado a abandonar el pueblo. El peligro 'no existe' si no interesa económicamente su existencia. Se deja que la gente enferme y muera, sin que se sepa la causa, con tal de seguir con el negocio. Si Ibsen viviese en nuestros tiempos y visitase ciudades como Huelva, es probable que pudiese hacer una versión actualizada de su drama, variando tan solo unas pocas cosas. En lugar del doctor Stockmann los protagonistas podrían ser científicos como Benach o uno de los expertos que citamos en otro apartado de este obra, el doctor López Rueda, convertidos ambos en "Enemigos del Pueblo" por pretender tan solo salvaguardar la salud de la población, en un mundo en el que los euros valen más que las personas.

Otro ejemplo: El Campo de Gibraltar

En abril de 2010, la Comisión de Peticiones del Parlamento Europeo, decidió hacer caso a los miles de personas del Campo de Gibraltar que llevaban largo tiempo angustiadas por el exceso de enfermedades que se dan en esa zona de España. La verdad es que lo que pedían era algo tan de sentido común que cuesta entender por qué esos miles de personas tuvieron que realizar tal esfuerzo para que las autoridades les prestasen atención, y más aún, que tuviesen que haber llegado hasta esa alta instancia europea porque las autoridades nacionales no les habían escuchado antes. Sorprende incluso que estas autoridades no hubiesen actuado sin que nadie se lo pidiese, 'de oficio', ante los datos que se conocían. Pero así están las cosas en lo referente a los efectos de la contaminación química sobre la salud de las personas, en especial cuando se ven comprometidos los intereses económicos de determinadas empresas.

¿Qué es lo que habían conseguido los vecinos del Campo de Gibraltar? Simplemente, que el Parlamento Europeo solicitase un estudio epidemiológico para conocer la causa de que en esa zona de España haya una mayor mortalidad y una mayor incidencia de enfermedades, como diversos tipos de cáncer o como el asma infantil. Sólo socilitaban un estudio epidemiológico que algunas entidades de la zona llevaban pidiendo más de veinte años.

Y el Parlamento Europeo no daba la razón a esos vecinos precisamente porque su petición no tuviese base. La tenía, y mucha, más allá de la del mero sentido común que tampoco les faltaba. Anteriormente les habían dado la razón estudios como el "Atlas de Mortalidad por Cáncer en España 1989-1998", realizado por el Instituto de Salud Carlos III que había detectado en la zona excesos de tumores como los de vejiga o pulmón, sobre la media nacional; o el antes citado "Atlas de mortalidad en pequeñas áreas" de la Universidad Pompeu Fabra que señalaba excesos de mortalidad por diversas dolencias en la zona; al igual que otros estudios como el publicado en la Gaceta Sanitaria en septiembre-octubre de 2009 y que señalaba un mayor riesgo de mortalidad por enfermedades infecciosas y parasitarias, respiratorias y cáncer. El propio Consejo Superior de Investigaciones Científicas en el año 2005, por no citar más estudios, había medido en la zona unos altos niveles de contaminación industrial, tales como unos elevados niveles de benceno, y había solicitado la realización de estudios epidemiológicos.

La zona de la bahía de Algeciras es, a no dudarlo, otro de los puntos negros de contaminación en España. Hay allí industria papelera, acería, central térmica de carbón, industria de plásticos (poliéster, PET...), refinería... a lo que se suman vertidos urbanos sin depurar, vertidos de hidrocarburos por tráfico marítimo, repostajes de combustible de buque a buque, operaciones portuarias... Y los habitantes de la zona, obviamente, sospechan que todo ello tenga que ver con muchos de los problemas de salud que se dan allí.

Los colectivos sociales que habían presionado para que tal estudio epidemiológico se realizase, denunciaban, al margen de lo dicho en informes anteriores, la existencia en la zona de muchos problemas de tiroides, abortos espontáneos, malformaciones...

Lo más llamativo en este asunto, y que por otro lado no es más que la triste norma de la que venimos hablando, es la actitud de las autoridades sanitarias que en teoría deberían haber sido las más interesadas en detectar cualquier posible amenaza para la salud y en ponerle freno. O al menos, deberían preocuparse por determinar si existía realmente alguna amenaza. Y es que, sin que se hubiese realizado el estudio que se pedía y que sería el que debería aclararlo, y sin hacer caso de los estudios ya existentes, la Consejera de Salud de Andalucía se apresuró a descartar que el exceso de cáncer en la zona se debiera a la industria, achacándolo al 'tabaquismo' (sic). Curiosamente dijo lo mismo que las autoridades sanitarias antes, en relación a los problemas sanitarios de la contaminada Huelva.

Pero lo más grave, y que raya en lo verdaderamente surrealista, es que la Consejería de Salud se resistiese a que se hiciesen estudios epidemiológicos. ¿Cómo puede explicarse tal negativa a que simplemente se estudie algo? ¿Cómo puede ser que alguien defienda que es mejor no saber la verdad de lo que pasa? Parece evidente que tal negativa no se habría dado si los agentes patógenos hubiesen sido microbios liberados por la Madre Naturaleza. Otra cosa es cuando los agentes patógenos que podrían ser identificados como responsables emanan desde la 'Madre Industria' con todo su poder económico y político. Es la misma historia que siempre se repite.

Un lugar llamado Flix

En cierta ocasión unos científicos españoles se llevaron una desagradable sorpresa, cuando vieron que en un pueblo español de las orillas del Ebro los niños recién nacidos presentaban en su sangre unos altísimos niveles de hexaclorobenceno.

¿Qué es el hexaclorobenceno? A grandes rasgos, una sustancia muy tóxica que, antes de ser prohibida en muchos países, se usaba generosamente como fungicida. Se echaba, por ejemplo, sobre el grano para que no se estropease, o en algún caso como insecticida barato en las casas. El hexaclorobenceno también se originaba como contaminante en algunos procesos industriales, como la fabricación de disolventes. El caso es que es una sustancia altamente persistente en el medio ambiente y que, tiempo después de dejar de utilizarla en muchos sitios, sigue apareciendo en el cuerpo humano, tras llegar a nosotros a través de la dieta, sobre todo.

Hay estudios científicos que han asociado el hexaclorobenceno, con mayor o menor fuerza de evidencia, a los más dispares problemas de salud humana: hiperqueratosis, porfiria, daño agudo en las células hepáticas (hepatitis), cáncer de hígado, fetotoxicidad, desórdenes en la menstruación, autoinmunidad, cáncer cerebral, malformaciones genitourinarias, infertilidad masculina y femenina, caída de la inmunidad, cáncer de testículos, hipotiroidismo, cáncer de tiroides, etc.[177]

El hallazgo de tales niveles en la sangre de los recién nacidos de aquel pueblo no era, pues, buena noticia. Sobre todo porque aunque el hexaclorobenceno es una sustancia cuya concentración en las personas tiende a crecer con la edad, aquellos niños tenían más hexaclorobenceno que los adultos de Canadá o Alemania.

Y claro, lo que se veía en los niños se veía también en los adultos de la zona, hasta el punto de que en la sangre de los habitantes de aquel pueblo los científicos midieron los niveles más altos de hexaclorobenceno jamás antes detectados en humano alguno a lo ancho y largo del planeta en una muestra de población normal (que no fuesen específicamente los casos raros de trabajadores sometidos a una brutal exposición química).

¿Qué pueblo era ése en el que se daban tales tristes 'prodigios'? Pues una población de 5.000 habitantes en la provincia de Tarragona llamada Flix y que es conocida por ser uno de los puntos negros de contaminación en España.

Es un lugar con una larga historia de más de 100 años de contaminación. Sería allá por 1897 cuando comenzó a funcionar la Electroquímica de Flix. Y desde 1949, gracias a la construcción de una hidroeléctrica en el lugar, se puso en marcha además una planta de electrolisis de cloro/sosa con celdas de mercurio. En Flix se ha fabricado DDT, PCBs y entre otras cosas, disolventes clorados (de lo que podría provenir buena parte del hexaclorobenceno que hay por la zona).

La contaminación química de Flix preocupa desde hace mucho, y debido a ello se realizaron los más diversos estudios allí, sea para medir el grado de polución, sea para detectar posibles efectos en las personas. Por eso se sabe, por ejemplo, gracias al Consejo Superior de Investigaciones Científicas que los sedimentos del embalse de Flix contienen una rica mezcla de venenos: mercurio, cadmio, cromo, DDT, PCBs, hexaclorobenceno... y por eso se midieron en los aires de la zona unos elevados niveles de algunos tóxicos.

Se han realizado en esta zona diferentes investigaciones sanitarias, como ésas de las que proceden los datos anteriormente expuestos acerca de los niveles de hexaclorobenceno en la sangre de los habitantes del área[178]. Científicos como Jordi Sunyer o Josep María Antó, del Instituto Municipal de Investigaciones Médicas de Barcelona, u otros como Joan Grimalt del Departamento de Química Ambiental (CID-CSIC), realizaron publicaciones sobre los problemas detectados en la zona.

En 1994, por ejemplo, editaron un artículo en la 'International Journal of Cancer', en la que mostraban un mayor riesgo de padecer cánceres como el sarcoma de los tejidos blandos y cáncer de tiroides, relacionándolo con factores como la alta polución con hexaclorobenceno y otros organoclorados.

Y cabe decir que los niveles de estos contaminantes, que como vimos ya eran bastante altos en la población general de la zona, lo eran mucho más en los trabajadores de la industria química local, que sufrían altas tasas de cáncer, además de otras dolencias como el bocio, hipotiroidismo o Parkinson. Es la triste tónica: a más cercanía a los tóxicos, más enfermedades.

Zonas enfermas

Hay algunas zonas de la geografía en las que se dan concentraciones singulares de enfermedades. Son zonas donde su incidencia supera, a veces con mucho, la media nacional de las mismas.

Algunos casos llamativos han llegado incluso al cine. Es el caso de la película 'Erin Brockovich', protagonizada por Julia Roberts, y que relata el hecho real que acaeció en Hinkley (California), lugar en el que comenzó a detectarse un exceso muy significativo de ciertas enfermedades, tales como el cáncer, a consecuencia del cromo hexavalente que vertía una empresa eléctrica en una balsa. La balsa tenía filtraciones que llegaban a las aguas subterráneas de las que bebía la población. El caso llegó a los tribunales y culminó con el pago de una ingente cantidad de dinero por parte de la empresa (algo que en países como España aún no ha sido visto jamás en casos semejantes).

Otra película que recoge un caso real parecido es 'Acción Civil', protagonizada por John Travolta, y que expone el caso de Woburn (Massachussets), donde se daba una elevadísima tasa de leucemia infantil que se asoció al tricloroetileno usado como disolvente en una empresa que contaminaba las aguas.

Pero más allá de los casos que llegan al cine o que causan una atención mediática más o menos importante, la verdad es que son muchos los lugares contaminados en los que se concentran de forma singular casos de una serie de enfermedades.

Y estas aglomeraciones de casos de enfermedades (o clusters, como se les llama en inglés), merecen una atención prioritaria por varias razones: una de ellas es el enorme sufrimiento humano que se padece en las zonas afectadas; otra es que estas aglomeraciones de casos no sólo sirven para explicar el origen de una enfermedad en esas áreas concretas, sino, más allá de eso, la causa de esa enfermedad en general, fuera de esas zonas.

Es como lo que pasó, saliéndonos del ámbito de las enfermedades causadas por tóxicos, por ejemplo, con el descubrimiento de cómo se transmitía el cólera en Londres, a mediados del siglo XIX, por parte del médico John Snow, padre de la epidemiología moderna.

Este doctor no hizo otra cosa que observar que en el sur de Londres había más casos y moría más gente. Y precisamente en esa zona, el agua que bebían era tomada del Támesis, aguas abajo de la ciudad y por lo tanto, más contaminada fecalmente.

Más adelante pudo completar sus trabajos estudiando el estado de salud de la gente en función de la compañía que les suministraba el agua. Los que bebían de compañías que se abastecían de fuentes de aguas contaminadas fecalmente registraban un nivel más de ocho veces superior de incidencia. Realizó mapas en los que se hacían evidentes las aglomeraciones de casos.

Todo ello reafirmó su idea de que en las aguas había algo que él definió como la 'materia mórbida' que causaba el cólera. Las autoridades médicas de la época no le escucharon: creían que el cólera se transmitía por unos 'miasmas' que viajaban por el aire y no hicieron caso de lo que mostraban las concentraciones de casos que Snow identificó. El científico murió sin ser reconocido. Tiempo después Robert Koch identificó qué era aquello que Snow llamaba 'materia mórbida': el bacilo del cólera (Vibrio cholerae).

La observación de las agrupaciones de casos en algunas zonas de Londres no había llevado a descubrir sólo algo de efectos locales; había llevado a identificar la causa del cólera en general. Y si esto es cierto para una enfermedad infecciosa causada por un contaminante biológico puede serlo también, con más o menos matices, para otras enfermedades, como las causadas por contaminantes químicos.

Sin embargo, hoy, como en tiempos de John Snow, las autoridades se resisten a tener en consideración lo que nos muestra la epidemiología. Prefieren conformarse con decir que el cáncer, la diabetes, las malformaciones congénitas o tantas otras cosas, son debidos a alguna 'casualidad', a los genes o a alguna causa desconocida (algo que suena un tanto a lo de los 'miasmas' que flotaban por el aire); casi como si todo fuese cosa del funesto Hado.

Si el padre de la epidemiología levantase la cabeza y viese lo que pasa en tantas zonas contaminadas concretas, donde se dan descomunales excesos de riesgo, no cabe duda que buscaría qué tipo de 'materia mórbida' se encuentra en sus aguas o aires. Y viendo las características, claramente 'mórbidas', del benceno, el tolueno, las dioxinas y mil y una otras sustancias, es probable que tuviese una actitud muy diferente a la que muestran hoy tantas autoridades.

Las cosas son, demasiadas veces, muy sencillas; tanto como saber que dos y dos son cuatro. Pero puede haber intereses que intenten hacerlas parecer más complicadas y menos claras, ignorando temerariamente los más básicos criterios de protección de la salud pública que deberían otorgar un papel preeminente a la epidemiología y a sus enseñanzas.

Una singular concentración de casos de cáncer en una zona en la que hay una determinada sustancia o grupo de sustancias podría estar mostrándonos algo muy importante acerca de las causas del cáncer, no sólo en el área en concreto, sino en general.

Allí donde se hace más presente la causa de algo, en este caso la contaminación química, es normal que se manifieste más ese algo (sea el cáncer u otros problemas). Y eso es lo que sucede.

Esas zonas en las que la gente se expone más a unos contaminantes y enferma más por ello son como unos grandes 'laboratorios' en los que se 'experimenta' con personas de verdad (sin su consentimiento, claro está), permitiéndonos, con su sufrimiento, aprender grandes lecciones acerca de qué sustancias pueden estar asociadas al origen de esta o aquella otra enfermedad.

En Estados Unidos, por ejemplo, hay un fuerte movimiento social y científico para conseguir que la Administración se tome en serio el estudio de estos temas (como la Alianza Nacional sobre Agrupaciones de Enfermedades, la NDCA). Hay iniciativas en el Senado de dicho país en ese sentido. Y se han inventariado decenas de casos en numerosos estados.

En California, por ejemplo, se preguntan, ¿por qué, por ejemplo, hay tanto cáncer de páncreas en Oroville, tantos defectos de nacimiento en Kettleman City, tanta leucemia y linfomas en Earlimart, tanto cáncer de tiroides y vejiga en los vecindarios alrededor de unos laboratorios de Los Ángeles, etc.?

Y lo mismo se preguntan acerca de las numerosas aglomeraciones de casos de enfermedades en diferentes puntos de Delaware, Florida, Luisiana, Michigan, Misuri, Montana, Carolina del Norte, Ohio, Pensilvania, Tenesi, Texas, etc.

¿Qué hay en un sitio determinado para que en él se dé un exceso notable de cáncer, esclerosis múltiple, esclerosis lateral amiotrófica, defectos congénitos...? ¿Y por qué tantas veces estos excesos se dan en zonas con una fuerte contaminación química?

Pero la pregunta más importante que cabe hacerse es ¿por qué hay que estar presionando a las autoridades para que simplemente apliquen los criterios más básicos de salud pública? ¿Por qué no los aplican de oficio?

Y si la cosa está mal en Estados Unidos, peor, acaso, está en otros países como España donde no ha llegado a existir un movimiento social comparable, salvo algunas excepciones como en Huelva o el Campo de Gibraltar, y donde, en cualquier caso, veremos qué es lo que realmente llega a hacer la Administración, tantas veces más proclive a defender los intereses industriales que la salud.

¿QUÉ ENFERMEDADES PRODUCE LA CONTAMINACIÓN QUÍMICA?

LA CARGA DE ENFERMEDADES EN OCCIDENTE Y LOS CONTAMINANTES QUÍMICOS

¿Cuántas de las enfermedades que padecemos pueden deberse a la contaminación química? Dar respuesta a ese interrogante no es algo sencillo. Sin embargo, hay una vasta cantidad de estudios científicos que abonan la idea de que tras muchos de los problemas sanitarios que más están castigando a nuestros países podría estar en mayor o menor medida, en combinación o no con otros factores, la contaminación química.

La Organización Mundial de la Salud (OMS) estima que globalmente, un 23% de las enfermedades y un 24% de los fallecimientos están vinculados con el estado del medio ambiente[179].

Por su parte, la Oficina Regional de la OMS en Europa estima que al menos un 20% de la morbilidad y la mortalidad en el continente podrían evitarse con unas correctas intervenciones en asuntos ambientales[180].

En la Estrategia Europea de Medio Ambiente y Salud (2003)[181] se considera igualmente que alrededor de un 20% de la incidencia total de enfermedades puede achacarse, en los países industrializados, a factores medioambientales[182], y que es algo que se está cebando especialmente en sectores de población más vulnerables, como los niños, las personas con pocos recursos económicos o las mujeres en edad reproductiva[183].

En el mismo documento citado, así como en otros muchos, los asuntos ligados a las sustancias químicas contaminantes son considerados factores de preocupación prioritaria. Sin embargo, en informes como los mencionados se puede haber subestimado bastante la carga real de enfermedades y muertes debidas en concreto a la contaminación química, al no haber considerado mucho de lo que hoy sabe la ciencia al respecto. No obstante, incluso esas cifras más conservadoras y sin actualizar ya son lo suficientemente importantes, y deberían por sí solas animar a una acción que, lamentablemente, no se está acometiendo en los países.

Es urgente actuar, sobre todo si, como se ha dicho, los daños producidos por la contaminación química pueden ser mucho mayores. Como vamos a ver en esta obra, existen muchas investigaciones científicas muy serias, que aportan evidencias de que algunos de los problemas sanitarios más extendidos hoy en Occidente como el cáncer, la diabetes, problemas inmunológicos, daños reproductivos... pueden estar asociados a los contaminantes químicos. Estos problemas, curiosamente, han ido creciendo en incidencia a medida que crecía nuestra exposición a más y más sustancias químicas industriales. Se trata de sustancias que todos tenemos ya en nuestros cuerpos, sustancias que están en el aire que respiramos, en el polvo de nuestras casas, en el agua que bebemos, en la comida que llega a nuestros platos...

En España, los observadores del impacto humano de la polución química no han pasado por alto estas cuestiones. Así, un informe del Observatorio de Sostenibilidad en España (OSE), dependiente del Gobierno español, basándose en los registros del Instituto Nacional de Estadística acerca del número de fallecimientos, era especialmente claro. El informe no sólo se ocupaba de las muertes por cánceres, sino también por otras enfermedades que podían tener que ver con factores ambientales, apuntando que el número se habría multiplicado nada menos que por tres tan sólo entre 1980 y 2004[184].

Asimismo, también les resulta elocuente no sólo esa coincidencia temporal entre el crecimiento del uso de sustancias y las enfermedades, sino también la espacial. Es decir que les preocupa que precisamente se den más altas tasas de enfermedades y muertes donde más presencia hay de esas sustancias. Ello se ha constatado sobradamente en determinadas profesiones y por supuesto, en determinadas ciudades industriales, como hemos visto anteriormente. ¿También casualidad?

Una y otra vez, los estudios muestran que las personas con más contaminantes en su organismo tienen más riesgo de padecer una serie de enfermedades. Y también, cada vez más investigaciones analizan los mecanismos químicos por los que se generan tales daños.

La cantidad de estudios acumulados es tal que los impactos que vamos a ver a continuación deberían haber forzado ya hace mucho a 'emergencias nacionales' para salvar de la enfermedad y muchas veces de la muerte a cientos de miles de personas, mediante el control de los contaminantes químicos. Sin embargo, y también vamos a verlo, los intereses económicos comprometidos y la capacidad de influencia política y social que ejercen, han hecho que no se adopten apenas medidas.

En los capítulos que siguen vamos a ir por partes. Esto es enfermedad a enfermedad; pero es importante que, al hacerlo, no perdamos de vista el conjunto. Como en tantas otras cosas de la vida es crucial que no nos pase que, como reza el dicho, 'los árboles no nos dejen ver el bosque'.

Veremos la cantidad de estudios científicos que asocian cada enfermedad o problema sanitario con sustancias químicas contaminantes. Veremos cómo un solo tóxico o grupo de ellos[185] pueden aparecer ligados a numerosas enfermedades, con frecuencia muy diferentes entre sí. Pero no deberemos perdernos en complejidades, olvidándonos del hecho más importante. Y éste no es otra cosa que el balance global.

Porque es la conciencia del impacto global de la contaminación química en la salud de nuestros países la que podrá hacer que nos demos cuenta de que no estamos hablando de un asunto menor, sino, probablemente, de una de las mayores amenazas a las que nos enfrentamos en el siglo XXI. La contaminación química no es que cause ésta o aquella otra enfermedad, es que podría estar contribuyendo a erosionar una parte importante de la salud general de Occidente.

Sería interminable enumerar las enfermedades objeto de estudios que las asocian a la contaminación química. Tal es la larguísima serie de problemas de salud y desarreglos que pueden ser causados o favorecidos por la contaminación química en mayor o menor medida.

Al igual que es una evidencia que allí donde más tóxicos hay, más casos se dan de una enfermedad concreta, lo es también que eso no se vea sólo con una enfermedad o tipo de ellas. Si los tóxicos fuesen asociados sólo a un pequeño grupo de enfermedades podríamos acaso relativizar su impacto. Pero cuando vemos que, virtualmente, son capaces de causar una gran cantidad de dolencias, la suma de todo ello nos sugiere que la amenaza es mucho mayor.

El esquema que, como verán en los siguientes capítulos, se abre ante nuestros ojos es muy elocuente. No parece tanto el esquema tradicional que servía para los microbios, de que, por ejemplo, el bacilo de Koch produzca la tuberculosis, o la Yersinia pestis la peste bubónica. No. Aquí, un solo contaminante puede aparecer asociado a infinidad de problemas sanitarios muy diferentes entre sí. Incluso, si por ejemplo causa, como es relativamente frecuente, una caída de las defensas, esto derivará en enfermedades infecciosas. Y no digamos el efecto que puede tener el complejísimo cóctel de miles de contaminantes diferentes que tenemos en nuestros cuerpos. El escenario sugiere que el incremento de nuestra contaminación interna nos causa o nos predispone a que nuestra salud falle de las más variadas maneras.

Cuando vemos, por ejemplo, que el bisfenol A, por hablar de un solo contaminante (que todos tenemos en nuestros cuerpos), ha sido asociado a enfermedades como el cáncer de próstata, baja calidad seminal, crecimiento anormal de las mamas, agresividad, deficiente cuidado materno, anomalías en los órganos sexuales masculinos, adelanto de la pubertad, diabetes, poliquistosis ovárica, problemas cardiovasculares, alteraciones hepáticas... etcétera, etcétera, con frecuencia a niveles bajísimos de concentración, muy por debajo a veces de los tenidos por 'legales', no podemos menos que plantearnos la tremenda potencia alteradora que puede tener algo que se nos antoja tan insignificante como una sustancia. Y debemos comprender que, a pesar de esa aparente simplicidad, sus estragos pueden ser comparables e incluso muy superiores a veces a los de los microorganismos. De hecho, al operar al nivel más básico, el molecular, pueden acabar alterando muchos y diferentes órganos de nuestro cuerpo.

Es más que posible que estemos pasando por alto hechos muy graves que están sucediendo ante nuestros ojos. Hace siglos, Europa temblaba viendo cómo la peste acababa con la vida de porcentajes notables de su población. Hoy nos sabemos a salvo de males como ése y nos sentimos seguros con nuestra ciencia y nuestra tecnología. Sin embargo, nuestra ciencia y nuestra tecnología no están deteniendo el avance de otros males que se extienden y extienden sin que nadie los frene.

El cáncer lleva décadas creciendo en incidencia, al igual que la diabetes, la obesidad, las alergias, el asma, las enfermedades autoinmunes y muchos otros problemas sanitarios. ¿Por qué? Habremos podido mejorar los diagnósticos y los tratamientos, muchas veces sólo sintomáticos, pero ¿por qué no hemos sabido hacer lo más importante: que deje de crecer el número de personas que contraen éstas y otras enfermedades o problemas sanitarios?

La respuesta acaso sea tan evidente como indignante: porque no se ha luchado contra las causas. Podrán luego introducirse los matices que se quiera, pero, a grandes rasgos, ésa es la explicación. ¿Por qué se acabó con la peste? Porque se luchó contra sus causas. Vimos que las ratas eran portadoras de algo y luchamos contra ese algo. Eliminamos ese algo de nuestro entorno. Y acaso lo que esté pasando ahora, con esas otras enfermedades que hemos citado, es que no estamos luchando contra ese 'algo'. Ese algo es diferente al que portaban las ratas, pero igualmente perjudicial. Sabemos que hay 'algo' que produce cáncer pero no hacemos gran cosa contra ello. Incluso podría decirse que, demasiadas veces, somos 'comprensivos' con ese algo. Dejamos que siga en nuestra comida, en nuestro aire, en nuestra agua... e incluso establecemos niveles 'legales' de ese algo.

¿Hasta cuándo? ¿Qué porcentaje de nuestra sociedad podemos asumir que esté enferma por ser tan comprensivos con una serie de agentes causantes de enfermedad?

Lo que van a ver en los capítulos siguientes es muy grave. Mucho. Vamos a ver cómo sustancias contaminantes que todos tenemos ya en nuestros cuerpos aparecen ligadas una y otra vez a un porcentaje apreciable de la plaga sanitaria que barre Occidente. Son enfermedades que con frecuencia pueden afectar a tal cantidad de personas que se alzan ya voces que alertan sobre el posible colapso económico de los sistemas de atención sanitaria. Las legiones de enfermos crónicos aumentan.

No podemos afirmar que los tóxicos sean la única causa. Muchas veces nos encontramos ante enfermedades de causa compleja que no pueden ser explicadas por un solo factor. Pero no podemos menos que mostrar que entre la comunidad científica está creciendo el convencimiento de que, especialmente en algunas enfermedades, los tóxicos pueden ser una de las causas más importantes del incremento en la tasa de incidencia de las mismas.

EL CÁNCER QUÍMICO

El mapa de cáncer en España

En el año 2007, la prensa española recogía con bastante detalle los datos de un informe muy revelador. Se trataba del "Atlas municipal de mortalidad por cáncer en España 1989-1998"[186], realizado por el área de epidemiologia ambiental y cáncer del Centro Nacional de Epidemiología perteneciente al Instituto de Salud Carlos III.

¿Qué mostraba este informe? Pues que donde más contaminación química existía era también donde más cáncer había. ¿Casualidad? No lo parece, ciertamente. ¿Es sorprendente que donde más sustancias cancerígenas hay sea también donde más cáncer encontremos?

Por citar sólo algo de ese Atlas, decir por ejemplo que se detectaban grandes aglomeraciones de casos de cáncer de pulmón, laringe o tejido conjuntivo en zonas de Cádiz, Huelva, Cataluña, Asturias o País Vasco, así como distribuciones geográficas concretas de determinados niveles de incidencia de tumores como el de páncreas, colon, útero, mama, estómago, pleura, etc.

Para el doctor Gonzalo López Abente y los demás autores de la investigación, estaba claro que "los genes no explican esos patrones de distribución" y que, en buena medida, los casos parecen seguir "el patrón de la industrialización"[187] y de otros diversos condicionantes ambientales. O sea, que no es una casualidad que se den tales aglomeraciones de casos de cáncer en entornos industrializados.

Los datos concuerdan con los obtenidos por otras instituciones científicas españolas como el Consejo Superior de Investigaciones Científicas (CSIC) que recogía cómo en Huelva, por ejemplo, se registraban excesos muy notables de algunos tipos de cáncer[188]. A algunos de estos datos ya nos referimos antes al hablar del "Atlas de mortalidad en pequeñas zonas en España" que había realizado la Universidad Pompeu Fabra[189].

Lamentablemente, incumpliendo su función de advertir a la población acerca de cualquier factor de riesgo, la Administración guardaba silencio, o peor aún, hacía declaraciones intentando quitar hierro al asunto. Es decir, haciendo que la población no sintiese necesidad de protegerse.

Hubieron de ser otras instancias más independientes las que, en lugar de silenciar la voz de la ciencia, intentasen que ésta fuese escuchada por la población. Desafortunadamente, se trataba de instancias con menos medios que la Administración.

Una de estas instancias que intentaron llamar la atención sobre esa concordancia entre los focos de contaminación y los focos de cáncer era Greenpeace que, en febrero de 2008, realizó un informe. Este informe estaba en perfecta consonancia con los datos obtenidos antes por los científicos.

En ese amplio documento, Greenpeace señalaba decenas de puntos negros de contaminación en España -25 en el País Vasco, 19 en Cataluña, y 15 en Andalucía- y las mayores tasas de cáncer que se habían detectado en zonas como ésas. El informe destacaba que según los estudios científicos antes citados, "Asturias y País Vasco lideran los casos de cáncer de páncreas. Hasta un 12% de los casos se pueden deber a la exposición en el trabajo a contaminantes como disolventes orgánicos, compuestos de níquel, pesticidas o a hidrocarburos. El cáncer de encéfalo y el mieloma se dan principalmente en País Vasco y Cataluña; los de boca y faringe predominan en el suroeste, Asturias y Euskadi, y el de esófago en el Cantábrico y Cádiz. Estos datos confirman que las zonas industriales disparan los tumores".

Lamentablemente, hoy en España, lo que deberían hacer el Ministerio de Sanidad o las Consejerías de Salud de las diferentes comunidades autónomas u otras administraciones como las responsables de Medio Ambiente, han de hacerlo algunas entidades científicas u organizaciones no gubernamentales. Las voces que más escuchamos alertándonos de estos riesgos son normalmente voces como las de la química Sara del Río, responsable de la campaña de tóxicos de Greenpeace, las de responsables de algunas otras ONGs o de algunos centros de investigación o científicos puntuales. Y eso es una grave anomalía, ya que no actúa quien realmente debería hacerlo y que además tiene la capacidad de alertar a la población y, sobre todo, de emprender medidas. Con ello la salud pública está quedando gravemente desprotegida.

Lo visto en España concuerda con lo que se ha visto en otras zonas del planeta, basta hacer un repaso de lo mucho que hay publicado al respecto por científicos como Clapp, Howe y Jacobs, de la Universidad de Massachussetts, Lowell, en los Estados Unidos[190].

Para estos investigadores, que han revisado una enorme cantidad de investigaciones semejantes, es evidente que no es nada casual que el incremento del cáncer haya coincidido en el tiempo con una serie de cambios notables en el sistema productivo y de consumo que se dieron en el mundo especialmente a partir de la Segunda Guerra Mundial. Estos cambios hicieron proliferar determinadas actividades industriales.

Antes de aquella contienda, industrias como las de los plásticos, los pesticidas, los detergentes o los disolventes eran algo de proporciones comparativamente diminutas. Nada que ver con lo que luego pasó, cuando la actividad de éstas y otras industrias creció exponencialmente, multiplicándose una y otra vez, hasta inundar literalmente nuestro mundo con sus productos químicos.

Antes de la Segunda Guerra Mundial, sencillamente, no existían buena parte de las industrias que han llenado nuestro entorno y nuestros cuerpos con ingentes cantidades de sustancias como el mercurio, el plomo, el DDT, el tolueno, el arsénico, el tricloroetileno, el pentaclorofenol... Una sexta parte de los norteamericanos vive a menos de seis kilómetros de algunas de estas industrias, por ejemplo. Y como reiteran estos investigadores, precisamente en los lugares donde más se hacen presentes esas sustancias es donde más cáncer hay. Por ello el cáncer es "más común en ciudades, en estados agrícolas, cerca de puntos de vertido de residuos peligrosos, en lugares donde llega el viento desde ciertas industrias y alrededor de ciertos pozos de donde se extrae agua para beber. Los patrones de una alta incidencia y mortalidad por cáncer están ligados a áreas con uso de pesticidas, exposiciones laborales tóxicas, incineradoras de residuos peligrosos y otras fuentes de contaminación".

Aparte de eso, no debemos olvidar que muchas de esas sustancias no contaminan sólo en el entorno de las industrias donde se generan, sino que permean toda la sociedad al ser utilizadas en los más diversos productos, como en pesticidas que se rocían sobre vastas regiones, o incluso dentro de los hogares, en pinturas que recubren millones de metros cuadrados de paredes en casas y lugares de trabajo, o en mil y un otros posibles usos. Y buena parte de esas sustancias que hoy nos contaminan ni siquiera existían antes en la Naturaleza.

En resumen, antes de la Segunda Guerra Mundial la química de nuestro mundo era una. Después de la Segunda Guerra Mundial es otra. Y aunque los impactos se registren más claramente en una serie de lugares donde la presencia de ciertas sustancias es más palpable, la verdad es que esa contaminación, en unos niveles u otros, no ha dejado ni un rincón del planeta sin alcanzar.

Más cancerígenos, más cáncer

Lo más preocupante de la cuestión es que pese a todo lo que se sabe sobre esto no se está obrando en consecuencia. Lo que sabe la comunidad científica no es tenido en cuenta por las autoridades. La ciencia va por un lado y la Administración y los poderes económicos por otro.

El resultado de esta ecuación es que prácticamente no se hace nada para reducir los factores de riesgo. El que crezca la evidencia científica sobre el peligro de los cancerígenos no está haciendo que se arbitren medidas suficientes para que se reduzca la cantidad de cancerígenos que se generan.

No es mucho lo que se publica en España sobre estas cuestiones, lo que es evidencia, por otro lado, del desinterés oficial existente. Sin embargo, a veces se publican datos de extraordinario interés. Y de esos datos nace una preocupante conclusión: cada vez se genera una mayor cantidad de sustancias cancerígenas.

Un ejemplo de ello son los datos que en el año 2006 recogía el informe 'Sostenibilidad en España', publicado por el Observatorio de la Sostenibilidad en España (OSE), emplazado en la Universidad de Henares y creado con el apoyo del Gobierno español.

En dicho informe, en el apartado de los indicadores de salud ambiental en el que trabajaron especialistas como Dolores Romano del Instituto Sindical de Trabajo, Ambiente y Salud (ISTAS), se recogían unas cifras muy interesantes sobre la producción de sustancias cancerígenas en España. En particular, decía que la producción de tales sustancias había aumentado nada menos que un 50% en el lapso de tan sólo una década. Se había pasado de producir más de un millón seiscientas mil toneladas en 1994 a producir más de dos millones cuatrocientas mil en el año 2004[191].

En cualquier caso, como se dejaba claro en este documento, las cifras reales debían ser mucho más altas, ya que las obtenidas tenían la limitación de basarse en los únicos datos oficiales disponibles y estos sólo se refieren a dieciocho sustancias[192] que son las únicas cancerígenas incluidas en la Encuesta Industrial Anual de Productos (EIAP), encuesta que se ocupa sólo de 5.000 de entre las cerca de 100.000 sustancias que se comercializan.

Obviamente, lo que se ve en España es lo que está sucediendo también en otros países del mundo. Y no parece razonable pensar sino que el que crezca la producción de cancerígenos y consiguientemente la exposición humana a los mismos, no tenga que ver con que prosiga el crecimiento de las tasas de cáncer.

Y curiosamente, de forma concordante con nuestro razonamiento, el crecimiento de las tasas de cáncer está desbocado. Lo dijo la propia Organización Mundial de la Salud (OMS) en el año 2003, cuando anunció que las tasas de cáncer habían crecido nada menos que un 19% ¡tan sólo desde 1994! y que la previsión era que para el 2020 el número de nuevos casos creciese nada menos que otro ¡50%!

También es especialmente significativo, volviendo a la relación industria-cáncer, que donde más cáncer hay sea precisamente en los países industrializados. Europa, por ejemplo, tiene un 25% de la carga global del cáncer[193], cuando por su población, evidentemente, debería corresponderle mucho menos si todo fuesen genes, casualidades de la vida y esas cosas.

Llama la atención, por ejemplo, que en las sociedades tradicionales, ésas que no han adoptado los cambios a los que estamos haciendo referencia, el cáncer sea una enfermedad poco frecuente. También es significativo que cuando los miembros de aquellas sociedades migran a las nuestras, exponiéndose al mismo ambiente que nosotros, acaban por tener el mismo índice de cáncer que nosotros[194]. ¿Por qué?

'No hay peor ciego que el que no quiere ver', especialmente cuando las cosas son tan claras y tan visibles. Aquel que no tiene miedo de afrontarlas, hace décadas que sabe lo que sucede, porque era evidente desde un principio. Nadie, a no ser que tenga intereses que le hagan torcer la interpretación objetiva, puede ver las cosas de otro modo.

Un ejemplo de lo dicho lo tenemos en la bióloga norteamericana Rachel Carson que poco antes de su muerte (por un cáncer de mama) lo dejó escrito en su obra más conocida, "Primavera Silenciosa", de 1962. Rachel Carson comentaba lo que ya entonces era evidente: que vivimos inmersos en un "mar de cancerígenos". Mar que hoy en día, podríamos añadir nosotros, son ya varios océanos.

Y comentaba también algo de gran calado, sobre lo que apenas se ha reflexionado. Sus palabras deberían ser tenidas muy en cuenta a la hora de acometer una verdadera lucha contra el cáncer, una lucha contra el cáncer que realmente merezca tal nombre.

Lo que hacía Carson es algo que hoy en día pocas veces se hace, pero que es crucial realizar para que salten a la vista algunos contrasentidos. Es algo que ya hemos hecho en capítulos anteriores, algo tan simple como establecer un paralelismo entre lo que se ha hecho en la lucha contra las enfermedades infecciosas y lo que se ha hecho en el caso del cáncer. Comentaba así la autora norteamericana que "nuestra situación en relación con el cáncer es hoy muy similar a aquella con la que se enfrentaba la humanidad respecto a las enfermedades infecciosas antes del siglo XX"; que todo el mundo sabe hoy que "el medio ambiente humano está habitado por un número enorme de microorganismos capaces de provocar enfermedades, precisamente como los cancerígenos que impregnan hoy nuestro medio ambiente".

Y aquí es donde el paralelismo que hacía aquella científica hace saltar a nuestra vista el gran contrasentido: la inexplicable gran diferencia que hay entre la forma que hemos tenido de luchar contra las enfermedades infecciosas y la que hemos tenido a la hora de luchar contra el cáncer, aún cuando tal diferencia no debería haberse dado. En el primer caso, el eje básico de actuación fue atajar la causa del problema, conforme al más elemental sentido común y también conforme al más elemental código de la medicina, que defiende que es prioritario evitar que un daño se produzca; que 'es mejor prevenir que curar'.

Gracias a científicos como Pasteur, una vez establecida la relación causal entre los organismos patógenos y muchas enfermedades, se consideró una prioridad eliminar de nuestro entorno aquellos agentes patógenos. La higiene salvó millones de vidas.

Sin embargo, con las sustancias cancerígenas no se actuó igual que con los microbios. Identificarlas y eliminarlas no se consideró una prioridad en la lucha contra el cáncer. Se renunció a priorizar la prevención, contra los más elementales dictados del sentido común y contra los más elementales códigos deontológicos. Comenzó a aplicarse la perversa máxima de que 'más vale curar (o intentarlo) que prevenir'. No era una prioridad evitar la enfermedad, sino dejar que ésta se manifestase, creciendo y creciendo en incidencia, e intentar salvar la vida del mayor número posible de los que la contrajesen.

Carson comentaba que igual que se mantuvieron a raya las enfermedades infecciosas no tanto con fármacos y tratamientos en general sino con medidas de higiene que eliminaban los agentes causales de nuestro entorno, debería hacerse con el cáncer mediante la eliminación de los agentes cancerígenos que nos rodean. Decía que un enfoque contra el cáncer que se concentre casi exclusivamente en medidas terapéuticas, olvidando la prevención, "fallará, porque dejará intactos los grandes manantiales de agentes cancerígenos que continuarán reclamando nuevas víctimas más deprisa que la aún problemática 'cura' las salvará".

Hace 50 años ya lo denunciaba Rachel Carson y hoy seguimos en las mismas. Si bien, claro, y como ya vaticinaba aquella científica, con unas tasas de incidencia del cáncer que han crecido brutalmente desde entonces. Los grandes manantiales de cancerígenos de los que hablaba aquella investigadora se han agrandado tanto que los que conocía ella y que tan grandes le parecían (y que ya lo eran, por otro lado) no son más que un río discreto frente a las cataratas del Niágara.

Hoy, como entonces, esos manantiales de cancerígenos no sólo no han sido cerrados, sino que su caudal se ha incrementado sobremanera. Y ello a pesar de que, como nos apuntaba también Carson, tenemos teóricamente más posibilidades de reducir los cancerígenos químicos que las que teníamos de controlar los microbios, ya que "el hombre no había puesto aquellos gérmenes en su ambiente y su labor al difundirlos era involuntaria. En contraste, el hombre ha puesto la gran mayoría de los cancerígenos a su alrededor, y puede, si quiere, eliminar muchos de ellos". Eso es. Si 'quiere'. Pero ¿quiere?

La voz de la ciencia

Científicos de mucho relieve se están desgañitando desde hace décadas para alertar de la gravedad de lo que comentamos. Sin embargo, las autoridades siguen haciendo oídos sordos.

Ya hemos hablado antes de uno de los ejemplos más notables de esa voz de la ciencia. Se trata del denominado Llamamiento de París, suscrito el 7 de mayo de 2004 por gran cantidad de científicos e investigadores, e impulsado por la Asociación para la Investigación Terapéutica Anticancerosa (ARTAC) con el apoyo de la ONU.

Al frente del documento estaban varios premios Nobel como Jean Dausset, François Jacob o Luc Montagnier, aparte de otros nombres conocidos como el del antiguo Secretario General de la ONU, Butros Ghali. Y entre los numerosos firmantes, figuraban científicos como Richard Clapp, Jean Bernard, Pierre Chambon, Samuel Epstein, Vyvian Howard, John Newby, Hubert Reeves y un largo etcétera.

Su firma coincidió con un momento clave. Era el momento en el que la industria química estaba oponiendo una feroz resistencia frente a la normativa REACH que la Unión Europea intentaba desarrollar para, por primera vez en la historia, hacer algo medianamente serio para controlar los riesgos de las sustancias químicas.

Los científicos eran conscientes de lo que estaba en juego y quisieron que la sociedad fuese también consciente de ello. Sabían que la ignorancia de la gente sobre los estragos sanitarios que se estaban produciendo era un aliado de los que se resistían a anteponer la salud de las personas y el medio ambiente frente a los intereses económicos. Esos intereses, como los de la industria química, veían con muy buenos ojos que las cosas no cambiasen demasiado. Y no era para menos, ya que hasta ese momento la norma había sido poner nuevas sustancias en el mercado sin antes garantizar su inocuidad: miles y miles de sustancias puestas a la venta sin preocuparse prácticamente de nada. Obviamente, una situación muy cómoda para algunos negocios, pero acaso no la ideal desde el punto de vista ambiental y sanitario. Lamentablemente, al final la industria consiguió rebajar bastante las exigencias de esa normativa. Aunque sin duda las habría rebajado todavía más de no ser por la intervención de estos y otros científicos que se esforzaron por ser escuchados.

¿Y qué es lo que aquellos hombres de ciencia querían que supiésemos y que supiesen también las autoridades? Pues, básicamente, lo que resumían en su Llamamiento, bautizado concretamente como "Declaración internacional sobre los peligros de la contaminación química".

En ese documento, basado en el conocimiento científico actual acerca de estos temas, denunciaban que la contaminación química es uno de los principales responsables del aumento de los casos de cáncer en los países desarrollados desde 1950[195].

El Llamamiento no trata sólo del cáncer, sino que incide también en otros problemas tales como la infertilidad o las enfermedades congénitas. Pero ahora estamos hablando del cáncer en concreto.

Para los firmantes de esta declaración internacional, y así lo hicieron constar en la misma, está claro que los avances en investigación médica no serán nunca suficientes para conjurar la amenaza si no se aplica el principio de precaución y se evita la producción de las sustancias tóxicas responsables. Afirman justo lo mismo que dijo Rachel Carson décadas antes.

Es algo de absoluto sentido común. Es un error dejar que las causas sigan obrando impunemente, permitiendo que el número de nuevos casos crezca y crezca, mientras casi todo el esfuerzo parece centrarse en los diagnósticos y tratamientos.

¿Se imaginan que alguien, viendo que una bañera está desbordándose, se limitase a llenar cubos, pero nadie cerrase el grifo abierto? Pues ésa es la forma de actuar que prevalece en estos temas. Y la 'bañera' se está llenando de enfermos.

Y ello, si tenemos en cuenta lo que nos están diciendo tantos científicos, está lejos de ser sólo una inocente torpeza. Porque ese absurdo de "ignorar la evidencia científica es permitir conscientemente la enfermedad o muerte de miles de personas", como comentan los científicos Clapp, Howe y Jacobs, de la Universidad de Massachussetts, Lowell, en Estados Unidos. Y la evidencia que se ignora no es la de unas pocas investigaciones sino la de millares de ellas.

Por eso también en la primavera de 2010 el Panel Presidencial del Cáncer, que informa al Presidente de los Estados Unidos en esta materia, instaba al máximo dirigente de esa nación a que usase todo su poder para que se adoptasen medidas para eliminar las sustancias cancerígenas de la comida, el aire, el agua o los productos de consumo.

El Panel, encabezado por científicos como el doctor LaSalle Leffall Jr. de la Universidad de Howard (y que fue presidente de la Asociación Americana del Cáncer) o la doctora Margaret Kripke, del Anderson Cancer Center de Houston en Texas, uno de los centros de referencia mundial en la enfermedad, decía que los cánceres ambientales han sido muy groseramente subestimados, e instaba a endurecer la regulación de las sustancias químicas tóxicas, a aplicar estrictamente el principio de precaución (sin esperar a la certeza total de que una sustancia cause daños, ya que el coste en vidas puede ser elevado) y a sensibilizar a los consumidores acerca de los tóxicos a los que cotidianamente se exponen.

Estos expertos llegaban incluso a dar algunos ejemplos de sustancias implicadas tales como el bisfenol A, el benceno, el tricloroetileno, los ftalatos, los pesticidas, los trihalometanos o el formaldehído. Lamentaban que sólo se hubiesen comprobado los efectos sanitarios de unos cientos de las 80.000 sustancias que se comercializan en EE.UU.

Alertaban de cómo los norteamericanos están siendo bombardeados ya desde antes de nacer con un cóctel de químicos y daban un tirón de orejas al Gobierno de EE.UU. por no haber sabido proteger la salud de sus ciudadanos frente a esta amenaza. El hecho de que un 41% de los estadounidenses vayan a ser diagnosticados de cáncer a lo largo de su vida y que un 21% vaya a morir por eso, les parecía, y es sin duda, algo escandaloso.

Richard Clapp, famoso epidemiólogo, dijo, coincidiendo con la presentación de ese informe, que las exposiciones ambientales causan decenas de miles de cánceres al año y que eso es una "emergencia nacional". Sin embargo, no se está actuando.

Lo que nos están diciendo estos científicos es que la lucha contra el cáncer y otras enfermedades ha de pasar, en buena medida, por la lucha contra la contaminación química, y que esta lucha debería ser un eje muy importante de la política sanitaria.

Hace tiempo que muchos científicos han querido ir por ahí. Un ejemplo es el de Higginson y Muir, que en los años 70 comentaban que el 80% de los cánceres se debían a exposiciones ambientales y que creían que para luchar contra la enfermedad era clave que se profundizase en los estudios epidemiológicos "vinculados a emigrantes, variaciones geográficas de incidencia, cambios en los riesgos a lo largo del tiempo, estudios correlativos e informes sobre agrupaciones de casos"[196]. Es decir, coincidían precisamente con todo aquello que va en la línea de lo que venimos comentando. Hablaban de aquello que se habría hecho prioritariamente si el cáncer fuese una enfermedad debida en su mayoría, por ejemplo, a agentes infecciosos, pero que no se está haciendo si son otro tipo de agentes los que pueden causarla.

'Algo' ha hecho que se desvíe la atención, una y otra vez, de las que pueden ser las principales causas del cáncer, favoreciendo que no se haga prácticamente nada para prevenir la exposición a agentes cancerígenos. Y mientras ese 'algo' ha actuado, algunos sectores se han visto muy favorecidos desarrollando carísimos fármacos o complejas investigaciones genéticas, a pesar de que el cáncer es una enfermedad mayoritariamente ambiental en la que la prevención debería ser la prioridad, y no tanto los tratamientos.

¿Qué puede haber sido ese 'algo'? Vamos a verlo con un ejemplo concreto que acaso no explique todo, pero que sí explica una parte importante, sobre todo por ser muy esclarecedor. Vamos a ello.

Una de las cosas que más influyó en esa desviación de las estrategias contra el cáncer, alejándolas de la lucha contra la contaminación química, fue la publicación de una serie de trabajos científicos del estilo de los que realizó un investigador llamado Sir Richard Doll a principios de los años 80.

¿Quién era este hombre? Un científico al que su contribución a asociar el tabaco con el cáncer de pulmón le había dado fama mundial. Su prestigio le convirtió en una auténtica 'vaca sagrada', haciendo que sus publicaciones se tomaran como 'oráculos' que pocos, probablemente, se detenían a revisar.

Así, cuando a principios de los años 80 publicó un famoso trabajo sobre "Las causas del cáncer", éste se convirtió pronto en la referencia básica de muchos que querían saber contra qué causas del cáncer era prioritario actuar y contra cuales no tanto.

¿Qué causas eran las más importantes para Doll? Para este hombre la más importante era el tabaco, al que atribuía nada menos que un 30%, y la dieta, a la que culpaba de otro 35% (eso sí, de forma difusa, sin por supuesto entrar a considerar qué podría haber en la dieta).

Los temas que tienen que ver con la contaminación química, tales como los derivados de actividades industriales, tenían para Doll muy poco peso. Sostenía que sólo un 2%[197] de los cánceres podían deberse a la polución y un 4%[198] a la ocupación laboral, frecuentemente por exposiciones químicas.

Ante estudios como éste muchos se dijeron ¿para qué preocuparse demasiado de la polución química? Lo llamativo es que incluso hoy, cuando la ciencia sabe sobradamente que cifras como aquellas no se sostienen lo más mínimo, haya todavía quien siga tomándolas como referencia. Y esto sucede aunque una y otra vez aparezcan informes que, como el del Panel Presidencial del Cáncer antes aludido, las critiquen explícitamente; incluso aunque se hayan realizado revisiones de esos estudios de Richard Doll y se haya descubierto en ellos errores de bulto, errores imperdonables, como dejar fuera de los cálculos vastísimos sectores de trabajadores y de población general[199]. Son errores inconmensurables, impropios de un científico que se considere serio.

Pero suele pasar que muchas teorías sin sentido y sin base, si van a favor de una serie de intereses poderosos, tiendan a sobrevivir por mucho que se demuestre su inconsistencia. Y ése fue el caso. Trabajos como los de Doll han influido en que no se adoptasen medidas preventivas para reducir los efectos de la contaminación química mediante la regulación y/o prohibición de sustancias muy peligrosas, también han influido en que se destinasen menos fondos a investigar una serie de posibles causas del cáncer. Y sin duda todo ello ha favorecido, y mucho, a algunos intereses económicos muy particulares, pero no a la salud pública. Insistimos en que no sólo influyeron los estudios de Doll, sino también otros semejantes, aunque los de Doll, ciertamente, tuvieron un peso singular.

Informes de este tipo influyeron en que se descuidasen una serie de medidas preventivas y en que se apostase ante todo, casi en exclusiva, por los diagnósticos y los tratamientos. Mientras tanto hubo industrias químicas que siguieron a lo suyo, fabricando cancerígenos -que no eran debidamente limitados o prohibidos- o bien anti-cancerígenos. Las ventas crecían y crecían y todos contentos. Incluso crecía día a día la cantidad de dinero que las farmacéuticas daban a los investigadores para realizar estudios sobre el cáncer. Por crecer, crecía de año en año también, cómo no, la incidencia de la enfermedad y la creación de toda una serie de empleos cualificados en torno a la floreciente industria del cáncer. Muchos de esos empleos eran, sin duda, muy necesarios por contribuir a salvar vidas y aliviar sufrimientos, pero no más necesarios que una prevención que, evitando una buena parte del cáncer en origen, habría acaso salvado muchas más vidas y evitado muchos más sufrimientos.

Tesis como la de Doll y su compañero Peto congeniaban magníficamente con ese estado de cosas en el que se consideraba poco importante atajar una serie de causas[200]. En ese contexto, si se hablaba de factores ambientales siempre se hacía de forma un tanto difusa, como si no importase demasiado identificarlos.

Mientras tanto, los enfoques de otros investigadores que, como Higginson y Muir, intentaron identificar estas causas mediante estudios epidemiológicos en zonas industriales o en sectores de población expuestos a ciertas sustancias, tendieron a ser marginados.

No sabemos si de haberse conocido en 1981 lo que hoy se sabe acerca de Richard Doll se habrían tenido tan en cuenta sus opiniones sobre las causas del cáncer. Porque entonces no se sabía que poco antes, en 1979, este científico había suscrito un acuerdo de colaboración con la multinacional Monsanto, uno de los gigantes químicos mundiales, por el que se embolsaría regularmente, a lo largo de unos veinte años, una considerable cantidad de dinero.

El escándalo saltó a la prensa mundial en 2006. Los titulares no podían ser más contundentes: "un famoso científico cobraba por favorecer a compañías químicas en sus informes"[201], decía uno de ellos. Otro añadía que tal científico habría estado "a sueldo de las industrias químicas durante 20 años elaborando informes que justificaban que sus productos no eran cancerígenos". Nuestro buen Richard Doll estaba a sueldo de la industria química mientras sus trabajos decían que la contaminación química tenía muy poco peso en el cáncer. Curioso ¿no?

Se publicó mucho y con mucho detalle sobre los documentos del acuerdo con Monsanto y otras compañías. Además, se expuso que Doll también intervino a favor de la industria química en asuntos especialmente sangrantes, como por ejemplo, cuando una comisión australiana investigaba los efectos del temible Agente Naranja, el herbicida fabricado por Monsanto. El científico les escribió diciéndoles que no había evidencia de que ese producto pudiera provocar cáncer[202]. Se habló de empresas como la Dow Chemicals, ICI y la Chemicals Manufacturers Association, que tenían problemas por una sustancia química, el cloruro de vinilo, y que pagaron a este científico por un informe en el que sólo se asociaba el compuesto al cáncer de hígado y no a otros cánceres. Este informe sirvió durante mucho tiempo a esas compañías para rebatir a la Organización Mundial de la Salud -que vinculaba la sustancia también con otros tumores- y, por supuesto, para defenderse de las demandas de personas que habían enfermado.

Hoy en día, mientras algunas instancias oficiales siguen dando por buenos los estudios de Doll y otros más o menos parecidos, sigue sin hacerse caso a lo que indican investigaciones mucho más serias e infinitamente más numerosas. Son centenares. Muchas de ellas han sido realizadas por instituciones oficiales y con fondos públicos. Están realizadas con las técnicas más depuradas, son publicadas en las revistas científicas más prestigiosas y apuntan en un sentido muy diferente.

Hay científicos que se han dedicado a revisar esta ingente cantidad de investigaciones que aparecen en todo el mundo. Su objetivo es ver realmente lo que se sabe y determinar cuáles son las causas más importantes del cáncer a fin de prevenirlas.

Una de esas revisiones de estudios es la que realizaron Clapp, Howe y Jacobs, científicos antes citados. La conclusión a la que llegaron, tras leer cientos de investigaciones, es que no puede lucharse contra esta enfermedad sin luchar contra los contaminantes químicos[203].

Estos investigadores de la Universidad de Massachussetts, Lowell, encontraron estudios que asocian los pesticidas con tumores cerebrales, con la leucemia o con el linfoma no-Hodgkin. Vieron informes que relacionan disolventes con diversos cánceres; sea que vinculen el benceno con la leucemia o el linfoma no-Hodgkin, el tetracloroetileno con el cáncer de vejiga, o el tricloroetileno con la enfermedad de Hodgkin, con la leucemia y con los cánceres de riñón e hígado.

También leyeron informes que vinculan el cloruro de vinilo con el sarcoma de los tejidos blandos o el cáncer de hígado, así como otros que asocian cánceres de piel, de los conductos nasales, de laringe, estómago, vejiga o recto con aceites minerales y líquidos de las industrias metalúrgicas. Estudiaron escritos que ligan el arsénico, contaminante tan presente en algunas zonas, con cánceres como los de vejiga, pulmón y piel.

Otras investigaciones que revisaron estos científicos norteamericanos, versaban sobre cómo ciertos subproductos derivados de los procesos masivos de cloración de las aguas, como los trihalometanos que puede haber en el agua del grifo, podían tener que ver con problemas como el cáncer de vejiga.

Y en fin, vieron estudios sobre la relación de cánceres como los de vejiga, pulmón y piel con los hidrocarburos aromáticos policíclicos y diversos otros compuestos petroquímicos y de combustión, incluyendo las emisiones de los vehículos. Revisaron informes sobre la relación entre fibras como el amianto y el mesotelioma, los cánceres de laringe, de pulmón o de estómago; sobre radiaciones ionizantes y cánceres de vejiga, huesos, cerebro, pecho, hígado, pulmón, ovario, piel y tiroides, así como leucemia, mieloma múltiple o sarcomas... cientos de sustancias y factores ambientales y numerosas enfermedades estudiadas en una creciente lista de investigaciones[204]. Analizaron un estudio tras otro, en una lista que por su extensión no podemos reproducir aquí, teniendo que limitarnos a dar una simple idea.

Otra buena revisión de estudios fue realizada por John A. Newby y Vyvian Howard, del Departamento de Anatomía Humana y Biología Celular de la Universidad de Liverpool (Reino Unido)[205], que manejaron más de trescientas investigaciones, centrándose sobre todo en las que versaban sobre aquellos cánceres cuyo crecimiento puede verse potenciado por contaminantes de acción hormonal (que son muchos), como es el caso de los cánceres de próstata, testículo y mama.

Las conclusiones señalaban que la polución química puede estar teniendo un importante papel en el auge de la incidencia de estos cánceres. Se mostraban especialmente preocupados por las deficiencias de la toxicología tradicional, que ha pasado por alto lo que la literatura científica más moderna dice sobre los efectos de la compleja mezcla de sustancias químicas que se acumulan en el interior de nuestros organismos.

Algunos científicos españoles están contribuyendo con su gran trabajo a que crezca la masa de investigaciones existentes, por ejemplo sobre cánceres tan importantes como el de colon. Sobre él ha trabajado el equipo de Víctor Moreno, de la Universidad Autónoma de Barcelona y del Instituto Catalán de Oncología. El estudio, en el que colaboraron el Hospital Universitario de Bellvitge y el CSIC, y que fue publicado en la revista "Environmental Health Perspectives"[206] mostraba cómo este cáncer estaba asociado a los contaminantes organoclorados que nos llegan con la dieta, tales como algunos PCBs[207]. Las personas con este cáncer, que es uno de los más frecuentes en los países industrializados siendo la tercera causa de muerte por cáncer, tenían el doble de PCBs que las que no lo padecían. Curiosamente, se conoce perfectamente que las dietas con mucha grasa tienen más PCBs y otros contaminantes, lo que acaso debería ser tenido en cuenta cuando se habla de las grasas como factores de riesgo en el cáncer.

Otros diversos estudios[208] hablan de la relación de este cáncer con disolventes, 1,1-dicloroetano, alaclor, aminas aromáticas, subproductos de la cloración, radiaciones ionizantes, 2,4,5-T, aldrin, dieldrin, DDT, nitrosaminas, dioxinas, organofosforados, PAHs, tolueno, etc.

Investigadores como los citados lo tienen muy claro: no podemos seguir conformándonos con que se nos siga dando una y otra vez ciertas manidas explicaciones acerca de por qué crece tanto el cáncer en los países industrializados. No basta, como una y otra vez se hace, con culpar por cómodo que resulte, al envejecimiento de la población, al tabaco, a la dieta (entendiendo ésta de una forma vaga que no contempla explícitamente las sustancias tóxicas que porta) o a los genes ("simplemente, nuestros genes no cambian tan deprisa", aclaran[209]).

Es evidente, nos dicen estos científicos, que esos factores no explican la brutal explosión de casos de cáncer habida en una sola generación. ¿Cómo van a explicar que la tasa de incidencia general de todos los tipos de cáncer creciese nada menos que un 85% entre 1950 y 2001[210]?

Nos recuerdan Clapp y sus compañeros que "hoy cerca de uno de cada dos hombres americanos y una de cada tres mujeres esperan escuchar tal diagnóstico a lo largo de su vida", hasta el punto de que hoy el cáncer es "la segunda causa de muerte en términos absolutos y la primera entre personas con menos de 85 años"[211]. La tendencia es, además, a una aceleración, no a un aminoramiento[212].

Sin embargo se sigue insistiendo una y otra vez en las mismas ideas preventivas (o, en algún caso, 'preventivas'). Cuando es evidente que, tras tanto tiempo haciendo campaña de información acerca de unos determinados factores a evitar, sería de esperar que hubiese tenido un efecto contrario. Evidentemente, si una enfermedad se dispara de esta manera, en unas proporciones obviamente epidémicas, es que no se está actuando debidamente contra sus causas.

Sigue insistiéndose en advertir sólo sobre determinados factores de incidencia limitada, como el tabaco, el cual, nos dicen los autores a los que estamos siguiendo, nunca ha sido vinculado a la mayoría de los cánceres, en especial a aquellos que más están creciendo en los últimos tiempos como los "melanomas, linfomas cerebrales y de médula". Las autoridades sanitarias advierten que el humo del tabaco contiene benceno, nitrosaminas o formaldehído, ¿pero por qué no nos advierten con la misma contundencia de tantas otras cosas que contienen estas sustancias y otros centenares muchas veces peores que ellas? Sustancias que mucha gente, por ejemplo, respira cotidianamente en sus casas o lugares de trabajo.

¿Cómo explicar con los argumentos que suelen emplearse tantas veces, como el del envejecimiento, que haya crecido tanto la incidencia de cánceres como el de testículos, que habría duplicado en los últimos 40 años su tasa de incidencia global en todas las edades[213]? Porque, curiosamente, es un cáncer que "afecta más comúnmente a hombres de entre 20 y 30 años, habiéndose incrementado en este sector de edad al menos un 75% entre los años 70 y los 80, no pudiéndose atribuir a una mejora de los diagnósticos"[214].

Pero es que los tipos de cánceres que se están disparando son demasiados. Newby y Howard comentan que en el Reino Unido se habría dado un incremento de un 38% en los casos de cáncer de próstata o de un 18% en el de mama y en el linfoma no Hodgkin, y todo ello tan sólo entre 1989 y 1998. Podríamos seguir dando datos y más datos. Por ejemplo, y por citar sólo uno más, referido en este caso a España ¿cómo es posible explicar de formas tan absurdas que en este país el número de defunciones por tumores de ovario aumentase un 138% en el periodo 1990/1998[215]? Es evidente que estamos tolerando unas explicaciones demasiado pobres para un problema demasiado grave.

Ya no es posible admitir determinados enfoques que no tengan en cuenta, temerariamente, lo que la investigación científica más avanzada lleva ya mucho tiempo diciendo. Ya no es admisible, por ejemplo, que un médico a la hora de hablarnos del papel que tienen las dietas ricas en grasa en algunos tumores, nos hable de esas grasas como si fueran las de hace cien o doscientos años, como si ahora no se supiera perfectamente que esas grasas están cargadas de una gran cantidad de compuestos tóxicos sintéticos. No puede alegarse ignorancia, porque es algo que sabe cualquier persona medianamente informada sin necesidad de que sea médico. Y en un médico esa disculpa es inexcusable.

Es un tema que llegó al Congreso de los Estados Unidos cuando el National Cancer Advisory Board alertó a esa cámara de representantes de que "la inadecuada aceptación de la importancia de los contaminantes en la dieta y el ambiente estaba siendo un obstáculo para la prevención del cáncer"[216]. El organismo asesor consideraba muy grave que no se estuviese informando a los ciudadanos acerca de los contaminantes que podía haber en los alimentos o en el agua; y que cualquier consejo nutricional que se dé sin proporcionar esos datos es patéticamente incompleto. Es un gran engaño hablar de 'dietas saludables' en este contexto.

La carne, el pescado, las verduras de hoy no tienen exactamente el mismo contenido que tenían antes de la 'revolución química' obrada sobre todo tras la Segunda Guerra Mundial. Y del mismo modo que se aconsejan determinados productos porque a lo mejor puedan contener unas pequeñas cantidades de oligoelementos, minerales o vitaminas, debe tenerse en cuenta también los pequeños contenidos de otra serie de sustancias químicas que pueden tener tanto o más efecto y no precisamente positivo. No informar sobre ello es una grave temeridad, como lo es, más en general, no alertar sobre las demás formas de exposición a contaminantes sea cual sea la vía por la que nos lleguen.

LA REFLEXIÓN DE UN DOCTOR QUE SUPERÓ UN CÁNCER

El doctor David Servan-Schreiber es un psiquiatra y neurólogo de la universidad de Pittsburg (EE.UU.). Contraer un tumor, que acabó superando, le hizo profundizar extraordinariamente en el mundo del cáncer. Uno de los frutos de ello fue la redacción de una magnífica obra divulgativa[217]. En ella, como no podía ser menos, habla de la importancia del papel de las sustancias cancerígenas. Comenta, por ejemplo, cómo en los últimos treinta años la Agencia Internacional para la Investigación sobre el Cáncer de la Organización Mundial de la Salud sólo había analizado unas 900 sustancias sospechosas de ser cancerígenas de entre las decenas de miles de sustancias que la industria ha generado. Dice que no se había estudiado sido más sustancias no porque no las hubiera, sino porque nadie había encargado tales estudios, y apunta que de entre todas esas sustancias que habían sido estudiadas, sólo una ha sido clasificada como no cancerígena, 95 como claramente cancerígenas, 307 como probablemente cancerígenas y 497 que aún no han sido evaluadas adecuadamente. Denuncia que, pese a ello, muchas de las sustancias más peligrosas siguen utilizándose generalizadamente, como sucede con el benceno.

Comenta Servan-Schreiber que los industriales, favorables obviamente a que tales sustancias conflictivas sigan utilizándose en aras de intereses comerciales, tratan frecuentemente de quitar importancia a los riesgos arguyendo que los niveles a los que normalmente nos vemos expuestos son un centenar de veces inferiores a las dosis que se consideran tóxicas para los animales. Pero este doctor apunta que tal forma simplista de interpretar los hechos ignora algunos datos fundamentales. Ignora por ejemplo lo que apuntaba la bióloga Sandra Steingraber, que en 1995 el National Toxicology Program de los Estados Unidos intentó realizar una estimación de cuántas sustancias químicas, de entre las 75.000 que había en el mercado en ese momento, podían ser cancerígenas. Para ello se analizó una muestra representativa en función de criterios científicos, estudiando centenares de ellas. Y resultó que entre el 5 y el 10% del total eran cancerígenas, de modo que ello significaba que nos vemos expuestos habitualmente a entre 3.750 y 7.500 sustancias cancerígenas. Por tanto, dando por cierto ese argumento de la industria de que con cada una de esas sustancias nos viésemos expuestos a una centésima parte de la dosis cancerígena, -muchos científicos cuestionan la supuesta inocuidad de tales 'bajas' dosis-, lo cierto es que al ser miles de sustancias las que nos rodean, estaríamos expuestos a entre 37 y 75 veces la dosis considerada tóxica para animales. Y eso que lo que nos dice el doctor Servan se basa en los parámetros más burdos de cierta toxicología obsoleta que ya de por sí minimizan hasta lo inimaginable los efectos reales de las sustancias, no sólo por lo dicho de las dosis 'bajas' sino por otros aspectos que no se tienen en cuenta. Entre ellos el efecto cóctel o a que ciertas sustancias pueden actuar, por ejemplo, debilitando el sistema inmunitario o generando determinados desarreglos hormonales que pueden favorecer el cáncer directa o indirectamente. Es decir, que la subestimación de los daños de esas sustancias puede ser, realmente, sideral.

Lo genético del cáncer

Uno de los obstáculos para comprender el extraordinario peso de los factores ambientales en el cáncer es el desconocimiento general de hechos básicos que cualquier oncólogo conoce. Uno de esos hechos es que más del 90% del cáncer se explique por factores ambientales. Otro hecho es la mala comprensión incluso de lo que significa lo genético. Como aclara el científico Miquel Porta, hay personas escasamente documentadas que confunden lo genético con lo hereditario aunque sean dos cosas diferentes. Puede haber cosas que se hereden sin ser genéticas. Y puede haber rasgos genéticos que no se hereden.

Puede, por ejemplo, haber alteraciones genéticas que no se hayan heredado sino que se hayan adquirido a lo largo de la vida. Es más, no es que esto pueda suceder como una rareza, sino que es algo que sucede constantemente. Cotidianamente se producen millones de alteraciones genéticas en los seres humanos. Frente a cierta visión ramplona de lo genético que se propala, por ejemplo, a través de algunas informaciones periodísticas carentes de rigor, la visión de la ciencia es absolutamente diferente. Por ejemplo, decir que algo sea genético no implica que en ese algo los genes determinen todo, casi como si los genes tuviesen inteligencia propia y fuesen una especie de tiránicos 'micro-dictadores' en el organismo. En realidad, los genes no son más que una simple parte de un conjunto y sobre ellos actúan muchos otros componentes. Lo que se da, al fin y al cabo, es una interacción constante entre los genes y el complejo ambiente celular y extra-celular, y de ese modo, el peso de lo epigenético, es decir, de toda esa compleja realidad que actúa sobre los genes, puede ser brutal.

Por volver al tema del cáncer, aunque desde cierta posición claramente acientífica muchas personas crean, sin ninguna base, que los genes son los responsables de todo, la verdad es que lo que existe, más bien, es una acumulación de alteraciones genéticas y epigenéticas adquiridas normalmente a lo largo de la vida. Estas alteraciones representan un proceso causal clave que vincula el ambiente con enfermedades como el cáncer, que tienen unas causas complejas[218]. En este contexto, las sustancias químicas tóxicas que uno recibe desde el momento mismo de la concepción en el seno de la madre pueden tener un peso tremendo.

Eso es lo que están mostrando centenares de investigaciones sobre el cáncer: el importante papel que el medio ambiente tiene sobre la enfermedad. No sólo incide, como vemos, en los cánceres más abiertamente considerados ambientales, sino incluso en muchos de los que se dicen genéticos.

EL CÁNCER DE MAMA

Nicolás Olea, catedrático de Medicina de la Universidad de Granada e investigador del Hospital Clínico de la misma ciudad, es uno de los científicos españoles más preocupados por el efecto que las sustancias químicas contaminantes que todos tenemos ya en nuestros cuerpos pueden acabar teniendo sobre nuestro equilibrio hormonal. En particular se interesa por aquellos tipos de cánceres dependientes de las hormonas, como es el caso del cáncer de mama.

Entre 1996 y 1998, el equipo de Nicolás Olea se encontraba investigando precisamente sobre este tema. Hicieron un seguimiento de cerca de 200 mujeres en el momento en el que se les diagnosticaba un cáncer de mama, midiendo los contenidos de determinados contaminantes -dieciséis pesticidas organoclorados en concreto- en su tejido adiposo. Al mismo tiempo, midieron también los contenidos de los mismos tóxicos en el tejido adiposo de mujeres sanas.

Los resultados, publicados en la revista 'Cancer Causes and Control' en 2004[219], mostraban que especialmente en algunas mujeres, como las que habían pasado la menopausia y eran delgadas, la presencia de unos niveles algo más altos de un conjunto de contaminantes estaba asociada con un posible riesgo que podía llegar a ser cuatro veces mayor de padecer un cáncer de mama.

El problema es el efecto hormonal que pueden tener algunas de estas sustancias que se acumulan en el tejido adiposo. Muchas sustancias contaminantes, por ejemplo, tienen un efecto 'estrogénico', es decir, que su efecto en el cuerpo femenino es como el de los estrógenos, por lo que pueden enviar y de hecho envían mensajes equívocos al organismo, que las confunde con hormonas naturales. Esto, en cánceres muy sensibles a las hormonas como el de mama, puede ser funesto.

En esta investigación dirigida por Nicolás Olea los contaminantes analizados eran pesticidas organoclorados que tienden a concentrarse en el tejido graso. Pero los contaminantes que pueden tener efectos análogos de perturbación del equilibrio hormonal son muchos y pueden llegar al cuerpo femenino de las formas más diversas, no sólo a través de la dieta, como sucede más frecuentemente con los organoclorados. Una de las formas de absorberlos es a través de determinados productos de aseo personal, cosméticos, etc. Y este catedrático también llamaba la atención sobre ello.

Una parte de la preocupación del investigador Olea acerca de los contaminantes con efecto hormonal y su posible efecto sobre enfermedades humanas como el cáncer de mama había nacido por su trabajo en la Universidad de Tufts, en Boston (EE.UU.).

En 1987, el mismo año en que Olea comenzó su estancia en esa universidad norteamericana, tuvo lugar uno de los hallazgos más sorprendentes en este ámbito. Dos importantes investigadores, Ana Soto y Carlos Sonnenschein, se encontraban investigando en aquel centro sobre las posibles formas de detener el crecimiento de las células de cáncer de mama[220]. Era una investigación más convencional con el deseo de encontrar una sustancia que inhibiera el crecimiento de los tumores. No era un estudio sobre el efecto de contaminante alguno, pues por entonces no se ocupaban de ello. Pero sucedió algo inesperado que haría que la investigación diese un giro de 180 grados.

Lo que pasó entonces no es en definitiva sino una prueba más de que cuando un posible factor causal es muy poderoso y está muy extendido en nuestro mundo, puede suceder como en este caso, que se cuele sin ser llamado en los laboratorios, y así sea descubierto. Es algo parecido, sólo que a la inversa, a lo que le sucedió a Fleming cuando descubrió la penicilina: Fleming estaba cultivando bacterias y descubrió un día que éstas no crecían en torno a unos hongos que se habían introducido en el cultivo. Así llegó a la conclusión de que esos hongos generaban alguna sustancia que mantenía a raya a los microbios.

Lo que les pasó a los doctores Soto y Sonneschein fue muy distinto y sobre todo en sentido contrario, pues no era algo que podía mantener a raya una enfermedad, sino algo que le daba alas.

Su trabajo requería mucho cuidado a la hora de evitar que cualquier cosa pudiese desbaratarlo. Cualquier clase de posible contaminación era vigilada en extremo a fin de que nada pudiese alterar el resultado. Sin embargo, a pesar de las extremas medidas adoptadas, algo alteró sus experimentos.

El cultivo de células de cáncer de mama humano con el que trabajaban no debía crecer, y sin embargo no paraba que hacerlo. Las células se multiplicaban y multiplicaban. ¿Por qué pasaba esto si en principio no había nada allí que pudiese favorecerlo? Una de las posibles razones era que pudiese existir una contaminación accidental con estrógenos. ¿Pero cómo podría haber pasado tal cosa si el gramo de estradiol, la potente hormona femenina que empleaban en sus experimentos se guardaba a buen recaudo en otro laboratorio y las medidas para evitar cualquier contaminación eran tan exigentes?

Durante meses investigaron la posible fuente de la contaminación y realizaron los más dispares cambios. Pero nada. No excluyeron ni la posibilidad de un sabotaje. Cuando ya estaban al borde de la desesperación más absoluta dieron con la causa, y era de lo más sorprendente.

El 'saboteador' del experimento no era persona alguna, sino más bien 'algo' con la apariencia más inocente y 'aséptica': era el plástico del que estaban hechos los tubos que utilizaban en los experimentos. A pesar de su apariencia 'inerte' y la 'coartada' de ser considerado hasta entonces incapaz de liberar sustancias, la verdad era que el poliestireno de los tubos era el que estaba liberando la 'hormona' que hacía crecer las células de cáncer de mama.

Debieron pasar dos años hasta que identificasen la 'hormona'. Había sido añadida al plástico durante su fabricación industrial sin sospechar que fuese a comportarse como una hormona. Era simplemente una sustancia añadida para que actuase como anti-oxidante, de modo que con el tiempo los tubos no amarillearan y no tuviesen aspecto envejecido. La sustancia era el p-nonilfenol y actuaba, aunque nadie de los que la utilizaron en ese plástico pudiese jamás haber soñado que lo hiciese, ayudando a crecer y multiplicarse a las células del cáncer de mama humano.

Es la eterna historia de los efectos de la contaminación química sobre la salud humana. Los ingenieros químicos diseñan y usan sustancias pensando sólo en su uso concreto, pero sin plantearse que puedan tener luego efectos biológicos. El problema es que en este mundo no sólo hay plásticos y máquinas, sino que hay seres vivos con los que esas sustancias químicas, queriéndolo o no, acaban interaccionando. Y las sustancias químicas de un plástico pueden alterar la química viviente, llegando como en este caso, a favorecer el crecimiento de las células de un cáncer que siega la vida de millones de mujeres.

El hallazgo impactó tanto a Ana Soto y Sonneschein que les llevó a hacerse muchas preguntas e influyó en que, a partir de entonces, se consagrasen a investigar más. Porque el p-nonilfenol no estaba sólo en aquellos tubos de ensayo, sino que podía generarse a partir de muchos más productos de uso cotidiano tales como detergentes, plaguicidas y productos de higiene personal que pueden pasar a la sangre a través de la piel. Y además, acabarían descubriendo que, obviamente, no era sólo el p-nonilfenol, sino que muchas más sustancias a las que nos exponemos diariamente podían tener efectos análogos de perturbación de nuestro equilibrio hormonal.

Si esas sustancias podían hacer crecer los tumores malignos en un tubo de ensayo también podían hacerlo fuera de él, en el 'tubo de ensayo' de nuestros cuerpos atiborrados cada vez de más sustancias contaminantes.

Lo que les sucedió a Ana Soto y a Carlos Sonneschein también les pasó a otros investigadores. Así, por ejemplo, a científicos de la Universidad de Standford, en California, les sucedió lo mismo, pero no con el p-nonilfenol, sino con otra sustancia: el bisfenol A, que era liberado desde los matraces hechos con otro plástico (el policarbonato). El bisfenol A, por cierto, es otra sustancia con efectos hormonales capaz de hacer proliferar las células del cáncer de mama y a la que centenares de estudios científicos atribuyen los más dispares efectos sanitarios. Nos ocupamos más de él en diferentes puntos de esta obra. Pero lo que más interesa reseñar aquí es que prácticamente todos nosotros lo tenemos en nuestros cuerpos, a los que ha llegado desde recipientes de comida o bebida cuyo interior recubren (botes, latas, etc.).

De lo que hablamos es algo tan grande y extenso que, como vemos, no es preciso a veces que los investigadores tengan que salir a buscarlo, acaba metiéndose por sí mismo en los laboratorios. Porque, en suma, el verdadero 'laboratorio' en el que este drama acontece es todo el planeta y todos formamos parte de este experimento químico aunque no hayamos dado nuestro consentimiento para que se nos incluya en él. Todos tenemos en nuestros cuerpos estas sustancias que pueden alterar nuestro equilibrio hormonal, porque estamos rodeados cotidianamente de objetos y productos que contienen estas sustancias y que las liberan.

Nicolás Olea quedaría muy impactado por lo que vio en la Universidad de Tufts y cuando volvió a España iniciaría las más dispares investigaciones sobre esta seria amenaza sanitaria. Algunas de ellas se centraban, como la que citábamos antes, en la asociación de determinados contaminantes, como los pesticidas, con el cáncer de mama. Otras investigaciones se referían a diversos contaminantes igualmente ubicuos, presentes por doquier, como el bisfenol A.

En 1995 su equipo del Laboratorio de Investigaciones Médicas de la Universidad de Granada publicó un estudio en la revista 'Environmental Health Perspectives', dependiente de la Administración sanitaria estadounidense. Por la trascendencia de sus conclusiones sería muy citado en numerosos trabajos científicos que se realizarían posteriormente.

Para su estudio, simplemente se pasaron por algunos supermercados de España y Estados Unidos y compraron latas de comida de unas veinte marcas diferentes: Latas de frijoles, alcachofas, espárragos, guisantes, setas, pimientos, tomates... y también de alimentos grasos enlatados como sopas, leche condensada, carne de cerdo, etc. ¿Y qué encontraron? Pues que desde el recubrimiento plástico interior de esas latas, que suelen estar revestidas con resinas epoxi, por ejemplo, para evitar que el metal entre en contacto con la comida, estaba migrando hacia los alimentos una preocupante sustancia: el bisfenol A, del que antes hablamos. Cuando lo extraído de las latas era suministrado a cultivos de células de cáncer de mama estos crecían de una forma espectacular[221].

Pero esto no es más que una pequeña muestra de lo investigado por Nicolás Olea sobre estos asuntos y tan sólo una pequeña gota de agua en el vasto océano de información científica que hoy existe sobre estos temas. Muchos investigadores a lo largo y ancho del planeta, han estudiado las más diversas sustancias que, en mayor o menor medida, podrían contribuir a la expansión de enfermedades como el cáncer de mama.

El estado de la evidencia

La cantidad de estudios existentes es tanta que compilarlos y analizarlos es un trabajo extraordinario. Pero hay científicos que lo han realizado. Y el fruto de ese esfuerzo no es otro que el crecimiento de la certeza. Una de las más contundentes muestras de este efecto recopilador es el informe que anualmente realiza una fundación de Estados Unidos, la Breast Cancer Fund.

El informe anual "El estado de la evidencia. ¿Qué conexión hay entre el medio ambiente y el cáncer de mama?" (State of the Evidence. What is the connection between the environment and breast cancer?) resume las conclusiones de centenares de estudios experimentales, epidemiológicos y ecológicos acerca de los vínculos existentes entre muchas sustancias químicas[222], otros factores ambientales, y este tipo de cánceres[223].

Se hace un repaso de las múltiples cosas que podrían estar involucradas: hormonas sintéticas en fármacos, cosméticos y carne, pesticidas en la comida, disolventes en productos de limpieza del hogar, bisfenol A en recipientes alimentarios, retardantes de llama en muebles que pueden acabar en el polvo doméstico que se respira, radiaciones...

El informe destaca el espectacular crecimiento del cáncer de mama en las últimas décadas, especialmente a partir de 1940.

"Los patrones de la incidencia del cáncer de mama -dice el informe de la Breast Cancer Fund- indican la importancia de los factores ambientales". En este sentido, destaca la reiterada comprobación de cómo "las mujeres que se desplazan desde países con tasas bajas de cáncer de mama hacia países industrializados adquieren pronto el alto riesgo de los nuevos países. El mayor estudio realizado jamás sobre gemelas halló que las exposiciones ambientales que padecían sólo aquellas con cáncer de mama eran el factor que más contribuía al desarrollo de la enfermedad". Hablamos de gemelas, es decir, de mujeres con los mismos antecedentes familiares y, como se ve, el ambiente podía más que esos antecedentes.

El informe incide en algo de excepcional importancia. Explica los grandes efectos que puede tener la exposición constante a centenares de compuestos a niveles aparentemente 'bajos' de concentración, especialmente durante periodos sensibles del desarrollo. En concreto, una de las mayores preocupaciones que se recoge en la literatura científica es el papel reconocido que los niveles de las hormonas femeninas (estrógenos) tienen en el crecimiento de los tumores mamarios. Porque se sabe que centenares de sustancias contaminantes se comportan dentro de los organismos humanos de modo similar a las hormonas femeninas naturales, lo que, además de producir otros desarreglos, puede potenciar enormemente el desarrollo del cáncer de mama. Estas sustancias son denominadas xenoestrógenos, que viene a significar estrógenos extraños al cuerpo. El informe apunta que la exposición crónica y persistente a una gran cantidad de estas sustancias "puede ayudar a explicar el incremento del cáncer de mama en los países industrializados".

Por citar otro buen trabajo de revisión de lo publicado sobre las causas ambientales del cáncer, y en el que se dedica una atención especial a cánceres hormonodependientes como el de mama, hablaremos del citado anteriormente y realizado por John A. Newby y Vyvyan Howard, del Departamento de Anatomía Humana y Biología Celular de la Universidad de Liverpool (Reino Unido). En él se han ocupado de repasar la cantidad de estudios científicos que asocian los contaminantes con cánceres como el de mama[224]. En esos estudios se habla de los posibles efectos de la presencia de contaminantes -pesticidas organoclorados, dioxinas, PCBs, hexaclorobenceno....- que pueden tener notables efectos de alteración del equilibrio hormonal de nuestros organismos, frecuentemente a niveles muy bajos de concentración. Se han realizado numerosas investigaciones -estudios epidemiológicos, estudios en animales, estudios con cultivos de células humanas...- que han mostrado reiteradamente una relación entre el cáncer de mama y la exposición a variadas sustancias (bisfenol A, PCBs, dioxinas, beta-hexaclorociclohexano[225]...).

Cada día se publica más, pero lo que se publica rara vez llega a ser conocido por la población. ¿Cuántas personas saben que científicos de instituciones como la Mount Sinai School of Medicine, la Universidad de Carolina del Norte o la Universidad de Columbia concluyeron que existe una asociación entre el uso de pesticidas domésticos y un mayor riesgo de cáncer de mama[226]? Ni siquiera en casos como éste, que se refiere a algo a lo que tantas y tantas mujeres pueden verse expuestas en el hogar, fue debidamente divulgado. Y lo mismo sucede con centenares y centenares de investigaciones muy serias realizadas con muchos medios.

¿Quién supo, por ejemplo, de la investigación que asociaba un alto uso de productos de limpieza, ambientadores y repelentes de insectos con un mayor riesgo de padecer cáncer de mama?

El estudio publicado en la revista "Environmental Health"[227], llamaba la atención sobre el hecho de que muchos de los productos que se usan en los hogares contienen compuestos que se sabe que son alteradores endocrinos o carcinógenos[228].

¿Quién llega a enterarse de la publicación de estudios como éste? La gente de la calle no está al tanto, pero muchos investigadores sí.

Crece el número de científicos que como Devra Lee Davis, directora del Programa de Salud, Medio Ambiente y Desarrollo del Instituto de Recursos Mundiales, están convencidos del importantísimo papel de las sustancias contaminantes como causas del cáncer de mama. No podía ser de otro modo ante el cúmulo de evidencias[229].

Sin embargo, la acumulación de estas investigaciones y de la certeza que nace de ellas no está sirviendo, en general, para activar medidas preventivas. Y las tasas de incidencia de la enfermedad siguen creciendo y creciendo.

Los datos son muy elocuentes. Por ejemplo, en el Reino Unido, hacia principios de la década de los años 50, cuando el número y la cantidad de sustancias tóxicas a las que nos veíamos expuestos era muy inferior a la de hoy, las mujeres con riesgo de padecer un cáncer de mama a lo largo de su vida eran una de cada veinte. Unas cinco décadas después, hacia el año 2000, la cifra era ya de una de cada ocho.

Cada vez más científicos piensan que no es casual esa concordancia entre el aumento de presencia de tóxicos y la mayor incidencia del cáncer de mama. Y los científicos que prefieren pensar que esa concordancia pueda ser una prueba meramente circunstancial, suelen quedarse mudos, no obstante, a la hora de aportar otras hipótesis, amparándose en que no se conoce la causa. Esto sucede con el cáncer de mama y sucede con otros tipos de cáncer.

El problema es que cuando hay tantas pruebas aparentemente 'circunstanciales' que rodean el escenario de un crimen, es probable que no quepa pensar en casualidades sino más bien en causalidades, especialmente si estamos ante una enfermedad en la que es perfectamente conocido que sus causas son, en la inmensa mayoría de los casos, y como ya se ha insistido, ambientales o, lo que es lo mismo, profundamente ligadas a lo circundante o 'circunstancial'.

El cáncer de mama se ha convertido en una causa principal de mortalidad en mujeres de 35 a 55 años en los países desarrollados. Y cada vez afecta a mujeres más jóvenes, lo que va contra quienes sin profundizar ni basarse en nada consistente, se limitan a aferrarse a lugares comunes como que hay más cáncer porque ahora la gente vive más años, como si todo fuera cosa de factores naturales como el envejecimiento. Es un argumento que también se emplea con otros tumores, olvidando que son precisamente algunos tumores infantiles y juveniles los que más crecen. Y no existe constancia alguna de que antes, ni aún entre el sector de población de más edad, hubiese tasas comparables de cáncer. Pero no cabe duda que es más cómodo culpar a la Naturaleza de todo. Así se elude enfrentarse, por ejemplo, a alguna industria poderosa como pueda ser la industria química, o simplemente se evita el mal trago de cuestionarse nada y tener que molestarse en luchar para cambiarlo.

La evidencia científica disponible no permite tales enfoques simplistas, especialmente en el cáncer de mama, centrado en una parte del cuerpo que por su contenido graso es receptáculo de excepción de muchos contaminantes persistentes que tienen afinidad por las grasas y tienden a acumularse en ellas. Además, la leche materna ha sido desde siempre uno de los parámetros clásicos utilizados para hacer un seguimiento de la contaminación química. Los estudios realizados sobre ello son innumerables, midiendo la presencia de contaminantes tales como DDT, DDE, dieldrin, heptacloro, HCH, etc. en la leche de madres de Madrid, París, Estocolmo, Nueva York y otras ciudades[230].

Se sabe, por otro lado, que las mujeres urbanas y con un alto nivel de estudios son más propensas a contraer este cáncer, más frecuente entre las que han dado menos de mamar a sus hijos, ya que una de las formas que tiene el cuerpo de librarse de los tóxicos es precisamente a través de la lactancia, por ser tóxicos que tienden a acumularse en el tejido graso mamario y que se movilizan con la generación de la leche materna. De este modo, muchas madres se 'limpian' de esos tóxicos, haciéndolos pasar a sus hijos (pese a lo cual los especialistas siguen recomendando la lactancia materna, porque poniendo en una balanza los pros y los contras, siguen arrojando un saldo positivo a favor de ella por otra serie de razones)[231].

Nunca debe simplificarse demasiado a la hora de determinar las causas de enfermedades que, como ésta, suelen tener causas complejas en las que participan muchos factores y de forma muy diversa. Pero es evidente que las sustancias contaminantes juegan un papel en un porcentaje nada desdeñable de los casos, unidos a otros factores como puedan ser la edad, los genes, el alcohol, el ejercicio, el uso de la terapia hormonal sustitutiva o el empleo de píldoras anticonceptivas, por ejemplo. Incluso hay autores que señalan que el hecho de que se hayan reducido la lactancia y los embarazos en muchos países propicia que las mujeres se vean expuestas a un exceso de sus propios estrógenos. Por lo tanto, los factores concurrentes pueden ser muchos, pero no cabe duda de que la presencia de las sustancias contaminantes de actividad hormonal no es una ayuda precisamente.

Establecer qué porcentajes del cáncer de mama se deben a unos factores o a otros es complejo, sobre todo porque con mucha frecuencia muchos factores predisponentes o coadyuvantes pueden estarse dando la mano simultáneamente en la misma persona. No obstante, se ha intentado en algún caso establecer qué porcentaje del cáncer de mama podría deberse a los contaminantes. Algunas fuentes han llegado a barajar la cifra del 50%, que concuerda con la que se hizo pública en octubre de 2006 al presentarse un informe sobre el tema que el WWF había encargado a la Universidad de Londres[232].

Lo que es incuestionable, más allá de la forma que siempre tiene de construirse el lenguaje científico, y en el que pocas veces caben las afirmaciones categóricas incluso ante las mayores evidencias, es que un porcentaje muy importante de las mujeres que desarrollan un cáncer de mama parecen hacerlo por esta razón (sea sólo por esta razón o por estar combinada con otras). Y es un porcentaje lo suficientemente importante como para que se estuvieran adoptando unas medidas para protegerlas que, hoy por hoy, no se están tomando.

Cada vez más voces científicas claman para que se adopten medidas preventivas. Una de ellas es la de Andreas Kortenkamp de la Universidad de Londres, que en un estudio[233] acerca del papel de los contaminantes que alteraban el equilibrio hormonal en el cáncer de mama (Breast cancer and exposure to hormonally active chemicals: An appraisal of the scientific evidence) insistía en que "dado el papel conocido de los estrógenos en el cáncer de mama, sería prudente reducir las exposiciones a sustancias químicas que imitan a los estrógenos". Son cosas que llevan ya diciéndose mucho tiempo[234].

CÁNCER DE PRÓSTATA

El cáncer de próstata es un tipo de cáncer muy influenciado por factores hormonales y que, por lo tanto, puede verse afectado por la presencia de contaminantes que alteren el equilibrio hormonal. Y curiosamente, como otras enfermedades en las que las cuestiones ambientales podrían jugar un papel importante, está teniendo también una fuerte tasa de crecimiento, en especial entre personas más jóvenes[235].

Como en otros cánceres, se aprecia claramente que no afecta por igual a todos los hombres sino que influyen mucho factores ambientales como el lugar o la profesión, por ejemplo.

Hace unos años, el doctor Gonzalo López Abente del Instituto de Salud Carlos III publicó un interesante monográfico sobre "Cáncer en agricultores"[236] que mostraba que en este sector de población hay excesos de una serie de cánceres, entre ellos el de próstata (además de otros como cerebral, de estómago, linfoma no Hodgkin, leucemia o testículo).

Aunque en el estudio precedente no se intentase llegar a las causas por las cuales sectores como el de los agricultores puedan tener un exceso de cánceres de este tipo, sí que se han realizado investigaciones en ese sentido en otros países. Y muchas de ellas han asociado la enfermedad a exposiciones a sustancias químicas tales como los pesticidas.

Uno de los países donde más se ha estudiado este tema es el Reino Unido, donde las cifras oficiales recogen que cada año se diagnostican 27.000 nuevos casos, muriendo más de 9.500 hombres, habiéndose dado un gran crecimiento en los últimos veinte años. En esta nación no han faltado informes de comités del propio Ministerio de Sanidad que han reconocido la evidente vinculación entre la exposición a herbicidas y el cáncer de próstata. De igual modo, numerosas investigaciones en otros países -Estados Unidos Suecia, Italia...- señalan en el mismo sentido, asociando la exposición a contaminantes químicos y la enfermedad[237].

Uno de los últimos trabajos que estudiaba el vínculo entre este cáncer y la exposición a pesticidas (tales como el bromuro de metilo y algunos organoclorados), fue publicado en la Revista Americana de Epidemiología, y se centró en hogares inmersos en zonas de agricultura intensiva de California (EE.UU.)[238].

No obstante, las sustancias que pueden inducir esta enfermedad no son sólo los pesticidas, ni pueden sólo afectar a las poblaciones donde estos se emplean más. Muestra de ello es el interesante estudio realizado en la Universidad de Idaho[239] que establece que este cáncer tiene más incidencia en el norte que en el sur de los Estados Unidos a consecuencia de unas condiciones climáticas que favorecen una mayor acumulación de los contaminantes orgánicos persistentes -como algunos pesticidas organoclorados, PCBs, etc.- en la parte más septentrional del país.

Además, las vías de exposición a los contaminantes que podrían estar involucrados son muy diversas, de modo que alcanzan también, tal vez no tan intensamente, a muchos otros varones. Pensemos, por ejemplo, en el agua o la dieta.

Junto a la buena evidencia científica que liga el cáncer de próstata con exposiciones químicas a los pesticidas (como el herbicida Agente Naranja u otros como el bromuro de metilo, por ejemplo), también la hay que asocia este tipo de cáncer a otras sustancias como las aminas aromáticas, los hidrocarburos aromáticos policíclicos o los disolventes. Asimismo, hay datos que señalan hacia otros pesticidas (atrazina, diclorvos, el DDT/DDE...) o contaminantes como los PCBs, el bisfenol A, el cloruro de metileno, etc.[240]

Lo que es evidente, en cualquier caso, es que un alto porcentaje de los cánceres de próstata, así como el incremento de sus tasas de incidencia, podrían explicarse atendiendo a factores como el de la contaminación química[241].

CÁNCER DE TESTÍCULOS

La incidencia del cáncer de testículos se ha doblado en el planeta en las últimas cuatro décadas[242], creciendo singularmente en el mundo desarrollado. Y la tendencia es a que siga así.

En lo referente a este cáncer, ciertos argumentos manidos que suelen usarse sin reflexión, como el del envejecimiento de la población, caen por su propio peso: el 80% de los casos del cáncer de testículos se dan en hombres con menos de 45 años[243] y además, de forma especial en hombres de entre 20 y 34 años de edad.

Diferentes investigaciones científicas asocian este cáncer con la exposición a sustancias tales como los PCBs, HCB, cis-nona-clordano, PVC y otros compuestos[244]. Si consultamos bases de datos como la de 'The Collaborative on Health and The Environment' veremos que se ha asociado este tumor, con mayor o menor peso de la evidencia, a pesticidas organoclorados y organofosforados (2,4-D, hexaclorobenceno, clordano, dibromocloropropano, metoxicloro...), PCBs, acrilamida, cadmio, éteres de glicol, tricloroetileno, etc.

Por otro lado, algo que refuerza sin duda el peso de la contaminación química en este cáncer es que él mismo forma parte del síndrome de disgenesia testicular, síndrome en el cual cada uno de sus elementos, (mala calidad del semen, anomalías del aparato reproductor masculino u otros síntomas) se puede relacionar con sustancias contaminantes. Y probablemente, como sucede con las enfermedades antes mencionadas, también este cáncer puede haberse incubado por exposiciones a contaminantes hormonales ya desde el periodo embrionario y la infancia, al margen de que exposiciones en periodos posteriores puedan favorecer el cuadro[245].

CÁNCERES INFANTILES

Un informe del Observatorio de la Sostenibilidad en España advertía en 2006[246] que los factores ambientales están asociados al 85-96% de los cánceres desarrollados durante la época pediátrica[247]. Añadiendo que "el cáncer entre niños y adolescentes (hasta los 14 años) está aumentando un 1% anual, según datos de las PEHSU

(Pediatric Environmental Health Specialty Units): se estima que la exposición a tóxicos multiplica por cuatro el riesgo de padecerlo[248]".

Tristemente, el auge de los cánceres infantiles es precisamente otra de las pruebas más evidentes del peso que la contaminación química y otros factores de polución ambiental pueden tener en el crecimiento general del cáncer.

Es una de las consecuencias directas de la mayor vulnerabilidad de los niños frente a los contaminantes que veremos una y otra vez en esta obra. La susceptibilidad al efecto de los agentes carcinógenos es mayor durante momentos muy delicados de la vida como el desarrollo embrionario o la infancia.

Como dicen Richard Clapp y sus compañeros de la Universidad de Massachussetts, Lowell, en una de sus publicaciones científicas, refiriéndose a los niños: "sus cuerpos en desarrollo pueden ser afectados por las exposiciones paternas antes del nacimiento, en el útero y en los contenidos de la leche materna" a lo que hay que sumar un mayor nivel de exposición que los adultos después de nacer. Evidentemente, nos dicen, "los niños no fuman, no beben alcohol ni tienen trabajos estresantes. Pero, en proporción a su peso corporal, beben dos veces y media más agua, comen de tres a cuatro veces más comida, y respiran dos veces más aire que los adultos". Todo ello les hace acreedores, junto a otras cosas, a un mayor ingreso proporcional de tóxicos en sus cuerpecillos.

Por ello, concluyen Clapp y sus colegas, "el nivel de crecimiento del cáncer infantil" -con un incremento del 22% en la incidencia de tumores entre los 0 y los 19 años de edad tan sólo entre 1973 y el año 2000- "es una de las más convincentes evidencias del papel de las exposiciones ambientales y ocupacionales en la causalidad del cáncer".

La situación no puede ser más preocupante. El cáncer es, en algunos países, la tercera causa de muerte entre las personas de 1 a 19 años de edad[249]. En Estados Unidos, tan sólo entre 1975 y 1999, el cáncer infantil creció un 26%, especialmente cánceres como el cerebral y otros del sistema nervioso, los cuales han crecido nada menos que un 50%, o la leucemia linfocítica grave, que creció más de un 60%.

A la vez que lo hacen este tipo de cánceres, crece también día a día la cantidad de investigaciones que evidencian su vinculación con la exposición a contaminantes. Los científicos de la Universidad de Massachussetts, Lowell, aluden a los "estudios epidemiológicos que han vinculado consistentemente altos riesgos de leucemia infantil y tumores cerebrales y del sistema nervioso infantiles con exposiciones de los padres o de los propios niños a tóxicos concretos como disolventes, pesticidas, petroquímicos y ciertos productos de la actividad industrial (como las dioxinas o los hidrocarburos aromáticos policíclicos)".

Uno de los estudios sobre el tema que puede resultar elocuente es el que hicieron científicos de la Universidad de Birmingham. Los investigadores tomaron los datos de los casos de cáncer infantil registrados entre 1960 y 1980, hicieron un mapa de los lugares en los que habían nacido y vivido tales niños y luego pusieron debajo otro mapa en el que figuraban los focos contaminantes del país, desde donde se emiten cantidades apreciables de dioxinas, benzopirenos, óxidos de nitrógeno y demás. El resultado, que publicaron en la revista 'Journal of Epidemiology and Community Health', era que los casos de cánceres infantiles se multiplicaban hasta por cuatro, en niños que vivían a menos de un kilómetro de las industrias contaminantes. Lo que este estudio dice es lo que dicen otros tantos. ¿Por qué no se actúa con contundencia?

La cantidad de estudios científicos que asocia cánceres infantiles y exposición a tóxicos es enorme, por ejemplo con la exposición a pesticidas. Hay estudios que muestran la asociación entre la exposición prenatal a pesticidas (a través de las madres) y un incremento del riesgo de leucemia infantil[250]. Algunas investigaciones relacionan incluso el uso de pesticidas domésticos con la leucemia linfoblástica aguda[251]; otros asocian las leucemias infantiles con pesticidas como el célebre Agente Naranja, el clordano, el diclorvos...; y por supuesto relacionan el cáncer con otras sustancias como los disolventes clorados, tan usados en el mundo actual, y presentes en tantos lugares y objetos. Sustancias como el tricloroetileno o el tetracloruro de carbono han sido asociadas a la enfermedad, así como la radiación ionizante, los campos electromagnéticos, la contaminación atmosférica[252]...

CÁNCER DE PÁNCREAS

Miquel Porta, médico y epidemiólogo, investigador del Instituto Municipal de Investigaciones Médicas de Barcelona (IMIM)[253], ha investigado mucho sobre el cáncer de páncreas. Este terrible cáncer puede ser muy fulminante, en contraste con otros que avanzan más lentamente[254].

En 1999, tras una estancia en Harvard, publicó unas conclusiones de sus investigaciones en la revista "The Lancet". De ellas se harían eco diversos medios de comunicación generalista, como "The Times". El descubrimiento era muy importante, básicamente porque versaba nada menos que sobre las causas de las mutaciones del llamado gen k-ras, que algunos científicos definen como el 'rey de los oncogenes'. Es el gen más importante de los que tienen que ver con el cáncer, y no sólo con el de páncreas, sino también con otros tumores más frecuentes como los de colon o pulmón, por ejemplo.

¿Que habían descubierto Porta y sus colegas? Por resumir, que la sangre de numerosos pacientes con cáncer de páncreas de algunas ciudades españolas como Barcelona, Mallorca y Alicante que tenían la mutación del gen k-ras involucrada en los tumores tenían unas concentraciones superiores de tóxicos ambientales como los PCBs (como el PCB 153 y el 180) o pesticidas como el DDE (producto de la degradación del DDT), b-hexaclorociclohexano o hexaclorobenceno. Es decir, que había una asociación entre la mayor concentración de esos contaminantes y la mutación. En cualquier caso esas concentraciones superiores no eran generalmente muy altas[255], lo que confirma algo en lo que insistimos una y otra vez en esta obra: los posibles efectos de niveles aparentemente 'bajos' de contaminantes que están en mucha más gente.

Si tenemos en cuenta que, como se ha dicho, la mutación genética adquirida más frecuente involucrada en el cáncer es la de ese gen, un hallazgo como éste debería haber tenido un enorme eco. Sin embargo, más allá de alguna reseña como la de "The Times", la cosa pasó más bien sin pena ni gloria.

¿Por qué? Pues porque, como bien saben tantos científicos que como Miquel Porta trabajan en el ámbito de la prevención de enfermedades, hoy en día parece que las causas de algunas enfermedades apenas importan. Prácticamente todo el esfuerzo sanitario se enfoca hacia el diagnóstico y el tratamiento. La prevención se margina, en parte por ser menos lucrativa.

Antes la medicina estaba más concentrada en las causas de las enfermedades y en su erradicación. Hoy no. Pensemos en los tiempos de Pasteur, cuando se descubrió que ciertos microorganismos podían causar enfermedades. Cuántas vidas ha salvado la identificación de agentes causales de enfermedades y la lucha por su eliminación. Sin embargo, lo que vale cuando el agente causal que se identifica es un microorganismo no se está aplicando ahora del mismo modo cuando lo que se identifica es una sustancia química fabricada por el hombre.

Miquel Porta, no obstante, proseguiría sus investigaciones en ése y otros ámbitos, convencido de algo evidente: para frenar el aumento de incidencia de las enfermedades es vital conocer sus causas. Desentenderse del por qué de las enfermedades mientras su incidencia no para de aumentar, conformándose con diagnosticar y tratar a un número creciente de enfermos, es obrar irresponsablemente. No prevenir las enfermedades va contra lo más básico de cualquier código deontológico que se precie, pero es, sin embargo, lo que se está haciendo en problemas sanitarios tan graves como el cáncer.

Es un hecho que lo poco que se investiga en causas se centra muchas veces en las de menos peso, desentendiéndose de las que parecen ser más importantes.

Ejemplo de lo dicho es lo que una y otra vez denuncia Miquel Porta acerca del sobredimensionamiento de las inversiones en investigar las causas genéticas del cáncer. Es el reduccionismo de la 'genetización'. Básicamente, ello hace que se eche la culpa de todo a los genes y no tanto a lo que se sabe que juega un papel más relevante en el cáncer: el ambiente.

La 'genetización' implica una visión muy simplista de lo genético, obviando la interacción genes/medio ambiente. También implica centrarse en exceso en las mutaciones heredadas por el individuo desentendiéndose en buena medida de las mutaciones adquiridas, aquellas con las que el individuo no ha nacido, y que tienen un peso enormemente mayor en el desarrollo del cáncer.

La mutación del gen k-ras, vinculada a tantos cánceres, es de ese último tipo. La persona no nace con ella, sino que son una serie de factores, entre los que -según las conclusiones de las investigaciones de Miquel Porta- podrían estar algunos contaminantes, los que causan esa mutación. Es la mutación genética adquirida más frecuente.

Sin embargo, a pesar de saberse todo eso, una buena parte del foco de atención está centrado, como se ha dicho, en los factores genéticos heredados -ligados a genes que se llamarían de 'alta penetrancia'- que podrían no suponer más que un 2 ó 3% de los cánceres. Otro 7% serían genéticos adquiridos, con un mayor peso de la interacción con el ambiente. Y en el 90% restante del cáncer, la causa serían factores ambientales.

Una de las evidencias más fuertes del peso de lo ambiental en cánceres como el de páncreas, por ejemplo, es su mayor incidencia en determinadas profesiones en las cuales las personas se ven expuestas en mayor medida a diversos contaminantes. Miquel Porta, junto con otros científicos, realizó en 2002 una revisión de los estudios científicos sobre el tema y vio cómo según esas investigaciones se habían detectado excesos de incidencia entre trabajadores de industrias de caucho y goma, impresión, petroleras, químicas, curtidos, agricultura, mecánica y metalúrgica, por ejemplo.

En estos sectores industriales pueden darse exposiciones a sustancias como el amianto, disolventes organoclorados, hidrocarburos aromáticos policíclicos, pestidas, radiaciones o anilinas[256]. Especialmente hay pruebas acerca de la implicación de algunos disolventes y pesticidas en el desarrollo de estos tumores.

Como curiosidad se citaba un estudio sobre unos químicos miembros de la American Chemical Society que fallecieron entre 1948 y 1967 y en los que se reportó un exceso de muertes por este tipo de cáncer. Algún estudio llega a atribuir a un origen laboral el 26% de estos tumores.

El cáncer de pancreas es, como ya se ha dicho, especialmente agresivo, y en 1998 era la séptima causa de muerte por cáncer en hombres y la sexta en mujeres. Pero lo peor es su progresión: entre 1955 y 1989 la cifra de mortalidad por este cáncer en España creció nada menos que un 279%. Y el incremento de su incidencia es otro dato más que abunda en el peso que han de tener los factores ambientales, en contra de otros factores como los genéticos. Los genes, obviamente, no cambian tan deprisa. Sin embargo, hay elementos en nuestro medio ambiente que sí han cambiado tan deprisa precisamente desde los años cincuenta. Hablamos del boom, el crecimiento exponencial y en el uso de sustancias químicas en la sociedad moderna.

El tabaco, los líquenes y el cáncer de pulmón

Actualmente existe cierta marcada tendencia a culpar a priori de ciertos cánceres a una serie de causas. Uno de los casos es lo que sucede con el cáncer de pulmón y el tabaco, factor que sin duda está tras un alto porcentaje de los casos, pero que no es ciertamente el único que puede causarlo. Hay otros factores que pueden ir desde el amianto al gas radón o el formaldehído, pasando por otros muchos entre los que cabe citar la polución atmosférica[257]. Un ejemplo ilustrativo lo tenemos en la investigación que realizó la Universidad de Trieste, en Italia, y que publicó la revista 'Nature'.

En ella los investigadores hicieron un mapa de algunas ciudades del norte de ese país consignando aquellas en las que era superior la tasa de muertes por cáncer de pulmón. A la vez, realizaron otro mapa peculiar, en el que aparecían aquellas ciudades en cuyos alrededores era mayor la mortalidad de los líquenes a consecuencia de la polución industrial. Lo llamativo era que las ciudades en cuyo entorno más morían los líquenes eran las mismas en las que había más mortalidad por cáncer de pulmón. Según el profesor de biología de la Universidad de Trieste, Pier Luigi Nimis, la actividad de las industrias químicas estaba llenando el aire de un "cóctel de sustancias cancerígenas"[258] que evidentemente podían estar contribuyendo al crecimiento de las tasas de una serie de cánceres.

Otro estudio interesante sobre esto es el dirigido en España por la investigadora Adonina Tardón, del Instituto Universitario de Oncología del Principado de Asturias y en el que se mostraba cómo los hombres que vivían cerca de las industrias de Gijón (en Asturias) tenían el doble de riesgo de padecer cáncer de pulmón[259].

CASTRACIÓN QUÍMICA MASIVA

ESPERMATOZOIDES EN EXTINCIÓN

El equipo de la doctora Marisa López Teijón, del Instituto Marqués de reproducción de Barcelona, se encontraba inmerso en un estudio que iba a abrir los ojos de muchas personas ante un problema gravísimo pero que apenas, como tantos otros, merece atención por parte de los medios de comunicación y mucho menos de las autoridades sanitarias, a pesar de que es un problema en el que la especie humana como tal, probablemente, se esté jugando demasiado.

El estudio en cuestión[260] consistía en recoger muestras de semen de hombres jóvenes de diferentes zonas de España y constatar sus características. Y así lo hicieron. Tomaron muestras de varones de lugares como La Coruña, Barcelona, el Vallés y Tarragona. ¿Y qué se vio? Pues que había unas diferencias tremendas entre el semen de los hombres de unos lugares y otros.

La calidad del semen, de forma análoga a lo que hemos visto en otros capítulos con otro tipo de cuestiones (como el incremento de la prevalencia del cáncer), variaba con la geografía. Así, en La Coruña el porcentaje de los varones que presentaba un semen 'normal', según los parámetros establecidos por la OMS, era muy superior al de Barcelona, en el que un porcentaje mayor de hombres estaba en una situación de subfertilidad, con lo que les sería mucho más difícil poder llegar a procrear de forma natural.

Al evaluar uno de los criterios más importantes vinculado a la fertilidad masculina, la movilidad de los espermatozoides, los resultados eran si cabe más esclarecedores. La Organización Mundial de la Salud considera que un semen es 'normal' cuando al menos el 25% de sus espermatozoides se mueven rápida, progresiva y linealmente, de modo que pueda existir alguna posibilidad de que alcancen el óvulo y lo fecunden. La verdad es que podría discutirse si el baremo de la OMS es demasiado poco exigente. Pero aún así, sólo los habitantes de la Coruña lo superaban ligeramente al tener un 28% de sus espermatozoides que cumplían esos requisitos. Los habitantes de las otras áreas estudiadas suspendían. Los del Vallés sólo llegaban a un 18%, los de Barcelona a un 14% y los de Tarragona, ciudad famosa por su enorme industria química, sólo llegaban a un 6,8%. Además, se detectó un gran número de espermatozoides deformes.

Indagando sobre las causas de esta situación, vieron que los hombres que trabajaban en contacto con productos tóxicos como disolventes, fenoles, insecticidas o tintes, tenían una calidad en su semen mucho peor. Y el que la ciudad de Tarragona, uno de los núcleos industriales más importantes de España, se encontrase a la cabeza de estos problemas no podía por menos que ser sintomático.

¿Cuál fue la conclusión que extrajeron de todo lo observado? Pues, ante estos y otros muchos datos, como los abundantísimos que da la literatura científica internacional sobre este tema, que "las variaciones geográficas en la calidad del semen en varones con hábitos de vida similares podrían deberse a diferencias en la exposición ambiental, alimentaria y ocupacional a productos químicos tóxicos. Concretamente, una de las posibles causas de la disminución de la fertilidad masculina podría ser la exposición a productos químicos que actúan como disruptores estrogénicos". Se trata de contaminantes que alteran el equilibrio hormonal, a veces por comportarse como si fuesen hormonas femeninas.

En esas investigaciones habían detectado, además, otra cosa que numerosos trabajos científicos asocian a la exposición a contaminantes cuando los varones están desarrollándose dentro de sus madres: en torno a un 10% de los voluntarios tenía criptorquidia. Esto significa que eran varones cuyos testículos no habían descendido correctamente, hallándose dentro de la cavidad abdominal. Suele aparecer asociado a la exposición a sustancias contaminantes de acción hormonal y que, además de vincularse con una peor calidad del semen, tiene que ver con un mayor riesgo de padecer cáncer de testículos.

Unos años más tarde, en 2008, el equipo de la doctora López-Teijón presentó otra investigación aún más amplia que publicó en la revista Andrología[261]. La conclusión era que más de un 57% de los jóvenes españoles tenía un semen que no cumplía los parámetros de la Organización Mundial de la Salud. Era un semen menos abundante, con menor concentración de espermatozoides y con peor movilidad de los mismos, entre otras cosas.

Volvían a apreciarse notables diferencias geográficas en cuanto a la calidad seminal. Por ejemplo, la concentración de espermatozoides no era la misma en según qué zonas de España. De nuevo, el semen de los gallegos presentaba más calidad. Sólo un 8,5% de los jóvenes de este lugar no cumplía los parámetros de concentración de espermatozoides. El porcentaje subía a un 22% en los jóvenes de la Comunidad Valenciana o de Cataluña y a un 18% en el País Vasco.

Para los autores estaba claro: "en las áreas geográficas donde hay más industrias que producen residuos tóxicos o producen estas sustancias" la calidad seminal es peor. "Los mayores grados de oligospermia (pocos espermatozoides) se localizan en las comunidades autónomas con un mayor grado de industrialización en los últimos 50 años", como era el caso de Cataluña o la Comunidad Valenciana. Insistiendo en que "la contaminación industrial (era) el factor clave".

También observaron claramente que esos factores a los que, como clichés, tantas veces se echa mano, tales como el estrés, el alcohol, antecedentes familiares de transmisión sexual, o ciertos hábitos no parecían influir gran cosa. Es más, algunos de esos factores tenían una fuerza singular en La Coruña, con toda la tradición de problemas de drogas, por ejemplo, que hay allí, y pese a todo el semen de sus varones era el mejor. Tampoco el tabaco, al que siempre se tiende a culpar de tantas cosas, tenía demasiado peso, a pesar de saberse por estudios como los de Zitmann, que algunas de las sustancias que contiene, como los benzopirenos, la cotidina o los pesticidas con que son fumigadas sus hojas cuando se cultivan, podrían afectar negativamente a la calidad del semen.

En verano de 2011 el Instituto Marqués, en colaboración con el Instituto Catalán del Agua y con el Consejo Superior de Investigaciones Científicas, publicaría otro estudio[262] relacionando la baja calidad del semen con la transmisión de contaminantes hormonales a los niños durante el embarazo y la lactancia. Se midió la presencia de 38 sustancias contaminantes. Se vio por ejemplo, que el contenido de tóxicos como los PCBs en la leche materna en Cataluña era cuatro veces mayor que en Galicia, donde como se ha dicho, la calidad seminal es mucho mayor. El contenido de otros tóxicos, como algunos pesticidas organoclorados o retardantes de llama bromados (PBDEs) era el doble que en Galicia. El 94% de las mujeres tenían algunas de las sustancias conflictivas, y las pocas que no las tenían eran gallegas. Y concluían que todo ello podía hacer que, ya desde el útero materno y luego con la lactancia, la presencia de una serie de contaminantes iniciase en el embrión masculino unas alteraciones que conducirían luego a una subfertilidad.

Otros institutos de fertilidad en España han mostrado su inquietud por la evolución de la calidad del semen a lo largo de los años, por ejemplo. Es el caso de la Clínica Tambre de Madrid, que basándose en miles de muestras de semen recogidas entre 1986 y 1996 y las recogidas entre 1997 y 2004 pudieron determinar cómo había variado con el tiempo la calidad del semen de los españoles. Así, viendo cómo habían evolucionado ciertos parámetros como la concentración, la movilidad o la morfología de los espermatozoides, llegaron a una preocupante conclusión: el semen de los españoles había perdido nada menos que un 25% de su calidad entre 1986 y el año 2004.

Esta clínica daba, además, un dato esclarecedor: mientras quince años antes sólo se rechazaba a dos de cada diez varones que acudían para donar su semen, al final rechazaban a ocho de cada diez porque su semen no cumplía unos parámetros mínimos.

Estos datos son, sencillamente, aterradores. Pero es objetivamente lo que está sucediendo. La fertilidad masculina se está esfumando a pasos agigantados. Y las implicaciones que todo ello tiene para la perpetuación de la especie deberían encender todas las alarmas para combatir los factores causantes. Sin embargo, no se está haciendo prácticamente nada en ese sentido. Ni siquiera cuando los datos que se hacen públicos son especialmente llamativos.

Ejemplo de ello son los datos entregados a la prensa a principios de 2007 por Simón Marina, representante del Instituto Cefer. Él daría el dato acaso más impresionante. Era una cifra que nacía de un estudio que este experto iba a presentar en un congreso internacional en Lyon (el congreso de la ESHRE, la European Society for Human Reproduction & Embriology). Eran por otro lado unos datos incuestionables obtenidos mediante una sencilla operación matemática.

Lo que dijo es realmente impactante y debería conmocionar a la sociedad. Sostuvo que de seguir "al mismo ritmo, en el año 2067 todos los espermatozoides serían inmóviles"[263]. ¿En qué se basaba para tamaña afirmación? Pues en los muchos miles de muestras que el Instituto Cefer había tomado sólo de varones jóvenes y sanos desde el año 1977. Y como otras clínicas similares, había registrado también un progresivo deterioro. Así, mientras en los primeros años se apreciaba que un 63% de los espermatozoides se movían, en los últimos años el porcentaje de los que lo hacían había bajado a un 42%. No hace falta ser ningún genio de las matemáticas para, haciendo una división, ver que se había perdido un 0,7% anual de movilidad. Y aplicando eso a la cifra del 42%, se ve claramente que, de seguir las cosas como van, en el 2067 el porcentaje de espermatozoides con movilidad adecuada sería de cero.

El dato sólo apareció en unos pocos medios de comunicación españoles. La sociedad, prácticamente ni se enteró. Los telediarios hablaron de política y de fútbol. Y las tertulias siguieron con sus escándalos de baratillo de la prensa rosa. 'La vida siguió'.

Se ve que estas cosas 'no deben ser importantes' como para destacarlas. ¿Quién y con qué derecho está hurtando esta información a la sociedad? ¿Qué hay más importante que el que la reproducción de la especie humana esté en peligro? ¿O es que alguien cree que seguir optando por la táctica del avestruz nos va a salvar de los problemas?

Los datos recabados por científicos españoles concuerdan punto por punto con los que llevan mucho tiempo publicando las revistas técnicas más serias del planeta. Basta ver los datos de la Sociedad Europea de Fertilidad: hasta 1985 lo 'normal', es decir, la media, era que los hombres tuviesen 100 millones de espermatozoides por centímetro cúbico de semen. A partir de 1986 lo 'normal' ya eran sólo 60 millones, y desde 1992, 20 millones.

Uno de los pioneros en este tipo de descubrimientos fue el equipo danés del doctor Niels Skakkebaek que publicó en 1992 en la "British Medical Journal" las conclusiones de un amplio y cuidadoso trabajo basado en cuantiosos análisis de semen realizados desde 1938. Revisaron una ingente cantidad de datos sobre el semen de los hombres de diversos países, filtrándolos de modo muy exigente, asegurándose de que los sistemas de conteo de espermatozoides empleados hubiesen sido los mismos en cada caso, así como otras prevenciones. El resultado les dejó asombrados: en 1940 los hombres tenían 113 millones de espermatozoides y en 1990 esa cantidad se había reducido a sólo 66 millones. ¡Un 45% menos! Como, en paralelo, también había caído un 25% el volumen del semen, el descenso real de espermatozoides era del 50%. Por si fuera poco, el número de hombres que tenían cantidades anormalmente bajas de espermatozoides se había multiplicado nada menos que por tres, mientras el de los que tenían cantidades más altas se había reducido[264]. Después del estudio de Skakkebaek se irían añadiendo, uno tras otro y en muchos países, otros estudios con las mismas o similares conclusiones[265]. Desde 1940 hasta los años 90 se había reducido a la mitad el número de espermatozoides en los varones daneses, franceses, ingleses o estadounidenses, por ejemplo.

Hoy, simplemente, se ha convertido en una triste rutina ver aparecer, una tras otra, decenas de investigaciones en diferentes países que no hacen sino confirmar lo que Skakkebaek había descubierto. Y esto sirve para ver que la tendencia no se está deteniendo, más bien al contrario.

Por otro lado, aunque en un 70% de los casos de las parejas con problemas de fertilidad que acuden a clínicas especializadas se ve un gran problema del factor masculino, también hay otros factores que están perjudicando a la capacidad reproductiva de las mujeres, lo que complica el panorama aún más. La cifra que barajan los investigadores es que la capacidad reproductora cae cerca de un 1% anual en los países industrializados. En España, por ejemplo, hay 800.000 parejas con problemas de fertilidad. Cerca de un 15% de las parejas necesita ayuda para conseguir reproducirse.

¿Qué es lo que ha generado esta situación? El propio Skakkebaek[266] antes aludido, junto con Richard Sharpe, responsable de la Unidad de Biología Reproductiva del Consejo de Investigación Médica en Edimburgo (Escocia), publicarían ya en 1993 un estudio en la revista 'The Lancet'[267] en el que señalaban que la exposición a contaminantes estrogénicos, frecuentemente ya desde el propio desarrollo embrionario, podía ser la causa de problemas como los citados y de otros asociados (pérdida de calidad del semen, criptorquidias, hipospadias y cáncer de testículos). La publicación de numerosas investigaciones posteriores no ha hecho más que ir incrementando la evidencia en ese sentido, en consonancia con lo que se haría constar, por ejemplo, en conclusiones científicas colectivas como la Declaración de Praga.

Hoy el peso de la evidencia es enorme. E indica que diversos pesticidas, así como las más diversas sustancias contaminantes presentes en nuestra ropa, pinturas, cosméticos, productos de higiene personal, detergentes, vertidos industriales, emisiones de incineradoras... que nos llegan por la comida, el agua, el aire, la piel, etc., podrían estar alterando gravemente el equilibrio hormonal de la población masculina de diversas zonas del planeta (como EE.UU. y Europa) y generando estos y otros efectos.

Una gran cantidad de estudios demuestra la asociación entre los daños en el esperma y pesticidas (DDE, diazinón, clordecona, atrazina...), plomo, PCBs, éteres de glicol, 1,3 butadieno, alquilfenoles, bisfenol A, óxido de etileno, ftalatos, disolventes[268]...

Una de las últimas investigaciones sobre este tema fue dada a conocer en 2010, desarrollada en el Laboratorio de Investigaciones Médicas del Hospital Universitario San Cecilio de Granada por el científico Clemente Aguilar, bajo la supervisión del catedrático Nicolás Olea y otros expertos. Se analizó la presencia de dieciocho pesticidas en la sangre de centenares de jóvenes de Almería. Cada joven tenía una media de once de ellos. Y se vio que existía una asociación entre esa presencia y una peor calidad seminal. Mostraba, entre otras cosas, cómo la exposición a un pesticida, la vinclozolina, se asociaba a la aparición de espermatozoides deformes.

Pero los daños de estas sustancias químicas a la sexualidad masculina van mucho más allá de los referidos al esperma. Es más, lo que se ve con los espermatozoides forma parte de un complejo de problemas asociados en mayor o menor medida.

Así por ejemplo, el bisfenol A, uno de estos contaminantes, no sólo ha sido asociado a una caída en la calidad seminal[269] sino, entre otras cosas, incluso a un riesgo varias veces mayor de sufrir disfunción eréctil o problemas de eyaculación, tal como evidenció un estudio realizado por el Instituto Nacional para la Seguridad y la Salud Ocupacional de Estados Unidos (NIOSH) sobre trabajadores expuestos[270].

Existen demasiadas evidencias de que la química sintética está generando un ataque a la sexualidad masculina sin precedentes en la historia biológica. Una de sus consecuencias podría estar siendo la caída de los niveles de la testosterona en amplios sectores de población masculina en Occidente.

LA TESTOSTERONA SE ESFUMA

En este sentido cabe citar, por ejemplo, el estudio realizado en Massachusetts[271], en el que se registró ese descenso de la hormona masculina a lo largo de veinte años. Los varones del año 2006 tenían un 17% menos de testosterona que los del año 1987. La caída podía llegar a un 1,2% anual.

De nuevo hay estudios que muestran cómo sustancias químicas contaminantes podrían estar jugando un importante papel en todo esto. Así sucede, por ejemplo, con los ftalatos o las dioxinas, a los que tan expuestos nos encontramos cotidianamente, por sólo citar dos grupos de sustancias[272]. Lo mismo ocurre con muchos de los pesticidas que aparecen más a menudo como residuos en las frutas y verduras que comemos en países de la Unión Europea, tal y como muestran las investigaciones del equipo del investigador Andreas Kortenkamp, del Centro de Toxicología de la Universidad de Londres, realizadas con fondos de la Comisión Europea.

La investigación[273] se basó en analizar los efectos de decenas de los pesticidas más usados en la Unión Europea. Muchos de ellos son pesticidas nuevos y supuestamente menos dañinos que aquellos a los que sustituyeron. Sin embargo, el resultado obtenido por el equipo de investigación londinense fue que la mayor parte de ellos pueden alterar las hormonas masculinas.

En el estudio se ve que pesticidas autorizados que suelen ser contaminantes cotidianos muy presentes en nuestros organismos[274] "pueden ser importantes contaminantes anti-androgénicos en el presente y en el futuro"[275].

Este informe alude a ciertos fungicidas[276] que son productos formulados hace pocos años, y que se sabe que podrían permanecer estables en las materias primas de los alimentos, pudiendo llegar al consumidor. Otros productos[277] son usados además no sólo en agricultura sino como conservantes de la madera, conservación de colas y pegamentos, aditivos plásticos en retardantes de llama o como desinfectantes en hospitales. Todo ello amplía, sin duda, las formas en las que podemos vernos expuestos a ellos.

En el estudio, donde se pasa también revista a diversos insecticidas[278] y sus efectos anti-androgénicos, se vio que de los 37 compuestos testados, 24 pesticidas eran anti-androgénicos en los ensayos realizados[279]. El más potente de los antagonistas del receptor de andrógeno (AR) fue el fenithrotion.

El que la mayor parte de los pesticidas analizados, entre ellos muchos fungicidas que se aplican a las frutas y los cultivos como los de fresas o lechugas, alteren las hormonas masculinas, es obviamente algo que debería hacer tomar nota a las autoridades. Por eso los autores solicitaban que todos los pesticidas que se usan actualmente sean testados para ver si tienen efectos semejantes, afectando por ejemplo a los niveles de testosterona, hormona que es fundamental para la salud reproductiva de los varones. Es más, consideran que hacer tales test de anti-androgenicidad de los pesticidas debe ser acometido con urgencia.

Los investigadores hacen notar asimismo algo muy importante: se estudian más los efectos de pesticidas que ya han sido prohibidos que los de los pesticidas que más se usan en estos momentos. Obviamente, es algo ilógico. También consideran lamentable la falta de seguimiento o monitorización que existe en Europa acerca de la presencia de estas sustancias en los cuerpos de la población general.

Es más que probable que muchas otras sustancias semejantes aún no estudiadas tengan efectos análogos. Las conclusiones, pues, tienen un hondo calado.

Entre las investigaciones realizadas las hay que ligan la exposición a contaminantes hormonales, por ejemplo, con la tendencia observada de que nazcan más niñas que niños en varios países industrializados[280]. Incluso hay algunos estudios que relacionan ese hecho con la concurrencia paralela de otros problemas como el cáncer testicular y la baja fertilidad[281].

Todos estos desarreglos pueden ser inducidos por sustancias contaminantes, tales como los ftalatos, por ejemplo, que también guardan relación con problemas como la ginecomastia, es decir, el desarrollo de mamas en los adolescentes varones[282]; o con otros síntomas de feminización tales como el acortamiento en la distancia urogenital -considerada una muestra de feminización y virilización incompleta- asociada a la exposición prenatal a estos contaminantes, registrado por investigadores de la Universidad de Rochester[283]. Estos mismos investigadores, en otro estudio, observaron además alteraciones cerebrales que podían causar cambios en la conducta[284] que llevaban a que los niños tuviesen tendencia a entretenerse con juguetes considerados menos masculinos.

Y por supuesto, uno de los problemas más destacado es el auge de las anomalías en el aparato reproductor masculino, que van desde un menor tamaño del pene hasta otros como la criptorquidia, que una nutrida literatura científica asocia a los más dispares contaminantes, por ejemplo, a los omnipresentes pesticidas.

EL MAPA DE LA CRIPTORQUIDA EN GRANADA

A mediados de los años 90, el catedrático de Medicina de la Universidad de Granada, Nicolás Olea, se encontraba embarcado en una investigación relevante con la colaboración de otros dos doctores: Pablo Lardelli, epidemiólogo, y su esposa, la uróloga infantil Mercedes Nogueras.

Estos tres científicos se dedicaron a revisar, en los archivos del Hospital Clínico de Granada, las operaciones quirúrgicas que se habían realizado para corregir las criptorquidias detectadas en los niños de aquella provincia española. Después pusieron en un mapa los lugares en los que vivían esos niños que habían sido operados y realizaron un mapa de distribución de los casos por municipios.

La hipótesis de trabajo, en la que Pablo Lardelli y su mujer no creían gran cosa inicialmente, era que todo ello podía tener que ver con el uso masivo de pesticidas en algunas zonas.

Con el mapa en la mano, Nicolás Olea, con toda la intención, se acercó un día a un responsable de Agricultura y le preguntó '¿de qué le parece que es este mapa?'. La respuesta fue: 'es el mapa de las zonas de cultivos de agricultura intensiva de la provincia, ¿no?'. Y el catedrático le respondió: 'No. Es el mapa de los casos de criptorquidia'.

Pero el delegado de Agricultura no se equivocaba y Nicolás Olea lo sabía. Era también el mapa de la agricultura intensiva, es decir, de aquellas zonas en las que se usaban más pesticidas por hectárea, como la llamada 'Costa Tropical' granadina. Se manejaron los datos de consumo de pesticidas en las distintas zonas. Y curiosamente, donde más pesticidas se usaban, se daban más casos de criptorquidia en los niños.

La investigación sería publicada en 1996 con el título de "Exposición a pesticidas y criptorquidia: evidencia geográfica de una posible asociación"[285], y tendría una excelente acogida en la comunidad científica. Tras ella, el equipo de Olea siguió profundizando en aspectos relacionados, tales como el contenido de contaminantes de acción hormonal en las placentas como indicador de la exposición fetal[286]. Las investigaciones realizadas indicaban que esa exposición podía incrementar el riesgo de malformaciones del aparato reproductor masculino tales como criptorquidias e hipospadias[287].

Otras investigaciones que se están realizando a lo largo y ancho del mundo se han ocupado, no de los pesticidas, sino de otros grupos de sustancias que pueden estar asociadas a problemas como estos. Estudian, por sólo citar un grupo más de sustancias, los retardantes de llama que impregnan tantas cosas que nos rodean, desde cortinas a sofás, pasando por los plásticos de nuestros ordenadores o cables, y que acaban llegando a nuestros cuerpos de las más diversas formas.

Para probar esa asociación, un equipo de científicos daneses y finlandeses midieron el contenido de un grupo de estas sustancias -los retardantes de llama PBDEs- en la leche materna y en las placentas como indicadores de la exposición prenatal de los niños, y vieron una clara relación, aún a los niveles 'bajos' que suelen detectarse en la población general, con un mayor riesgo de criptorquidia, probablemente por los efectos antiandrogénicos conocidos de algunas de estas sustancias[288].

Problemas como la criptorquidia u otros como la hipospadia, o como la ya citada mala calidad del semen, están asociados entre sí y confluyen en el llamado síndrome de disgenesia testicular, una de cuyas consecuencias más serias puede ser el cáncer de testículos. Este es, por cierto, uno de los cánceres cuya incidencia más está creciendo, como se ve en otro apartado, y que, como en otras de las enfermedades abordadas en esta obra, numerosos datos científicos asocian a sustancias contaminantes alteradoras del equilibrio hormonal.

CONTRA LA MUJER

CONTAMINANDO EL SENO MATERNO

Entre los años 2004 y 2006, un equipo del Departamento de Medicina Preventiva y Salud Pública de la Universidad de Alicante, coordinado por la doctora Elena Ronda, trabajó conjuntamente con científicos de Noruega y Suecia para estudiar las condiciones de salud laboral de las mujeres que trabajaban en las peluquerías de Alicante. Uno de los motivos era que en esa ciudad al menos un 10% de las empleadas del sector abandonaban el oficio siendo jóvenes por diversos problemas de salud.

Se visitaron muchos establecimientos, se hicieron mediciones en ellos, se evaluaron las más diversas cosas, tales como la ventilación de los locales, el uso o no de guantes por parte de las trabajadoras, la ignorancia existente sobre los riesgos de los productos que usaban y entre otros aspectos, diferentes cuestiones de salud. El resultado se haría público en el año 2007 presentándose en un informe titulado "Mujer y condiciones de trabajo: riesgos en el embarazo en peluqueras".

Entre las conclusiones del estudio, en el que colaboraron otros expertos como la profesora Ana María García de la Universidad Pompeu Fabra de Valencia, destacaba el notable exceso de nacimientos prematuros o con bajo peso, anomalías congénitas y abortos que había entre 310 peluqueras estudiadas[289], asociándo dichos síntomas a la exposición de estas mujeres a diversas sustancias químicas que están en algunos tintes, lociones, lacas, líquidos rizantes y neutralizantes para permanentes, polvos decolorantes...

Pero este tipo de situaciones, obviamente, no se da sólo en las peluquerías. Los posibles escenarios de riesgo para las embarazadas en el trabajo son muchos otros. Muestra de ello es el informe que en el año 2010 hizo público el área de Salud Laboral del sindicato Comisiones Obreras en Madrid[290]. Más de un 80% de las empresas estudiadas en Madrid tenían riesgos para la reproducción (en hombres y mujeres), el embarazo y la lactancia. Eran riesgos que en la inmensa mayoría de los casos ni siquiera habían sido identificados. Entre los riesgos para el embarazo se destacaban, por delante de otros, las sustancias químicas a las que las mujeres podían exponerse en los más diversos sectores.

El informe destaca que de las cerca de 80.000 sustancias presentes en los centros de trabajo, sólo unas 4.000 han sido testadas acerca de su toxicidad reproductiva, habiendo sido identificadas como tóxicos reproductivos unas 400. Es decir, al menos un 10% de las testadas, y evidentemente, otros muchos centenares de las no testadas también pueden, potencialmente, ser tóxicos reproductivos.

Se detectaron muchísimos incumplimientos legislativos como falta de protocolos de actuación para embarazo y lactancia, falta de listados de puestos sin riesgo a los que destinar a las embarazadas, falta de formación de los delegados de prevención de las empresas (que en más de la mitad de los casos ni sabían si se habían tomado medidas)... Una situación calamitosa que abona el campo de muchos posibles riesgos.

La Sociedad Española de Ginecología y Obstetricia (SEGO) ha elaborado por su parte diferentes informes que alertan de los riesgos que las sustancias químicas pueden representar para el embarazo[291], criticando que nos hayamos "familiarizado" tanto con estar rodeados de decenas de miles de productos químicos que hemos "olvidado y desestimado los riesgos para la salud que pueden derivar de su utilización, así como las medidas de precaución imprescindibles para minimizarlos". Es algo que está preocupando de forma creciente a los especialistas, por la evidencia de los daños cada vez mayores que esa situación está generando.

El informe de la SEGO hacía un repaso de trabajos problemáticos tales como el del caucho, en cuya fabricación, aunque mucha gente no lo sepa, se utilizan centenares de sustancias diferentes -acronitrilo, aceites minerales, estireno, aminas aromáticas, butadieno, epiclorhidrina...- que pueden dar problemas. Citaba anomalías congénitas como el labio leporino o el paladar hendido, que habían sido ligadas a algunas pinturas. Hablaba también de industrias como la papelera, donde se habían dado diversas anomalías en el sistema nervioso central o el corazón de los niños, entre otras cosas.

El informe de la sociedad citada aludía al peligro que las más variadas sustancias entrañan para las mujeres embarazadas. Enumeraba, entre otras muchas, el plomo, el mercurio, el cadmio, el antimonio o el arsénico. Y por supuesto, citaba también diversos pesticidas o el éter de etilenglicol (un disolvente asociado a defectos congénitos). El informe apuntaba la gran preocupación existente por los efectos de disolventes tales como el tricloroetileno, el benceno, el estireno, el formaldehído, la naftilamina, el cloruro de vinilo, el óxido de etileno o el óxido de estireno (algunos disolventes han sido ligados a defectos del tubo neural y daños en el sistema nervioso central).

La exposición a sustancias tóxicas, dentro o fuera del ámbito laboral, puede ocasionar muchos problemas, entre los que destacan algunos como los abortos o los nacimientos prematuros. Se sabe, por ejemplo que diversas sustancias -disolventes orgánicos, hidrocarburos aromáticos, plomo[292], óxidos de etileno, barnices, sustancias para la fabricación de gomas, metales...- están asociadas a unas mayores tasas de abortos espontáneos. Y no cabe duda que un porcentaje de los partos que se dan antes de tiempo -que son entre un 8 y un 10% de todos los partos- pueden tener que ver con la exposición a diversas sustancias, como los disolventes o el plomo. Aunque no se sepa exactamente cuántos partos prematuros entran en estos parámentros, es evidente que no deben ser pocos. Existen investigaciones que han abordado el tema, por ejemplo, centrándose en sustancias como los ftalatos. Según esos trabajos, aquellas mujeres que tenían más de estas sustancias en su sangre corrían mucho más riesgo de sufrir este problema[293]. Curiosamente la tasa de nacimientos prematuros ha crecido extraordinariamente en muchos países[294]. Y también se sabe que otros problemas como el nacimiento de niños con bajo peso pueden estar muchas veces asociados a la exposición a contaminantes, como se ha visto que sucede en madres con ciertos niveles de plomo en la sangre.

Dentro del contexto de los países desarrollados, Estados Unidos, por ejemplo, tiene unas tasas relativamente altas de partos prematuros, de niños que nacen con muy bajo peso y de mortalidad infantil. Cerca de la mitad de las muertes de recién nacidos serían atribuibles a causas diversas tales como anomalías congénitas, problemas derivados del nacimiento prematuro o el poco peso, muerte súbita o complicaciones en el alumbramiento. El riesgo de sufrir este tipo de problemas se incrementa con la exposición a una serie de sustancias.

El desarrollo de las criaturas dentro de sus madres es, como es sabido, un momento especialmente delicado en el que la presencia de una larguísima lista de sustancias químicas, a veces a niveles bajísimos de concentración, puede causar los más diversos problemas. Estos problemas pueden verse en el mismo momento de nacer o manifestarse mucho después en el estado adulto. En varios capítulos de este libro encontrarán muchos ejemplos de ello: desde problemas reproductivos a los más diversos tipos de cáncer, pasando por muchos otros, pueden haber sido incubados en el útero materno por la exposición a diversos contaminantes.

Sin embargo, es un hecho que hoy en día, y yendo más allá de los casos que pueden parecer más flagrantes como los que tienen que ver con determinados trabajos, los cuerpos de las mujeres embarazadas, en la población general, están cargados de diversas sustancias que la ciencia ha identificado como problemáticas.

Muestra de ello es la investigación realizada por la Universidad de California[295] que encontró 163 sustancias químicas contaminantes en el 99% de las mujeres analizadas de un grupo de cientos de ellas que servía como indicador de la población general. Estas madres gestantes tenían sustancias que atraviesan la placenta llegando al feto, especialmente sensible a muchas de ellas. Son sustancias que pueden llegar a las madres a través de diversas vías, como la dieta, el agua, los productos de aseo, los cosméticos, los plásticos... entre ellas: pesticidas organoclorados, PCBs, compuestos perfluorados (del tipo del teflón), fenoles, ftalatos, hidrocarburos aromáticos policíclicos, bisfenol A, polibromodifenil éteres (retardantes de llama)... Y obviamente el que en este estudio se hayan detectado esas 163 sustancias no implica que sólo tengan estas, ya que puede haber otras muchas sustancias conflictivas simplemente no buscadas en esa investigación.

Varias de las sustancias encontradas estaban a las mismas concentraciones a las que otras investigaciones científicas las han asociado con efectos sanitarios negativos en las criaturas. Preocupan además los efectos combinados de tantas sustancias presentes a la vez, es decir, el llamado 'efecto cóctel', aspecto que apenas suele investigarse pero que se sabe que puede multiplicar los daños[296]. De día en día crece la cantidad de estudios que asocia la exposición prenatal a contaminantes con los más diversos problemas de salud. Por ejemplo, y como vemos en los capítulos dedicados a ese tema, se pueden asociar con el asma, con los problemas reproductivos masculinos o con diversos tipos de cáncer, por no citar más posibilidades.

Los factores de riesgo para el embarazo pueden ser muchos y las mujeres no son debidamente conscientes de ellos. ¿Cuántas mujeres conocen, por ejemplo, el estudio que publicó la revista oficial de la Asociación Americana de Pediatría, "Pediatrics", y que asociaba el uso de insecticidas piretroides, tan frecuentes en nuestras casas, con una caída de hasta cuatro puntos en el Índice de Desarrollo Mental de los niños?[297]

Esa fue la conclusión tras medir durante el embarazo los contaminantes en el aire de las casas, en la sangre de las madres, así como en los cordones umbilicales, y ver luego, a los tres años de edad de los niños, como aquellos que habían sido gestados con unos mayores niveles de presencia de esas sustancias daban resultados más bajos en los tests y tenían hasta tres veces más probabilidades de mostrar un atraso.

Estamos hablando de unas sustancias de uso generalizado en los hogares que muchas personas consideran 'inocuas' por el mero hecho de que están a la venta.

Los insecticidas piretroides, en concreto, fueron presentados en su día como una alternativa más segura para uso doméstico, cuando sustituyeron a otros como los organofosforados (que una serie de estudios científicos asociaron a problemas, como pasó con la exposición prenatal a uno de ellos: el clorpirifos[298]). Los investigadores creen que debe investigarse detenidamente el efecto sobre el desarrollo neuronal de la exposición a largo plazo a niveles bajos de piretroides, ya que los datos existentes inquietan, en especial en la etapa prenatal e infantil[299].

Otras investigaciones asocian la exposición prenatal a contaminantes frecuentísimos en nuestros cuerpos, tales como el hexaclorobenceno (que fue muy usado como fungicida, además de generarse como contaminante en la fabricación de disolventes y es muy persistente) con el comportamiento social de los niños en edad preescolar. Así, por ejemplo, lo muestran los resultados de un estudio realizado[300] sobre dos grupos de niños españoles. Uno de ellos era de niños nacidos en la Ribera del Ebro, en una zona muy contaminada, y el otro en Menorca. En total eran 475 niños nacidos entre 1997 y 1999.

Se midió el nivel de HCB en el cordón umbilical cuando nacieron y después, cuando tenían cuatro años de edad, se aplicaron tests para determinar en los niños los niveles de competencia social[301] y de déficit de atención e hiperactividad (TDAH).

El resultado fue que los niños que al nacer tenían niveles de HCB por encima de 1,5 ng/ml mostraban un aumento del riesgo estadísticamente significativo de una más pobre competencia social y de trastorno de déficit de atención con hiperactividad (TDAH).

Existe una gran cantidad de estudios que asocian otros contaminantes muy variados con alteraciones neurológicas como las descritas. El sistema nervioso de los niños en gestación es muy sensible.

En especial durante el desarrollo fetal, la formación del cerebro es un proceso muy delicado. Todavía no está formada la barrera hemato-encefálica (es decir, la barrera entre la sangre y el cerebro), una de las pocas barreras que los organismos adultos pueden oponer, con mayor o menor eficacia, a la entrada de tóxicos en una de las partes más importantes y vulnerables del cuerpo.

Si tenemos en cuenta que en esas circunstancias, sin esa barrera protectora y en tan sólo un segundo, pueden formarse miles de nuevas neuronas (250.000 por minuto al principio del embarazo), nos daremos cuenta de los estragos que puede causar la exposición a diversas sustancias tóxicas, bien sea porque actúen directamente sobre el feto o sobre la interacción entre este y el entorno intrauterino, alterando por ejemplo las señales químicas enviadas por la madre. Cualquier sustancia que perturbe ese proceso puede ocasionar que haya un número inferior de neuronas, que sean más pequeñas, que se ubiquen en lugares incorrectos, que el flujo sanguíneo que les llegue sea inferior, que estén peor nutridas, o múltiples otros problemas y anomalías.

Especialmente durante las primeras etapas de nuestro desarrollo, dentro de nuestras madres, se abren las más peligrosas 'ventanas' de exposición, que es como los científicos denominan a esos momentos críticos en los cuales el organismo en construcción abre una vía desprotegida para que actúen las hormonas y otros elementos que deberán propiciar la creación de determinadas estructuras. Si al abrirse estas 'ventanas' no sólo actúan las sustancias naturales sino que lo hacen los contaminantes, pueden generarse las más profundas alteraciones.

Durante el embarazo tienen lugar complejos y veloces procesos químicos de señales que presiden el desarrollo embrionario. Es fácil, por ejemplo, que en la primera o segunda semana una exposición química pueda provocar un aborto espontáneo, y en plazos más amplios, pueden producirse importantes alteraciones en la estructura y función de diversos órganos[302].

Entre las muchas cosas que pueden suceder, por sólo citar un ejemplo, puede contarse que un contaminante hormonal, como se sabe que hacen los PCBs o las dioxinas, entre otras sustancias, altere los niveles de hormonas tiroideas dentro de la madre. Sabiendo el papel de tales hormonas en la estimulación del crecimiento de las neuronas y en su correcta ubicación en el cerebro, es fácil imaginarse las posibles consecuencias, bien descritas por diversos trabajos científicos[303]. Por esas u otras vías muchas sustancias pueden inducir los más diversos desarreglos que se manifestarán más tarde, en la infancia o en periodos posteriores de la vida.

Exposiciones a sustancias tan frecuentes como los ftalatos pueden tener efectos diversos. Algunos tan sutiles como la feminización de la conducta de niños varones particularmente expuestos antes de nacer. Esto es lo que muestra, por ejemplo, una investigación de la Universidad de Rochester, en Nueva York ya citada[304].

Los ftalatos, como se insiste en diferentes apartados de esta obra, están presentes en muchos productos cotidianos, desde plásticos, como los de suelos de PVC o botellas, hasta cosméticos o perfumes. Por esto se trata de una de las sustancias sintéticas que más frecuentemente aparecen en nuestros cuerpos.

La lista de problemas de salud que pueden iniciarse por una exposición prenatal a sustancias tóxicas es inabarcable, como lo es la cantidad de estudios científicos que se refieren a ello. De hecho, una de las mayores preocupaciones generales referidas a los efectos de la contaminación química es ésta, ya que los efectos de una exposición a contaminantes son mucho más graves durante la etapa embrionaria.

Además, las normas establecidas para proteger la salud de los ciudadanos frente a los tóxicos suelen hacerse pensando en los adultos y no en embriones o niños, por ejemplo. Y esas normas que con mucha frecuencia ni siquiera protejan a los adultos, mucho menos ampararán a los fetos en formación dentro de ellos.

Preocupa además que el embarazo y la lactancia puedan ser una forma a través de la cual las madres se 'limpian' de muchos contaminantes, ya que la placenta no es una barrera para buena parte de ellos. En muchos casos las concentraciones de tóxicos en el cordón umbilical o en el plasma fetal son mayores que en la sangre de las propias madres[305].

Teniendo en cuenta que la base de lo que luego seremos se construye en nuestra etapa como embriones, no debe sorprender que muchos de los problemas que manifestaremos más tarde, a veces décadas después, pudieron tener su origen en exposiciones químicas que sufrimos dentro de nuestras madres. La literatura científica alude a los más diversos problemas, desde la propensión a ciertos cánceres a la infertilidad, pasando por la endometriosis, las alergias, el asma, las enfermedades del corazón, el bajo cociente intelectual, anomalías del comportamiento e incluso el Parkinson, por no extendernos con otros muchos.

SUBFERTILIDAD FEMENINA

Los contaminantes no sólo pueden afectar a la criatura desde el momento en que ha sido concebida, como se ve en otro apartado de esta obra, sino que también pueden impedir la concepción. Sobre la relación entre los contaminantes y la infertilidad femenina también se han publicado muchos estudios[306].

Por citar un caso, referido sólo a un tipo de sustancias, hablaremos de un trabajo científico que publicó la revista 'Human Reproduction'[307], que vinculaba los compuestos perfluorados (como el PFOS o el PFOA)[308], como los que pueden desprenderse de ciertas sartenes antiadherentes, con una mayor dificultad de las mujeres que los tienen en sus cuerpos para poder quedar embarazadas. Hablamos siempre, claro está, a niveles 'bajos' presentes en buena parte de la población. La ecuación mostrada por este estudio era simple: a más presencia de estos compuestos en los cuerpos femeninos, más tiempo tardarán esas mujeres en poder quedar embarazadas a pesar de los intentos fehacientes para conseguirlo.

En un contexto en el que cada vez más parejas tienen problemas para procrear, este tipo de cuestiones deberían ser más tenidas en cuenta.

ENDOMETRIOSIS

La endometriosis podría afectar a entre un 10 y un 15% de las mujeres en edad reproductiva. Es una enfermedad que puede causar un notable sufrimiento[309], y con mucha frecuencia, venir de la mano con la infertilidad. Una de sus consecuencias más radicales es que a veces fuerza a la realización de una histerectomía, privando a las mujeres de su útero. Miles de mujeres se ven obligadas a ello cada año.

Como en el caso de otras enfermedades que estamos abordando aquí, parece evidente que la incidencia de la enfermedad ha crecido de forma muy considerable desde la Segunda Guerra Mundial (cuando, como hemos dicho una y otra vez, comenzó de veras la expansión de la industria química planetaria). Siempre es complejo establecer una causa, cuando muchas dolencias no tienen una sola. Pero es evidente que, sola o en compañía de otras causas, un creciente número de estudios científicos señala que la presencia de una serie de sustancias químicas que pueden tener efectos de alteración hormonal, puede estar desempeñando un importante papel en el inicio y en el posterior desarrollo de la enfermedad.

Diversos estudios científicos han establecido una asociación, en algunos casos muy fuerte, entre la presencia de una serie de sustancias tóxicas muy frecuentes en el mundo industrializado y la endometriosis. Entre estas sustancias se encuentran las dioxinas[310], los furanos y los PCBs o policlorobifenilos[311]. Son investigaciones realizadas tanto en animales como en personas.

En 1993, un estudio constató que un grupo de macacos a los que se había alimentado unos años con una dieta contaminada con niveles bajos de dioxinas mostraba una muy fuerte incidencia de la enfermedad, de más del doble de las que no habían recibido esa alimentación[312]. El estudio se prolongó en otro, años después, que mostró que la endometriosis también tenía una mayor incidencia entre aquellos animales que habían tenido una mayor exposición a otros contaminantes (como los PCBs afines a las dioxinas[313]). Conviene resaltar que los niveles de contaminantes en los monos aludidos son semejantes a los que se encuentran en las personas. Se realizaron además más experimentos complementarios que constataron cómo las dioxinas favorecían el crecimiento de células endometriales fuera del útero en roedores[314] o monos[315] y diversos factores que podían influir (como los que se analizan en el artículo "Dioxinas y endometriosis: una hipótesis plausible", publicado en enero de 2002 en la revista "Environmental Health Perspectives"[316]).

Resultados semejantes a los obtenidos en animales se han visto en las mujeres, por ejemplo en las que estuvieron expuestas a la contaminación por dioxinas del famoso accidente industrial de Seveso, en Italia. Estas mujeres tenían el doble de incidencia de endometriosis que las que no tuvieron ese nivel de exposición[317]. Un estudio israelita, por su parte, mostraba que las mujeres con endometriosis tenían una mayor probabilidad de tener niveles detectables de dioxinas[318].

Teniendo en cuenta la amplia exposición a las dioxinas en el mundo actual, sobre todo a través de la dieta, es probable que en aras de la prevención de la enfermedad así como del afán de reducir su expresión una vez iniciada, debería hacerse lo posible por reducir la exposición de las mujeres a estos contaminantes.

Las dioxinas son además un grupo de sustancias que han sido ligadas, en mayor o menor medida, como se ve en diversos apartados de esta obra, a otros problemas de salud que van desde la supresión del sistema inmune al linfoma no hodkiniano, pasando por el sarcoma de los tejidos blandos, hepatitis, alteración de los ratios sexuales, diabetes, cáncer de mama, problemas tiroideos, baja fertilidad, etc.

Sobre los PCBs y su asociación con la enfermedad se han publicado artículos muy contundentes. Uno de los más claros fue el publicado en la revista "Human Reproduction"[319], que mostraba unos incrementos de riesgo realmente muy considerables, del orden de varias veces superiores, en función de si las mujeres tenían en sus cuerpos una determinada presencia de algunas de estas sustancias.

Hay otros estudios que ligan la endometriosis con otros contaminantes con efectos semejantes a los de los estrógenos. Hablamos, por ejemplo, del cloro difenil éter o el pesticida metoxicloro[320], que favorece el crecimiento de las células de endometriosis en roedores.

Pero lo cierto es que los contaminantes que podrían tener efectos más o menos semejantes son muchos y con frecuencia se encuentran en los cuerpos de la mayoría de las mujeres occidentales formando complejos 'cócteles' químicos. Son alquilfenoles presentes en detergentes, pesticidas que han sido ampliamente usados en España como el endosulfán, componentes de plástico y resinas epoxi como el famoso bisfenol A y otras muchas sustancias, cuya posible contribución a la endometriosis debería ser estudiada (para determinar si existen las asociaciones que se han encontrado en otros compuestos).

Uno de esos tipos de sustancias ampliamente utilizadas y presentes en innumerables productos de uso cotidiano y, cómo no, detectados en la sangre de la mayor parte de las occidentales, son los ftalatos. Sobre los ftalatos y la endometriosis se ha realizado algún estudio científico, encontrando una asociación entre la presencia de estas sustancias y la enfermedad[321]. Resultan curiosos algunos datos, como los que asocian una ligera mayor incidencia de la enfermedad a un comienzo temprano de la primera menstruación, si tenemos en cuenta que existen diversos indicios[322] que ligarían tales signos de adelanto con la exposición a los ftalatos.

Además, las mujeres con endometriosis tienen un mayor riesgo de padecer otros problemas que, en mayor o menor medida, también han sido asociados a la exposición a una serie de sustancias contaminantes. Ya aludimos antes al mayor riesgo de infertilidad, por ejemplo. Estas mujeres afectadas de endometriosis también corren mayor riesgo de sufrir otros trastornos tales como el cáncer de ovario, cáncer de mama, el melanoma o el linfoma no-hodkiniano. Todos ellos han sido, cada uno por su cuenta, asociados a la exposición a los más diversos contaminantes. Lo mismo sucede con otros problemas a los que las afectadas de endometriosis serían más propensas: van desde el asma a las sensibilidades químicas, pasando por las enfermedades auto-inmunes. Todos estos problemas, curiosamente, pueden tener el denominador común de la exposición a sustancias químicas tóxicas.

Además de los contaminantes químicos, hay otras cosas que han sido asociadas a la endometriosis, como, por ejemplo, las radiaciones. También fueron los sufridos macacos los que hubieron de padecer las consecuencias que deberían servir, pero que probablemente no han servido debidamente hasta ahora, para advertir a las mujeres sobre los riesgos ambientales asociados a su enfermedad. Los experimentos realizados mostraron que la exposición a radiaciones incrementaba dramáticamente el riesgo de desarrollar esta enfermedad[323].

En resumen, por lo que se sabe, es probable que tanto para prevenir la enfermedad, como para propiciar la mejoría de las mujeres que ya la tienen, y atendiendo a un principio de precaución inexcusable, debería procederse a tomar todas las medidas de concienciación, investigación, legislación, etc. que redunden en garantizar la reducción de la exposición de la población femenina a una serie de contaminantes.

TÓXICOS Y MUJERES

Los tóxicos ambientales pueden afectar a las mujeres de forma diferente que a los hombres y muy frecuentemente, en mayor medida que a estos. Las causas posibles son diversas. Una de ellas puede tener que ver con el mayor porcentaje de tejido graso presente en las mujeres, sabiéndose que muchos contaminantes tienden precisamente a acumularse en él. Se ha visto, por ejemplo en estudios realizados en Cataluña, que las mujeres acumulaban más hexaclorobenceno, -un peligroso contaminante-, que los varones. Otros factores pueden tener que ver, entre otras cosas, con la importancia de los factores hormonales en las mujeres, teniendo en cuenta que muchos tóxicos actúan como alteradores del equilibrio hormonal. Por estas u otras causas, es un hecho que se aprecian diferencias de incidencia desfavorables para las féminas en algunos importantes problemas de salud, tales como determinadas enfermedades autoinmunes, sensibilidades químicas, síndrome de fatiga crónica, etc.; con independencia de la gran cantidad de mujeres que se ven afectadas por endometriosis, cáncer de mama y otras.

Sin embargo, estas diferencias vinculadas al género muchas veces no han sido estudiadas en la medida en que debiesen haberlo sido. Muchos estudios sobre cáncer ocupacional han excluido a mujeres. Por ejemplo, una revisión de 1.233 trabajos epidemiológicos sobre cáncer ocupacional publicados entre 1971 y 1990 puso de manifiesto que sólo un 14% presentaban algún análisis de resultados con mujeres blancas y el 2% con mujeres de otras etnias[324].

Por ello, urge que se tenga en cuenta la perspectiva de género a la hora de arbitrar campañas para defensa de las mujeres frente al riesgo químico.

HORMONAS 'LOCAS'

DAÑOS HORMONALES

Uno de los motivos principales de preocupación de los científicos acerca de los efectos de las sustancias químicas sobre la salud humana y el medio ambiente es el relacionado con el poder de alteración del equilibrio hormonal que tienen muchas de ellas. Demasiadas. Se da la cruel circunstancia de que muchos de los contaminantes químicos que tenemos en nuestros cuerpos poseen esta 'virtud'. Hasta ahora se ha identificado esta cualidad en centenares de ellos, pero se sabe que son miles.

Muchos de los contaminantes más frecuentes en el mundo moderno, generados en cantidades ingentes, tienen acción hormonal. Pueden estar en los detergentes y productos de limpieza más usados, en los cosméticos, champús, geles y demás productos de aseo, en las fragancias, en los plásticos, en los muebles, en las pinturas... Y por supuesto, muchos de los pesticidas que más frecuentemente aparecen en nuestros cuerpos o de los contaminantes industriales más ubicuos, suelen ser también contaminantes con estas funestas propiedades.

Si se tiene en cuenta la importante función que las hormonas tienen en nuestros organismos, es fácil darse cuenta de la variadísima cantidad de estragos que pueden causarse alterando su equilibrio.

Estas sustancias contaminantes pueden actuar como auténticos 'estafadores' químicos. Pueden ser 'confundidos' por nuestro organismo con hormonas naturales, pueden bloquear el funcionamiento de hormonas o pueden interferir de las más variadas maneras en su generación o eliminación. Pueden, también, entre otras muchas cosas, propiciar el crecimiento de células cancerosas en esos tipos de cáncer que son dependientes de las hormonas.

Durante mucho tiempo este problema pasó desapercibido. Se había estudiado menos sobre las sustancias químicas y sus efectos, y lo poco que se había estudiado se había centrado en otros aspectos, por ejemplo, y normalmente de forma un tanto burda, en su posible carácter cancerígeno, olvidando muchas veces otras aspectos como los efectos inmunológicos, sobre el sistema nervioso o, como decimos, sobre el equilibrio hormonal[325]. Sin embargo, la acumulación de evidencias ha conseguido que la comunidad científica conceda cada vez más importancia a este asunto.

LA DECLARACIÓN DE PRAGA

Una de las declaraciones científicas más importantes en este tema fue la "Declaración de Praga sobre la Disrupción Endocrina", firmada en mayo del año 2005 por un numeroso grupo de científicos e investigadores reunidos en la capital checa[326].

Esa declaración contenía advertencias muy serias. Son tan serias que es realmente preocupante que una buena parte de la opinión pública mundial no se enterase de ellas, cuando seguramente está al tanto y conoce con todo detalle muchas otras noticias incomparablemente menos relevantes. Primeramente decía lo más obvio: que "los europeos están expuestos a bajos niveles de una gran cantidad de disruptores endocrinos que pueden actuar conjuntamente"; que son "detectados en los tejidos humanos y en la leche materna"; y que la exposición a esas sustancias se da "desde etapas muy tempranas de sus vidas cuando su organismo en desarrollo puede ser particularmente sensible".

A continuación denunciaba que el marco existente de normas y regulaciones, así como los tests de toxicidad de sustancias que se están aplicando, no sirven para hacer frente al gravísimo reto que supone este problema.

Es una denuncia muy grave, implica que aunque muchos europeos crean que 'están en buenas manos', es decir, que su salud está a salvo porque piensan que hay unas normas y unos controles, la realidad no es así ni muchísimo menos.

Sobre los tipos de tests que suelen aplicarse, estos científicos denunciaban errores colosales. Destacaban, por ejemplo, que "esos tests no tienen en cuenta los efectos de la exposición simultánea a muchos productos químicos y que pueden llevar a serias subestimaciones del riesgo existente"; que tampoco consideran debidamente los efectos a largo plazo de dosis 'bajas' ni tienen en cuenta cosas tan evidentes e importantes como que los efectos de una exposición química pueden manifestarse muchos años después de haberse producido (como sucede, por ejemplo con los efectos producidos en el seno materno[327]).

Estas críticas, lejos de ser de matiz, son en realidad demoledoras. Cuestionan de arriba a abajo unos sistemas de evaluación de los riesgos químicos que están ignorando lo que la ciencia sabe. Se trata de sistemas tan burdos que pasan por alto, precisamente, los mayores riesgos reales que sufren millones de personas: estudian los efectos de un tóxico a corto plazo cuando la gente de la calle tiene a la vez miles de tóxicos durante toda su vida; estudian la exposición a altas dosis y buscando sólo una serie de efectos, mientras la mayor parte de las personas se ven expuestos a niveles más 'bajos' que miles de investigaciones científicas están demostrando que tienen otros efectos.

También criticaban los firmantes de la Declaración de Praga que incluso en los casos en que se estaban aplicando los tests para evaluar los riesgos de las alteraciones hormonales, se estuviese haciendo de un modo un tanto limitado. Se realizaban, por ejemplo, concediendo demasiada atención a los daños reproductivos, que son graves, ciertamente, pero no los únicos que pueden cebarse en otros sistemas del organismo.

Estos científicos hacían, asímismo, un repaso por los estragos sanitarios que están viéndose en Occidente y para los cuales es una explicación "plausible que la exposición a disruptores endocrinos pudiera estar implicada". Son problemas en los que las hormonas juegan un papel esencial en su origen o progresión tales como la "alta prevalencia de desórdenes reproductivos en los niños y jóvenes europeos así como el auge de cánceres en los órganos ligados a la reproducción, tales como las mamas y los testículos[328]".

"El estilo de vida, la dieta y la polución ambiental juegan un rol en las diferencias regionales observadas, así como en los cambios que se observan con el tiempo" en la evolución de estas enfermedades. Decían que, ante la evidencia científica creciente, "los efectos de las sustancias disruptoras endocrinas sobre otras graves enfermedades humanas tales como la obesidad, los desórdenes neuronales, el estrés, etc." debía investigarse más en profundidad.

Pasaban revista a algunos de los problemas de salud que han sido asociados a la exposición a sustancias contaminantes, tales como el incremento de anomalías reproductivas en los varones de Europa, entre ellas el deterioro de la calidad del semen, las malformaciones en los órganos sexuales o la cada vez mayor cantidad de casos de cáncer de próstata, entre otras cosas. Y en lo referente a las mujeres, se estaba asistiendo a una mayor cantidad de alteraciones, como un anormal desarrollo en la pubertad; se está registrando, en los países industrializados, un marcado adelanto de la edad a la que las niñas desarrollan sus mamas[329]. Cada vez hay más estudios que asocian lo que sucede con contaminantes de acción hormonal[330].

No dejaban de citar algo que está preocupando mucho a los científicos, como son los daños en el desarrollo del sistema inmunológico de los niños que pueden causar contaminantes hormonales como los PCBs o las dioxinas, tan generalizadamente presentes en la dieta a unos niveles de concentración a los que es sabido que pueden producir efectos muy notables. Esto sucede especialmente cuando la exposición se da en el embrión, dentro del útero materno, o luego, a través de la lactancia. Estos investigadores creen que con estos daños causados por las sustancias contaminantes en el sistema inmune "la probabilidad de contraer enfermedades infecciosas se incrementa".

Los firmantes se sentían además especialmente inquietos por las consecuencias que las alteraciones tiroideas derivadas de la exposición a sustancias de este tipo pueden causar en el desarrollo del cerebro infantil. Y estas personas hacían un llamamiento a que, ante los preocupantes datos que están mostrando muchos estudios científicos, se potenciase más la investigación sobre ése y otros aspectos: efectos en el desarrollo neuronal, cánceres infantiles, síndrome metabólico, desarrollo cognitivo, problemas psicológicos, de memoria, de aprendizaje, de inmunidad, etc.

Finalmente, apuntaban algo muy importante que nos debe hacer reflexionar, algo a lo que se refieren otras declaraciones científicas internacionales tales como el Llamamiento de París o la declaración de Wingspread[331]: que "la causalidad está bien establecida para los nocivos efectos sobre la vida salvaje como una directa consecuencia de la exposición a los disruptores hormonales"; que se ha visto cómo "la severidad de los efectos puede llevar a impactos a nivel de poblaciones" de fauna silvestre, como se vio, por ejemplo, con las focas del Mar Báltico y contaminantes como los PCBs y dioxinas. Y la declaración pasa revista a algunas de las anomalías estudiadas, a las que aludimos en otros apartados de esta obra, como esos peces macho de ríos europeos que, expuestos a los contaminantes procedentes de los vertidos de depuradoras, tenían huevos femeninos en los testículos; o las poblaciones de caracoles marinos a cuyas hembras se les desarrollan penes por la exposición a compuestos organoestánnicos o; por no citar más, las alteraciones hormonales de otros caracoles por sustancias como el bisfenol A o algunas presentes en las cremas solares, por ejemplo.

Los científicos que suscribieron esta declaración insisten en que "la vida salvaje nos da advertencias tempranas de los efectos producidos por los disruptores endocrinos"; en definitiva, que lo que vemos que pasa en las poblaciones animales puede pasar también en las poblaciones humanas.

Pero hay algo de lo dicho en la Declaración de Praga en lo que merece la pena detenerse de forma especial, algo que también han expresado otros documentos científicos semejantes. Se trata de lo que antes leíamos, y ahora repetimos: "la causalidad está bien establecida para los nocivos efectos sobre la Vida Salvaje como una directa consecuencia de la exposición a los disruptores hormonales".

Es decir, que cuando se habla de los efectos disruptores hormonales sobre la fauna salvaje no parece haber el mismo grado de duda que cuando se habla de humanos y de la relación causa efecto entre la exposición a una serie de contaminantes y los diversos problemas detectados. Y la gran pregunta es, ¿qué motivos serios, realmente científicos, puede haber para que cuando se habla sobre efectos en humanos parezca haber, en algún caso, mayores dudas acerca de esa relación causa efecto?

¿Hay alguna diferencia esencial en el organismo humano que lo convierta en algo aparte explicando que pueda ser más inmune que el resto de las especies frente a la contaminación química? Y la respuesta es que no. ¿Por qué entonces existe esa apariencia de que hay más dudas? ¿O es que acaso se ha estudiado menos lo que pasa con las personas que lo que pasa con los animales y por eso se duda más? No, ciertamente más bien al contrario.

¿Por qué, pues, lo que objetivamente se considera un peso suficiente de evidencia para los efectos sobre animales no se considera igualmente para los humanos? ¿Por qué para considerar demostrado que una sustancia química es una amenaza seria para las personas parece que nunca haya bastantes pruebas? Hay casos de sustancias sobre las que hay centenares de estudios muy serios, realizados por los principales especialistas mundiales, publicados en las revistas científicas más prestigiosas, y sin embargo, las autoridades no actúan porque, dicen, creen que hay 'dudas'.

Es evidente que no hay razones científicas de peso para que se apliquen diferentes varas de medir y, más aún, por supuesto, para que esa diferencia de criterios represente que, como está pasando, se alerte menos sobre los daños producidos en las personas que sobre los producidos en animales. ¿Acaso hemos de proteger menos a las personas que a los animales? Y, siendo así, cabe pensar que haya otro tipo de razones, no científicas precisamente. Estas razones pueden ser, por ejemplo, las económicas, que harían que se esté aplicando sordina a las alertas que deberían llevar a proteger la salud humana.

Obviamente, para una serie de intereses económicos, no es lo mismo verse culpados de producir efectos sobre poblaciones animales que sobre poblaciones humanas. Las consecuencias negativas de esto último serían mucho más severas para esos intereses; por ejemplo, sería mucho mayor la presión para prohibir una sustancia o limitarla, mayor la amenaza de un incremento de las regulaciones o controles, etc. Y todo esto puede influir, y de hecho está influyendo, en que haya una artificial nebulosa de duda que no hay igualmente cuando se habla de animales. Y ello es algo anti-científico.

Tan anti-científico como cuando, de modo semejante, se establecen unos niveles 'seguros' de exposición a un elemento tóxico que son menos exigentes para los trabajadores de una industria que para la población general, demostrando que la apreciación de lo 'seguro' puede amoldarse a los intereses económicos. Como si hubiese alguna diferencia en los organismos de los trabajadores que les hiciese poder resistir más que los que no trabajan en esa industria. Algo similar pasa en lo que estamos viendo aunque no entre diferentes grupos humanos, sino entre otras especies y las personas. Y los motivos por los que se desactiva la alerta al referirse a las personas son de la misma clase: adecuación de las medidas sanitarias a intereses económicos particulares.

Realmente, no hay razones objetivas para que no se aplique un mínimo principio de precaución. Tal y como dice la Declaración de Praga: "en vista de la magnitud de los riesgos potenciales asociados a los disruptores endocrinos, creemos fuertemente que la incertidumbre científica no debe retrasar la acción preventiva de reducir la exposición y los riesgos de los disruptores endocrinos".

EL DRAMA DEL DIETILESTILBESTROL

Una de las cosas que abrió los ojos acerca de los peligros de la alteración del equilibrio hormonal que pueden tener algunas sustancias sintéticas es lo que sucedió con el dietiestilbestrol (DES), una sustancia parecida al DDT.

Como se cuenta con mucho detalle en el libro "Nuestro Futuro Robado", esta sustancia, sintetizada en 1938 por sus propiedades imitadoras de los estrógenos -hormonas femeninas-, fue recetada a millones de mujeres para prevenir problemas del embarazo e incluso abortos, a pesar de que ya había experimentos con animales que indicaban ciertos riesgos.

¿Cuáles fueron luego sus consecuencias? Primeramente, un incremento de los abortos, partos prematuros, y las muertes de neonatos. Pero eso no fue todo.

Además, las niñas que nacieron de las madres que habían tomado esa sustancia, comenzaron a desarrollar un raro cáncer de la mucosa vaginal que antes de aquello apenas se había registrado, así como deformaciones del conducto reproductor. Y se dispararon en ellas las tasas de cáncer cervical, embarazos ectópicos, fiebre reumática, enfermedades inmunitarias (como, por ejemplo, la tiroiditis de Hashimoto, enfermedad de Graves o la artritis reumatoide). Otra consecuencia de la alteración hormonal sufrida, en este caso sobre el sistema nervioso central, fue una influencia en la orientación sexual: un 24% de ellas eran homo o bisexuales (algunos estudios mostraron tasas superiores).

En los niños varones se dio un exceso de cáncer testicular y de próstata, criptorquidia, testículos poco desarrollados, anomalías espermáticas, penes atrofiados, artritis (por daños en el sistema inmunitario), alergias crónicas, quistes, problemas respiratorios, fatiga, etc. Y algunas investigaciones registraron que, tanto en varones como en mujeres, se daban altas tasas de otros trastornos como depresión, ansiedad, anorexia o neurosis fóbica.

Y todo ello por la exposición prenatal a tan sólo una sustancia sintética que, además, había sido diseñada para procurar más salud. El drama del DES es bastante elocuente acerca de los estragos hormonales que puede causar una sustancia sintética. Es importante señalar que la ciencia ha identificado centenares de compuestos que pueden producir efectos de este tipo (hace unos años la Unión Europea había listado más de 500 sustancias que pueden ser disruptores endocrinos).

LOS CONTAMINANTES HORMONALES

Una de las primeras sustancias que entraron en esa lista fue un primo hermano del DES: el famoso DDT que, como el DES, también había sido diseñado con muy buenos propósitos. Si el DES iba a 'mejorar' los embarazos e incluso iba a hacer más sanos y fuertes a los niños, el DDT iba a hacer que mejorase la salud de los cultivos, sin consecuencia negativa alguna, ni para las personas ni para el medio ambiente. Esa era la teoría. Pero otra cosa fue la práctica.

Y como con el DES, a pesar de que muy tempranamente habían aparecido evidencias acerca de sus efectos, no se hizo caso de ellas. Ya en 1950 se había visto, por ejemplo, que el DDT feminizaba a los gallos, hacía que sus testículos casi no se desarrollasen y que apenas tuviesen cresta[332]. Después vendrían muchas otras investigaciones que irían mostrando los diversos efectos sobre otras especies. Hasta que, tras una enorme resistencia industrial que siempre intentaba minimizarlo todo, mientras la sustancia continuaba produciendo más y más estragos en el sistema hormonal humano y de otras especies, se consiguió por fin que fuese prohibida en muchos países. Hoy sigue siendo un contaminante muy frecuente en nuestros organismos, sea como DDT o como las sustancias en las que se transforma dentro de los seres vivos tales como el DDE.

Pero el DDT no es sino una sola de las muchas sustancias que irían sumándose a la lista de los contaminantes hormonales. Pronto se sumó otro pesticida, el insecticida kepona (clordecona), cuando se vio que los hombres que trabajaban en las fábricas en que se producía tenían poquísimos espermatozoides[333]. También se vieron rápidamente los efectos del fungicida vinclozolina, pese a lo cual en muchos países siguió usándose.

Y así fue pasando con muchas otras sustancias. Como sucedió con las dioxinas, tan frecuentes hoy en día en nuestros cuerpos, y sobre las que creció mucho el interés, especialmente a partir del accidente industrial de Seveso (Italia) donde en 1976 se produjo una fuga tóxica en una planta de fabricación de pesticidas.

Entre los posibles efectos hormonales descritos, aparte de un incremento de enfermedades como la endometriosis, se cita una alteración del sex-ratio, es decir, de la proporción de los sexos de los niños nacidos. Así, mientras el sex ratio normal era que naciesen 106 niños por cada 100 niñas, tras la fuga de dioxinas, las parejas expuestas al contaminante en aquella población tuvieron 26 niños y 48 niñas[334]. Es decir que nacieron el doble de niñas de lo normal[335].

Los PCBs, otro tipo de sustancias contaminantes, se labraron también un lugar destacado en la lista cuando se empezaron a ver las alteraciones que producían. Por ejemplo, en los hijos nacidos de mujeres consumidoras de pescado de los grandes lagos[336], ignorantes de su contaminación con PCBs, y que daban luego a luz niños con menos peso de lo normal, nacidos antes de tiempo y con un menor cociente intelectual[337].

La lista seguiría engrosándose con nombres de sustancias que a los legos en la materia podrán parecerles extraños. Lo cual no deja de ser una ironía: ver, como si fuesen extrañas, sustancias que portamos, demasiadas veces, en nuestras propias entrañas.

Es toda una paradoja no saber nada de sustancias que tanto pueden estarnos afectando a nosotros y a nuestros hijos. No intenten memorizarlos, pero son nombrecitos tales como: alacloro, aldrin, atrazina, carbaril, clordano, cipermetrina, dicofol, dieldrin, endosulfan, heptacloro, permetrina, mancozeb, metoxicloro, mirex, toxafeno, trans-nonaclor, oxiclordano, toxafeno, ftalatos, benzofenonas, bisfenol A, perfluoro-octano-sulfonato, nonilfenol[338], octilfenol, dímeros y trímeros del estireno, cadmio, arsénico, mercurio, polibromodifeniléteres, cloroformo, pentaclorofenol, etc. Todos ellos y muchos más son alteradores hormonales, sustancias que pueden estar y de hecho lo están a menudo en la comida que comemos, el agua que bebemos, el aire que respiramos, la crema que ponemos sobre nuestra piel, el producto con el que limpiamos los suelos o la ropa, etc.

Entre las sustancias que pueden alterar el sistema hormonal, hay algunas que han sido asociadas a cánceres como los de hígado, mama, próstata o testículos, y a desarreglos como la telarquia, poliquistosis ovárica, anomalías cromosómicas, daños inmunológicos, diabetes, fallos en la implantación uterina, problemas de crecimiento, alergias, asma, mayor mortalidad, neurotoxicidad, alteraciones tiroideas, malformaciones congénitas y un largo etcétera.

La lista de sustancias con efectos hormonales se engrosa día a día, y hoy son centenares las identificadas, pero son muchas más las que deben causar estos desarreglos sin que hayan sido identificadas ni se sospeche de ellas. Y mientras se investiga, sigue creciendo la producción de sustancias químicas que pueden estar implicadas, en cantidades de millones de toneladas. Incluso aquellas sustancias que se consideran de entre las más conflictivas, tales como el bisfenol A o ciertos ftalatos, siguen como si nada fabricándose y utilizándose a escalas inimaginables. La producción de algunas de ellas se ha estabilizado o incluso reducido, pero otras nuevas han venido a tomar el relevo y globalmente, la cantidad crece y crece, mientras crecen a la vez los problemas que la ciencia asocia a ellas, como la caída de fertilidad, los cánceres u otros diversos desarreglos.

CONTRA LA INMUNIDAD

Los tóxicos y el 'enloquecimiento' de nuestras defensas

TÓXICOS Y SISTEMA INMUNE
ENFERMEDADES AUTOINMUNES

Algo pasa en Huelva, 1995.

1995 podría haber sido un año de tantos en el desempeño profesional de Francisco López Rueda, un endocrinólogo de Huelva, en Andalucía occidental. Pero no fue así. A su consulta comenzaron a acudir centenares de mujeres con extraños problemas. Ese año acabó viendo a más de setecientas mujeres con desarreglos similares. Jamás había visto nada igual: una rara enfermedad se estaba cebando con las mujeres en edad fértil.

Las pacientes que llegaban a él lo hacían con un acusado cansancio del que no lograban librarse y presentaban una inflamación dolorosa de la glándula tiroides, cuyos anticuerpos estaban por la nubes (los anticuerpos tiroideos estaban diez veces por encima de los que se consideraban un nivel normal-alto).

¿Qué estaba pasando? ¿Qué había disparado este aluvión de casos de esta rara tiroiditis autoinmune? Enseguida, el doctor López Rueda, que no es precisamente de esos médicos, tan abundantes hoy en día, que se conforman con tratar los síntomas desentendiéndose de las causas, se puso tras la pista. Indagó todas las posibilidades.

Este doctor sospechó, en primer lugar, de una adulteración alimentaria con sustancias anti-tiroideas, principalmente de la carne, pero pronto se dio cuenta que otras personas que tenían la misma alimentación no habían sido afectadas, así que descartó esa opción.

Después exploró la posibilidad de que se hubiese producido una contaminación radiactiva del agua, pero al ver que el agua no tenía unos niveles especialmente altos de radiactividad, sino que estos estaban dentro de los límites legales, descartó también que ese pudiese ser el problema.

Lo siguiente que hizo su equipo fue buscar otras posibles fuentes de contaminación radiactiva que pudiesen haber disparado el brote de tiroiditis, pero no se encontró nada.

A continuación investigó una posible contaminación bacteriana de las aguas. Pero nada. Así que también buscó si había un alto contenido de fenoles en las aguas a consecuencia de los suelos pizarrosos de la zona, ya que esas sustancias podían causar efectos anti-tiroideos y tener que ver con lo que estaba pasando. Pero no detectó nada fuera de lo normal.

Mientras iba investigando y descartando una cosa tras otra, la epidemia proseguía. Más y más mujeres acudían a la consulta con los mismos síntomas. El doctor López Rueda estaba desesperado, y como última opción, comenzó a enviar correos electrónicos pidiendo ayuda a universidades y científicos del mundo entero. Recibió más de un millar de mensajes de respuesta en seis meses, la mayor parte de ellos de Estados Unidos, y en menor medida de Europa e Israel.

Muchos de ellos, como suele pasar, no le sirvieron de gran ayuda. Sin embargo, afortunadamente, hubo algunas respuestas que sí que fueron muy útiles. Gracias a estos correos, el equipo del doctor López Rueda supo de una epidemia muy similar que había tenido lugar en una zona industrial de Eslovaquia, y que aquel brote del país de los Balcanes había sido asociado, precisamente, a la contaminación con unas sustancias tristemente célebres: los PCBs o policlorobifenilos, y algunas otras sustancias (otros organoclorados, dioxinas, pesticidas y metales pesados).

Cuando López Rueda supo esto, la epidemia había comenzado a remitir en Huelva, coincidiendo con la llegada de unas lluvias copiosas que habían vuelto a llenar los embalses que abastecían la ciudad. Curiosamente, el episodio de tiroiditis había coincidido con un periodo de fuerte sequía en el que las reservas de los embalses que abastecían Huelva habían llegado a estar por debajo del 10% de su capacidad. Este hecho no fue pasado por alto por el endocrinólogo, que enseguida sospechó que la reducción de caudales en los pantanos podía haber hecho que se incrementase la concentración de contaminantes, como los PCBs y otros, en sus aguas.

Para confirmar esa hipótesis, seguiría investigando, confirmando la presencia de PCBs y otras sustancias semejantes en los embalses. Y aunque demostrar al 100% la relación causa-efecto es algo difícil, López Rueda no podía dejar de tener en mente como endocrinólogo que era, que los PCBs son contaminantes con efectos hormonales semejantes a los de los estrógenos, y que la glándula tiroidea tiene numerosos receptores de estrógenos. La hipótesis de que los PCBs o sustancias con efectos análogos pudiesen atacar al tiroides de las mujeres en edad fértil en Huelva le pareció la explicación más razonable a todo lo que había pasado. Además, es algo muy sabido que el tiroides femenino es mucho más sensible a estos contaminantes de efectos hormonales que el tiroides de los hombres, los niños o la población de cierta edad, lo que explicaba en parte que hubiesen sido precisamente mujeres las afectadas.

Pero hay otra historia dentro de la contada: por increíble que parezca, no todo el mundo se alegró de que alguien intentase conocer la causa de lo que pasaba. Lo sorprendente, si es que algo puede sorprendernos ya, es el trato que este científico recibió de las autoridades sanitarias -en concreto del Servicio Andaluz de Salud- que, al menos teóricamente, debería haber sido el que más aplaudiese su trabajo.

Es, como se comenta también en otros apartados de esta obra, la eterna historia que se repite una y otra vez cuando la identificación de una causa puede llevar a responsabilizar a sustancias contaminantes procedentes de la industria. No olvidemos el poder que la industria química tiene especialmente en Huelva, donde su influencia alcanza a todas las instancias.

Este científico comunicó lo que pasaba a las autoridades sanitarias. Pero las investigaciones oficiales, como otras veces, no llevaron a nada. Cuando se vio el rumbo que llevaban las de López Rueda, la Administración, a la que al parecer no le gustaba que se investigase demasiado, intentó desacreditar al prestigioso endocrinólogo. Pese a todo, López Rueda y su equipo prosiguieron hasta llegar a la identificación de esa tiroiditis, a la que bautizó por entonces como síndrome pluri-glandular tóxico de Huelva. En 1999 López Rueda publicaría las conclusiones de su investigación en la reputada revista científica "Endocrine Practice"[339].

No debe pasarse por alto la circunstancia de que sea en Huelva donde se haya dado esta enfermedad tóxica tan singular. Porque precisamente esa ciudad es uno de los puntos negros de excesos de mortalidad por una serie de enfermedades, como vemos en otro apartado de este libro. Tampoco debemos pasar por alto el hecho de que la tiroiditis de Huelva fuese una enfermedad auto-inmune. Porque es frecuente que este tipo de problemas -los de la autoinmunidad- puedan tener que ver, en mayor o menor medida, con la exposición a sustancias químicas.

AUTOINMUNIDAD Y TÓXICOS

Curiosamente, como sucede con otros tipos de enfermedades que la ciencia ha asociado a la exposición a contaminantes, y en paralelo al aumento de esa exposición a los mismos, las enfermedades autoinmunes están creciendo brutalmente en incidencia.

En países como Estados Unidos, decenas de enfermedades de este tipo afectaban, a finales de los años 90[340], a unos 10 millones de personas, uno de cada 30 habitantes de ese país. Se trataba especialmente de mujeres (por cierto, de nuevo, algo que va en el sentido que decimos, ya que se sabe que las mujeres acumulan más cierto tipo de tóxicos que los hombres o son más sensibles a sus efectos).

La artritis reumatoide, la tiroiditis, la diabetes tipo 1, la esclerosis múltiple, el lupus o la esclerodermia, por ejemplo, son enfermedades auto-inmunes. Curiosamente, hablamos de enfermedades en las que, como ya hemos visto que pasa también con otros problemas de salud, se asume que los factores genéticos tienen un porcentaje de influencia limitado, lo que implica que los factores ambientales pueden tener un gran peso. Esto concluían por ejemplo, en consonancia con diversas investigaciones, los científicos británicos que publicaron en 2004 un artículo en la revista "The Lancet" acerca, en concreto, de la diabetes tipo 1 (infantil)[341].

Y en ese mismo sentido han ido los resultados de diversos estudios realizados. Son estudios que han mostrado la asociación de determinadas sustancias con procesos de auto-inmunidad que a veces podrían iniciarse por exposiciones en el propio útero materno. Estos procesos se pueden iniciar, en otras ocasiones, en etapas posteriores de la vida, como puedan ser las exposiciones laborales o la acumulación de contaminantes a través de la alimentación, entre otras posibilidades.

Así, se ha estudiado la asociación entre la artritis reumatoide femenina, por ejemplo, con la presencia en la sangre de PCBs[342], contaminantes muy frecuentes en todos nosotros, aún a niveles considerados 'bajos'.

Diversos contaminantes orgánicos persistentes alteradores del equilibrio hormonal han sido asociados a enfermedades autoinmunes[343]. Y hay estudios epidemiológicos que han asociado otra enfermedad auto-inmune, el lupus eritematoso sistémico, con la exposición laboral al mercurio o a algunos pesticidas[344], a productos del tratamiento del pelo como los tintes y permanentes (incremento moderado del riesgo)[345], o al uso de anticonceptivos orales[346]. La misma enfermedad, en estudios sobre ratones, era asociada al disolvente tricloroetileno[347].

También hay estudios epidemiológicos que asocian otra enfermedad de este tipo, la esclerodermia, con los disolventes o incluso con la terapia hormonal sustitutiva (moderado incremento del riesgo)[348] que también ha sido ligada al lupus. Y podríamos seguir enumerando enfermedades y sustancias que se han visto asociadas en estudios científicos, como, por ejemplo, la mayor o menor asociación entre la esclerosis múltiple y diversos pesticidas y disolventes[349].

Por concluir, si uno consulta alguna de las bases de datos que se dedican a sintetizar los estudios que asocian las sustancias contaminantes con trastornos como los anticuerpos de auto-inmunidad, se dará cuenta de todo lo que se ha publicado al respecto, que no es poco. Por ejemplo, en la poderosa base de datos de 'The Collaborative on Health and the Environment', de los Estados Unidos, encontraremos cómo estos anticuerpos han sido asociados, con mayor o menor peso de evidencia, a sustancias tales como el benceno, el tricloroetano, el tricloroetileno, el formaldehído, el amianto, el mercurio, el cadmio, pesticidas carbamatos, pesticidas organoclorados (clordano, heptacloro, pentaclorofenol, etc.), cromo, cloruro de vinilo, etc.[350]

Es interesante reflexionar un poco sobre lo que son las enfermedades auto-inmunes. En ellas, describiéndolas de una forma muy llana y prescindiendo de matices, el sistema inmunológico ataca a los propios órganos del cuerpo. Se trata, pues, de algo absolutamente 'demencial': el sistema que debería proteger nuestro cuerpo se dedica a atacarlo, como si hubiese enloquecido.

Y la pregunta es ¿qué es lo que ha hecho 'enloquecer' así a tantos sistemas inmunitarios en las últimas décadas y precisamente en ellas? ¿Qué elemento alterador de las respuestas naturales de nuestro cuerpo puede hacerlo? Pensar que la creciente contaminación química de nuestros organismos pueda haber jugado un papel esencial en ello no parece descabellado. Y hay muchas investigaciones que abonan ese pensamiento.

Además, y por si fuese poca la evidencia científica referida en concreto a la asociación entre los contaminantes químicos y las enfermedades auto-inmunes, hay más datos que vienen a reforzarlo: hablamos de otras reacciones patológicas de nuestro sistema inmunitario que, de nuevo, la ciencia ha asociado con la polución que nos afecta.

Las consecuencias de esos daños al sistema inmunitario pueden ser muy diversas y dependen de muchos factores. Incluso una misma sustancia o grupo de sustancias puede causar efectos muy diferentes en función de muchas cosas. Así, al mismo tiempo que estas sustancias pueden inducir respuestas defensivas anómalas y muy exacerbadas, enfocadas contra objetivos equivocados, pueden también inducir simplemente que el sistema inmunitario deje de actuar. La supresión de la respuesta inmunológica (caída de los niveles de células inmunitarias o de anticuerpos, alteración de la función celular, disminución de la respuesta inmune o de la resistencia a las infecciones o tumores...) es una de las consecuencias más frecuentes de la exposición a ciertos contaminantes. Algunas de las sustancias con efectos de este tipo son: benceno, dioxinas, diversos pesticidas organoclorados, carbamatos y organofosforados (aldicarb, clordano, clorpirifos, diclorvos, pentaclorofenol, atrazina...) benzopireno, plomo, mercurio, hidrocarburos aromáticos policíclicos, PCBs[351]... La supresión de la respuesta inmunológica abre la puerta a un mayor riesgo de contraer enfermedades infecciosas, así como a una menor capacidad de defensa ante el cáncer. Lamentablemente, es poco lo que se ha ahondado en investigar estos extremos pese a la extraordinaria relevancia sanitaria que pueden tener. ¿Cuántas enfermedades infecciosas, por ejemplo, pueden haber tenido este origen? Difícil es saberlo en un contexto de práctica médica excesivamente dada a tratar síntomas, olvidándose de investigar las causas últimas de las enfermedades.

Lo que es evidente es que nuestro sistema inmunológico está siendo sometido a una agresión a la que nunca antes en la historia evolutiva había estado expuesto, con este bombardeo de millares de sustancias sintéticas desconocidas por nuestro organismo hasta hace nada. Y ello puede conllevar problemas en el sistema inmunológico, como ya hemos visto, u otro tipo de respuestas anómalas, que veremos a continuación.

ASMA

En 2007 la revista "American Journal of Respiratory and Critical Care Medicine"[352] publicó un importante estudio científico internacional en el que había participado un equipo de científicos españoles entre los que encontraba Josep María Antó, de la Unidad de Investigación Respiratoria del Instituto de Investigaciones Médicas de Barcelona.

El estudio se basaba -partiendo de los datos de miles de personas de diez países que habían participado en la llamada Encuesta de Salud Respiratoria de la Comunidad Europea- en hacer un seguimiento que permitiese profundizar en algo que muchos estudios epidemiológicos anteriores ya habían mostrado: la relación existente entre el asma y la exposición a productos de limpieza.

Sin embargo, y esto es lo que da singular valor al estudio al que nos referimos ahora, las investigaciones anteriores habían sido realizadas sobre personas dedicadas profesionalmente a las labores de limpieza, y no, como en este caso, sobre las que simplemente usan esos productos para limpiar su hogar. Obviamente son muchas más las personas afectadas y por tanto, mucho más extensas las repercusiones sanitarias.

¿Qué es lo que hicieron esos científicos? Pues ver qué productos de limpieza, de entre 15 categorías, usaba cada persona y con qué frecuencia lo hacían. Luego cruzaron esos datos con los de incidencia de problemas respiratorios y asma entre esas mismas personas.

¿Cuál fue la conclusión? Pues que el uso de productos de limpieza del hogar muy comunes, como ciertos sprays, era un fuerte factor de riesgo para el desarrollo del asma en adultos. El mero hecho de usar con cierta frecuencia algunos limpiacristales, limpiamuebles o ambientadores, incrementaba muy notablemente el riesgo de padecer dificultades respiratorias y asma.

"Un número importante de casos de asma en los adultos" -añadían los investigadores- "puede estar relacionado con el uso de sprays de limpieza del hogar, lo que indica un problema importante de salud pública". No les resultaba esperanzador en este sentido que "las tendencias del mercado de productos de limpieza del hogar muestren un aumento general de las aplicaciones de aerosoles en Europa. Aerosoles y productos de limpieza líquidos más convencionales contienen ingredientes activos similares, incluyendo alcoholes, amoniaco, agentes liberadores de cloro, glicoles y éteres de glicol, hidróxido de sodio, polímeros acrílicos y terpenos. La aplicación por aspersión puede facilitar la exposición respiratoria de estos componentes"

Ya en el año 2003 la revista especializada "Thorax" recogía una interesante investigación[353] sobre este tema, coordinada por el mismo científico español anteriormente citado. En aquella ocasión, los científicos habían investigado a miles de mujeres de Cataluña. Vieron, por ejemplo, cuántas de ellas tenían una serie de problemas respiratorios, cuántas habían fumado alguna vez (un 25%), cuantas habían trabajado de limpiadoras (40%), etc.

Una de cada ocho mujeres tenía asma y una de cada seis bronquitis. Y resulta que precisamente las trabajadoras dedicadas a la limpieza doméstica corrían notablemente más riesgo de padecer problemas respiratorios que las mujeres dedicadas a otras actividades.

En el mismo sentido habían ido los resultados de otro estudio epidemiológico, y en el que habían participado, de nuevo, los mismos científicos españoles. El estudio fue publicado en el año 2001 en la "Scandinavian Journal of Work, Environment & Health"[354] y mostraba que la incidencia del asma entre las personas que se dedicaban a la limpieza del hogar era 1,7 veces más alta (un 170% superior), relacionándolo con la exposición a sprays de limpieza de la cocina o los muebles, entre otros.

Otros numerosos estudios semejantes, realizados en varios países, han mostrado también la asociación entre determinados productos de limpieza, que contienen una serie de sustancias conflictivas, y esta enfermedad. Alguna investigación se centra, por ejemplo, en la asociación entre el uso de productos químicos de este tipo en casa y el asma infantil[355].

Pero no son sólo las sustancias de los productos de limpieza, a las que, por cierto, tan vastos sectores de población nos vemos expuestos, las que pueden iniciar o agravar la enfermedad. Hay otras investigaciones que señalan también a otras sustancias.

Así que podemos comenzar, si quieren, un suma y sigue de factores de riesgo. Son tantos estos factores que resulta difícil que una persona no se vea expuesta un poco a un factor y otro poco a otro, y a otro, y a otro, lo que al final incrementa el riesgo total.

En el año 2004, la revista "The Lancet" publicó un estudio que hacía un repaso por diferentes actividades profesionales en las que se había visto que existía una alta incidencia de asma[356]. Por supuesto, el estudio hablaba de los trabajadores de la limpieza de los que ya hemos tratado, pero también de otros sectores laborales, como el de las enfermeras, que tanto tiempo pasan en entornos donde se usan productos tan fuertes, además de exponerse a sustancias como el polvo de los guantes de látex sintético. Este artículo también mencionaba a los pintores, expuestos a tantas emanaciones de los disolventes, compuestos volátiles, isocianatos, etc. que liberan las pinturas, o a los agricultores, que vemos en los campos entre una nube de pesticidas fumigados; sin olvidar mencionar a los trabajadores de ciertas industrias donde se respiran sustancias poco recomendables. El estudio concluía que hasta un 25% de los nuevos casos de asma podían ser de origen laboral[357].

Uno de los autores de la investigación citaba una lista de 250 sustancias asociadas al asma. Porque hablar de asma laboral no es, en definitiva, demasiadas veces, más que hablar de un asma química.

Basta leer diferentes informes oficiales sobre salud laboral referidos a este problema sanitario[358] para conocer muchas de las sustancias que pueden desencadenarlo y los diferentes trabajos donde es común que podamos respirarlas, y que no son pocos. Por supuesto que podemos sufrir estos problemas si trabajamos en una refinería, pero también si lo hacemos en una peluquería, manejando tintes, o en una imprenta. Lo mismo sucede si somos empleados en una industria de látex, o en un hospital, como ya se dijo, y, cómo no, en una fábrica de detergentes. Asimismo, podemos respirar estas sustancias en una industria del sector de la cosmética, en una de la electrónica o en una de curtidos, y por qué no, si trabajamos con colorantes, o en una industria del sector del plástico o del textil[359].

Y tanto puede pasarle, como se comentó, a un trabajador del campo con sus pesticidas, como a uno de un laboratorio o una industria farmacéutica, o a alguien que, pongamos por caso, trabaje con barnices o cromados, por no citar más posibilidades.

En esas y otras profesiones podemos exponernos, nos dicen los informes oficiales aludidos, a las sustancias más variopintas capaces de causar asma, desde pesticidas a polvo de polivinilo pasando por colorantes, reactivos, amonio... Podemos respirar las sales de diazonio de las fotocopiadoras, u otras sustancias, como las frecuentes en laboratorios y ámbito sanitario (tales como hexaclorofeno, clorhexidina, terpenos, formaldehido), otras ligadas a la industria de los plásticos (como las resinas epoxi o el estireno), las aminas alifáticas (a las que podemos exponernos en sectores como la fotografía, lacados, soladores, industria cosmética, aeronáutica, pinturas en spray...), etc. Son muchas las sustancias y muchas las profesiones en las que podemos respirar estas sustancias, incrementando el riesgo de padecer la que, según los mismos informes, ha pasado a ser la enfermedad pulmonar laboral más frecuente en los países desarrollados.

Llama la atención que incluso en esos mismos documentos se reconozca que las normas establecidas para proteger supuestamente la salud de los trabajadores no son realmente una garantía de evitar la enfermedad. Es decir, que aquellos que creen estar a salvo por exponerse a sustancias -cromo, diisocianatos, estireno, fenol, formaldehído, glutaraldehído...- dentro de los llamados Valores Límite Ambientales de Exposición Diaria, bien pueden acabar desarrollando asma, ya que "los Valores Límite Ambientales tienen poco valor como parámetro de referencia para las enfermedades respiratorias de causa alérgica, ya que valores muy inferiores pueden sensibilizar y desencadenar síntomas asmáticos".

Esto, además nos lleva a otro hecho muy importante, tanto en el asma como en otras enfermedades que las sustancias tóxicas pueden causar. Ese hecho es que, demasiadas veces, no es preciso exponerse a dosis altas para sufrir consecuencias. Y ese razonamiento nos lleva fuera del ámbito de determinadas profesiones en las que puede uno exponerse más de lo 'normal' a determinados compuestos, permitiéndonos abrir el círculo de las personas que pueden verse afectadas. Además, muchas de las sustancias implicadas no sólo podemos respirarlas en el lugar de trabajo sino fuera de él, al aire libre y, por supuesto, dentro de nuestras propias casas.

Podemos inhalar estas sustancias al aire libre, por ejemplo, en ciudades contaminadas: pensemos en la industriosa Huelva, la ciudad española y una de las europeas en la que se registraron las tasas más altas de asma, con un 14% nada menos, en un estudio[360] que se realizó en los años 90. Más allá de casos como la de esa u otras ciudad industriales, se sabe que la incidencia del asma es, en general, mucho mayor en ciudades que en zonas rurales, sin necesidad de que esas urbes tengan grandes polos industriales cerca, basta la agresión de la más 'convencional' contaminación de los vehículos, las calderas, etc.

Pero a la polución a la que podemos exponernos al aire libre, podemos sumar otra, con frecuencia, mucho mayor: la que respiramos en espacios cerrados. No olvidemos que, muchas veces, lo que producen las industrias -esas industrias en las que veíamos a los trabajadores expuestos a una serie de compuestos químicos- es usado luego también en los hogares. Muchas sustancias viajan en los productos que son puestos a la venta: pinturas, productos de la limpieza, productos de aseo, plásticos, telas... y desde ellos pueden liberarse y ser inhaladas, sea como compuestos volátiles, como aerosoles, o como integrantes del polvo doméstico.

Junto a las sustancias más típicas de la polución atmosférica urbana y/o industrial, una larga serie de estudios nos hablan de otras que pueden estar también en nuestros hogares y a veces en cantidades preocupantes. Diversos ácidos, amoniaco, cloro, etileno, aminas, pesticidas como los carbamatos o los organofosforados, hidracinas, benceno, ftalatos, fragancias sintéticas, tolueno, y un largo etcétera[361] de tóxicos pueden llegar a nosotros.

Según la Organización Mundial de la Salud, en el año 2002 el asma afectaba a entre 100 y 150 millones de personas en todo el mundo. En tan sólo diez años el número de personas asmáticas se había multiplicado por dos en Europa Occidental; una auténtica explosión. La enfermedad castiga hoy a entre el 5 y el 10% de la población mundial, y en los Estados Unidos, -el dato acaso haya quedado obsoleto-, al menos a un 15%[362]. De nuevo, como con otras enfermedades que en mayor o menor medida han sido asociadas a la exposición a productos químicos, llama la atención el espectacular incremento en su incidencia en las últimas décadas. Esto coincide, curiosamente, con el crecimiento del uso y, por tanto, de nuestra exposición a una serie de compuestos. Esto es un denominador común de las enfermedades que abordamos en esta obra.

Preocupa, en especial, el efecto de estas exposiciones en sectores de población que se sabe que son más vulnerables, tales como los niños[363]. Diferentes estudios han asociado el asma infantil, por ejemplo, a diversos contaminantes[364].

En España el porcentaje de niños y adolescentes con asma estaría entre el 8 y el 12% según los datos que daba la Sociedad Española de Neumología y Cirugía Torácica (SEPAR), lo que la convertiría en la enfermedad infantil más frecuente, añadiendo que el número de niños asmáticos estaba creciendo alarmantemente en los países desarrollados, de modo que "su prevalencia se ha duplicado en los últimos 20 años"[365]. Se da además una mayor incidencia en las ciudades (otra evidencia epidemiológica más del peso de lo ambiental).

Hay investigaciones muy interesantes que abordan el papel que los contaminantes químicos pueden tener en problemas como éste en los niños. Una de ellas es la que realizó un equipo de científicos de Suecia, Dinamarca y Estados Unidos, y que sería publicada en 2004 en la revista "Environment Health Perspectives", en relación con el asma infantil y los factores de contaminación química que pueden concurrir en la enfermedad.

Su título ya era suficientemente elocuente: "Asociación entre el asma y los síntomas de alergia en niños y los ftalatos en el polvo doméstico"[366]. La investigación dirigía su atención, como vemos, hacia uno de los grupos de sustancias sintéticas a los que nos exponemos de forma cotidiana: los ftalatos.

Aunque la mayor parte de la gente arquee las cejas con extrañeza al oír palabras como esta ('ftalatos'), la verdad es que debería ser una palabra con la que estuviesemos más familiarizado, sobre todo teniendo en cuenta que aunque mucha gente no tenga en la mente esa palabra, sí que tiene las sustancias que designa en la sangre.

Prácticamente todos tenemos ftalatos en nuestros cuerpos. En nuestra sangre, en nuestra orina, en nuestros tejidos, estas sustancias sintéticas están por doquier.

Los ftalatos están en el plástico blando de nuestros vehículos, de nuestros impermeables, de suelos y recubrimientos plásticos, de nuestros muebles, de los juguetes, materiales médicos, ropas, envases... y por supuesto, en productos de limpieza, detergentes, caucho, pinturas y barnices, perfumes, champús, geles, jabones, lubricantes, insecticidas, ambientadores, tintas, adhesivos, y mil y una cosas más. Y por una especie de cruel suerte no es raro que precisamente haya más en entornos infantiles, como reveló un reciente estudio de la entidad alemana BUND que mostraba como abundaban especialmente en los jardines de infancia.

El estudio de los científicos suecos, daneses y americanos antes citado, comenzaba describiendo hasta qué punto los ésteres de ftalato son contaminantes globales. Hablaba de cómo se han extendido por todo el planeta, contaminando espacios abiertos y cerrados. También comentaba cómo su producción ha crecido brutalmente, curiosamente, desde que concluyó la Segunda Guerra Mundial, momento en el que se producían unas cantidades ínfimas de sustancias como el DEHP -di (2-etilhexil) ftalato, hasta los millones de toneladas actuales. Estos científicos explicaban que una cantidad importante de esas sustancias se añade como plastificante en el PVC (hasta el punto de que un 30% del peso de ese plástico pueden ser ftalatos), y describían cómo estas sustancias acaban en muchos otros productos, como los antes citados: adhesivos de látex, limpiaúñas, perfumes, cosméticos... Y, en fin, el estudio señalaba que podemos encontrar ftalatos, como el n-butil-benzil (BBzP) ftalato, en baldosas de vinilo, piel artificial, y ciertos adhesivos, y otros tipos de ftalatos en limpiaúñas, cosméticos, plásticos de celulosa, tintes... En definitiva, concluían que estas sustancias nos rodean, y que por eso hay una gran exposición humana a ellos en los países industrializados, por ejemplo a través de la respiración.

Sabedores de todo lo anterior, aquellos científicos investigaron a unos cuatrocientos infantes suecos, la mitad de ellos con síntomas de alergia, y la otra mitad sin ellos. Se midieron las concentraciones de ftalatos que había en el polvo de sus respectivos hogares. ¿Y qué es lo que se vio?

Pues que cuanto más DEHP, -uno de esos ftalatos-, había en el polvo de esas casas, más riesgo de asma infantil existía. También concluyeron que cuanto más n-butil-benzil (BBzP) ftalato se encontraba, el riesgo de rinitis alérgica y eccemas aumentaba. Curioso ¿no?

El estudio internacional mostraba que cosas tales como que el suelo del dormitorio de un niño fuese o no de PVC, con mayor o menor presencia de BBzP y DEHP, podía influir mucho en tener un mayor o menor riesgo. La conclusión era evidente: "los ftalatos, en los niveles a los que son normalmente hallados en los ambientes interiores, están asociados con los síntomas alérgicos en los niños".

Al referirse al enorme incremento del asma y las alergias en las últimas tres décadas estos investigadores apuntaban: "el corto lapso en el cual se ha producido implica que el incremento es causado por cambios en las exposiciones ambientales, más que por cambios genéticos. Los cambios en los ambientes interiores merecen una atención especial porque el aire interior constituye una ruta dominante de exposición".

Estos científicos insistían en que aunque puedan haber influido acaso otras cosas, "es llamativo que los incrementos de incidencia hayan ocurrido durante el periodo en el que los productos plastificados se han convertido en omnipresentes en los hogares, las escuelas y los lugares de trabajo en el mundo desarrollado".

Pero los ftalatos son, como ya hemos visto, sólo uno de los grupos de sustancias que pueden tener efectos semejantes. Por ello lo que se debe hacer siempre es no perder de vista la suma de factores. El 'árbol' de los ftalatos no debe hacernos perder de vista el 'bosque del cóctel' de otras muchas sustancias a las que estamos expuestos. Y algunas de ellas podrían estar influyendo incluso a través de mecanismos que pueden parecer más sutiles, en principio, que la inhalación, como los que tienen que ver con los fenómenos que ocurren dentro del útero materno, antes de que las personas nazcan.

Un ejemplo de ello lo tenemos en la investigación llevada a cabo por científicos españoles, como Josep María Antó o Jordi Sunyer, entre otros. Estos investigadores se dedicaron primero, entre 1997 y 1998, a conseguir la participación de centenares de mujeres embarazadas de la isla de Menorca -es decir, un lugar que en principio no parece demasiado polucionado- en el seguimiento que iban a realizar. Y así, pudieron después conseguir datos también de los más de 400 niños nacidos, en un estudio que duró varios años hasta su publicación en 2005[367].

Los investigadores tomaron muestras de sangre de los cordones umbilicales y midieron la presencia de diversos contaminantes organoclorados. El 84% de las muestras de sangre tenía residuos de estos contaminantes, entre otros, el DDE (que es el residuo en el que se degrada el pesticida DDT en los organismos vivos). Después, cuando los niños habían crecido y tenían ya cuatro años de edad, tomaron datos acerca de cuántos de ellos padecían una serie de problemas respiratorios.

¿Y qué es lo que descubrieron? Pues que aquellos niños que se habían formado dentro de un entorno uterino en el que había unos niveles algo más altos de DDE, tenían bastante más riesgo de padecer asma después de nacer. Y hay que tener presente que el DDE es uno de los contaminantes que más frecuentemente son detectados, en general, en la población. Ahora, siguiendo con el argumento que teníamos antes de hablar de este estudio, imaginemos que ese niño nace en una casa con altos niveles de algunos ftalatos, va a una guardería igual y se expone igualmente a otras tantas sustancias que la ciencia ha asociado a efectos parecidos también al llegar a adultos.

LA EXPLOSIÓN DE LAS ALERGIAS

Relacionado con todo lo anterior está el auge de las alergias y enfermedades respiratorias al que se está asistiendo en Occidente en las últimas décadas. Hasta el científico más reacio a ello no duda en asociar estos trastornos con factores ambientales como la polución. Es un hecho, y así lo recalcan los alergólogos, que por ello, entre otras cosas, en las ciudades hay el doble de alérgicos que en las zonas rurales[368].

En las ciudades las personas se ven expuestas, además de a la polución que pueden respirar dentro de espacios cerrados donde pasan la mayor parte de su tiempo, a la contaminación exterior.

Volvemos también aquí a encontrarnos con la misma tendencia que hemos visto antes en otras enfermedades ambientales, que curiosamente crecen en incidencia a la vez que crece nuestra exposición a una serie de sustancias.

La Sociedad Española de Alergología e Inmunología Clínica (SEAIC)[369] estimaba en el año 2002 que el porcentaje de población que podría acabar sufriendo procesos alérgicos de diversa entidad, que en ese momento estaba en torno a un 21% de los habitantes del país, podría convertirse en nada menos que un 50% en el lapso tan breve que había hasta el año 2015. Hacer previsiones es difícil y se verá si se llega a tanto, pero en cualquier caso lo que es innegable, y de ahí esas perspectivas tan negras, es la tasa de incremento de nuevos casos que se da de año en año.

Las alergias se manifiestan de las más diversas formas y con diversos grados de gravedad, desde rinitis alérgicas más o menos leves, a casos de asma severos, alergias a fármacos, a alimentos, a sustancias... Se ha publicado mucho acerca de los factores que pueden causarlas, como por ejemplo, en el caso de muchas rinitis alérgicas, el papel que podrían tener las partículas contaminantes que emiten los motores diesel. Pero la lista de factores que podrían tener que ver con las alergias es larga, y en ella están sustancias que podemos inhalar dentro de los edificios, tales como algunas que hay en los productos de limpieza, ambientadores, insecticidas, perfumes, pinturas, pegamentos, tratamientos de muebles, plásticos, e incluso cosméticos o productos de higiene personal.

Como ya se vio al hablar del asma, diversos estudios asocian las reacciones alérgicas a contaminantes muy frecuentes en nuestros hogares como los ftalatos[370]. En estudios científicos similares[371] vemos que las exposiciones, aún a niveles muy bajos, a sustancias como el DEHP podían incrementar la sensibilidad del sistema inmunológico haciéndole reaccionar en exceso. Curiosamente, el aumento de casos de personas con estos problemas en las últimas décadas no ha ido acompañado por un incremento de los alérgenos en los que mucha gente piensa comúnmente (tales como puedan ser el polen o los ácaros), pero sí por un aumento de los niveles de una serie de sustancias contaminantes dentro de las casas.

En estudios con animales se ha visto como el nonilfenol (sustancia ligada al uso de detergentes) al igual que otros contaminantes también muy comunes, como el bisfenol A, pueden favorecer las respuestas alérgicas[372]. En una investigación realizada por científicos de varias universidades americanas (como las de Michigan, Nueva York y Princetown)[374] se ha observado que aquellos adultos con más bisfenol A y triclosán[373] en sangre, tenían más alteraciones de su sistema inmune y más riesgo de alergia. Por su parte, otro estudio realizado por investigadores de una universidad belga, halló que los adolescentes que pasaban más horas expuestos al cloro de las piscinas tenía muchísimo más riesgo de desarrollar asma y alergias[375]. Otras investigaciones asocian, por ejemplo, la inhalación de sustancias de los detergentes con el mismo problema[376]. Y podríamos seguir enumerando más investigaciones.

En humanos, la rinitis alérgica, por ejemplo, ha sido asociada a sustancias como el cromo, el cobalto, diisocianatos, látex, níquel, ftalatos... En los apartados en los que hablamos de productos y sustancias conflictivas podemos saber más de algunas de ellas.

Otro asunto que podría abordarse es el tema de las cada vez más frecuentes alergias alimentarias y su mayor o menor relación, junto con otros factores, con la presencia de contaminantes y determinados aditivos en la dieta que, como sabemos, es una de las principales vías de llegada de tóxicos a nuestro cuerpo.

Para finalizar, ¿A nadie le choca que desde hace unas décadas nuestros cuerpos reaccionen contra alimentos que jamás antes en la historia evolutiva habían causado problemas, al menos no en los descomunales niveles que ahora están haciéndolo? ¿Qué es lo que hay ahora en nuestros cuerpos y nuestro entorno que antes no hubiese? Podrá haber más cosas, pero una de ellas, y no poco contundente sin duda, es la miríada de contaminantes que hemos introducido en nuestras vidas.

Vivimos la locura de las reacciones contra casi todo, contra cosas naturales que nunca antes habían dado problemas así: polen, alimentos o nuestros propios órganos. Polen, alimentos, órganos siempre los hubo, y no daban estos problemas. Pero ahora hay otros compañeros de viaje que, según parece, podrían estarse encargando de crear conflictos entre los viejos amigos. ¿Qué queda ya? ¿Que nos hagamos alérgicos al aire o al agua? ¿Qué está haciendo enloquecer nuestra inmunidad?

Las causas probablemente sean complejas y no sean debidas a un solo factor, pero por lo que vamos viendo, el papel de los contaminantes no debe ser precisamente pequeño en este drama. Podría ser que la Naturaleza, de cierta literaria forma, alterada con tantas sustancias extrañas, no se reconociese ya a sí misma.

MÁS DIABETES Y OBESIDAD

LA DIABETES 'TÓXICA'

El equipo del catedrático de fisiología Ángel Nadal de la Universidad Miguel Hernández de Elche se encontraba hace unos años investigando con ratones. Intentaban saber qué efectos generaba en ellos uno de los más famosos y ubicuos contaminantes de nuestros días: el bisfenol A.

Precisamente se había seleccionado ese contaminante, conocido por su capacidad de alterar el sistema hormonal, por ser uno de los más frecuentemente detectados en el cuerpo humano (en Estados Unidos aparece en más del 95% de sus habitantes). No es de extrañar si se tiene en cuenta su presencia en el interior de las latas de comida y bebida, botellas, empastes dentarios, etc...

Ángel Nadal esperaba, desde luego, detectar algo, pero no los resultados espectaculares que obtuvo, que hicieron que su estudio tuviese un eco internacional impresionante tras ser publicado en 2006 en la revista "Environmental Health Perspectives"[377].

¿Qué les pasó a los pobres ratones adultos del experimento? Pues que aquella exposición al bisfenol A les causó una dramática alteración de las células beta del páncreas y desarrollaron resistencia a la insulina. La resistencia a la insulina es uno de los ingredientes del síndrome metabólico que está asociado a enfermedades como la diabetes tipo 2 y, entre otras cosas, a problemas cardiovasculares.

Uno de los descubrimientos del equipo de Ángel Nadal fue que los efectos se agravaban al prolongar el periodo de exposición al bisfenol A. Todo ello podía suceder a dosis muy bajas, mucho más bajas que el que se consideraba LOAEL (Lowest Observed Adverse Effect Level, el supuesto nivel más bajo al que observan efectos adversos, establecido por la Agencia de Protección Ambiental de los EE.UU.). Nadal y sus colegas no olvidaron tampoco referir que el bisfenol A, siendo un alterador hormonal[378], puede favorecer el desarrollo de la obesidad, como apuntan diversos estudios.

Los resultados eran demoledores, sobre todo por lo que podía representar la posible traslación de los mismos al ser humano. Desde luego, este estudio indicaba algo que iba mucho más allá de los lugares comunes que asocian la diabetes con actitudes como la falta de ejercicio o la mala alimentación. Los resultados sugerían que en la ecuación de las causas posibles de esta enfermedad debían introducirse otros factores de gran peso que normalmente no se tienen en cuenta, como cuando se habla de mala alimentación. Decían que acaso no deberíamos mirar sólo el alimento sino también sus contaminantes, que pueden proceder incluso de la propia lata que los contiene.

Lo que sugerían esos resultados es, pues, que el bisfenol A podría contribuir a causar diabetes a niveles muy bajos de concentración. Se trata de otra de esas enfermedades que ha crecido epidémicamente después de la Segunda Guerra Mundial, en paralelo al boom de la industria química, y que hoy es una plaga insidiosa que está castigando a muchos millones de personas.

En otra investigación realizada tiempo después por Ángel Nadal, empleó ratonas preñadas, a las que expuso al compuesto durante los 19 días de embarazo. Es interesante resaltar que no las exponía a concentraciones altas sino a concentraciones inferiores a aquellas en las cuales organismos como la Agencia de Protección Ambiental de EE.UU. o la Agencia Europea de Seguridad Alimentaria, dice que 'no se aprecian efectos'. Parte del experimento se hizo de hecho a concentraciones muchas veces por debajo de esos límites. ¿Y qué vieron Ángel Nadal y sus colegas? Pues que, ¡oh, sorpresa!, las ratonas desarrollaron lo que podría definirse como una diabetes gestacional. No era una diabetes gestacional normal, de ésas que se resuelven a los pocos días del alumbramiento, sino una diabetes gestacional que persistía al menos cuatro meses más.

Y no sólo observaron estos efectos, sino que, y esto es acaso lo más impactante, los ratoncillos nacidos también acabaron desarrollando pre-diabetes cuando alcanzaron los seis meses de edad (lo que para los ratones es tener ya el equivalente a la edad madura en los humanos).

Los experimentos del equipo de Nadal no hacían más que desembocar, como un afluente más, en un creciente río de literatura científica que va acumulándose sobre la relación entre la contaminación química y la diabetes. Se dice que 'cuando el río suena agua lleva', pero en este caso el agua que lleva es tanta que amenaza con desbordarse. El peso de la evidencia está siendo tremendo, tras la aparición en pocos años de decenas de investigaciones que ligan la exposición a sustancias químicas tóxicas con la enfermedad, como a los contaminantes orgánicos persistentes (COPs).

La voz de la comunidad científica cada vez está siendo más clara en este sentido, como se vio, por ejemplo, en la reunión de expertos internacionales que se organizó en abril de 2011 en Carolina del Norte, auspiciada por el Ministerio de Salud de Estados Unidos y sus Institutos de Salud, NIH (National Institutes of Health).

En la reunión se pasó revista a numerosos estudios, como el último publicado por científicos como la doctora Duk-Hee Lee de la Universidad Nacional Kyungpook (Corea del Sur) o David Jacobs, de la Universidad de Minnesota (EE.UU.) y cuyo título ya era, de por sí, bastante elocuente: 'Bajas dosis de pesticidas organoclorados y de policolorobifenilos predicen la obesidad, la dislipidemia y la resistencia a la insulina entre las personas sin diabetes'[379]. Estos científicos analizaban el efecto conjunto de una serie de contaminantes, a las concentraciones en que son detectados comúnmente en la población general -lo que es un dato muy importante- y su clara asociación con los síntomas que preceden a la diabetes.

En España, uno de los científicos más involucrados en esta cuestión es Miquel Porta, que llegó a estas investigaciones a consecuencia de sus estudios sobre el cáncer de páncreas (de las que hablamos en otro capítulo), ya que el páncreas es el órgano encargado de producir la insulina y además se discutía el papel que la diabetes podía tener como factor de riesgo en ese tumor.

Porta vio pronto que algunos contaminantes que él había estudiado por su asociación con el cáncer de páncreas, aparecían también curiosamente asociados a la diabetes. Le llamó la atención, por ejemplo, que algunas entidades americanas lo tuviesen tan asumido que los tribunales concediesen sistemáticamente pensiones por diabetes a los excombatientes del Vietnam que habían estado expuestos al

Agente Naranja, el defoliante químico que la aviación norteamericana esparció por las selvas y campos del sudeste asiático[380]. Ello implicaba un reconocimiento de la relación entre las dioxinas que contenía aquel producto y la diabetes.

Según pasaba el tiempo e iba leyendo más estudios sobre el tema, una serie de ideas iban cogiendo más y más fuerza en su cabeza. Fruto de ello sería un artículo que este científico publicó en la prensa diaria española en abril de 2006 y que titulaba "Los viajeros ocultos de la obesidad"[381], con el subtítulo de "las dietas ricas en grasas contienen contaminantes ambientales que contribuyen a causar diabetes".

En ese artículo Porta contaba cómo tras su reciente estancia en la Universidad de Carolina del Norte, un colega, Matthew Longnecker, le había mostrado unos resultados que acababa de sacar de su ordenador. Estos resultados eran impactantes: indicaban que el riesgo de tener diabetes tipo 2 casi se cuadruplicaba si una persona tenía unos niveles algo más altos del contaminante PCB 153. Precisamente ese PCB es uno de los contaminantes que con más frecuencia aparece en niveles bajos en la sangre, la grasa y diversos órganos humanos. La muestra poblacional en la que se basaba Longnecker era importante, provenía de miles de personas que los investigadores se aseguraron de que fuesen representativas de la media de los americanos, evitando sesgos. Todo ello, junto al conocimiento de otros estudios que asociaban la enfermedad a contaminantes como PCBs, dioxinas o pesticidas como el DDT, llevó a Porta a comentar que ese hallazgo de su colega "sugiere que estos contaminantes pueden estar causando una parte importante de la diabetes que sufrimos en nuestras poblaciones".

Es más, Porta apuntaba que acaso Longnecker se hubiese quedado corto al estimar el incremento de riesgo, ya que había restado de la cifra de riesgo otros factores como el sexo, la edad, la raza, el tabaco y el alcohol, el sedentarismo, el índice de masa corporal (obesidad), el diámetro de la cintura y las concentraciones sanguíneas de colesterol y triglicéridos. Lo que se pretendía con esto era aislar el riesgo debido sólo a los contaminantes, para evitar factores de confusión. Pero el científico español se planteaba: "si las grasas son la principal fuente de contaminantes organoclorados, y si una elevada ingesta de grasas es la principal razón de la obesidad ¿no será pasarse ajustar por obesidad?". Además, Porta se planteaba también que una cosa es el riesgo individual de tener diabetes por causa del PCB 153 y otra lo que ocurre en una población real de personas, y que en este caso, en los grupos con concentraciones más altas de este y otros contaminantes el riesgo puede llegar a ser 6, 7, 8 o más veces superior que los que tienen las concentraciones más bajas.

Además este investigador dejaba caer otra observación relevante: que un creciente número de investigaciones muestran que los contaminantes que actúan como alteradores del equilibrio hormonal podrían favorecer la obesidad. Decía que "de confirmarse esta hipótesis, las grasas animales no sólo serían el vehículo en el que los contaminantes entran disueltos a nuestro organismo (de esto no hay duda), sino que a su vez estos contaminantes favorecerían una mayor acumulación de grasas". Una ecuación en la que tanto los tóxicos en sí mismos, como la obesidad que favorecerían, se darían la mano para causar diabetes y otros efectos perniciosos, como puedan ser los cardiovasculares o incluso los que tienen que ver con el cáncer.

Pero no sería sino hasta junio de 2006, cuando las piezas comenzaron a encajar de manera todavía más clara. Suele suceder que científicos como Miquel Porta tengan una apretadísima agenda de trabajos e investigaciones. Y esa carga laboral, que en principio es buena, no siempre deja el debido tiempo para lo que investigadores como él juzgan muy relevante: la lectura de trabajos científicos y la reflexión sosegada sobre ellos. Afortunadamente, aquel mes de junio Porta tuvo tiempo. Y el día 27 cayó en sus manos un artículo que le impresionó. Su título era: "Fuerte relación dosis-respuesta entre las concentraciones sanguíneas de Contaminantes Orgánicos Persistentes y la diabetes. Resultados a partir de la "National Health and Nutrition Examination Survey 1999-2002"[382].

Las conclusiones de esta investigación eran que había "unas impactantes relaciones dosis-respuesta entre las concentraciones de seis contaminantes y la prevalencia de la diabetes". Los contaminantes eran el PCB153, dos dioxinas, el oxiclordano, el trans-nonaclor y el DDE. Las personas que tenían un poco más alta la concentración de estas sustancias en la sangre corrían un riesgo varias veces mayor, en algunos casos más de cinco veces superior, de desarrollar la diabetes tipo 2. Obviamente era diferente el efecto de la suma de esos seis contaminantes que el grado de asociación con la enfermedad que tenían cada uno por separado, siendo mayor en unos que en otros. El efecto conjunto era más demoledor. Posteriormente los mismos científicos ampliarían la investigación, extendiéndola a diecinueve contaminantes orgánicos persistentes presentes en la población general[383]. Individualmente, fueron algunos PCBs y algunos pesticidas organoclorados los que tenían una asociación más fuerte con la enfermedad, aunque la mayor parte de estos tóxicos se asociaban a un incremento en el riesgo de diabetes.

Miquel Porta entabló contacto con estos investigadores nada más leer aquel estudio en junio de 2006. Publicó diversos escritos sobre los hallazgos que contenía en revistas científicas como "Diabetes Care" o "The Lancet", especialmente sobre el hallazgo que le había parecido más impresionante y que puede ser muy esclarecedor: "no existía asociación entre la obesidad y la diabetes en individuos con niveles no detectables de contaminantes orgánicos persistentes. La obesidad era un factor de riesgo para la diabetes sólo si las personas tenían cierto nivel de concentración de esos contaminantes en sangre. Este hallazgo puede implicar que virtualmente todo el riesgo de diabetes conferido por la obesidad es atribuible a los contaminantes orgánicos persistentes y que la obesidad es sólo un vehículo para esas sustancias químicas".

A raíz de todo aquello el científico español entabló amistad con los autores de aquella investigación -como la médica coreana Duk-Hee Lee y el estadístico norteamericano David Jacobs- y de ello surgieron algunas importantes publicaciones conjuntas como la que editó la "Journal of Epidemiology and Community Health" con un título suficientemente claro: "¿Puede la exposición de fondo a niveles bajos de contaminantes orgánicos persistentes contribuir a la carga social de la diabetes tipo 2?"[384]. En ese artículo apuntaban que "es posible que la exposición a niveles relativamente altos de contaminantes orgánicos persistentes durante el desarrollo del páncreas en el útero o durante la primera infancia pudiera llevar al desarrollo de la diabetes tipo 1, mientras que sería la exposición a lo largo de la vida a bajos niveles de esos contaminantes combinados con la obesidad la que podría estar relacionada con la diabetes tipo 2 entre los adultos".

A estudios como estos cabría sumar otros muchos, como, por ejemplo, el publicado en 2007 en la revista "Diabetes Care"[385], que demostraba que los contaminantes estaban asociados al desarrollo de la resistencia a la insulina entre adultos no diabéticos, que antecede una o dos décadas al desarrollo de la enfermedad. Los datos indicaban la "fuerte relación" existente entre la generación de la resistencia a la insulina y la presencia en sangre de una serie de pesticidas organoclorados -como el oxiclordano (metabolito del clordano), el trans-nonaclor (residuo del clordano) y algunos PCBs-, como ya se dijo, a niveles 'bajos' (de 'fondo').

El trabajo, por otro lado, es una evidencia más del papel de una serie de sustancias en el origen mismo de la enfermedad. Los investigadores consideraban que la asociación entre estos contaminantes y el desarrollo de la resistencia a la insulina era 'crítica', y que los tóxicos "pueden interactuar con la obesidad para incrementar el riesgo de padecer la diabetes tipo 2". Hay otras publicaciones que muestran esta relación entre los contaminantes y el síndrome metabólico que precede a la diabetes.

Otro estudio interesante es el realizado por científicos de los Institutos Nacionales de la Salud de los Estados Unidos publicado en la "American Journal of Epidemiology" y que vinculaba la diabetes y los pesticidas, mostrando incrementos muy significativos del riesgo de padecer la enfermedad entre aquellas personas que se habían expuesto a lo largo de un tiempo determinado a sustancias tales como el triclorfón, el diclorvos, el aldrin, el clordano o el heptacloro[386]. El hecho de que uno de estos pesticidas, el triclorfon, se emplease con asiduidad en los campos de golf llevó a que algún medio de comunicación norteamericano titulase la noticia de esta forma sensacionalista: "¿Causa diabetes el golf?" ("Is golf causing diabetes?)". Pero los estudios más interesantes acaso sean aquellos que no se centran sólo en sectores concretos de población, sino en la población general, como algunos de los que nos estamos ocupando.

Otros artículos más recientes no hacen sino ir aumentando la evidencia, como el que hace poco publicó la revista "Journal of the American Medical Association" (JAMA), que asociaba las concentraciones de bisfenol A detectadas en la orina de buena parte de los norteamericanos con la diabetes tipo 2. También las vinculaba a problemas con los enzimas del hígado y con problemas cardiovasculares[387]. Importantes científicos han destacado que los niveles de bisfenol A que hoy se detectan en la sangre de amplios sectores de la población occidental podrían tener que ver con la resistencia a la insulina y el síndrome metabólico[388]. Estos investigadores apuntan cómo ha coincidido el "incremento exponencial del uso del bisfenol A en numerosos productos durante los últimos 30 años con un dramático incremento en la incidencia de la obesidad y la diabetes tipo 2 en niños". Ellos dicen que una explicación de lo sucedido podría tener que ver con que el bisfenol A puede alterar la programación de los genes durante periodos críticos de la diferenciación celular que tienen lugar durante el desarrollo fetal y durante la primera infancia. Es lo que denominan la "programación epigenética" que "puede resultar en la expresión de la enfermedad metabólica y en cánceres en periodos posteriores de la vida".

En todo caso, pensar en sustancias aisladas por fuertes que sean los efectos que la ciencia descubra en relación a ellas es un error. Los 'árboles' -las sustancias individuales- nunca nos tienen que hacer perder de vista el 'bosque' de centenares de sustancias que pueden actuar a la vez, porque en nuestros cuerpos hay centenares de contaminantes simultáneamente. De hecho, algunas de las investigaciones que hemos referido se basaban precisamente en analizar grupos de sustancias. No obstante puede haber muchos más elementos comprometidos en este problema actuando conjuntamente para potenciarlo. No debemos olvidar esa frase que tanto se usa en el argot jurídico al referirse a la comisión de delitos por un criminal: 'sólo o en compañía de otros' y que la ciencia nos muestra una y otra vez que es muy aplicable en el asunto de los contaminantes químicos.

Datos como los que hemos comentado, partiendo de las andanzas de científicos españoles como Ángel Nadal o Miquel Porta, están teniendo cada vez más peso en la comunidad científica, a pesar de la enorme resistencia que los grandes intereses industriales implicados están oponiendo para impedir que la población sea alertada.

Estos intereses industriales, obviamente, prefieren que no se culpe a las sustancias que fabrican o han fabricado. Para ellos es más cómodo culpar de forma vaga a factores como la obesidad, la edad, la falta de ejercicio y una dieta no saludable (sabiendo que los factores genéticos sólo podían desempeñar un papel parcial). Siempre es más fácil culpar a los propios enfermos, sea porque son gordos o porque comen mal (eso sí, sin hablar de los venenos que comen involuntariamente). Obviamente, cosas como las comentadas pueden influir, pero probablemente en conjunción con otros factores como los que aquí estamos viendo.

Sin embargo, es evidente que tan manidas explicaciones, como sucede con otras enfermedades que abordamos en esta obra, no bastan para explicar la brutal expansión de la diabetes en las últimas décadas. Es una epidemia global en toda regla que, según la OMS, afectaba a 177 millones de personas en el mundo (dato de 2005). En EE.UU. afectaba ya en 1998 a un 6% de la población (siendo un 90-95% de los casos de la diabetes tipo 2). En tan sólo una década, la diabetes, tanto la tipo 2 como la tipo 1 crecieron cerca de un 30%.

Y claro, cuando una cosa es tan evidente y tan grande, por mucho que quiera ser ocultada, tarde o temprano hay científicos independientes que la descubren. Y eso es lo que ha pasado. Primero fueron unos pocos. Finalmente una legión.

La idea de que la diabetes tiene que ver con la contaminación química es algo relativamente nuevo. Más o menos se sospechaba en los años 90, aunque ya desde los 70 existiesen datos ocupacionales que lo evidenciaban. En el año 2001, científicos americanos del Instituto Nacional de las Ciencias de la Salud Ambiental hicieron una revisión de los datos epidemiológicos que entonces se conocían[389]. Estos datos mostraban, por ejemplo, que en zonas contaminadas en torno a los Grandes Lagos, entre EE.UU. y Canadá, se había detectado más incidencia de la diabetes. Unos estudios ligaban en concreto la diabetes tipo 1 con la ingestión de nitratos de los fertilizantes artificiales que contaminan el agua en muchas zonas agrícolas, mientras que otros versaban sobre el posible efecto de las nitrosaminas presentes en algunos alimentos curados. Y así se puede serguir con una larga serie de evidencias, como las que asociaban altos niveles de PCBs en la sangre con la diabetes (sobre todo tipo 1) o los datos epidemiológicos que ligaban la diabetes tipo 2, en mayor o menor grado, con la exposición a altos niveles de sustancias como el arsénico o a una dioxina (2, 3, 7, 8 tetraclorodibenzo-p-dioxina). También se vinculaban estos trastornos a diversas exposiciones a sustancias que sufrían trabajadores del sector de la goma, papel, químico o agricultores. Incluso se había publicado un trabajo sobre la relación de las dioxinas con la enfermedad[390]. Otro dato importante era el hecho, ya comentado, de que el Departamento para los Asuntos de los Veteranos de EE.UU. había incluido la diabetes tipo 2 en la lista de enfermedades que podían estar ligadas a la exposición al Agente Naranja durante la Guerra del Vietnam (defoliante que contenía dioxina)[391].

Con el tiempo, el número de estudios científicos sobre el particular se ha disparado, como veíamos antes. Y eso ha hecho crecer la certeza relativa. Y la prudencia de unos científicos que hace tan sólo unos años se limitaban a considerar que los efectos podían ser puntuales y sobre sectores de población muy limitados tales como algunos tipos de trabajadores o las personas que vivían en algunos lugares muy concretos, ha dado paso a otra visión muy diferente. Hoy lo que se cree, más bien, es que podría atribuirse a las sustancias contaminantes una parte, que acaso pueda ser muy considerable, del problema general de la diabetes. Aunque siempre, insistimos, en combinación con otros factores.

VENENOS QUE ENGORDAN

Entre los años 2004 y 2006, gracias a un proyecto llamado Infancia y Medio Ambiente, pudo hacerse un seguimiento de centenares de mujeres embarazadas de la ciudad de Sabadell (Barcelona). Se tomaron muestras de sangre de más de 500 de ellas y se pudieron luego comprobar ciertos problemas en su descendencia[392]. Uno de esos problemas era que aquellas madres que tenían en su sangre unos niveles algo más altos de DEE[393], un contaminante presente de forma generalizada en la población española, tenían mucha más probabilidad de tener hijos con un mayor índice de masa corporal, un indicador del grado de obesidad, después del año de vida.

Es interesante señalar que eran madres con un peso normal, no obesas, y que los niveles del contaminante tampoco eran singularmente altos, sino bajos pero un poco más altos que los de otras madres.

Los científicos autores de esa investigación señalaban en la introducción de la misma la cantidad de estudios que sugieren que el riesgo de obesidad puede iniciarse antes de nacer, pasando también revista a varias investigaciones anteriores que apuntaban que los contaminantes químicos podrían desempeñar un papel en las alteraciones de las funciones orgánicas que llevarían a ello.

Estudios científicos realizados en otros países han tenido resultados semejantes. Así, por ejemplo, un trabajo publicado en la revista "Occupational and Environmental Medicine"[394] en el año 2009 asociaba los niveles maternos de DDE con el peso y el índice de masa corporal de las niñas nacidas de esas mujeres, pero mucho después, al llegar a adultas. En este caso se trataba de madres americanas que tenían la costumbre de comer pescado del Lago Michigan, tristemente famoso en los estudios sobre contaminación ambiental. Su descendencia, cuando llegaba a cierta edad, pesaba casi seis kilos más si los niveles de DDE habían sido de entre 1,5 y 2,9 μ/l (esto es, microgramos por litro de sangre, o millonésimas de gramo) y más de nueve kilos más si sus madres tenían más de 2,9 μ/l. Los autores del estudio concluían que "la exposición prenatal al DDE, un disruptor endocrino, puede contribuir a la epidemia de obesidad en la mujer".

Otra investigación sobre niños españoles apuntaba en el mismo sentido, en este caso con relación a otro contaminante que suele ser detectado también de forma bastante generalizada en nuestros cuerpos: el hexaclorobenceno (HCB), del que hablamos también en otros apartados de esta obra. En esta ocasión las madres eran de la isla de Menorca y se tomaron muestras de la sangre del cordón umbilical de 482 niños, de los que se hizo un seguimiento para, seis años después, comprobar datos como su peso o su índice de masa corporal.

El resultado fue que los niños que se habían visto expuestos a más de 1,03 ng/ml[395] de hexaclorobenceno a través del cordón umbilical, pesaban más de un kilo más y tenían un mayor índice de masa corporal que aquellos que habían soportado unos niveles de hexaclorobennceno por debajo de 0,46 ng/ml. Tener el doble de HCB implicaba un 170% más de riesgo de sobrepeso. ¿Llamativo, no?

El título del estudio era lo suficientemente elocuente: "La exposición al hexaclorobenceno durante el embarazo incrementa el riesgo de sobrepeso a los seis años de edad"[396]. Y de nuevo, como en otros estudios, las concentraciones del contaminante que se medían en aquellas madres no eran inusuales. Hablamos de si estaban por debajo o llegaban poco más que a una milmillonésima de gramo. Tengamos en cuenta que hablamos de madres de Menorca, no de madres de alguna zona especialmente industrializada o contaminada por la razón que fuese. Bastaba que dentro de unas concentraciones siempre bajas, simplemente fuesen un poco más 'altas', para registrarse esos resultados.

Es necesario hacer hincapié en un aspecto importante también: el estudio no se basase en suministrar a esas madres esos contaminantes conscientemente, sino que los tenían ya, como tantas otras mujeres en España, a consecuencia de una contaminación a la que todos nos vemos expuestos queramos o no.

Es decir, que si esa contaminación química con hexaclorobenceno tenía que ver como parecía con un mayor riesgo de obesidad en los hijos de aquellas mujeres, también podría tener que ver, de una forma mucho más extensa, con un mayor riesgo de obesidad de los hijos de muchas otras mujeres en España y en otros países, expuestas a niveles semejantes de polución con esa sustancia. Y como decimos, las madres de Menorca, no serían más bien sino exponentes de los niveles 'de fondo' presentes en muchas otras zonas.

Los autores de esta investigación sugerían que evitar o reducir la exposición al hexaclorobenceno podría servir como medida de prevención del sobrepeso y la obesidad, y apuntaban que, además, la exposición prenatal a esta sustancia podría estar asociada a alteraciones en las edades de menarquía, menopausia y fertilidad. La exposición parecía también estar vinculada al incremento de riesgo de que los niños padezcan déficit de atención con hiperactividad, entre otras cosas.

Cada vez son más las investigaciones que, como la de estos científicos españoles, señalan que los contaminantes químicos pudiesen estar influyendo en la actual epidemia de obesidad que sufre Occidente.

Al hablar de la diabetes en el capítulo anterior, veíamos cuán importante le parecía al científico Miquel Porta destacar que la obesidad sólo era un factor de riesgo para la diabetes cuando se veía acompañada de los contaminantes químicos, y que se sabía que las personas obesas tienen más contaminantes que las que no lo son. Muchos contaminantes tienden a acumularse precisamente en las grasas. Cuando se adelgaza, muchos de esos tóxicos acumulados pueden liberarse al torrente circulatorio[397] originando que crezcan notablemente sus concentraciones en sangre, llegando al extremo de poder causar daños en ciertos órganos.

Pero lo que ahora estamos viendo, con estudios como los antes citados, es que muchas investigaciones, cada vez más, están descubriendo que acaso no sea sólo que los obesos tengan más tóxicos sino que, probablemente, sean los tóxicos los que originen, sumados a otros factores en mayor o menor medida, la obesidad. Vamos, que según esta hipótesis que se va abriendo camino cada vez con más fuerza, los tóxicos, de alguna manera, 'engordan'. Por ello, cada vez más se habla de sustancias 'obesógenas'.

Muestra de la fuerza que están cogiendo estas tesis son los encuentros de expertos internacionales sobre el tema, como el que en enero de 2011 reunió a 135 científicos de las más diversas disciplinas, auspiciados por el Programa Nacional de Toxicología (NTP) de los EE.UU. y con la participación de entidades como el National Institute of Environmental Health Sciences (NIEHS), para debatir el importante papel que pueden estar teniendo los contaminantes químicos en el desarrollo de la diabetes y la obesidad[398].

Entre las sustancias que preocupan figuran el arsénico y otros metales, el bisfenol A, los organoestánnicos, los ftalatos, algunos pesticidas o contaminantes persistentes como el DEE o el hexaclorobenceno. En otros apartados de este libro se habla más de estas sustancias.

Una investigación interesante es la que se refiere a uno de los tipos de contaminantes citados, los ftalatos, a los que nos vemos expuestos cotidianamente incluso a través del polvo doméstico (están presentes desde en perfumes a plásticos, pasando por cosméticos, champús, etc.). Sobre ellos realizó interesantes hallazgos un equipo de la Universidad de Rochester, en los Estados Unidos[399].

Conociendo los niveles de estos contaminantes en orina[400] en una muestra representativa de la población general de los EE.UU.[401], vieron que cuatro metabolitos de los ftalatos (sustancias en las que los ftalatos se degradan dentro del cuerpo y cuya detección es muestra inequívoca de la exposición a estas sustancias) se asociaron con un aumento de la circunferencia de la cintura[402], indicativo de la obesidad, y tres con la resistencia a la insulina[403] que precede al desarrollo de la diabetes. "Los resultados sugieren" -según estos científicos- "que la exposición a estos ftalatos puede contribuir a la carga poblacional de obesidad y resistencia a la insulina, y otros trastornos clínicos asociados"[404]. Y fíjense que hablan de contribuir a la 'carga social', no sólo de que en un grupo de personas concretas pueda darse, sino de que como esa exposición a los ftalatos es prácticamente universal y los resultados parten de una muestra representativa de la población general, esos resultados indican algo que puede tener que ver con una parte relevante de toda la obesidad y toda la diabetes que vemos en nuestras sociedades.

Los científicos de esta Universidad neoyorquina dan además una serie de posibles explicaciones de gran interés sobre por qué los ftalatos podrían tener tales efectos, frecuentemente a niveles bajísimos de concentración, en los varones (en las mujeres serían otros mecanismos). Estas explicaciones además vienen a concordar con lo dicho acerca de estas mismas sustancias en otros apartados de este libro, en relación con los problemas reproductivos masculinos. Comentan, por ejemplo, que se sabe que los ftalatos alteran la función testicular en los estudios realizados con roedores. También explican cómo han sido asociados con efectos antiandrogénicos en los seres humanos, incluyendo el descenso en los niveles de testosterona, y que unos bajos niveles de testosterona en los varones humanos han sido asociados a una mayor prevalencia de la obesidad, la resistencia a la insulina y la diabetes. Como ejemplo, se cita lo visto en hombres que reciben tratamiento por el cáncer de próstata y a los que se les hace bajar los niveles de andrógenos (y cómo se ve entonces que crece el nivel de glucosa, la grasa total y la prevalencia del síndrome metabólico).

Es realmente interesante esta vinculación de hipoandrogenismo y obesidad, sobre todo cuando, según este estudio científico, se está asistiendo en los últimos tiempos a una caída en los niveles de testosterona en la población de países como EE.UU., lo cual podría deberse, en mayor o menor medida, a factores como la exposición universal a ciertos contaminantes que, como los ftalatos, alteran el equilibrio hormonal. No olvidemos tener en cuenta, como hacen estos investigadores, que realmente estamos expuestos a un complejo cóctel de contaminantes que podrían tener efectos en este tema y a los que, al igual que nos sucede con los ftalatos, también nos vemos expuestos cotidianamente (pesticidas, dioxinas, PCBs...).

Hay, en fin, investigaciones muy variadas sobre el tema: unas que asocian la obesidad infantil con la exposición prenatal a DDE y a PCBs[405]; otros estudios que vinculan, en base a experimentos con animales, el PCB 77 con la obesidad y la arterosclerosis[406]; y varias investigaciones que analizan más globalmente el papel que pueden tener contaminantes estrogénicos, en base a pruebas con el DES (una hormona sintética parecida al DDT y usada como referencia) donde la exposición intrauterina hacía que los ratones desarrollasen obesidad grotesca al llegar a adultos[407].

Y así muchos otros trabajos, como el publicado en el "International Journal of Andrology" y titulado "El efecto de los disruptores endocrinos sobre la obesidad"[408], que hace una revisión de muchos estudios que asocian el problema con los más diversos contaminantes hormonales, como los PCBs o los ftalatos ya citados, los PBBs, el bisfenol A, metales pesados, disolventes... También dicen que el bisfenol A o el nonilfenol podrían afectar a la diferenciación de los fibroblastos en adipocitos contribuyendo al sobrepeso y la obesidad, o que estudios con células pancreáticas muestran que dosis ambientales de bisfenol A -es decir aquellas a las que de hecho nos vemos expuestos- pueden alterar la regulación metabólica de la glucosa y los lípidos. Estos estudios recuerdan que los disruptores hormonales afectan al equilibrio natural de los estrógenos, andrógenos, progesterona, tiroides, hipotálamo, pituitaria... de modo que pueden causar desarreglos muy diversos. También comentan que estos disruptores hormonales pueden interferir los procesos que garantizan la homeostasis (equilibrio) del peso, alterar la sensibilidad a neurotransmisores y/o alterar el sistema nervioso simpático, y que por caminos como estos pueden materializarse trastornos[409].

En revisiones de estudios como ésta se ven, por ejemplo, investigaciones que asocian la obesidad con el tributil estaño (TBT), sustancia que se utilizaba como antialgas en las pinturas de los barcos y que también ha sido empleada en pinturas, tratamientos de la madera, etc... En otra parte de esta obra hablamos de las graves alteraciones sexuales que ha causado, a concentraciones prácticamente indetectables en el agua, en los caracoles marinos de miles de kilómetros de costa. Aquí, demostrando que lo que afecta al más humilde de los seres puede ser un aviso de que algo puede también dañarnos a los seres humanos, esta sustancia aparece alterando el desarrollo y el equilibrio de la formación de las grasas, así como el balance energético, pudiéndose llevar a la obesidad.

Sobre esta faceta obesogénica de compuestos organoestánnicos (del tipo del TBT), tratan los más diversos estudios[410]. Uno de ellos, aparecido en la revista "Molecular Endocrinology"[411] en 2006, aborda la posible contribución de estos compuestos, junto a otros contaminantes hormonales, a la epidemia de obesidad que tantos estragos está causando en el mundo desarrollado. Explica que niveles bajísimos de concentración pueden tener efectos muy notables. Hablamos de niveles nanomolares, esto es, de milmillonésimas partes de gramo de estos contaminantes como el TBT, y por tanto muy "relevantes ambientalmente" (o, lo que es lo mismo, a los que solemos vernos expuestos de continuo, en los rangos de concentración en que estas sustancias son detectadas en los cuerpos de amplios sectores de la población humana).

Las investigaciones, como vemos, suelen referirse a contaminantes muy cotidianos, de esos que todos portamos en nuestros cuerpos, tales como el ubicuo bisfenol A[412] o el nonilfenol, y que podrían promover la diferenciación de los adipocitos (células grasas). Son tantos los estudios que no pueden sintetizarse aquí.

Algunos de ellos apuntan que, curiosamente, hay una coincidencia temporal entre la epidemia de obesidad y el incremento del uso de una serie de sustancias que luego nos llegan a través de la comida, el aire o la piel. Coincidencia temporal, por cierto, que también se da con el incremento de otras enfermedades que abordamos aquí, y que no puede más que parecernos muy elocuente.

Algunas de las primeras señales de lo que sucedía pasaron desapercibidas. Por ejemplo, ya desde los años 70, en muchos estudios toxicológicos con animales se veía que estos engordaban. Pero como lo que se estaba buscando era si aquello producía cáncer, por ejemplo, pues no se le daba importancia. No se destacaba. Sin embargo era consignado como de pasada en la descripción de los resultados, y gracias a ello, mucho después pudo hacerse una revisión y ver que el aumento de peso, era precisamente uno de los efectos más comunes cuando se exponía a tóxicos a los animales de laboratorio[413]. Así pasaba con pesticidas (como el DDT, endrín, lindano, hexaclorobenceno, organofosforados, carbamatos...), con contaminantes industriales como los PCBs, o los PBBs (polibromobifenilos), con los ftalatos, el bisfenol A, metales pesados (como cadmio y plomo), disolventes...

El efecto de estos contaminantes podría verse además sumado al de otros compuestos como las hormonas que a veces pueden estar presentes en la carne de ganado tratado, así como en otras fuentes de contaminación hormonal.

De todo lo visto cabe deducir que acaso en el tema de la obesidad haya algo más que falta de ejercicio y mala dieta. Ese algo más profundo puede haberse originado por alteraciones inducidas por contaminantes químicos a los que nos vimos expuestos dentro del seno materno. Cada vez más científicos insisten en la base fetal de enfermedades adultas.

Lo genético aquí, como en tantas otras ocasiones, tiene un peso muy limitado. No puede explicar por qué están creciendo tan brutalmente las tasas de obesidad en las últimas décadas.

En un artículo sobre "Los disruptores endocrinos y la epidemia de obesidad", publicado en 2003 en una revista de toxicología[414], el científico Jerrold J. Heindel, del Instituto Nacional de Ciencias de la Salud Ambiental de EE.UU. apuntaba que entonces en los Estados Unidos un 13% de los niños de seis a once años y un 14% de los adolescentes de doce a diecinueve años tenían sobrepeso. Señalaba que esa tasa se había nada menos que triplicado en veinte años. Por ello, este hombre hacía un llamamiento para que, ante la dificultad de tratar o corregir estos problemas y sus consecuencias, se hiciese prevención, evitando o reduciendo la exposición a una serie de contaminantes en el útero materno.

Probablemente hay mucho que investigar todavía sobre esta cuestión, pero la enorme cantidad de evidencias que se están acumulando ya debería servir para que las autoridades sanitarias tomasen cartas en el asunto. Deberían actuar, sobre todo teniendo en cuenta las terribles consecuencias de la obesidad en la salud occidental, al estar vinculada, en mayor o menor medida, al origen o agravamiento de las más diversas dolencias (diabetes tipo 2, hiperinsulinemia, resistencia a la insulina, enfermedades coronarias, alta presión sanguínea, gota, enfermedad hepática, asma, problemas pulmonares, enfermedad de la vesícula biliar, enfermedad renal, problemas reproductivos, osteoartritis, algunos cánceres...).

En el mundo habría hoy en torno a 1.000 millones de personas con sobrepeso y unos 300 millones con obesidad. En países como Estados Unidos más del 20% de los adultos serían obesos y el 30% tendrían sobrepeso. Las tasas son igualmente altas en otros muchos países, preocupando el incremento brutal de las tasas de obesidad infantil.

La contaminación química podría ser, de nuevo, uno de los factores que más podrían estar influyendo en lo que pasa. Acaso viendo el escaso resultado que ha tenido para frenarlo la concienciación que se ha venido haciendo sobre otras cosas (referidas a hábitos nutricionales, ejercicio, etc.) es probable que haya que introducir este aspecto también.

Como vamos viendo, los contaminantes químicos aparecen detrás de prácticamente todas y cada una de las principales plagas sanitarias de nuestras sociedades. Si fuese que aparecieran en una de ellas o en dos o tres, acaso podríamos pensar que fuese casual, pero apareciendo en tantas, debería hacer que reflexionásemos acerca del papel de estos factores en la erosión global de la salud.

INFANCIA AMENAZADA

LOS NIÑOS, VÍCTIMAS DE EXCEPCIÓN DE LA CONTAMINACIÓN QUÍMICA

Tristemente, lo más inocente, lo más delicado, es más vulnerable ante los efectos de las sustancias químicas contaminantes. Son los niños los que más padecen sus efectos. No es sólo que el cuerpo infantil sea más sensible a los efectos de los tóxicos, es que además, hay algo que empeora y mucho el panorama: los niños acumulan más contaminantes que los adultos ¿Por qué? Vamos a ver algunas razones de ello.

En primer lugar ya desde antes de nacer, los niños son bombardeados con productos químicos a través de la placenta. En otros capítulos hablamos de algunos de los múltiples trastornos que ello puede haber iniciado ya en la etapa prenatal, muchos de los cuales pueden seguir agravándose durante la infancia.

Una vez nacidos, una de las mayores inyecciones de contaminantes que los niños reciben procede de la leche materna[415]. Muchos tóxicos acumulados en los tejidos grasos de las madres son eliminados a través de la lactancia (pudiendo ser una de las razones por las cuales las mujeres que más han dado de mamar a sus hijos tienen un menor riesgo de tener un cáncer de mama).

En etapas posteriores, que se extienden a lo largo de amplios periodos, los cuerpos de los niños seguirán exponiéndose a más contaminantes a través de diversas vías (inhalación, contacto, ingestión...). Y lamentablemente, se sabe que ellos absorberán más cantidad de contaminantes que los adultos, que los procesarán más lentamente y que los eliminarán peor.

Los factores que influyen en contra de los niños en esto son muchos. Respiran, en proporción a lo que pesan, el doble que los adultos, por lo que incorporan más tóxicos por inhalación. Tampoco ayuda que, por estar más cerca del suelo, estén más expuestos a polvos, emanaciones y vapores más concentrados. Si vemos en este libro los datos referentes a los contaminantes que puede haber en un hogar convencional, por ejemplo en el polvo, nos daremos cuenta de lo que ello implica. Además, su costumbre de estar más en contacto con el suelo y de llevarse las manos a la boca con más frecuencia, añade más posibilidades de ingerir contaminantes. Su piel, otra de las posibles vías de entrada de sustancias, tiene también una mayor superficie proporcional que la de los adultos y además es más permeable que la de estos.

También comen, en relación a su peso, tres o cuatro veces más que los adultos, lo que les lleva a ingerir proporcionalmente más contaminantes, esta vez a través de la dieta (por ejemplo residuos de pesticidas y determinados contaminantes organoclorados). También beben más agua, lo que de nuevo les hace acreedores a lo mismo.

Por si fuese poco, se sabe que el tracto digestivo infantil absorbe varias veces más contaminantes que el de las personas mayores. También se sabe que el hígado y los riñones infantiles, apenas desarrollados, eliminan peor las toxinas. Pero eso no es todo, ya que la naturaleza de la sangre infantil, así como el contenido graso corporal, muestran algunas diferencias desfavorables respecto a los adultos, que pueden redundar en una mayor acumulación de venenos en los más diversos órganos de los pequeños.

Estos datos son perfectamente conocidos por las autoridades. Pero ¿ha implicado ello que se haya hecho algún esfuerzo serio para proteger la salud infantil frente a la contaminación química? No.

La propia Comisión Europea ha reconocido que las normas actuales sobre sustancias contaminantes no protegen debidamente la salud infantil. Para intentar remediarlo se han puesto en marcha en Europa estrategias como la llamada SCALE (Science, Children Awareness, Legal Instrument, Evaluation), pero sus resultados están siendo más bien escasos. Hay una preocupante situación, debida el crecimiento de una serie de enfermedades infantiles como el cáncer infantil, las enfermedades respiratorias, las alergias y el asma, así como diversos trastornos neurológicos o del equilibrio hormonal, entre otras cosas. Se debería haber conseguido reducir los problemas ligados al deterioro ambiental, pero no se ha hecho en absoluto[416].

El argumento de la defensa de la infancia fue blandido reiteradamente en diversos informes por la Comisaria europea de Medio Ambiente, Margot Wallstrom, frente a las resistencias de la industria química cuando se estaba gestando la normativa REACH para el control de las sustancias. Pero la industria no se ablandó tampoco por ello.

Ya vimos que los embriones no estaban convenientemente protegidos, y lo mismo sucede ahora con los niños ya nacidos o con otros sectores especialmente vulnerables de la población.

Desde hace mucho, el crecimiento de una serie de enfermedades infantiles es precisamente uno de los indicadores más frecuentemente utilizados a la hora de hablar de las enfermedades generadas por la contaminación química.

Anne Steinemann, de la Universidad del Estado de Washington, resumía hace unos años la situación, dejando claro el papel que la contaminación química podía tener en lo que estaba pasando.

"¿Cómo explicar si no" -se preguntaba, por ejemplo- "que el asma en niños menores de cinco años haya crecido un 160% entre 1980 y 1994? ¿Cómo que el autismo lo haya hecho un 1.000% desde mediados de los 80? ¿Cómo que las hipospadias -una desviación de la abertura urinaria del pene- haya crecido un 100% entre 1968 y 1993, afectando ahora a uno de cada 125 nacidos?"[417]. Lo mismo podría decirse de otros problemas sanitarios, por ejemplo de los incrementos en los cánceres infantiles. Los aumentos son especialmente brutales, mucho más evidentes que en los adultos donde ya son de por sí bastante notables, precisamente como sería de esperar en un sector de población más vulnerable a los efectos de las sustancias tóxicas.

Sin embargo, en países como España apenas se hace nada para alertar a los padres de algo sobre lo que hay una ingente literatura científica. Como podemos ver en otros apartados de esta obra, en un hogar medio puede haber en el polvo doméstico o en el aire que se respira infinidad de compuestos que pueden afectar gravemente a los infantes. Estos compuestos pueden provenir de productos de la limpieza, pesticidas, plásticos, tejidos o de los alimentos que se ingieren. Y no se hace nada, permitiendo que los niños estén en grave peligro.

TÓXICOS Y NEUROLOGÍA INFANTIL

Entre los efectos que los contaminantes pueden tener sobre los niños, uno de los que más preocupan es, sin duda, el que tiene que ver con el desarrollo neurológico, ya que muchas sustancias pueden actuar como neurotóxicas. Los infantes son especialmente vulnerables en este sentido.

Después del nacimiento, algunas de las situaciones de vulnerabilidad que describimos en otro capítulo al hablar de los fetos aún no han desaparecido. En los niños pequeños aún no ha madurado la barrera hemato-encefálica por lo que el cerebro infantil sigue siendo bastante permeable. También hay un tremendo flujo sanguíneo hacia un cerebro que sigue en formación y que es, proporcionalmente, mucho mayor que el de los adultos. Ésta y otras circunstancias vienen a darse la mano para hacer de los cerebros infantiles un blanco donde los tóxicos pueden hacer un gran daño.

Es bastante lo que se sabe sobre los efectos que pueden tener ciertas sustancias sobre el desarrollo neuronal de los niños. Estos compuestos influyen incluso a niveles muy bajos de concentración, lo que es usual en gran cantidad de niños. Es mucho lo que se sabe, sí, pero muy poco lo que se está haciendo al respecto.

Un ejemplo notable de la desprotección de la infancia en estos temas es lo que concierne a los residuos de pesticidas que hay de forma general en los alimentos obtenidos de forma no ecológica.

En países como España la inmensa mayoría de los alimentos son obtenidos por procedimientos no ecológicos, es decir, con una utilización generosa de pesticidas en los campos donde se obtienen. Luego resulta que residuos de esos pesticidas quedan en los alimentos y llegan a los mercados y desde ellos a nuestras casas. Por ello, hay que tomar buena nota de lo que vamos a comentar a continuación, ya que no hablamos de unos pocos alimentos sino de la mayoría de los que comen nuestros hijos.

Uno de los tipos de pesticidas más usado hoy en día en la agricultura son los pesticidas organofosforados. Son tóxicos ante los que el cerebro infantil es extraordinariamente vulnerable[418] y que, además, los niños tienen en mayores concentraciones que los adultos[419]. En ello pueden influir las ya citadas deficiencias a la hora de eliminar los tóxicos de sus cuerpecillos[420]. Cruel circunstancia ésta, que dónde más daño hacen estas sustancias, más se acumulan. Ni que lo hubiese diseñado una especie de siniestro Herodes químico.

Si a ello se suman los otros muchos tóxicos que acumulan ya desde antes de nacer y a lo largo de la infancia, veremos que la mezcla de tóxicos-infancia es más que explosiva.

Hay estudios que asocian esa presencia de residuos de organofosforados ya en el útero materno con desórdenes en el desarrollo y cierto grado de retraso mental cuando los niños alcanzan los dos o tres años de edad[421]. Otras investigaciones vinculan la exposición a pesticidas con problemas de conducta, mala memoria a corto plazo, peores habilidades motoras y mayor lentitud de reacción en los niños[422].

Los tóxicos, aún a niveles muy bajos de concentración, aparte de otros daños sanitarios que causan, pueden estar perjudicando seriamente las capacidades que un niño necesitaría para abrirse camino en la vida.

En este sentido es muy interesante, por ejemplo, el estudio que realizaron científicos de entidades como la Universidad de Harvard o la Universidad de Montreal sobre más de mil niños de Estados Unidos.

Estos científicos se dedicaron a medir los niveles de residuos de organofosforados en la orina de estos infantes[423], cuyas edades oscilaban entre los ocho y los quince años.

Es muy importante destacar que esos niños estudiados eran representativos de la media de los niños americanos[424], es decir, que no eran niños con un nivel de exposición a pesticidas singularmente alto. Esos niños no vivían en zonas especialmente contaminadas ni formaban parte de poblaciones que tuviesen más contacto con esas sustancias que lo que pueda tener el ciudadano medio de los Estados Unidos. Ellos simplemente tenían esos pesticidas por comer lo que come el niño medio americano, y eso era precisamente lo que hacía más valiosa la conclusión: los efectos que detectaron se vinculaban a niveles aparentemente 'bajos' de concentración de contaminantes. Eran niveles que aparecen en amplios porcentajes de población.

Las conclusiones, pues, no debían entenderse como aplicables a un grupo de niños concreto, sino a todos los niños de los Estados Unidos (y por extensión, con unos pocos matices tan sólo, a cualquier otro de los muchos países donde se empleen tan masivamente este tipo de sustancias, como pueda ser España, por ejemplo).

¿Y cuáles eras las conclusiones? Pues que, como publicaron los autores en la revista "Pediatrics" (la revista oficial de la Asociación Americana de Pediatría), la presencia de los pesticidas organofosforados en los cuerpos infantiles estaba asociada a un incremento del riesgo de padecer el trastorno de déficit de atención e hiperactividad[425].

En concreto, los niños que mostraban tener unos niveles algo más altos de alguna de esas sustancias generadas por la exposición a pesticidas, pero siempre dentro de esos niveles normales ('bajos'), llegaban a tener casi el doble de posibilidades de padecer estos trastornos[426]. Casi el doble. Es un dato, evidentemente, muy significativo. "Estos resultados" -decían- "apoyan la hipótesis de que la exposición a esos productos, en los niveles comunes entre los niños de EE.UU., puede contribuir a la prevalencia del trastorno de déficit de atención e hiperactividad". Un problema que afectaría en torno a un 10% de los niños americanos. Lo más importante a tener en cuenta, como insistía Marc Weisskopf de la Escuela de Salud Pública de Harvard, uno de los autores de la investigación, es que bastan muy bajas concentraciones de estas sustancias en el organismo infantil para encontrarse tal asociación.

Los investigadores animaban a los padres a que prestasen atención a estas cuestiones, lavando escrupulosamente los alimentos para reducir este tipo de residuos en ellos. Otras instancias en diversos países, como pueda ser el Fodesam[427] en España, animan a que, especialmente durante la infancia, se dé a los niños alimentación ecológica obtenida sin el uso de pesticidas sintéticos. No hay limpieza más eficaz que aquella que se basa no en limpiar mejor o peor algo que antes se ha ensuciado, sino en no ensuciar algo de partida. Se sabe que esto reduciría extraordinariamente los niveles de pesticidas en los niños[428], pero no se hace hincapié en ello. Las autoridades no han desarrollado ninguna campaña para alertar de estos riesgos. Ninguna.

El estudio citado no es, por otro lado, más que uno de tantos sobre el mismo tema. El potencial neurotóxico de los organofosforados, en cuyo desarrollo inicial tanto tuvo que ver la obtención de armas químicas (gases neurotóxicos), es algo sobradamente conocido. Y el hecho, ya comentado, de que venenos de este tipo estén cotidianamente en muchos de los alimentos no ecológicos que ingerimos, que hoy por hoy son la mayoría de los que comemos, debe hacernos reflexionar. La dieta es la principal forma a través de la cual estos contaminantes llegan a nuestros cuerpos (y en menor medida otras vías, como el agua y el uso de pesticidas en interiores).

Sin embargo, lamentablemente, este tipo de efectos no se han visto sólo con los organofosforados, sino con otras muchas sustancias a las que los infantes se exponen cotidianamente.

Pensemos en las omnipresentes dioxinas y furanos, contaminantes industriales que emiten, por ejemplo, las incineradoras de residuos (que los diseminan por amplias zonas y que luego se acumulan en los seres vivos para acabar llegándonos a través de la cadena alimentaria). Los recibimos sobre todo a través de la ingestión de carne, pescado y productos lácteos (son tóxicos que nos llegan especialmente a través de las grasas animales). Prácticamente todas las personas tenemos en nuestros cuerpos estos contaminantes.

Pues bien, estos tóxicos han sido también asociados a los mismos problemas que causan los organofosforados. En este sentido es interesante ver estudios como el que publicasen investigadores como Miquel Porta, David R Jacobs y Duk-Hee Lee, en la "Journal of Epidemiology and Community Health".

En esa investigación demostraban que los niños en cuya sangre había unos niveles un poco más altos (pero siempre 'bajos') de una serie de contaminantes orgánicos persistentes -tales como algunas dioxinas y furanos- tenían un mayor índice de problemas de aprendizaje y de déficit de atención que los que no tenían esa presencia de contaminantes[429].

La lista de sustancias que aparecen implicadas en trastornos semejantes es larga, de hecho, podría publicarse un libro muy grueso tan sólo resumiendo ese tema.

Una de las sustancias 'estrella' en este asunto, cuyos efectos sobre el sistema nervioso infantil ha sido más estudiado, es sin duda el plomo. Repasando un poco lo que se sabe sobre ello, comprenderemos acaso mejor lo que sucede con otras sustancias. Lo que el plomo nos muestra es muy didáctico para comprender lo poderosa que puede ser una sola sustancia a la hora de generar estragos.

El plomo puede generar tal cantidad de problemas en adultos y niños que sólo enumerarlos llenaría demasiado espacio. Aquí sólo vamos a citar algunas investigaciones, y como verán, los resultados de alguna de ellas pueden resultar sorprendentes para alguien que no esté al tanto de estos temas.

Un estudio publicado en la revista "Environmental Research" y realizado por diversas instituciones como la Organización Mundial de la Salud, la Facultad de Medicina Mount Sinaí de Nueva York (EE.UU), la Universidad de Gales (R.U) o, entre otras, el Hospital Universitario la Princesa (España), atribuía a la presencia de altos contenidos de plomo en la sangre que se registraban en cuatro de cada diez niños, nada menos que un 13% de los casos de retraso mental infantil leve. Démonos cuenta que hablamos de una sola sustancia contaminante. Una sola.

El psiquiatra José Luis Ayuso, coordinador para España del estudio anterior, añadía que además de retraso, también se había asociado esa sustancia a problemas renales y de desarrollo, déficit de atención, hiperactividad e irritabilidad en los niños.

No nos extenderemos mucho con los estudios que asocian el plomo a trastornos como el déficit de atención con hiperactividad en los niños[430], porque ya lo hemos hecho al hablar de otras sustancias. Sin embargo, sí repasaremos otros temas que pueden antojarse más impactantes, como por ejemplo lo que investigó el psiquiatra Herbert Needleman, de la Universidad de Pittsburg, en Pensilvania (EE.UU.).

¿Qué hizo el equipo de este científico americano? Algo muy simple: medir los niveles de plomo que tenían en sus cuerpos 339 estudiantes y cruzarlos con datos acerca de la conducta de esos muchachos.

¿Y qué pasó? Pues que el comportamiento de unos y otros era muy diferente en función de sus niveles de plomo. Los que tenían en torno a sólo 1,5 ppm[431], que eran unos 145 muchachos, no habían dado especiales problemas. Los otros 194, que tenían en torno a 11 ppm de plomo, habían sido acusados de cometer algunos pequeños actos delictivos[432]. Llamativo ¿no?[433]

El mismo científico publicó otra investigación en la prestigiosa "Journal of the American Medical Association" (JAMA), en la que confirmaba la relación entre la agresividad y los niveles de plomo en los huesos de 800 niños de Pittsburg[434].

Otros estudios científicos han llegado a conclusiones semejantes. Acaso uno de los más amplios e interesantes es el realizado por los científicos del Centro de Salud Ambiental Infantil de la Universidad de Cincinnati, en Ohio, que establecía que había una relación entre las concentraciones de plomo prenatales e infantiles con la comisión de actos criminales cuando esos niños llegaban a ser adultos jóvenes[435]. Estos científicos consideraban que la exposición temprana al plomo era un factor de riesgo para el desarrollo posterior de una conducta antisocial.

La investigación, muy completa y rigurosa, se basaba en datos tomados a lo largo de treinta años. El punto de partida era un estudio sobre la contaminación por plomo que se había realizado en Cincinnati entre los años 1979 y 1984: el "Cincinnati Lead Study", en el que se habían tomado muestras de sangre a cientos de mujeres embarazadas. Se trataba de mujeres que vivían en las típicas casas viejas contaminadas por el plomo de pinturas y demás. Posteriormente, también se había hecho un seguimiento de los niños que nacieron de ellas, midiendo sus niveles de plomo a lo largo de los años.

Finalmente, la cosa no fue ya de mediciones, sino de visitas a archivos de juzgados. Se hicieron pesquisas para ver cuántos de aquellos niños, una vez habían dejado de serlo y superado los 18 años de edad (hasta octubre de 2005) habían sido detenidos en alguna ocasión. ¿Y cuál fue el resultado? Muy sencillo: aquellos que habían tenido una mayor exposición al plomo cuando estaban en el seno materno y cuando eran niños, tuvieron un mayor número de detenciones por diversos delitos, especialmente delitos con violencia.

Lo que hemos visto puede servirnos para reflexionar acerca del poder que puede tener una sola sustancia contaminante, y para darnos cuenta de lo sutiles y profundos que pueden ser sus efectos, en este caso en la conducta. Igualmente podríamos hablar de efectos que estas u otras sustancias puedan tener en otros ámbitos de la salud.

El plomo, una simple sustancia, es capaz de causar tremendos estragos, entre ellos diversas disfunciones neurológicas en zonas del cerebro que tienen que ver con la excitación, las emociones, el juicio o la inhibición de impulsos. Los citados son sólo algunos de los muchos efectos probados del plomo, tan sólo unas de las muchas alteraciones que llevaron, por ejemplo, a su prohibición en las gasolinas, pinturas o tuberías (aunque sigue siendo generosamente usado en muchos países, e incluso en los que más han hecho por limitarlo sigue estando más presente de lo aconsejable).

Hoy nadie discute la peligrosidad del plomo. Sin embargo, conviene recordar que durante mucho tiempo, como hoy sucede con otras sustancias, había escépticos que decían que no era para tanto. También había una notable resistencia industrial que durante décadas negó todo lo que pudo y que incluso encargó informes a su gusto que minimizaban los riesgos para permitir que este metal pesado siguiese empleándose mientras millones de niños continuaban exponiéndose a él.

Todo ello conviene recordarlo, porque igual que en tiempos pasados se denunció el problema del plomo, se está hoy advirtiendo sobre otras muchas sustancias. Son sustancias que como el plomo, que estaba en las pinturas o tuberías de nuestros hogares, están también en nuestras casas. Pueden llegar a través de productos de limpieza, plásticos, ambientadores, tejidos, perfumes, cosméticos, muebles, pesticidas domésticos, alimentos... y aunque las creamos inofensivas, como en su día el plomo, en muchos casos podrían acabar teniendo hondas repercusiones en nuestras vidas o en las de nuestros hijos. Pensar que no será para tanto, sin base científica alguna, no nos protege de los efectos. Es importante documentarse bien sobre el tema, saber acerca de sustancias que hoy a muchas personas no les dicen nada, tales como los retardantes de llama, los ftalatos, el bisfenol A y tantos otros venenos encubiertos. En este libro, en los apartados oportunos, se habla de ellas y de sus efectos.

La ciencia nos está alertando sobre los efectos de una contaminación química que a todos nos alcanza, y más que a nadie, a los niños. Científicos como Philip Landrigan, del Departamento de Medicina Comunitaria del Mont Sinai de Nueva York o Philippe Grandjean, de la Universidad del Sur de Dinamarca, llegaron a describir lo que está pasando con los niños y con sustancias como el plomo, los PCBs, el arsénico o el mercurio entre muchas otras, como una auténtica 'pandemia silenciosa' en un artículo que publicaron en la prestigiosa revista "The Lancet" en noviembre del año 2006.

Estas sustancias, en opinión de investigadores como estos, podrían tener mucho que ver, en mayor o menor medida, con datos como que hoy uno de cada seis niños (por debajo de los 18 años) en los Estados Unidos padezcan una serie de trastornos de base neurológica que van desde el déficit de atención o la hiperactividad al autismo, pasando por dificultades en el habla o ciertos grados de retraso. Sin olvidar relacionar todo esto con otros temas que veíamos en capítulos anteriores, como lo que decíamos acerca de los cánceres cerebrales infantiles.

Philip Landrigan, ha estado trabajando en los últimos tiempos en un ambicioso proyecto de investigación, el National Children´s Study, haciendo un seguimiento sobre más de 100.000 niños americanos desde su concepción hasta que cumplan los 21 años, con la finalidad de identificar todavía con mayor precisión los factores ambientales que inciden en las enfermedades que desarrollarán: defectos congénitos, cánceres infantiles, asma, obesidad, violencia, déficit de atención, autismo, dislexia y otras dificultades de aprendizaje.

Los datos recogidos por las Pediatric Environmental Health Speciality Units (PEHSU)[436], muestran la dimensión que están adquiriendo las neuro-deficiencias infantiles, como que entre 1977 y 1994 hubiese crecido un 191% el número de niños que se encuentran en programas de educación especial, que haya cerca de un 17% de casos de niños con déficit de atención con hiperactividad o que se registre entre un 5 y un 10% de niños con problemas de aprendizaje. Al margen de otras posibles causas que pudieran tener algunos de los problemas citados, crece, como vemos, el número de científicos que encuentran conexiones de estos y otros problemas con las más diversas sustancias contaminantes.

Mientras tanto, en países como España, no se hace prácticamente nada para corregir este tipo de problemas, a pesar de que España precisamente sea uno de los países en los que se da uno de los niveles más altos de exposición a alguno de los contaminantes más peligrosos, como el mercurio, por ejemplo.

Como ya se dijo antes al hablar de embriones y fetos, y yendo más allá de los trastornos neurológicos, conviene no olvidar tampoco que muchas de las enfermedades que se padecerán luego en el estado adulto pueden haberse iniciado décadas antes. Puede haber sucedido en el embrión en desarrollo, en la infancia, o en los dos momentos. Una parte del incremento de enfermedades no infecciosas al que estamos asistiendo en los países industrializados, tales como el cáncer, las alergias, los trastornos del desarrollo, del sistema reproductor o del sistema nervioso, podría explicarse por exposiciones tóxicas en las primeras etapas de vida. El sistema inmunológico, por ejemplo, se va desarrollando durante la niñez, creándose la llamada memoria inmune, y su perturbación en este momento podría venir de la mano con el desarrollo de enfermedades alérgicas o autoinmunes. Igualmente sucede con las complejas interacciones neuro-endocrinas que preceden a la pubertad y que tanto tienen que ver con una correcta maduración sexual. Hay incluso estudios que asocian lo sucedido en el embarazo, donde tan delicado es el desarrollo neuronal, con un mayor riesgo de desarrollar décadas después dolencias neurodegenerativas como el Parkinson o el Alzheimer[437].

NEUROTÓXICOS

Uno de los daños más investigado y que es más frecuente que propicien muchas sustancias químicas es precisamente el de la neurotoxicidad. Se han descrito efectos neurotóxicos de numerosísimas sustancias. Por sólo citar algunas podemos hacerlo, por supuesto, con el plomo, el mercurio, el cadmio o los PCBs, pero además con otras muchas como la acetona, el acetonitrilo, acrilamida, hidrocarburos alifáticos, alkanos, aluminio, amonio, anilina, hidrocarburos aromáticos, benceno, butanol, butilacetato, tetracloruro de carbono, óxidos de cromo, clorobenceno, clordano, O-diclorobenceno, DDT, difenilamina, etanol, etilenglicol, formaldehído, glicerol, hexano, polibromados, aceite de pino, piretroides, estireno, tolueno, triclorobenceno, tricloroetileno, cloruro de vinilo, xileno, etc. Cientos de sustancias han sido identificadas como neurotóxicas, sin embargo, como ya decíamos antes, buena parte de esos estudios se han hecho sobre hombres adultos, cuando es evidente que una sustancia que cause esos efectos en un cuerpo formado puede causarlos aún mayores en los embriones y en los niños. Además deben ser probablemente muchas más las sustancias que aunque todavía no hayan sido identificadas puedan causar estos efectos de entre las decenas de miles de compuestos que el hombre ha creado.

ALGUNOS PROBLEMAS MÁS

LOS PESTICIDAS Y EL PARKINSON

La enfermedad de Parkinson afecta a unos 100.000 españoles. Esta dolencia, como otras enfermedades de las que hablamos en este libro, está experimentando una progresión imparable.

Curiosamente, ésta es otra de las enfermedades que una gran cantidad de investigaciones científicas asocian, de forma bastante contundente, con la exposición a sustancias químicas tóxicas, especialmente pesticidas.

Algunos científicos observaron los síntomas de parkinsonismo desarrollados por algunos jóvenes consumidores de una droga llamada MPTP, de estructura similar a la de algunos pesticidas. Este hallazgo fue una pista decisiva para creer en la posible vinculación entre el Parkinson y las sustancias químicas. Esa idea sería confirmada por numerosas investigaciones que mostraban el alto porcentaje de enfermos con un historial de exposición a plaguicidas.

En grupos humanos más expuestos a este tipo de sustancias, tales como los agricultores, se ha detectado un exceso de riesgo de padecer la enfermedad. Estos excesos de riesgo pueden ser de más del doble e incluso del triple de padecerla.

Se ha visto más probabilidad de ello en granjeros, personas que aplican pesticidas, trabajadores de los viñedos, criadores de animales y otras personas que suelen estar más en contacto con los plaguicidas, como los que beben de pozos de zonas agrícolas contaminados con este tipo de sustancias.

Pero no debemos olvidar que este tipo de contaminantes no sólo llega a esas personas, sino a sectores más amplios de población en los que aunque el exceso de riesgo no sea tan notable en términos relativos, al ser grupos más numerosos, no se debe despreciar el número de casos que se pueden dar en ellos.

Entre las sustancias que han sido asociadas a la enfermedad no hay sólo pesticidas, aunque estas sustancias tengan un papel destacado. La lista incluye el manganeso (metal de amplísimo uso industrial, también empleado en algunos plaguicidas como el mancozeb o el maneb, asociados al Parkinson por su parte), el MPTP antes citado, metanol, paraquat (pesticida que ha movido a gran preocupación en relación al Parkinson), dieldrin, glifosato (uno de los pesticidas más usados en el planeta), plomo, pesticidas organofosforados y organoclorados, PCBs, etc.

La fuerza de la evidencia crece de día en día. Las investigaciones se acumulan y no podemos citar todas, pero sí algunas. Por ejemplo hablaremos de la realizada por investigadores de las Universidades de Duke y Miami, en los Estados Unidos, que establecían una asociación entre pesticidas y Parkinson, apuntando que aunque se hayan identificado algunos genes que puedan predisponer, eso sólo afectaría a una pequeña parte de los afectados. Y que, en todo caso, lo que se daría es una interacción entre los genes y los factores ambientales[438].

La importante Revista de la Asociación Médica Americana (JAMA), publicaría en 1999 un muy interesante estudio titulado "La enfermedad de Parkinson en gemelos" dejando bien claro, tras el estudio de cerca de dos decenas de miles de estas personas, lo poco que los genes tienen que ver con las causas últimas de la enfermedad. Si el genoma jugara un papel importante, sería de esperar que los gemelos idénticos de personas con Parkinson, al tener genoma compartido, podrían tener más riesgo de padecerla también, pero no fue eso lo que se vio. En definitiva, el Parkinson, no es una enfermedad de origen genético en la gran mayoría de los casos[439]. Los propios autores de aquel estudio insistieron, no sólo mediante su publicación científica, sino en entrevistas en medios de comunicación, en que el camino de investigación correcto era el de los tóxicos ambientales[440].

Especialmente interesante es también la reciente declaración de Consenso sobre el Parkinson y el Medio Ambiente que suscribieron un grupo de expertos en toxicología, epidemiologia, genética, neurociencias y doctores que insistía en lo mismo. Decían que "una gran parte del riesgo de desarrollar la enfermedad del Parkinson puede atribuirse a exposiciones ambientales", que sólo un pequeño porcentaje que no superaría el 10% se podría deber a factores genéticos y que "no sólo hay que buscar tratamientos más efectivos sino también prevenir"[441].

Se han realizado numerosas investigaciones con diversas sustancias tóxicas, no sólo pesticidas, en relación a esta enfermedad. Por ejemplo, son muy interesantes los estudios sobre el contenido de tóxicos del cerebro de personas fallecidas que habían padecido el Parkinson, comparándolo con los de otros difuntos que no habían padecido la enfermedad. Los primeros tenían en sus cerebros concentraciones significativamente superiores de tóxicos, como de pesticidas organoclorados lindano y dieldrin o del tóxico industrial PCB 153 (poli-cloro-bifenilo 153), entre otros[442]. Son tóxicos que llegan a los cuerpos de buena parte de la población y no sólo a los de los agricultores, por ejemplo[443].

HIPERSENSIBLES

Muchos tóxicos, como los pesticidas o disolventes, por ejemplo, pueden generar reacciones de hipersensibilización al respirarlos o por contacto con la piel. Una vez se ha generado la sensibilización, muchas veces a consecuencia de una respuesta del sistema inmunológico, puede suceder que con exposiciones a niveles muy bajos del tóxico se produzcan reacciones alérgicas al mismo. Es lo que pasa con muchos cuadros de rinitis, asma, alveolitis, bronquitis, eczema de contacto, urticaria de contacto o blefaroconjuntivitis.

Además, la cosa puede agravarse con una 'reactividad cruzada' a otras sustancias similares. Y así, muchas veces, no sólo sustancias sensibilizantes, sino también simplemente irritantes pueden generar reacciones[444]. En ocasiones, el no poder seguir exponiéndose a una serie de sustancias puede crear muchas dificultades a las personas sensibilizadas (por ejemplo, por no poder seguir desarrollando un trabajo determinado).

Como no podía ser de otro modo, en un mundo cada vez más invadido por sustancias químicas tóxicas, el número de personas afectadas por este tipo de problemas está creciendo. A veces enferman por procesos ligados a la inmunidad y otras, como en el caso de la Sensibilidad Química Múltiple, por procesos que parecen involucrar ante todo a zonas muy profundas del sistema nervioso central.

Los 'canarios' de la mina

Cuando una joven valenciana, llamada Elvira Roda, apareció en los telediarios, muchos españoles quedaron impactados. Prácticamente nadie, hasta ese momento, había oído hablar en España de esa 'extraña' enfermedad.

Elvira era una persona que no podía salir de su casa, ni montar en un autobús, ni ir a un centro comercial o a una oficina, ni pasear por la calle ni tantas otras cosas, porque no podía respirar un ambientador, ni un perfume, ni un desodorante, ni un producto de la limpieza, ni por supuesto, ni aún a niveles muy bajos, los residuos de los pesticidas con que fumigamos los edificios o los vagones de tren.

Se veía obligada a vivir recluida, como un canario en una jaula. Sin embargo, la que enseguida fue bautizada como la 'chica burbuja', no era retenida por barrotes de metal sino por unos invisibles 'barrotes' químicos, los formados por todas las sustancias tóxicas que empleamos cotidianamente en el mundo moderno sin darnos cuenta, en la mayoría de los casos, de que lo son.

Pronto la sociedad fue sabiendo de más personas que vivían así por todo el país y fuera de él. Vivían confinadas, como parias, en unas casas cuidadosamente descontaminadas de toda traza de productos químicos y obligadas con frecuencia a llevar grandes mascarillas como si viviesen en una guerra química continua. De hecho, así es como viven: cerrando herméticamente las rendijas de puertas y ventanas, por si la vecina tiende la ropa lavada con detergentes sintéticos de los que emanan sustancias que les causan reacción; vigilando si en el portal o en el jardín de al lado han decidido fumigar esa semana; preocupados por si friegan la escalera con productos fuertes, etc...

Muchas de estas personas, en su mayoría mujeres, viven un particular infierno de moléculas malignas. Están confinadas en sus guetos, frecuentemente con depuradores de aire que filtran parte de los contaminantes cotidianos; sólo pueden comer comida biológica, sin pesticidas; sólo pueden lavar o asearse con determinados productos naturales o ecológicos. Estas personas apenas pueden recibir visitas, ya que quien les visite debe previamente descontaminarse, lavándose desde días antes, tanto ellos como sus ropas, con productos que no contengan toda la retahíla de tóxicos sintéticos que suele tener buena parte de lo que compramos, desconociendo la existencia de productos alternativos, sin tóxicos (incluso es aconsejable que los visitantes, hayan dejado previamente sus ropas en un baño de agua con bicarbonato, que es un buen neutralizador).

La mayoría de estas personas, al no poder trabajar, malviven con pensiones misérrimas, lo que les hace aún más difícil poder acceder a los productos ecológicos que necesitan. Algunas, al menos, pueden contar con la ayuda de familiares, pero otras sólo cuentan con la incomprensión de los mismos, y muchas veces, de médicos que, al no haber actualizado sus conocimientos y estar la medicina ambiental poco desarrollada en países como España, no se han enterado de que es una enfermedad reconocida por las autoridades sanitarias de países como Alemania, Austria o Japón y sobre la que se han publicado centenares de trabajos científicos. Frecuentemente, pasan años hasta que dan con un facultativo que les diagnostica correctamente. En fin, no es al caso extenderse demasiado con el calvario de estas personas, que tiene matices tan variopintos como tristes e indignantes.

Muchos de estos enfermos, pese a todo, intentan hacer lo que pueden por ayudar a personas que están en su misma situación. Con frecuencia no son los que más medios tienen, sino los que, precisamente, más en el aire están. Es el caso de María José Moya, cuya casi exclusiva ventana abierta al mundo exterior es un blog desde el que lleva años intentando aportar datos rigurosos sobre todo lo que rodea a esta enfermedad, habiéndose granjeado un reconocimiento que no le ha servido para salir de su angustiosa situación.

No es casual que su blog se llame Mi Estrella de Mar, en honor de la capacidad de resistencia y regeneración de esa especie marina, a la que si le amputas las extremidades vuelve a desarrollarlas. Porque muchas de estas personas son así, personas con una gran fuerza interior que, a pesar de estar molidas muchas veces por la fatiga extrema, se resisten a que les sean amputadas sus ganas de vivir.

Hemos hablado de sólo dos enfermas, pero podríamos hablar de muchas, ya que mantenemos contacto con bastantes personas con este problema y hemos intentado en los últimos años echarles una mano a través de entidades como el Fodesam (Fondo para la Defensa de la Salud Ambiental).

Las personas que sufren Sensibilidad Química Múltiple (SQM) necesitan acaso más atención que las que padecen otras enfermedades. Esto es debido a que se trata de una enfermedad acerca de la cual, hasta hace unos pocos años, sociedades como la española apenas habían oído hablar. Y lógicamente, aún no se han podido movilizar los medios de atención debida a estas personas. Incluso ahora, cuando la conciencia acerca de su existencia ha crecido bastante, la situación general es de abandono. Es una situación intolerable, no sólo por lo que atañe a las personas que la sufren, sino porque es una enfermedad clave para comprender muchas cosas que suceden, más en general, en el contexto de los problemas sanitarios inducidos por sustancias tóxicas.

Lo que decimos se ve claro simplemente fijándonos en el nombre de la enfermedad, en el cual aparece el adjetivo de 'química'. Y es que acaso ese apellido debieran llevarlo, y no lo llevan, muchas otras enfermedades que, demasiadas veces, pueden haber sido causadas por sustancias químicas: cánceres, asma, diabetes, Parkinson, enfermedades autoinmunes, infertilidad...

La SQM es, por tanto, uno de esos casos raros de enfermedades donde la causa química es no sólo clara, sino además visible de forma inmediata. No sólo es visible en su inicio, sino posteriormente en su desarrollo. Como muchas de las sustancias que la generan o que disparan sus síntomas son, al mismo tiempo, sustancias que una vasta cantidad de estudios científicos asocian a otras enfermedades o problemas de salud como los antes citados, los enfermos de SQM se convierten así en 'detectores' vivientes, en indicadores de alerta del problema sanitario de la contaminación química.

Además, una de las características del SQM es que las personas afectadas manifiestan síntomas evidentes ante la exposición a niveles 'bajos' de sustancias reconocidamente tóxicas. Esos niveles, muchas veces 'legales', a los que la mayoría de la población se expone sin que aparentemente suceda nada, son los que más carga de enfermedad global podrían estar generando. Este hecho redunda todavía más en lo que decimos.

Los afectados por otras 'enfermedades químicas', en su mayoría, pueden creer que los contaminantes no tengan nada que ver con lo que les sucede. Sin embargo, a las personas con SQM les es imposible tal cosa.

Es un hecho, perfectamente documentado en esta obra, que vivimos rodeados de tóxicos, que los ingerimos cotidianamente, que los respiramos en nuestros hogares y lugares de trabajo. Sin embargo, incluso en los casos, que no son pocos, en los que esos tóxicos nos hagan enfermar o agraven las enfermedades que tenemos, normalmente la mera exposición a ellos no nos produce una reacción que nos haga identificarlos como un problema. Por ejemplo, una mujer que haya contraído un cáncer de mama por la acumulación de pesticidas y otros contaminantes podrá seguir exponiéndose a esos tóxicos sin aparente problema. Podrá seguir usando la crema para la piel que siempre ha usado, cargada a lo mejor de contaminantes de efecto hormonal; podrá seguir ingiriendo dietas no biológicas cargadas de pesticidas y de organoclorados, y seguirá usando en casa aerosoles cargados de toda suerte de sustancias. Esta persona no notará nada mientras todas esas sustancias, a lo mejor, están propiciando que el tumor coja fuerza.

Sin embargo, esto, que puede servir para tantos problemas sanitarios inducidos por contaminantes químicos no sirve para la SQM. En este caso, la persona enferma por las sustancias químicas reacciona frente a las sustancias químicas y sabe que le están dañando. Le basta entrar en una habitación en cuyo aire hay una moderada concentración, a niveles bajos de determinados contaminantes, para recibir una especie de 'golpe' químico. Lo que hay a menudo en cualquier casa o lugar público, sin que a nadie parezca molestarle, a la persona con SQM es como si le diese una 'bofetada'.

Pensemos en una habitación en la que se acaba de hacer limpieza y no digamos una en la que se ha fumigado o en la que se ha pintado hace poco. Mientras una persona sin esta enfermedad entra en ella y tiene simplemente la sensación de estar oliendo a 'limpio' (porque la gente confunde ya el olor a producto químico con el olor a 'limpio' cuando lo limpio simplemente sería que no oliese a nada), la persona con SQM percibe algo muy diferente. Para ella no importa el olor, sino la reacción que causan esas sustancias reconocidamente tóxicas cuando las respira, ya que disparan sus síntomas. No puede evitarlo, puesto que no es su mente la que actúa, sino su cuerpo.

Sustancias tóxicas que vemos en otras partes de esta obra, asociadas a las más diversas enfermedades, están ahí: el formaldehído que emana de los muebles nuevos o que se ha generado al usar productos de la limpieza, los ftalatos, los almizcles sintéticos de los perfumes artificiales, los disolventes de la pintura, el ambientador, o los restos de insecticida. Todos esos y otros venenos, hacen que se disparen los síntomas.

El enfermo de SQM en esa situación, manifiesta dificultades respiratorias, mareos, dolor de cabeza, tos, náuseas, irritación de las mucosas, taquicardia, dolores en el pecho, palpitaciones, hinchazón facial, rinitis, fatiga, irritabilidad, pérdidas de memoria y concentración, y toda una larga serie de posibles consecuencias[445], muchas de las cuales pueden durar días o semanas.

La SQM es una enfermedad compleja que puede realmente hacer la vida imposible a la persona que la padece en un mundo como este, tan invadido por la química sintética.

¿Cómo puede una persona acabar desarrollándola? Muy simple. Lo más normal es que se inicie tras una exposición aguda a un producto tóxico como pueda ser un pesticida o un disolvente[446]. Esa agresión química[447] causa un daño que hace que el organismo genere una pérdida de tolerancia[448] a la exposición al tóxico. A partir de ese momento, basta que la persona se exponga a esa sustancia, aún a niveles muy bajos, para que se produzca una reacción. Y lo peor es que normalmente, el organismo acaba por reaccionar no sólo contra el producto que produjo el impacto o contra una sustancia en concreto, sino que la pérdida de tolerancia se va extendiendo a cada vez más sustancias tóxicas incluso muy diferentes de la que inició el proceso. Al final la intolerancia puede ser a tal cantidad de sustancias que la persona afectada tiene muy difícil poder hacer una vida normal en el mundo moderno, tan cargado de tóxicos. No puede soportarlo ni dotándose de máscaras con filtro.

Parece que ese daño se genera en zonas muy profundas del sistema nervioso central, como el sistema límbico que regula muchas partes del organismo[449], lo que explicaría la complejidad de la enfermedad y muchos de los síntomas que los afectados padecen y que afectan a muy diversos órganos[450]. Además la SQM no suele venir sola, sino que a menudo se solapa con otras enfermedades, como el Síndrome de Fatiga Crónica (SFC), la fibromialgia (FM), el asma o las alergias.

Es una enfermedad sobre la que muchos estudios científicos abordan los más diversos aspectos, como por ejemplo, el mayor o menor papel que puede jugar en ella el sistema inmunológico, o la posible vinculación que algunos procesos podrían tener que ver con el desarrollo de otras enfermedades que pueden ser causadas por exposición a sustancias tóxicas. Así, por ejemplo, se ha visto que la exposición a pesticidas, formaldehído, benceno, y otras sustancias tóxicas causa una elevación de los niveles de óxido nítrico en el cerebro, lo que podría tener que ver con síntomas observados en otras enfermedades como el Síndrome de Fatiga Crónica, la fibromialgia, el asma, las alergias o enfermedades autoinmunes como la esclerosis múltiple[451].

La lista de productos asociados al origen o a la explosión posterior de síntomas es larguísima: pesticidas, disolventes, conservantes de la madera, pinturas y lacas para acabados, productos de perfumería y ambientadores, champús, barnices de uñas y quitaesmaltes, colonias, lociones de afeitado, cosméticos varios, ambientadores, y en fin, muchas otras sustancias presentes en infinidad de artículos[452]. Las sustancias problemáticas pueden estar agazapadas en los lugares más insospechados, desde las tintas de periódicos y revistas, a las colas y pegamentos, pasando por tejidos o muebles nuevos, o incluso un rotulador, por no hablar de un barniz, o de las emanaciones que producen algunos plásticos (como lo que suele llamarse oler a coche nuevo), resinas epoxi, etc.[453]

No se sabe cuántas personas puede haber afectadas en España por este problema ya que no se han hecho estudios al respecto. Lo que sí observan los especialistas es que cada vez hay más personas que acuden a las consultas y que la incidencia parece estar creciendo, como sucede, en general, con otros problemas ligados a factores ambientales.

Es muy importante no confundir lo que es propiamente Sensibilidad Química Múltiple con lo que son hipersensibilidades más leves y más frecuentes que, en caso de agravarse, podrían desembocar en una SQM pero que no suelen hacerlo. Estas hipersensibilidades leves o puntuales son relativamente frecuentes en la población.

Una investigación norteamericana mostraba que en torno a un 11% de los habitantes de ese país manifestaba tener cierta hiper-sensibilidad frente a algunos productos químicos tales como los pesticidas, las pinturas o los perfumes. Sin embargo, el porcentaje de los que habían sido diagnosticados de SQM era 'sólo' del 2,5%[454].

Y ese 2,5% es, a no dudarlo, una cifra ya de por sí bastante alta de incidencia de la SQM. En otros países, las estimaciones son más moderadas, como en Alemania, donde se considera que un 9% tendría alguna sensibilidad ante ciertos productos químicos y un 0, 5% de su población tendría SQM como tal[455].

Probablemente, lo más elocuente aquí no sea el porcentaje creciente de personas que acaban con una SQM y que una de cada 200 personas en Alemania la tenga, lo que no es poco. Lo más llamativo es el alto porcentaje de personas que, sin llegar a tener SQM han desarrollado, no obstante, cierto grado de hipersensibilización, por limitado que sea, y aunque no sea nada grave en principio. Porque de lo que nos habla este dato es de que, al fin y al cabo, y aunque algunas personas pensasen al oír por primera vez hablar de la SQM que es algo muy raro y 'sorprendente', acaso no lo sea tanto.

No se trata de que haya una serie de personas que sean tan 'raras' que desarrollan tan 'estrambótica' enfermedad, ya que, como vemos, la hipersensibilización, aunque sea en grados menores, es algo que padecen porcentajes muy notables de la población. Las personas con SQM, y al margen de que en algún caso pudiesen tener algún tipo de predisposición, simplemente se han visto expuestas a tóxicos más allá de un límite determinado y ello ha hecho que se desencadene un cuadro más grave.

Nos hemos familiarizado tanto con la miríada de sustancias sintéticas que empleamos cotidianamente que, desentendiéndonos de su toxicidad, parece que creamos, como por una especie de fe ciega, cuasi religiosa, que es hasta de mala educación quejarnos de que nos produzcan algún daño. Pensamos que la culpa, si tal daño se produce, casi debe ser de la persona, que por lo visto tendría la obligación de adaptarse a todo lo que un supuesto 'progreso' ponga en su comida, en el aire que respira o en el agua que bebe. Es como si reconocer un daño derivado de todas esas 'maravillosas' sustancias químicas sintéticas fuese vulnerar un tabú. Casi como si fuese anti-patriótico, ya que es algo que cuestiona la sacrosanta y 'beatífica' sociedad de consumo a la que debemos nuestro 'bienestar'. Es una 'grosería' porque representa reconocer que los controles no funcionan, que las autoridades no nos protegen, que ciertas marcas que vemos en la televisión y en las que confiamos ciegamente nos están vendiendo venenos que nos dañan. Y por esto y otras cosas, se prefiere pensar que hay personas tan 'raras', tan hipersensibles, que reaccionan frente a productos ante las que el resto de la gente, la gente 'normal', la gente de bien, no reacciona. Es algo parecido a lo de esos regímenes autoritarios en los que cuando se detiene a un inocente siempre hay quien exclama eso de 'algo habrá hecho'. Porque pensar de otro modo puede ser muy incómodo, como lo es tantas veces ir contra corriente. Es, de nuevo, como en la obra de Ibsen "Un enemigo del pueblo", donde todo el mundo estaba empeñado en silenciar la denuncia de una contaminación que ponía en riesgo el negocio. Si alguien enfermaba no era por las aguas, debía ser por otra cosa.

Preferimos pensar que la anomalía está en el enfermo y no en el modo de vida tóxico que hemos implantado y que es el que le hace enfermar. Eso nos permite no cambiar las cosas. Porque parece que pensemos que no hay forma fácil de cambiarlas, lo cual es una falacia. Hay alternativas que no sólo no reducirían nuestra calidad de vida, sino que la mejorarían, y no sólo en términos sanitarios sino económicos. Pero hay quien se beneficia si no pensamos en eso. Y al no hacerlo, no nos damos cuenta de que, más que una especial hipersensibilidad a los tóxicos de unas pocas personas -que no son tan pocas-, lo que realmente hay es una brutal sobreexposición a los tóxicos. Y que lo raro no es que alguien enferme, sino que quede alguien sin enfermar por eso.

Prueba de lo dicho no es sólo el porcentaje de personas con hipersensibilidades o con SQM, sino, más aún, la ingente cantidad de personas que, a causa de esto, y como hemos ido viendo, pueden haber tenido los más dispares problemas que van desde el cáncer hasta las enfermedades autoinmunes, pasando por la infertilidad, el asma, alergias, etc.

Como decíamos al principio, la SQM es una enfermedad que nos hace reflexionar, nos obliga a prestar atención al problema de todos esos tóxicos que bañan nuestra vida desde antes de que nazcamos y hasta nuestro último suspiro.

Y hay otra cosa en lo que la SQM es también extraordinariamente didáctica, acaso de forma aún más espectacular que lo dicho hasta ahora. Esta enfermedad nos instruye sobre la siniestra orientación de una parte de la medicina actual que parece haberse desentendido de la prevención de las enfermedades, como las causadas por la polución química, apostando casi en exclusiva por el negocio de los diagnósticos y los tratamientos, mientras la incidencia de una serie de males no para de crecer y crecer.

En otras enfermedades, como el cáncer, la gente que lo contrae, en general, no culpa a nadie por haberle expuesto a agentes cancerígenos o por no haber hecho prevención para que eso no pasase. Los enfermos, una vez que ya están tocados por el mal, sólo piensan en salvar la vida y se sienten agradecidos por poder disponer de tratamientos que les den ocasión de prolongar su existencia, con las menores molestias posibles, aunque sea unos años. Igualmente pasa con buena parte de las legiones de personas que arrastran las más diversas enfermedades crónicas. Siempre hay algún tratamiento que les hace más fácil 'convivir' con su enfermedad. Casi nadie se cuestiona las causas últimas por las que un día enfermaron y si, por ejemplo, alguna sustancia química tóxica o cualquier otra cosa tuvo que ver con ello. Es más, si así fue, y si esas sustancias siguen agravando su mal, nadie les advertirá de ello, y simplemente seguirán recetándoles algo para los síntomas por mucho que estos se agraven.

Ese esquema no sirve para la SQM. ¿Por qué? Muy sencillo, porque en la SQM las pastillas 'milagrosas' no sirven ni siquiera para lo que sirven en los otros casos, y que no es, muchas veces, poco más que para aliviar o disimular síntomas. El único 'tratamiento' que alivia los síntomas de la SQM es algo que eriza los cabellos de más de un industrial químico: evitar exponerse a sustancias tóxicas.

Investigando concienzudamente sobre qué tratamiento había sido más eficaz en un altísimo número de pacientes, se vio que en un 95% de los casos lo que había demostrado ser más efectivo era algo tan sencillo como crear espacios libres de sustancias tóxicas y evitar que éstas llegasen a los enfermos[456]. Los fármacos no ayudaban demasiado, incluso muchas veces eran perjudiciales.

Así, los médicos que saben de esta enfermedad[457] no se dedican, como tantos otros en otras disciplinas, a dispensar recetas farmacológicas. Las 'recetas' que expenden son de otro tipo: dicen a los pacientes que, si pueden, no vivan cerca de vías con mucha contaminación por el tráfico rodado, ni cerca de gasolineras o industrias químicas, petroquímicas o metalúrgicas; les incitan a vivir, en fin, lejos de cualquier fuente de emisión de sustancias tóxicas. Estos médicos advierten a sus pacientes de que, si viven en el campo, tengan mucho cuidado con exponerse a los pesticidas. También les aconsejan evitar la ingestión de residuos de estos venenos mediante una dieta basada en productos ecológicos. Por último, les previenen contra la utilización en sus casas de todos los productos que puedan contener compuestos problemáticos, tales como ciertos disolventes, ambientadores, productos de limpieza, pinturas, pegamentos, plásticos como el PVC, colchones de goma, poliuretano o estireno[458]. Y, en fin, les "recetan" otras medidas que cualquier persona que sepa de los estragos que la contaminación química causa en la salud recomendaría, no a un enfermo de SQM, sino a cualquiera que se quiera proteger de algunos otros problemas de salud que pudieran ser inducidos por lo mismo, incluído el cáncer.

En la SQM tratamiento y prevención son una y la misma cosa. Aquí la causa sí importa (como debería importar en otras enfermedades), y conociéndola y evitándola, no sólo se previene que más gente enferme, sino que se mejoran las condiciones de vida e incluso se puede curar a las personas que han enfermado.

Curiosamente, en la enfermedad en que más visible se hace lo químico como factor causal y, a la vez, como factor que dispara los síntomas, se corta el nudo gordiano del sinsentido al que asistimos en otras enfermedades que, siendo ambientales, parece que no interesa reconocerlo con todas las consecuencias.

Y se visibiliza cual sería la salida del laberinto de enfermedad y muerte del que no nos están sacando determinados enfoques. Si directrices como las que se dan para los enfermos de SQM fueran seguidas en general por todos los habitantes, es más que probable que en los gráficos estadísticos que llevan décadas registrando líneas ascendentes por el crecimiento de incidencia de una serie de enfermedades, comenzásemos a ver cómo las líneas tomaban una trayectoria descendente, en muchos casos muy acusada.

El tratamiento para la SQM debería ser el tratamiento para muchas otras enfermedades que están castigando a Occidente. Las personas que padecen esta enfermedad no dejan de ser, en alguna medida, sino como los canarios que se ponían antaño en el interior de las minas. Se colocaban allí por si había alguna fuga de gas que pudiese representar un riesgo para los mineros. El ave, mucho más sensible que el hombre, se convertía así en un sistema temprano de alerta. Se les llamaba también por eso 'centinelas de la vida'. Pues bien, las personas que padecen SQM, si prestamos atención a lo que les sucede, desempeñarían un papel semejante en la 'mina' de nuestra sociedad, alertándonos de la 'fuga' tóxica que cotidianamente vivimos pero que parecemos no detectar.

Los tóxicos, asociados a innumerables problemas

La creciente lista de enfermedades y problemas de salud que hoy la literatura científica atribuye a la exposición a sustancias químicas tóxicas, como causantes o como agravantes, es interminable. Hay entidades como "The Collaborative on Health and the Environment" que, para facilitarnos la labor de adentrarnos en este complejo mundo, han creado una base de datos sobre las más dispares investigaciones que van ligando tóxicos a enfermedades concretas. Vamos a citar sólo unas cuantas de las enfermedades, no para que las memorice, lector, sino para que pueda hacerse una idea: asma, enfermedad de Parkinson, neuropatía periférica, problemas de conducta, cánceres de los más diversos tipos, bronquitis, malformaciones cardiacas congénitas, cardiomiopatía, enfermedades cerebrovasculares, edema pulmonar, daños al esperma, alteración de los ratios sexuales, alteración de los ciclos de maduración sexual, enfermedad renal crónica, cirrosis, problemas de memoria, déficit de atención, trastornos menstruales, Alzheimer, malformaciones congénitas, dermatitis de contacto, retraso en el crecimiento, diabetes tipo I y tipo II, menopausia precoz, endometriosis, disfunción eréctil, malformaciones genito-urinarias, tiroiditis de Hashimoto, hiperqueratosis, hipertensión, inmunosupresión, abortos, bajo peso de los recién nacidos, degeneración macular, esclerosis múltiple, fotosensibilidad, infarto de miocardio, pólipos nasales, defectos del tubo neural, osteomalacia, osteoporosis, atrofia ovárica, pancreatitis, neumonía, desorientación, alucinaciones, psicosis, delirios, depresión, labilidad emocional, cambios de humor, enfermedad de la arteria coronaria, reducción de la fertilidad, piedras renales, artritis reumatoide, rinitis, esclerodermia, malformaciones esqueléticas, muerte súbita de los niños, neuropatía del trigémino, lupus eritematoso sistémico, atrofia testicular, hipotiroidismo...

Si uno repasa la literatura científica que vincula enfermedades y sustancias químicas tóxicas se encuentra con tantas cosas que realmente deberían ser objeto más de una enciclopedia que de un libro. Las patologías debidas a sustancias químicas, y no digamos su interacción con otros factores causantes de enfermedad, son un universo muy vasto.

Existen estudios que han asociado, con mayor o menor contundencia:

El daño agudo en las células hepáticas (hepatitis) con disolventes, etanol, antimonio, pesticidas organofosforados y organoclorados, dioxinas, estireno, xileno, tolueno, bromobenceno, naftaleno, hexaclorobenceno, PCBs...

Cirrosis con tetracloruro de carbono, PCBs, arsénico, disolventes, pesticidas, formaldehído...

Pancreatitis con etanol, organofosforados, pentaclorofenol...

Piedras renales con cadmio o berilio.

Necrosis tubular aguda en el riñón con hidrocarburos halogenados, mercurio, cadmio, éteres de glicol basados en el etileno, tolueno, paraquat, pentaclorofenol...

Enfermedad renal crónica con paraquat, cadmio, cromo, berilio, plomo, 1, 4-diclorobenceno...

Glomerulonefritis con mercurio, disolventes orgánicos, plomo...

Desórdenes tiroideos e hipotiroidismo con PCBs, PBBs, PBDEs, dioxinas...

Porfiria con hexaclorobenceno, hidrocarburos poliaromáticos, dioxinas,

PCBs, disolventes, pesticidas, pinturas...

Osteoporosis con cadmio o plomo.

Menopausia precoz con pesticidas.

Bronquitis aguda con amoniaco, cloro, pesticidas...

Neumonía con dióxido de nitrógeno, mercurio, cadmio, pesticidas...

Edema pulmonar con pesticidas organofosforados, óxido de etileno, tetracloroetileno, formaldehído, amoniaco...

Anemia aplásica con arsénico, disolventes, benceno, pesticidas, mercurio...

Anemia hemolítica con arsénico, plomo, cobre, mercurio, naftaleno, antimonio...

Neuropatía del trigémino con sustancias como el tricloroetileno.

Bajo peso al nacer con etanol, partículas en suspensión, arsénico, mercurio, plomo, tolueno, PCBs, pesticidas...

Partos prematuros con plomo, benceno, DDT...

Alteraciones en los tiempos de maduración sexual con plomo, dioxinas, bisfenol A, pesticidas organoclorados...

Pérdida de visión con metanol, metil-mercurio, n-hexano, carbamatos, organofosforados...

Cataratas con óxido de etileno, naftaleno, dioxinas...

Fetotoxicidad con etanol, éteres de glicol basados en el etileno, disolventes, arsénico, plomo, mercurio, antimonio, pesticidas, formaldehído...

Labio leporino y fisura en el paladar con cadmio, pesticidas, disolventes, éteres de glicol, tricloroetileno, trihalometanos, dioxinas...

Malformaciones cardiacas congénitas con disolventes, 1-2-dicloroetano, benceno, trihalometanos, pesticidas, mercurio, éteres de glicol...

Problemas menstruales con dioxinas, mercurio, disolventes, formaldehído, benceno, tolueno, bisfenol A, DDT, estireno, antimonio...

En fin, podríamos ver muchos temas, en algunos de los cuales nos extendemos en esta obra, como los que tienen que ver con tantos cánceres, trastornos derivados de la alteración del sistema hormonal, problemas sobre los fetos y los niños, daños al sistema inmunitario, etc.

UNA PANDEMIA SILENCIADA

LAS ENFERMEDADES DE LA POLUCIÓN QUÍMICA. UNA REALIDAD CONSCIENTEMENTE IGNORADA

Cada vez hay más evidencias de que la contaminación química puede estar produciendo una pandemia de vastas proporciones. Millones de personas podrían estar enfermando y/o muriendo por esta razón. Muestra de ello es lo que hemos visto en los capítulos precedentes.

A diferencia de otras pandemias, ésta no ha sido ocasionada por una guerra biológica entre organismos, como pudiera ser un microbio contra el cuerpo humano, sino por una guerra entre sustancias sintéticas, ajenas por lo tanto a las de la Naturaleza y a las sustancias que integran la vida.

El campo de batalla de esta nueva pandemia silenciosa, invisible para muchos, es la química de los seres vivos atacada, invadida, por una química extraña. Es en el mundo sutil de las moléculas y los átomos donde se está librando un combate de cuya importancia nuestra sociedad no es todavía debidamente consciente. Hablamos de una guerra en la que, como sucedía en su momento con los microorganismos, es más fácil que veamos los efectos -tremendos- que el que identifiquemos las causas -sutiles- de las cosas. Sin embargo, la ciencia lleva mucho tiempo investigando y la cantidad de información que se está acumulando es enorme.

"Es posible que la contaminación química sea uno de los factores que más enfermedades y muertes esté causando en el mundo moderno".

Muchos científicos, cada vez más, están alertando. Lo que nos muestra el resultado de sus investigaciones es muy inquietante: que una parte relevante de la carga de enfermedad que se padece hoy en el mundo desarrollado podría no dejar de ser, en el fondo, más que consecuencia de una especie de 'envenenamiento' progresivo de nuestro entorno y de nuestros cuerpos, de lo que comemos, lo que respiramos, lo que bebemos... Podría tratarse de una 'intoxicación' causada por una creciente exposición a tóxicos, que aún a niveles bajos de concentración, y frecuentemente a largo plazo, estén erosionando la salud de nuestras sociedades.

Frente a la idea de que la contaminación química produciría unos efectos muy limitados sobre la salud occidental, la idea que se está abriendo paso entre muchos investigadores es que es posible que la contaminación química sea uno de los factores que más peso esté teniendo en el deterioro sanitario al que asistimos en el mundo moderno.

El crecimiento en incidencia, a veces espectacular, de una serie de problemas sanitarios que afectan a porcentajes frecuentemente muy notables de personas en nuestras sociedades, podría tener que ver precisamente con este problema. Antes hemos hecho un repaso sobre algunas de sus consecuencias. La cantidad de estudios científicos que señalan en esa dirección no para de aumentar. Son investigaciones que asocian la contaminación química con problemas como el cáncer, el asma, las alergias, las enfermedades auto-inmunes, la caída de la fertilidad y de la inmunidad, la diabetes, la obesidad, los trastornos del desarrollo, los problemas de aprendizaje, el Parkinson...

Son muchas veces enfermedades muy comunes y muy extendidas en la población, en las que las sustancias químicas tóxicas pueden tener un papel, tanto ellas solas como en combinación con otros factores.

UN NUEVO PARADIGMA MÉDICO
De las enfermedades infecciosas a las enfermedades 'químicas'

La situación actual originada por los efectos sanitarios de la contaminación química, salvando las distancias, recuerda bastante a la que se vivía en los primeros momentos de la medicina moderna, cuando mucha gente moría a causa de factores en los que, como pasó con los microbios durante siglos, nadie reparaba. Hasta que Pasteur descubrió el papel de los microbios en el desarrollo de muchas enfermedades, nadie prestó atención a esos agentes patógenos.

¿Qué es lo que eso nos muestra? Primeramente, algo que tiene mucho que ver, probablemente, con lo que hoy sucede con los efectos sanitarios de la contaminación química: que la Humanidad puede vivir durante mucho tiempo rodeada de agentes causantes de enfermedades sin ser debidamente consciente de ello.

Las sustancias químicas que pueden dañar nuestra salud son prácticamente tan omnipresentes como los microbios. Están, como ellos, en el aire que respiramos, en el agua que bebemos, en los alimentos que ingerimos... Son agentes patógenos, pero, como en su día pasó con los microbios, una parte del estamento médico, y con él de la sociedad, no reacciona.

Y muchos de los investigadores que saben lo que está sucediendo, porque conocen los millares de estudios científicos que se están publicando acerca del papel de las sustancias químicas en el origen de muchos problemas sanitarios, están escandalizados.

Salvando las distancias, la sensación que tienen muchos de estos científicos es semejante a la de aquel doctor de Viena llamado Semmelweiss y que hoy es considerado uno de los más emblemáticos mártires científicos. La desdicha de Semmelweiss fue la de ser un buen médico, ver lo que otros no veían y conservar el 'ojo clínico' en un mundo de médicos ciegos.

¿Quién era Semmelweiss? Semmelweiss, para su desdicha, era un doctor que ejercía la medicina en el mundo anterior a Pasteur, a mediados del siglo XIX. Los microbios entonces, según la ciencia médica imperante, no tenían nada que ver con enfermedad alguna. 'No' eran un problema. O eso se creía. Del mismo modo que algunos hoy minimizan lo que sucede con los patógenos químicos.

Los médicos podían pasarse el día diseccionando cadáveres medio putrefactos y sin lavarse las manos, atender a un paciente tocando sus heridas abiertas. De hecho, eso es lo que hacían. También asistían a partos en el hospital con las manos de la misma guisa. Por esa razón la mortalidad de las mujeres que daban a luz en los hospitales era entonces elevadísima. Morían por las llamadas fiebres puerperales, producidas por las infecciones.

Semmelweiss observó que la mortalidad era mayor entre las mujeres atendidas en los hospitales que las que daban a luz en sus casas e intuyó que debía ser por 'algo' que había en las sucias manazas de los doctores. De modo que intentó cambiar las cosas en su hospital: hizo que los médicos se lavasen las manos. El resultado fue espectacular. La mortalidad de las parturientas bajó un 90%.

Sin embargo, la clase médica consideró 'disparatadas' las ideas de Semmelweiss. ¿Qué era eso de que en las manos pudiese haber 'algo' que matase a las mujeres? ¿Qué era ese 'algo'? ¿Qué extravagancia era ésa? Las eminencias médicas de la época ridiculizaron a Semmelweiss, y por supuesto, siguieron con sus manos sucias, infectando (y, por tanto, matando) a una mujer tras otra. De nada sirvieron los resultados tangibles cosechados por Semmelweiss. Este científico murió rodeado de incomprensión. Hasta que llegasen los descubrimientos de Pasteur no se comenzarían a adoptar medidas higiénicas.

Si a los médicos de la época de Semmelweiss les hubiésemos hablado de microbios, de 'algo' invisible a simple vista que está por todas partes y que puede hacer enfermar, nos habrían mirado incrédulos. Pero esos médicos tenían una disculpa: Pasteur no había realizado sus descubrimientos. La disculpa era con todo, muy limitada, ya que los resultados de Semmelweiss eran demasiado claros como para que una mente abierta, no estúpidamente obstinada, no los hubiese tenido en cuenta.

A los que hoy muestran el mismo escepticismo con el papel de las sustancias químicas contaminantes en la crisis sanitaria que aquí describimos no les cabe siquiera la ligera disculpa que hemos referido, ya que hace muchas décadas que los 'Pasteur' de turno llevan acumulando evidencias de lo que sucede con las sustancias contaminantes. Son centenares de 'Pasteur' que han publicado millares de investigaciones en algunas de las más prestigiosas revistas científicas del mundo. No puede alegarse desconocimiento. Y sin embargo, en asuntos de higiene química, seguimos en la Prehistoria.

RACHEL CARSON YA LO ADVIRTIÓ

Hay científicos que llevan décadas diciéndolo y mostrando contundentes evidencias, aunque muchas autoridades y empresas hagan oídos sordos a todo ello.

Un ejemplo de los más notables es el de la científica norteamericana Rachel Carson, que en los años 60 escribía en su libro 'Primavera silenciosa' cosas como estas: "por primera vez en la Historia del mundo todo ser humano está ahora en contacto con productos químicos peligrosos desde el momento de su concepción hasta su muerte... Han sido encontrados en peces de remotos lagos de montaña, en lombrices enterradas en el suelo, en los huevos de pájaros, y en el propio hombre, ya que estos productos están ahora almacenados en los cuerpos de la vasta mayoría de los seres humanos". Y en otro lugar apuntaba: "a medida que la corriente de productos químicos nacidos de la Era Industrial ha crecido para inundar nuestro medio ambiente, se ha producido un cambio drástico en la naturaleza de los más serios problemas sanitarios. Ayer mismo el género humano vivía con el temor del contagio de la viruela, del cólera y de pestes que a veces se llevaban por delante naciones enteras. Ahora, nuestra máxima preocupación no son los microbios de enfermedades que antaño fueron omnipotentes, desinfecciones, mejores condiciones de vida y nuevas drogas nos han proporcionado un alto grado de dominio de las enfermedades infecciosas. Hoy estamos preocupados por otra clase de peligro que acecha a nuestro alrededor... un peligro que nosotros mismos hemos introducido en nuestro mundo mientras se desplegaba nuestro moderno sistema de vida. Los nuevos problemas sanitarios que nos rodean son múltiples.... creados por la radiactividad en todas sus formas, nacidos del inacabable torrente de sustancias químicas de las que forman parte los pesticidas y que actúan sobre nosotros directa e indirectamente, separada y colectivamente. Su presencia lanza una sombra no menos siniestra y oscura, no menos atemorizadora porque sean imposibles de predecir los efectos del contacto con los agentes químicos y físicos que no forman parte de los conocimientos biológicos del hombre".

Rachel Carson, obviamente, no era la primera en advertir sobre los riesgos de las sustancias químicas para la salud. De hecho, existe información sobre ello, y muy abundante, aunque con las naturales connotaciones de cada época, desde los albores mismos de la medicina. De ahí todo el acervo de la toxicología, por ejemplo. Que la contaminación puede tener un peso importante en el deterioro de la salud de una sociedad es algo que también se sabe desde antiguo. Por citar un solo ejemplo de ello, referido a los escenarios laborales de la industrialización incipiente, repetimos lo que nos decía Rosseau en el siglo XVIII, antes también de que Pasteur supiese del papel de los microbios en las enfermedades, en su obra "Discurso sobre el origen de la desigualdad entre los hombres", cuando denunciaba: "todos los oficios insanos que abrevian los días o destruyen el temperamento, tales como los trabajos de las minas, los diversos preparados de metales, de los minerales, sobre todo del plomo, del cobre, del mercurio, del cobalto, del arsénico, del rejalgar; estos otros oficios peligrosos que cuestan la vida todos los días a tantos obreros, techadores, carpinteros, albañiles, trabajadores de las canteras; digo que se sume todo esto y se podrán ver, en el establecimiento y la perfección de las sociedades, las razones de la disminución de la especie, observada por más de un filósofo".

Pero no viene al caso que nos extendamos aquí sobre lo antigua que es la evidencia de algo que, penosamente, sigue sin encender las alarmas debidamente en nuestra sociedad. Lo relevante es que lo que decía Rachel Carson, por ejemplo, hace cinco decenios -centrándose ante todo en los pesticidas, pero que nosotros podríamos ampliar a muchos otros productos y sustancias tóxicas- implica algo muy importante. Implica nada menos que un cambio de los paradigmas médicos imperantes. Estos paradigmas parecen haberse quedado anclados en el pasado, por alguna extraña razón, sin adaptarse a la realidad actual.

Son los paradigmas que tienen que ver con el origen de las enfermedades, que hacen que hoy sigamos pendientes sólo de cosas como las enfermedades originadas por elementos como los microbios, cuando ya hace mucho que debería haberse concedido una importancia semejante, atendiendo a la abundante cantidad de información científica acumulada sobre ello, a las enfermedades causadas por tóxicos.

En el caso de los microorganismos, la Humanidad tardó miles de años en darse cuenta de lo que estaba pasando. Miles de años. En el caso de las sustancias químicas tóxicas se conocieron muchos de sus efectos enseguida. Sin embargo, así como en el caso de los microbios, una vez que se cobró conciencia, enseguida se acometieron medidas, en el caso de las sustancias químicas no ha sido así.

Las más importantes medidas a tomar para evitar enfermedades siempre tienen que ver con la higiene, es decir, con eliminar de nuestro entorno, en la mayor medida posible, esos agentes patógenos. Pero lo que se hizo con los microbios, todavía no se ha hecho con las sustancias químicas, más allá de algunas pocas excepciones.

¿Por qué estas cosas no han sido tenidas más en cuenta por la clase médica y en general por la sociedad, influyendo, junto con toda la evidencia científica que ha ido acumulándose después, en una mayor atención hacia las enfermedades ambientales causadas por la creciente toxicidad de nuestro mundo? ¿Por qué el papel de la contaminación química en el origen de las enfermedades sigue siendo considerado secundario por una buena parte del estamento médico y de las autoridades con competencias en estas cuestiones?

Sin duda, y de ello hablaremos con más detalle en otros apartados de este libro, la resistencia de los intereses económicos comprometidos, obrada de mil formas diferentes, ha tenido que ver en todo ello.

ESTADO DE EXCEPCIÓN EN LA MEDICINA
El escándalo de un mundo sin prevención

En una jornada sobre 'vigilancia de tóxicos' desarrollada en el Ministerio de Medio Ambiente español en el año 2011, la responsable de Salud y Medio Ambiente de la Organización Mundial de la Salud, María Neira, reconocía algo que puede servirnos para intentar comprender la situación disparatada que hoy afronta la medicina. María Neira dio un dato. Se trata de un dato que, por otro lado, es archiconocido y que nadie pone en cuestión. Es algo tan evidente, tan asumido, que olvidamos su escandalosa gravedad. El dato que daba, así, de forma fría, era que sólo un 5% del esfuerzo sanitario se dirige hoy en día a la prevención de las enfermedades, y que el resto, un 95%, tiene que ver con monumentales inversiones en diagnósticos y tratamientos.

Muchos de los asistentes a esa jornada, al escuchar el dato, probablemente ni se inmutarían. Sin embargo, algunos especialistas que también estaban presentes y que lidian cada día con personas que enferman como consecuencia de la creciente polución química de nuestro mundo, seguro que no pudieron evitar sentir un escalofrío.

Estos científicos eran perfectamente conscientes de lo que implicaba ese dato y su tremenda gravedad. Lo que reconocía la responsable de la OMS, y que es un hecho objetivo e incuestionable, es que esa máxima básica de la medicina de que 'más vale prevenir que curar' no se está aplicando; que la medicina actual se ha desentendido en buena medida de lo que siempre había sido su prioridad, es decir, prevenir y evitar las enfermedades; que ello está haciendo que crezca y crezca el número de personas que enferman por las más diversas razones, pero que no se hace nada para evitarlo; que lo más que se hace es intentar diagnosticar a las personas que caen enfermas e intentar darles un tratamiento que en muchísimas ocasiones no cura la enfermedad sino que tan sólo la cronifica, alargando la vida y aliviando los síntomas, en el mejor de los casos.

La aplicación de este lamentable enfoque nos lleva a algo especialmente sangrante: la estadística de incidencia de una serie de problemas sanitarios no para de crecer y crecer año tras año. El porcentaje de población enferma no para de aumentar. Y no se hace nada para evitarlo.

Que ya no sea una prioridad investigar las causas de algunas enfermedades y prevenirlas, sino, como decimos, limitarse a diagnosticarlas y tratarlas, sin hacer prácticamente nada para que su incidencia cese de crecer, es algo muy grave. La situación creada ha hipertrofiado esa parte de la medicina que se ocupa de los tratamientos, como los farmacológicos, que dan extraordinarios dividendos a algunos sectores industriales a los que beneficia en especial que esté creciendo la cantidad global de enfermos crónicos que arrastran dolencias durante largos periodos de su vida. Al mismo tiempo, ha atrofiado la prevención, haciendo que otros sectores industriales, los que fabrican o utilizan determinadas sustancias perjudiciales, por ejemplo, también se vean favorecidos en detrimento de la salud colectiva.

De causa 'desconocida'

Muchos de los males sanitarios que más estragos causan hoy en día en Occidente son enfermedades que se dicen 'de causa desconocida' (o supuestamente desconocida). Su incidencia está alcanzando tales niveles exorbitantes que ya se alzan voces que alertan del riesgo de colapso de los sistemas sanitarios, por el coste de atender a las inmensas legiones de enfermos crónicos.

La verdad es que mucho de lo etiquetado como de causa 'desconocida', suelen ser problemas con una causa bastante bien conocida pero que por una serie de razones no interesa conocer porque no nos atrevemos a enfrentarnos a ella. Como comenta el epidemiólogo Miquel Porta, del Instituto Municipal de Investigaciones Médicas de Barcelona, una buena parte de la carga social de las enfermedades que sufrimos en Occidente son enfermedades de causas complejas, no lineales y simples y, en buena medida suelen ser enfermedades de las que se dice usualmente que son de causa 'desconocida'. Lo que él piensa, y con él muchos otros investigadores, es que muchas enfermedades de ese vasto campo de enfermedades sin causa clara conocida, según ciertos parámetros de interpretación más o menos extendidos, podrían explicarse, al menos en buena medida, si se considerasen más factores como los de la polución química.

CAUSAS QUE NO INTERESAN

No podemos dejar de citar aquí algo que puede haber tenido un peso muy importante en la disparatada situación descrita, verdaderamente kafkiana. ¿Qué hace que con las sustancias químicas se actúe de forma diferente que con los microbios? ¿Por qué con los microbios sí se adoptan medidas de higiene y con las sustancias químicas no? ¿Qué está haciendo que se esté aplicando un verdadero 'estado de excepción' que hace que con los tóxicos químicos no se apliquen los criterios más básicos que la medicina siempre ha aplicado para defender nuestra salud?

A nadie escapa que cuando una investigación científica señala a un gen o a un microorganismo, por ejemplo, como causa de alguna enfermedad, interesa más, es más aireado en la prensa y merece en general muchísima más atención que cuando una investigación o incluso cuarenta investigaciones de mucho más calado y realizadas por científicos más prestigiosos responsabilizan a unas sustancias químicas. ¿Por qué? ¿Por qué una causa parece interesar más, incluso aunque parezca o sea menos clara y frecuentemente con mucha menor influencia real en poder procurar más salud al conocerla que otra?

Sin duda que en todo juega un papel la diferencia esencial que hay entre unas posibles causas y otras. Una diferencia esencial evidente, por mucho que pueda molestar reconocerla, es, simplemente, que unas causas, como los genes o los microbios, no tienen nadie que les defienda. Culparles es como culpar a la Naturaleza en general. No se culpa a ninguna persona o entramado de personas. Pero una sustancia química sintética no está sola. Suele tener detrás todo un ejército de empresarios, trabajadores, abogados, incluso diputados, senadores… que se resisten a que esa sustancia química sea eliminada. Culpar a una sustancia química es algo mucho más incómodo, muchas veces, que culpar a los genes o a los microbios.

Detrás de una sustancia química, al margen del daño a la salud humana que cause, -que puede ser infinitamente mayor que el de los consabidos genes o microbios-, puede haber enormes negocios, con fuertes influencias políticas, mediáticas, etc., que suelen resistirse con uñas y dientes a que tal sustancia química sea prohibida y, en prevención de ello, a que tan siquiera sea acusada de nada[459]. Y por esto, no basta con que un científico, ni siquiera un centenar de ellos, demuestren la asociación de esa sustancia con una o varias enfermedades graves para que sea prohibida. Eso, y mucho menos que eso, bastaría para adoptar medidas contra un microbio o para alertar de la existencia de un gen problemático. Pero no vale para una sustancia química.

Si se aplicasen las más elementales prácticas médicas preventivas, las más elementales, debería bastar. Pero la existencia de grandes negocios hace que se decrete un estado de excepción para la práctica normal de la medicina, que no pocas veces va acompañado de la instauración de una pseudociencia mercenaria que sirve para crear confusión en el público, desviando la atención de lo que realmente está diciendo la mayoría de la comunidad científica. La ciencia de verdad pasa a un plano muy secundario cuando se habla de grandes intereses económicos. Sobre lo dicho hay toda una colección de casos concretos como el del plomo o el amianto, por sólo citar dos ejemplos, en los que se ve cómo se puede estar demorando la adopción de medidas eficaces durante décadas, permitiendo que se causen daños en cientos de miles de personas. Pero de todo esto hablamos con más detalle en otro apartado.

Además, no hemos de pensar sólo en intereses económicos de grandes empresarios. En realidad, existe cierto grado de complacencia por parte de sectores más amplios de la sociedad, que justifican que no se actúe por entender que lo que está sucediendo es algo inevitable, que es un precio que debe pagarse por el 'progreso'. Estos sectores de la sociedad piensan que, en cualquier caso, los perjuicios originados son siempre menores que los beneficios, y creen, erróneamente, que actuar contra ciertas situaciones sería detener el avance del progreso.

Evidentemente, la posición anterior se basa en un conocimiento muy limitado y distorsionado de la realidad. Primeramente se basa en una subestimación del daño que causan ciertas sustancias en nuestra sociedad: carga real de enfermedad y muerte. Porque conocido este daño real difícilmente podría ser tenido como un precio 'asumible' a pagar. En segundo término, parte de una visión errónea nacida del desconocimiento de alternativas no dañinas que podrían emplearse, no sólo no deteniendo el progreso, sino acelerándolo y sin consecuencias negativas.

RECUPERAR EL SENTIDO COMÚN

Tras el repaso hecho a la cantidad de enfermedades que la ciencia nos dice que podrían estar asociadas a la contaminación química, no cabe duda de que estamos ante uno de los problemas sanitarios más importantes que afronta la Humanidad en estos momentos.

Se trata de un problema que debe ser atajado con prontitud y decisión, no porque pueda llegarse en un futuro a una situación insostenible, sino porque ese futuro insostenible ya nos ha alcanzado de pleno.

La contaminación química, si nos basamos en lo que sugieren millares de investigaciones científicas, podría estar causando la enfermedad y/o muerte de millones de personas. El saldo de sufrimiento humano es tal que sería un insulto a la inteligencia decir que es un precio 'razonable' que pagar en aras de una supuesta 'calidad de vida'. Además, hay alternativas (y más rentables para la colectividad, económica, ecológica y sanitariamente, que lo que hoy se está haciendo).

Algunas de las enfermedades y problemas de salud más importantes que nos castigan pueden tener la contaminación química como una de las principales causas, y en ocasiones, como la principal en términos absolutos. Son problemas que están llevando a nuestro sistema sanitario a un callejón sin salida, ante la cada vez mayor dificultad de obtener medios para atender a unas masas crecientes de enfermos, muchas veces crónicos.

Es más que probable que una reducción notable de la polución química viniese de la mano de una bajada en los índices de incidencia de una serie de importantes enfermedades que llevan décadas subiendo, precisamente desde que comenzamos a inundar nuestro entorno y nuestros cuerpos con los productos de la química sintética, especialmente desde finales de la Segunda Guerra Mundial.

Debemos devolver a la medicina su espíritu verdadero. Ese espíritu que no se olvida de que 'más vale prevenir que curar', donde es una prioridad identificar las causas de las enfermedades y eliminarlas.

Y en ello, todos, y no sólo las autoridades y grandes empresas, debemos ser actores.

Las puntas del iceberg tóxico

MÁS ALLÁ DE LOS CASOS MÁS ESPECTACULARES

Los problemas ocasionados por los tóxicos van mucho más allá de los casos espectaculares que, de cuando en cuando, aparecen en los titulares de prensa. Sin embargo, por sus especiales connotaciones, son este tipo de casos los que merecen frecuentemente más atención, desviándola de los efectos de una contaminación química más extensa y cotidiana, que afecta a sectores vastísimos de la población y que, por ello, debería ser más vigilada y analizada.

Además, de algún modo, la forma de tratar esos sucesos puntuales más llamativos por parte de la prensa y las autoridades, y de procesar esa información por parte del público, puede acabar por hacer crecer la percepción de que la contaminación química no es algo cotidiano que nos alcanza a todos, sino algo que sólo se da en circunstancias o lugares concretos, como accidentes o zonas especialmente contaminadas.

Con todo, de casos como la tragedia de Bhopal (India), donde la explosión en una fábrica de pesticidas causó miles de víctimas, o como la catástrofe de Seveso (Italia) y los efectos que produjo la liberación de dioxinas que ocasionó, pueden extraerse muchas enseñanzas. De hecho, por ejemplo, la Directiva europea sobre seguridad industrial recibe el sobrenombre de Directiva Seveso. Igualmente casos muy patentes como el de las inquietantes consecuencias derivadas de la utilización del Agente Naranja, un pesticida usado en la Guerra de Vietnam, han servido para conocer las patologías que pueden causar estos contaminantes. Cientos de miles de vietnamitas y miles de veteranos estadounidenses han sufrido malformaciones en sus hijos, linfomas o sarcomas, etc.

Pero muchas veces, consciente o inconscientemente, por su propia condición de fenómenos excepcionales, ha habido quien ha querido verlos como 'excepciones que confirmaban una regla', sin darnos cuenta de que, en realidad, más que excepciones a una norma, formaban parte de ella. Simplemente eran acontecimientos que la hacían más evidente. Además, en muchos de esos sucesos estaban implicadas cantidades no ordinarias de tóxicos, lo que puede haber contribuido a subestimar los efectos sutiles de dosis más bajas a las que están expuestos sectores mayores de población.

Es así como debemos ver, por ejemplo, las infecciones crónicas de los oídos y los problemas inmunológicos de los niños esquimales del Ártico. No debemos olvidar que aunque tal vez las concentraciones que ellos tienen de PCBs y otros contaminantes en sus cuerpos sean algo superiores a las nuestras, nosotros también tenemos esos mismos contaminantes y pueden producirnos los mismos o diferentes problemas, como puedan ser el cáncer de mama o la diabetes. Hablamos de un problema global, una intoxicación global que no precisa manifestarse con niveles singularmente altos de concentración de sustancias. Todos estamos dentro de un mismo organismo contaminado: la Biosfera, y por sus arterias nos llegan los mismos contaminantes.

Hasta ahora, cuando ese organismo planetario recibía un daño químico en una de sus partes, creíamos que eso no iba con nosotros. Por alguna suerte de creencia anti-científica parecía que pensábamos que los daños se podían aislar en compartimentos estancos. Pero lo que la comunidad científica nos está mostrando con miles y miles de evidencias es otra cosa.

QUÍMICA CONTRA NATURA

ALGUNOS DAÑOS DE LOS CONTAMINANTES QUÍMICOS EN LA NATURALEZA

Tras haber visto los daños que la contaminación química está causando en la salud humana, es interesante conocer también algunos de los daños que está causando en la Naturaleza, partiendo de las cosas que han descubierto tanto científicos españoles como extranjeros.

Algunos de los hechos que vamos a comentar son, sencillamente, espeluznantes. Es inaudito que buena parte de la población española, al igual que sucede con los efectos que antes hemos visto sobre la salud humana, apenas esté informada de ellos.

Lo primero que vamos a contar tiene por escenario una hermosa región de noroeste de España: Galicia.

Unas hembras demasiado masculinas
Año 2010. Los caracoles gallegos

El equipo de Rodolfo Barreiro y José Miguel Ruiz, científicos de la Universidad de la Coruña, estudia desde hace mucho una especie muy común de caracoles marinos. Son unos caracoles predadores llamados Nucella lapillus, que podemos encontrar a todo lo largo y ancho de la costa de Galicia y de otras zonas del Atlántico europeo.

En el año 2010 recolectaron un buen número de ejemplares en una zona concreta de la costa y revisaron sus cuerpos uno a uno, para estudiar sus atributos sexuales. Algo les llamó la atención, pues llevaban mucho tiempo sin verlo. ¿Cuál era el descubrimiento? Nada menos que acababan de descubrir que los caracoles hembras no tenían pene.

Sí, han leído bien, vieron que las hembras no tenían pene. Y se preguntarán: ¿y eso es algo que les pareció llamativo? ¿No es eso precisamente lo normal que cabe esperar en una hembra? Y obviamente, la respuesta es que sí. Al menos en condiciones naturales. Lo que sucede es que una cosa son las condiciones naturales y otra las de las últimas décadas en la costa de Galicia y en otras costas del planeta en las que se ha instaurado, por obra y gracia de las alteraciones químicas, cierto estado de mundo al revés en algunos aspectos como éste.

La verdad es que desde que estos científicos comenzaron a estudiar estos moluscos en 1996 han venido constatando que en Galicia no encontraban ni una población de estos caracoles donde se diese lo que naturalmente debía darse. En todas las poblaciones estudiadas durante este tiempo no conseguían encontrar un grupo de caracoles donde no hubiese hembras con pene[460].

El 100% de las poblaciones de estos caracoles analizadas en todos los puntos de la costa de Galicia, presentaba hembras con pene, a veces la mayoría de ellas. Es un fenómeno conocido como imposex, o sexo impuesto, en el que las hembras, además de sus órganos sexuales femeninos desarrollan, de forma superpuesta, los masculinos. Esto puede tener consecuencias reproductivas muy negativas, como que los atributos varoniles bloqueen los conductos por los que deberían poner los huevos.

Algunas personas podrán pensar que esto acaso no sea tan raro, pensando en los caracoles terrestres y su hermafroditismo. Lo que pasa es que estos caracoles marinos son muy diferentes y tienen los sexos bien definidos y separados: los machos poseen pene y las hembras vagina. Al menos en condiciones naturales.

Los investigadores de La Coruña supieron del problema de masculinización de las hembras de caracoles marinos especialmente gracias a sus estancias en el laboratorio de la Asociación de Biología Marina de Plymouth, Inglaterra. Allí, años antes, dos científicos llamados G. Bryan y P. Gibbs se habían llevado una sorpresa monumental: un día, cuando sin sospechar nada, fueron a recolectar caracoles de esta especie para una investigación les sorprendió descubrir que ¡todos eran machos! No veían ni una hembra. ¿Cómo podía ser esto?

Finalmente acabaron por darse cuenta de que muchos de esos caracoles no eran realmente machos sino hembras con pene. Indagando, descubrieron investigaciones de otros científicos como las de un tal B. S. Smith quien, estudiando desde 1970 caracoles de otra especie en los estuarios americanos, había descubierto este tipo de anomalías y su causante: una sustancia tóxica añadida a la pintura antiincrustante de los barcos llamada TBT (tributil estaño).

El TBT, incluso en lugares donde su concentración en el agua es tan ínfima que apenas puede detectarse por métodos químicos, es capaz de acabar masculinizando a los caracoles hembra de regiones enteras.

Y eso es precisamente lo que habían venido registrando los investigadores de la Universidad de la Coruña: todas las poblaciones de estos caracoles, a lo largo y ancho de toda la costa gallega, estaban afectadas. No sólo lo vieron en las zonas donde más previsible podría ser, como en el interior de las rías, sino incluso en zonas donde parece que el mar está más limpio, tales como Finisterre.

Estos científicos sospechan que la ausencia de estos caracoles en algunas zonas que parecen especialmente polucionadas con TBT se debe precisamente a este factor. Dentro de sus investigaciones, Barreiro y Ruiz tomaron caracoles de zonas con baja incidencia de imposex y los trasladaron a alguna de esas zonas donde la especie había desaparecido, comprobando como las hembras desarrollaban penes rápidamente.

Hoy se sabe que compuestos como el TBT y otras sustancias semejantes afectan muy severamente a una serie de organismos marinos. Uno de los lugares donde antes lo aprendieron es en las amplias zonas de cultivo de ostras de Francia, cuya industria llegó a colapsarse a consecuencia de ello en los años 70 y 80.

En 1989 la Unión Europea decretó una prohibición del uso de pinturas con TBT en pequeñas embarcaciones y en 2003 se amplió la prohibición, de modo que en el 2008, al menos teóricamente, todas las embarcaciones ya debían estar libres de pinturas con este compuesto.

El haber detectado por vez primera una población, aunque sea pequeña, de caracoles marinos sin masculinización de hembras podría ser una consecuencia de que hubiese comenzado realmente a disminuir la presencia de este compuesto. Pero no lo olvidemos, sólo se habla de una pequeña población, porque en el resto, a lo largo y ancho de toda Galicia, sigue dándose, aunque se haya registrado una disminución de su incidencia.

El asunto del TBT es una muestra de hasta qué punto una minúscula cantidad de una sustancia química, liberada en algo tan grande como el mar, donde cabría pensar que se disolvería sin mayores consecuencias, es capaz de provocar enormes cambios en los seres vivos de vastísimas regiones. Algo tan aparentemente inocente como una sustancia presente en la pintura que se aplica a los barcos puede alterar severamente los ecosistemas marinos.

Lo sucedido con el TBT no se da sólo en la costa gallega, ni sólo con esa especie de caracol, sino que ocurre con otras especies, como el llamado Bolinus brandaris en el litoral mediterráneo.

Este caracol genera una de las conchas que podemos ver habitualmente en las playas turísticas de la costa mediterránea española. Sin embargo, pocos de quienes las recogen como recuerdo sospechan el drama que está atravesando esta especie. Muchas de sus hembras, a veces en unas proporciones altísimas, no se salvan de padecer imposex[461].

Todo lo visto va, por supuesto, más allá del TBT y de los caracoles marinos. Encierra toda una lección acerca de lo sensible que es el equilibrio químico de la Biosfera en cuyas arterias estamos inyectando sin cuidado alguno millones de toneladas de sustancias sintéticas. Que niveles casi indetectables de una sustancia de una pintura sean capaces de alterar tan profundamente la biología de miles de kilómetros de costa debería hacernos reflexionar acerca de lo que estará generando el vertido sistemático de ingentes cantidades de sustancias.

El siguiente caso que vamos a ver es otro ejemplo de los efectos de la polución química sobre seres acuáticos, pero estos son animales de agua dulce. Se trata de seres que viven en esos ríos a los que vertemos enormes caudales de contaminantes químicos de forma cotidiana.

Machos femeninos
Las carpas del Llobregat

Alboreaba el milenio y un equipo de científicos, entre los que estaban Damiá Barceló y Cinta Porte, del Departamento de Química Ambiental del IIQAB-CSIC de Barcelona andaba ocupado cogiendo muestras de agua en los ríos Cardener y Anoia, afluentes ambos del río Llobregat, aguas arriba y aguas abajo de las depuradoras de varias poblaciones, a diferente distancia de las mismas.

Al mismo tiempo, los científicos capturaban carpas en esos ríos, mediante pesca eléctrica, un sistema eficaz que les permitía hacerse con los ejemplares con facilidad. Y cuando analizaron esos peces, tomando muestras de sangre, vieron algo sorprendente. En todos los tramos de río los machos estaban sintetizando una proteína llamada vitelogenina. Se preguntarán qué es la vitelogenina, ¿no? Pues es una proteína precursora de la formación de la yema de los huevos, la que producen las hembras de los peces cuando van a aparearse. Los machos estaban produciéndola. ¿Qué hacían aquellos machos de carpa produciendo la proteína equivocada? Obviamente, esos machos estaban feminizados. Y la pregunta era ¿por qué?

La respuesta estaba en las muestras de agua recogidas y en las sustancias que había en ellas. Tenían altos niveles de unas sustancias contaminantes: el nonilfenol etoxilado y el nonilfenol (que fueron medidos tanto a la entrada de las depuradoras como a su salida). Son sustancias que proceden de los detergentes no iónicos usados profusamente en los hogares[462] y que se sabe que pueden alterar el sistema hormonal[463].

En esos ríos se midieron unos niveles de nonilfenol más altos que los de otros ríos europeos. Y en estos otros ríos, curiosamente, a niveles mucho más bajos de concentración de nonilfenol de los detectados en esos ríos de Cataluña, se había visto que se inducían ese tipo de alteraciones feminizantes en los machos de truchas, platijas o gobios. Esos ríos catalanes estaban, pues, rebosantes de contaminantes hormonales de efectos bien conocidos.

El Departamento de Química Ambiental del Instituto de Investigaciones Químicas y Ambientales de Barcelona (CSIC), realizaría diferentes trabajos en estos ríos, midiendo otros contaminantes y registrando algunas anomalías sorprendentes[464]. Entre estas últimas cabe destacar la presencia de varios ejemplares de carpa que tenían a la vez testículos y ovarios, lo que se conoce como intersex[465]. El número de casos que se encontraron en proporción al número de peces capturados era también muy superior al de otras zonas donde se habían visto fenómenos parecidos.

Pero obviamente, lo estudiado en esos ríos catalanes no es privativo de ellos. Se da también en otros ríos españoles con las mismas y con otras sustancias contaminantes. Cinta Porte, una de las científicas que había participado en las investigaciones, colaboró, por ejemplo, en un trabajo que detectó también feminización en machos de carpa aguas abajo de la depuradora de Zaragoza y en otras zonas del Ebro[466].

Las sustancias que podrían tener que ver con efectos de este tipo son muchas. Entre ellas, por ejemplo, algunas como las fragancias sintéticas, que pueden llegar a los ríos a consecuencia, entre otras muchas cosas, de su uso en detergentes y productos de la limpieza[467]. Pero, como decimos, esto es sólo un ejemplo de la miríada de compuestos que pueden causar problemas.

Preocupa mucho lo que sucede con entornos contaminados como pueden ser las desembocaduras de los ríos, lugares en los que, entre otras cosas, se ha estudiado la feminización de especies como el salmonete de fango[468].

Hermafroditas

Los mejillones y lisas de Urdaibai

Precisamente en un entorno de estuario, en concreto en la Reserva de la Biosfera de Urdaibai (Vizcaya) se han desarrollado también algunas interesantes investigaciones del equipo de una científica vasca, la catedrática Miren Cajaraville, directora del grupo de Biología Celular en Toxicología Ambiental de la Universidad del País Vasco. Una de esas investigaciones, dentro de un proyecto llamado DERBIUR que arrancó en el año 2004, trajo consigo interesantes hallazgos.

La zona de estudio, Urdaibai, la ría de Guernica, es una zona maravillosa con magníficos paisajes y en la que recalan miles de aves migratorias. Es además, como tantos estuarios, una zona con una altísima productividad biológica, lo que se refleja en su valor para la pesca y el marisqueo.

Sin embargo, aún en entornos así, y en especial en algunas áreas de ellos, los científicos pueden llevarse sorpresas. Eso es lo que le sucedió al equipo de esta científica en 2003 y 2004 cuando encontró que un alto porcentaje de los mejillones que examinaron allí tenían a la vez órganos reproductores masculinos y femeninos. El porcentaje de hermafroditismo, muy superior al de otros lugares, alcanzaba el 26%[469].

También encontraron un número relevante de machos de corcones (lisas), una especie de pez muy común en estos lugares, que tenían células femeninas en sus órganos reproductores (intersex).

El problema era particularmente evidente. Cerca de la depuradora de aguas residuales de Guernica, lo presentaba hasta un tercio de los machos. Estos científicos aludían a los contaminantes hormonales que hay en esas aguas, desde los alquilfenoles antes citados (se detectaron altos niveles de nonilfenol en el cuerpo de los corcones), a pesticidas, ftalatos, hormonas sintéticas procedentes de fármacos, etc.

Un antecedente 'de libro':
El caso de la nutria

La presencia de contaminantes en las aguas, como vemos, puede causar importantes alteraciones en los organismos vivos que las pueblan. Muchas veces, esas alteraciones pueden tener notables efectos sobre sus poblaciones. Uno de los casos más conocidos es el de la nutria europea.

La extinción o rarefacción de la nutria en los países de Europa Occidental, nos explican científicos españoles: "se produjo de una forma general y sincrónica, en apenas 15 años, desde Escandinavia hasta Iberia y la península itálica. La nutria se estaba haciendo más escasa en muchos lugares donde no se la perseguía, en otros en los que el hábitat no parecía haber cambiado o en algunos en los que parecía tener recursos suficientes"[470] ¿Cual fue entonces la causa?

"La principal causa comúnmente aceptada para explicar la rarefacción de la nutria en Europa a lo largo del siglo XX" -nos explican- "ha sido la contaminación de las aguas y la bioacumulación de compuestos tóxicos a través de la cadena trófica que termina en la nutria". Entre estos contaminantes estarían los pesticidas organoclorados, los PCBs o metales pesados como el mercurio.

Antes de ver estos efectos en la nutria, ya habían sido estudiados efectos semejantes en una especie de su misma familia: el visón americano (Mustela vison). Se trataba de "efectos subletales negativos sobre el éxito y la capacidad reproductiva y por tanto, sobre la población". A lo que cabría sumar otros efectos negativos sobre la supervivencia de los individuos tales como inmunosupresión, malformaciones, problemas neurológicos y efectos en el metabolismo que afectarían a la vitamina A.

Todo comenzó a mediados del siglo XX, con la masiva utilización de sustancias como el DDT o los PCBs que, por diversas vías, acabaron en las aguas y en sus peces, llegando así a la nutria. Dónde más PCBs tenían los peces, curiosamente, menos nutrias había.

A mediados de los años 80 y principios de los 90 estas sustancias podían medirse a niveles muy altos dentro de estos simpáticos mustélidos. En Andalucía se encontró una nutria que tenía 1005 mg/kg de PCBs en su cuerpo. Veinte veces más de la que se consideraba necesaria para producir fallos reproductivos.

Cuando los compuestos organoclorados comenzaron a dejar de usarse en los niveles en los que lo habían sido a consecuencia de las restricciones que se decretaron contra su uso, la cosa empezó a cambiar. A medida que se veían bajar los niveles de PCBs y DDT en las nutrias, comenzó a detectarse una progresiva tendencia a la recuperación en las poblaciones. No obstante, aunque esos contaminantes hayan decrecido (aunque no desaparecido, por su fuerte persistencia) hay otros que en estos momentos están creciendo, y debemos seguir vigilantes acerca de los efectos de estos y otros factores sobre las poblaciones de especies como la nutria.

Lo que nos contaron en "Nuestro futuro robado"

Las poblaciones animales de los ecosistemas hídricos son especialmente sensibles a la contaminación química. La obra de divulgación científica "Nuestro Futuro Robado", por ejemplo, hacía un repaso de muchos de los hallazgos que conmovieron a la comunidad científica, poniéndola sobre la pista de los riesgos de la alteración hormonal que podían inducir las sustancias contaminantes. Una pista que, partiendo de las especies silvestres, acabaría llevándoles al descubrimiento de efectos similares en la especie humana. Porque las especies silvestres no dejan de ser, al fin y al cabo, sino 'centinelas' de la salud humana. Todos compartimos el mismo planeta, el mismo aire, la misma agua... y nuestros organismos tienen demasiadas cosas en común en cuanto a los efectos que pueden causarnos los contaminantes químicos.

"Nuestro Futuro Robado" nos habla, con bastante detalle, de aquellos investigadores que descubrieron los primeros síntomas de esta alteración del equilibrio químico de la Biosfera. El libro explica que aquellos científicos comenzaron a ver cosas que antes no habían visto en la Naturaleza y que quedaron estupefactos al encontrarlas. Hasta que fueron tirando del hilo y descubriendo que las alteraciones químicas inducidas por los contaminantes explicaban lo que veían.

Así esa obra nos narra, por ejemplo, lo que pasó con aquellos investigadores que estudiaban las gaviotas de los Grandes Lagos norteamericanos, sumidero de infinitas contaminaciones industriales. Relata que se asombraron consignando en sus cuadernos de campo detalles que nunca antes se habían recogido del mismo modo en los anales de la ciencia. Vieron cosas que, de la noche a la mañana, como si el mundo se hubiese vuelto del revés, comenzaron a abundar: pollos que nacían con graves malformaciones, nidos cuyos huevos nadie incubaba, parejas de aves homosexuales...

Nos detallaba también que científicos como Michael Fry de la Universidad de Davis, creían acaso estar sufriendo una alucinación o soñando cuando, analizando los conductos sexuales de los machos de gaviota del sur de California, veían que se habían feminizado. ¡Había células femeninas en los testículos! O, más aún, si el nivel de DDT era muy alto, aquellos machos podían llegar al extremo de ¡tener un oviducto! ¿Qué hacía en un macho el conducto que tienen las hembras para poner los huevos?[471]

Fenómenos nunca antes vistos ni descritos por la ciencia, fenómenos pavorosos en muchos casos, comenzaron a verse por doquier.

Así, por ejemplo, un buen día, los científicos que estudiaban los caimanes de un lago de Florida (el lago Apopka) descubrieron que el 40% de ellos no eran ni hembras ni machos, sino mixtos. ¿Por qué? ¿Qué estaba pasando? ¿Por qué, además, los machos tenían los penes diminutos? ¿Y por qué tenían sólo la cuarta parte de la testosterona que solían medir en esa especie, además de estar cargados de hormonas femeninas?

¿Por qué además las alteraciones no sucedían sólo con los caimanes del lago? ¿Por qué, por ejemplo, buena parte de las tortugas de orejas rojas de la misma masa de agua se habían convertido en hermafroditas?

La 'magia' (no diremos si negra o no) que se había obrado en aquel lago podía tener un nombre: industria química. La industria que había vertido en aquellas aguas, unos pocos años antes, un peculiar 'elixir': un pesticida llamado dicofol[472]. Algo tan 'simple' como la presencia de esa sustancia en el lago podría haber obrado aquellas profundas transformaciones en los seres que vivían en él.

En los ríos británicos, aguas abajo de los vertidos de las depuradoras, atiborrados de contaminantes como los alquilfenoles, los científicos encontraron que un 30% de los peces macho estaban feminizados y que a veces, eran hermafroditas. Y en la zona del río San Lorenzo, en Norteamérica, receptora de una ingente cantidad de contaminantes, asistieron también a cambios increíbles que tenían como protagonista a un mamífero marino: la beluga. Aparte de los casos de hermafroditismo, tenían el sistema inmunológico devastado. Infecciones generalizadas, neumonía, úlceras intestinales, estomacales, esofágicas y bucales se cebaban en ellas. Además, sufrían una alta tasa de cánceres de mama y de trastornos endocrinos, como el hipertiroidismo. Algunas de sus poblaciones declinaban con tal plaga. Jamás antes se había visto nada semejante, como jamás antes esos mamíferos marinos habían tenido en sus cuerpos lo que ahora tenían: una alta concentración de sustancias contaminantes como los PCBs. Algunas de esas belugas se habían convertido en una suerte de depósitos móviles de residuos tóxicos que les habían llegado a través de la cadena alimentaria, creciendo y creciendo en cada eslabón de la misma, por un proceso de ascendente concentración hasta llegar a niveles delirantes.

"Nuestro Futuro Robado" nos detalla muchas de estas aberraciones. Habla de fenómenos como los problemas reproductivos de unos osos polares cargados de DDT o PCBs o por concluir, de los problemas de las panteras de Florida, a las que su costumbre de comer mapaches (grandes consumidores a su vez de pescado contaminado) les jugó una mala pasada: machos feminizados, con abundantes criptorquidias, con espermatozoides venidos a menos, con un sistema inmunológico trastocado....

Lo sintetizado en aquel libro no es sin embargo, en buena medida, más que un resumen de lo que se sabía hasta los años 90. Y desde entonces es mucho, muchísimo más, lo que se ha publicado en las revistas científicas sobre este tema y otros vinculados. Lo lamentable es que lo que publica la comunidad científica pocas veces llega a la población general.

Por ejemplo, ¿cuánta gente sabe que los peces espada y otros grandes peces del Mediterráneo podrían estar en peligro, no sólo por la sobrepesca, que es de lo que más se habla, sino a causa de la contaminación química? Es lo que se comenta en un interesante estudio[473], en el que Miren Cajaraville y Cinta Porte colaboraron con científicos italianos. En ese estudio resumían algunos de los datos que se tienen sobre los efectos de los contaminantes hormonales en los organismos acuáticos. Trataba desde los efectos constatados en los invertebrados más diminutos -pero que juegan un papel clave en los ecosistemas- a los vistos en los predadores marinos, tales como el pez espada. Los altos niveles de vitelogenina que se detectaban en los machos y que se asociaban a sus niveles de contaminantes organoclorados eran especialmente preocupantes. Un alto porcentaje de los ejemplares tenían intersex.

Los efectos de tóxicos de esta clase sobre la fauna silvestre son bien conocidos. Podemos contar en los peces los siguientes problemas: daños en el tiroides, disminución de la fertilidad y del éxito en la incubación, malformaciones, feminización... En las aves también se han constatado daños inmunológicos, por ejemplo; en las tortugas se han visto disminución en el éxito de incubación y malformaciones; y en los mamíferos, entre otras cosas, daños inmunológicos y disminución de la fertilidad.

La cada vez más compleja mezcla química que vertemos a las aguas desde industrias, ciudades o campos y en la que se combinan fármacos, pesticidas, alquilfenoles y mil y una sustancias, que además dan lugar a otras nuevas al reaccionar entre sí y/o por la acción de los microorganismos y de la luz solar, por ejemplo, es algo que puede dar lugar a muchas sorpresas. Todos los niveles de la cadena alimentaria de los ecosistemas húmedos se ven afectados por los contaminantes químicos[474].

Anfibios

Hay algunas especies particularmente sensibles a la contaminación química. Entre ellas se encuentra uno de los grupos animales que más preocupan, el de los anfibios. Los anfibios, como han mostrado muchos estudios, son particularmente sensibles a la contaminación química, aún a niveles muy bajos de concentración de las sustancias involucradas.

Entre los efectos descritos se cuenta la alteración de patrones de conducta de algunas especies por los efectos neurotóxicos de insecticidas como los organofosforados o los carbamatos. También se sabe que los herbicidas pueden inducir daños en el sistema inmunológico de los renacuajos propiciando que se ceben en ellos los nemátodos parásitos, entre otros efectos más vistosos si cabe.

Singularmente llamativo es, por ejemplo, lo que descubrieron investigadores de la Universidad de Berkeley en California (EE.UU.), que mostraron cómo la exposición a niveles muy bajos de atrazina, uno de los herbicidas que ha sido usado en mayores cantidades en el planeta, 'castraba' químicamente al 75% de los machos de una especie de rana[475]. Les faltaba la testosterona y, obviamente, en buena medida, todo lo que tiene que ver con ella, como el semen. A otro 10% los convertía, sin más ni más, en 'hembras'[476] que genéticamente siguen siendo machos, lo que hace que los frutos del apareamiento con otros machos no sean los debidos. Las consecuencias poblacionales de estas alteraciones sobre especies de ranas silvestres podrían ser muy graves. De hecho, los mismos autores de la investigación citada han publicado también una revisión de estudios sobre los efectos de plaguicidas como la atrazina, concluyendo que podría ser una de las causas de la disminución global de poblaciones de anfibios[477].

Si se tiene presente lo amplia que es la contaminación con este y otros pesticidas, que infectan buena parte de las aguas superficiales y subterráneas, así como lo bajas que son las concentraciones a las cuales pueden actuar, nos percatamos de lo extendidos que pueden estar sus efectos.

Pero los contaminantes químicos no sólo castigan a los seres vivos que habitan ecosistemas húmedos. El siguiente caso es muestra de ello.

Halcones 'incombustibles'

Begoña Jiménez, bióloga del Departamento de Análisis Instrumental y Ambiental del Consejo Superior de Investigaciones Científicas, en colaboración con otros investigadores, lleva años pendiente de una especie singular de la fauna española: el halcón peregrino.

Pocas aves hay más hermosas y más diestras para la caza que ésta. Su forma de capturar aves, a veces en picados que pueden llegar a sobrepasar los 400 kilómetros por hora, le han valido sobrenombres como el de 'proyectil viviente'. Sin embargo, es precisamente su condición de predadora de otras aves la que le vuelve singularmente vulnerable ante la acumulación de contaminantes. Como es sabido, la concentración de contaminantes persistentes es mayor cuando más arriba se está en la cadena alimentaria. Por eso, para detectar la presencia de contaminantes en un ecosistema determinado, es especialmente revelador controlar lo que sucede con aves como ésta.

Y en eso estaba Begoña Jiménez hace unos años, en colaboración con otros científicos españoles y extranjeros (como los del Departamento de Biología Ambiental de la Universidad de Siena (Italia). Estaban analizando una serie de parámetros en los cuerpos de unos halcones peregrinos de la provincia de Guadalajara, en el centro de España. Encontraron algo llamativo en los halcones macho: estaban sintetizando vitelogenina, la proteína precursora de la yema de los huevos. Y obviamente, los machos no han de poner huevos y por eso no han de sintetizarla. Había algo que estaba feminizando a esos machos de halcón. Y ese algo debían ser los contaminantes orgánicos persistentes de acción hormonal, como hicieron constar en las conclusiones de su investigación. Esa contaminación podía ser una amenaza para la especie[478].

De hecho, el halcón peregrino, precisamente, es todo un símbolo de los estragos que pueden hacer los contaminantes en la fauna salvaje. La acumulación de pesticidas organoclorados en ellos, como el DDT, hizo desaparecer los halcones peregrinos en amplias zonas de Norteamérica. Las medidas adoptadas para prohibir el DDT en muchos países trajeron una bajada de las concentraciones de estos productos en los halcones y cierta recuperación de sus poblaciones. Sin embargo, hoy en día hay muchos otros contaminantes que aparecen en estos y en otros animales. Por ejemplo, los retardantes de llama, sustancias que se aplican a muchas objetos en la sociedad moderna para reducir su combustibilidad, pero que luego acaban contaminando el medio ambiente e incluso los propios cuerpos humanos.

Begoña Jiménez participaría después en otro estudio precisamente sobre este particular. Este estudio[479], realizado conjuntamente por un equipo de científicos de España y de Canadá, detectó la presencia de algunos retardantes de llama clorados en los huevos de halcón peregrino de los dos países. En concreto, alguna de las sustancias detectadas -como el decloran plus- eran medidas por primera vez en la Naturaleza europea.

Begoña Jiménez se encargó de conseguir los huevos, con los permisos pertinentes, en los nidos respectivos. Para no perjudicar las nidadas, los huevos que se recogían eran aquellos que estaban hueros, esto es, infértiles, de los que ya no iba a nacer ningún polluelo. De ese modo se cogieron cinco en nidos de Guadalajara y ocho en la costa vasca. Los investigadores canadienses, por su parte, recogieron los huevos en nidos de la zona de los Grandes Lagos.

Al analizarlos, se vio que contenían estos compuestos que teóricamente deberían estar sólo en los tejidos, aparatos electrónicos u otros objetos a los que se añaden, y no dentro de huevos de halcón.

En España, la concentración era mayor en los huevos de los halcones vascos, probablemente porque la dieta de los halcones costeros es diferente a los de la Meseta. En la costa los halcones pueden alimentarse, entre otras cosas, de aves marinas. Y las aves marinas son grandes consumidoras de pescado que acumula muchos contaminantes. En la Meseta el halcón suele cazar aves que en principio acumulan menos contaminantes. Por eso probablemente los halcones vascos tenían, por ejemplo, bastante más mirex (un retardante de llama que también fue usado en otros tiempos como pesticida).

Los nidos de halcones canadienses estaban en una zona que, como los Grandes Lagos, es ya de por sí todo un referente clásico por su contaminación. Como era de esperar, la concentración de estos compuestos en ellos era mayor que en los españoles. De hecho, los autores apuntaban que la presencia en aquella zona de la industria fabricante de estos compuestos durante décadas podía haber influido negativamente (aunque ahora también se fabrican en China).

Los investigadores no sabían qué efectos podían tener esos compuestos concretos en los halcones, pero advertían que sí que se había establecido bien la toxicidad de otros retardantes de llama halogenados, como los que contienen bromo, conociéndose perfectamente su capacidad de actuar como alteradores endocrinos.

Los halcones, por supuesto, no son las únicas aves que se han visto en problemas por la acción de los contaminantes. Otras aves han sufrido por ello. En España, por ejemplo, se han medido contaminantes como los retardantes de llama o pesticidas organoclorados también en colonias de cigüeña blanca[480], por sólo citar un caso.

Y no debemos olvidar que, a fin de cuentas, y como ya se ha insistido, las especies salvajes no dejan de ser centinelas de la salud humana. Muchos problemas causados por los contaminantes químicos fueron detectados antes en la Naturaleza que en las personas que, al fin y al cabo, también los tienen en sus cuerpos.

Por ello los científicos, a través de los más diversos documentos, como la declaración de Wingspread, nos han alertado una y otra vez de que lo que pasa en las poblaciones animales es lo que nos está pasando también, de un modo u otro, a los humanos.

Para bien o para mal, el experimento químico que estamos haciendo en la Biosfera, inyectando en ella colosales cantidades de química sintética, nos acaba convirtiendo a todos en cobayas.

En esa especie de gran organismo que es el ecosistema global, todos somos 'células'. Y como las células, somos sensibles a las sustancias que hacemos circular por su 'torrente circulatorio'.

En los últimos tiempos nuestra civilización industrial, al introducir una química nueva, activa hormonalmente, se está comportando como si fuese una gigantesca 'glándula' liberadora de 'hormonas' que afectan a todo el 'organismo' de la Biosfera y a cada una de sus partes integrantes, como los animales salvajes o las personas.

Pero al margen de las alteraciones hormonales y con frecuencia interaccionando con ellas, hay otros efectos que se están constatando desde hace mucho en los seres vivos del planeta y en los que los tóxicos podrían tener un papel importante. Uno de ellos, del que nos ocupamos en el siguiente apartado, es el de los daños sobre el sistema inmunológico. Ese sistema que se encarga de la defensa contra las infecciones, entre otras cosas. En un capítulo anterior veíamos las alteraciones que las sustancias químicas podrían estar causando en las defensas de las personas. En esta ocasión, lo que vamos a ver es lo que se está observando que sucede con los mamíferos marinos. Y de ello, si somos inteligentes (y el autodenominado Homo sapiens debería serlo) es posible que podamos extraer algunas enseñanzas para comprender lo que puede estarnos pasando a nosotros mismos y encender las alertas necesarias.

La contaminación y los cetáceos sin defensas

Numerosos estudios científicos han relacionado diversos factores de stress ambiental, entre ellos la presencia de contaminantes químicos, con daños en el sistema inmunológico que predisponen a varias especies animales a padecer diversas enfermedades infecciosas. No siempre es fácil discernir una sola causa, ya que suele ser frecuente que varias se den a la vez. En los entornos marinos se dan hoy una serie de ellas que pueden ser muy negativas para algunas especies y que van desde el denso tráfico marítimo y el ruido, hasta las transformaciones derivadas del cambio climático, pasando por la sobre-pesca y otras, como pueda ser la intensa contaminación orgánica de las aguas en muchas zonas. Pero sin duda, y en ello insisten muchas investigaciones, la polución química parece tener un papel muy importante. De ello pueden extraerse conclusiones muy interesantes que pueden tener que ver también con la salud humana.

Basta ver algunos de esos estudios, como los que revisaron investigadores de España, Reino Unido, Italia, Irlanda, Brasil, Australia, Colombia, Perú o Australia, y cuyas conclusiones publicarían en la revista "Enfermedades de los Organismos Acuáticos" ("Diseases of Aquatic Organisms") en el año 2009[481]. En ellas se ve cómo el papel inmunosupresor de ciertos contaminantes puede tener que ver con el crecimiento de incidencia de una serie de enfermedades que han afectado a mamíferos marinos a lo largo y ancho del planeta, pudiendo representar una amenaza importante para diversas poblaciones animales. Estas enfermedades pueden causar mortandades masivas, afectar al éxito reproductivo, transmitirse entre especies diferentes y originar, pues, grandes estragos. El que, curiosamente, se dé una mayor incidencia de ciertas enfermedades infecciosas precisamente en zonas más contaminadas químicamente, como las desembocaduras de ríos o algunas otras zonas litorales polucionadas puede ser una prueba del papel de los tóxicos en ello.

En la investigación, en la que participaron especialistas españoles como Alex Aguilar o Juan Antonio Raga, se hablaba de enfermedades como las ligadas a los morbillivirus que han afectado a diversas poblaciones de marsopas (Phocoena phocoena), calderones (Globicephala melas) y delfines, como los listados (Stenella coeruleoalba) o los mulares (Tursiops truncatus). Entre las posibles causas que favorecen estas enfermedades figura siempre la exposición a contaminantes que pueden deprimir la inmunidad. Entre ellos se encuentran los PCBs (policlorobifenilos), tal y como pudo observarse en la gran mortalidad de delfines que se estudió en el Mediterráneo a comienzos de la década de los 90.

La caída de la respuesta inmune asociada a la exposición a contaminantes podría haber tenido que ver también, según el mismo estudio, con que en algunas áreas se haya dado una gran afectación por papilomavirus. Tal cosa podría haber pasado en algunas poblaciones de marsopa negra (Phocoena spinipinnis).

Los virus del papiloma genital han castigado también, con gran fuerza en algunas zonas, a poblaciones de especies como el cachalote (Physeter macrocephalus), el delfín de Fitzroy (Lagenorhynchus obscurus), el delfín de aletas largas (Delphinus capensis) o el delfín mular (Tursiops truncatus). La misma causa podría estar favoreciendo algunas enfermedades asociadas al poxvirus y TSD, que se ceban con varias especies de delfines, marsopas o zifios. La contaminación con PCBs y la subsiguiente inmunosupresión podrían haber también favorecido la toxoplasmosis que ha afectado a algunas especies.

Hay zonas donde la incidencia que puede alcanzar este tipo de problemas es muy alta. Así por ejemplo, en la Bahía de Monterrey en California, una investigación científica detectó que cerca del 90% de los delfines mulares adultos (y un 71% de las crías) padecían regularmente una serie de lesiones cutáneas a veces muy graves[482]. De 189 delfines estudiados, 163 las tenían. El tipo de lesión cutánea que más se daba, detectada en el 80% de los animales, era de las que se asocian a los poxvirus.

Sin embargo, es muy importante destacar que buena parte de los daños que pueden estarse produciendo en los cetáceos en muchas partes del mundo ni siquiera llegan a ser conocidos, sencillamente porque no se estudian. No se destinan suficientes medios para que ello se haga, incluso en casos donde hay datos preocupantes que indican la necesidad de estudiarlo en una zona concreta. Ejemplo de ello es el Mediterráneo, donde se estudia muy poco a pesar de que se han medido en los cetáceos altísimos niveles de contaminantes organoclorados como los PCBs. Son niveles que, como se recoge en alguna investigación, estaban muy por encima de los registrados en otros lugares del planeta famosos por los graves efectos que causaron allí, como es el caso del río San Lorenzo y las belugas[483].

Algunos investigadores españoles como Alex Aguilar, catedrático de Biología Animal de la Universidad de Barcelona, ante la dificultad de realizar seguimientos de delfines en el Mediterráneo con suficiente detalle como para evaluar consecuencias sanitarias, ha debido hacerlo con poblaciones de delfines de Florida. Y allí descubrió, entre otras cosas, que con niveles de contaminantes inferiores a los que se dan en el Mediterráneo se están viendo efectos negativos, como un menor éxito reproductivo[484].

La contaminación química y la biodiversidad

Está perfectamente establecido que la contaminación química es uno de los principales factores que afectan a la pérdida de diversidad biológica en el mundo, dándose la mano con otras causas. Las formas en las que los contaminantes químicos pueden causar estos daños son muy diversas.

Pensemos, por ejemplo, en los daños creados por la vasta utilización actual de pesticidas en áreas agrícolas, que en zonas como Europa integran más del 40% de la superficie del continente. Un estudio realizado por científicos de la Universidad de Gotinga (Alemania) en varios países europeos, como España, registró que en los cultivos en los que no se aplicaban pesticidas había el doble de especies[485].

Se han realizado informes muy interesantes sobre la pérdida de biodiversidad derivada del uso de los pesticidas[486], mostrando lo que se sabe acerca de los daños que causan en aves, abejas y mariposas, mamíferos, plantas, anfibios y especies acuáticas, así como sobre los suelos. Los datos que muestran son pavorosos.

Por ejemplo, esos informes tratan de los efectos sobre insectos muy importantes para los seres humanos, como las abejas, de las que depende la polinización de tantas plantas silvestres y de cultivo. Constatan que el doblar la producción agrícola en la UE mediante tácticas como el empleo masivo de agroquímicos, supuso la pérdida de la mitad de las especies de plantas, de un tercio de escarabajos carábidos y de las especies de aves propias de los entornos agrarios.

Se ha constatado cómo en entornos agrícolas, en la mayoría de los cuales se usan pesticidas profusamente, tenemos ahora la mitad de aves que en 1980[487]. Por ejemplo, en Sajonia-Anhalt (Alemania), después de 1990, las poblaciones de milano real (Milvus milvus) cayeron un 50%, desde unas cuarenta parejas nidificantes cada 100 kilómetros cuadrados a veinte[488].

Famoso es el papel que tuvieron el DDT y otros pesticidas en el declive de las aves rapaces en Europa y otras zonas del mundo. Una vez que estos pesticidas se prohibieron se asistió a un crecimiento relativo en sus poblaciones. Con ello se vio bien claramente que no cabía duda acerca de la causa de lo que pasaba. Lamentablemente esos tóxicos fueron sustituidos por otros.

En estos momentos, y a pesar de que hace tiempo que se prohibieron muchos pesticidas organoclorados, siguen detectándose en países como España en diversas especies de aves rapaces[489]. En ocasiones, los niveles de contaminantes medidos, como DDT y DDE en los huevos de algunas de ellas podrían tener que ver con problemas en su reproducción[490].

Se han medido concentraciones de contaminantes como pesticidas organoclorados en los alimoches, halcones peregrinos, milanos negros, águilas calzadas, búhos reales... así como en huevos de águila imperial, especie muy amenazada de extinción. Sobre esta ave ya hace tiempo se publicó algo acerca de la asociación de problemas reproductivos en algunas zonas concretas con los posibles efectos de algunos residuos de pesticidas, tales como el DDE[491]. Este tipo de problemas también se describe para especies como el cernícalo primilla, un pequeño halconcillo.

Una de las cosas que más ha sorprendido a los investigadores españoles es descubrir altos niveles de concentración de DDT en los milanos reales del Parque Nacional de Doñana. Son niveles que, en su opinión, podrían entrañar un grave peligro para esa población. Más de la mitad de los milanos citados tenían niveles de DDE por encima de los que se considera pueden tener efectos reproductivos en ciertas rapaces (sin contar con otros compuestos, como los PCBs que también estaban por encima del rango en el que se sabe que causan problemas). Es singularmente interesante que se detectase más DDE en los años 90 que en los 80, contrariamente a lo esperado. También han sido medidos altos niveles de DDE en milanos reales de Menorca. Estos datos y otros (incluso medidos en personas en diversos puntos de España) llevan hace tiempo abonando la idea de la existencia de fuentes desconocidas de DDT, al margen del que haya quedado como residuo persistente por su uso en el pasado[492].

Los daños que tóxicos como estos pueden inducir en la fauna, tales como los efectos de destrucción del equilibrio hormonal, están siendo cada vez más estudiados. Fuera de España, por citar un caso, se ha visto que las gaviotas del Ártico que tenían unos niveles más altos de contaminantes organoclorados[493] corrían más riesgo de poner huevos infértiles. Además, la presencia de contaminantes de ese tipo ha sido asociada también a una menor tasa de supervivencia posterior de las aves que llegaban a nacer. Incluso se ha estudiado cómo los daños causados por la alteración hormonal pueden agravar las consecuencias que el cambio climático causa en estas especies, al afectar a su capacidad adaptativa[494].

A nivel mundial, se sabe que la contaminación química es el principal factor negativo para al menos 187 especies de aves globalmente amenazadas[495].

Se sabe también que el cáncer, muchas veces debido a factores como la contaminación química se ha convertido en una amenaza para la supervivencia de algunas especies[496]. El cáncer está castigando mucho a especies como tortugas y lobos marinos, o ballenas como las belugas de zonas contaminadas industrialmente. Por hablar de estas últimas, destacar lo visto en la zona del Río San Lorenzo (Canadá), donde se observó que un 27% de las adultas halladas muertas tenían la enfermedad.

Pero hacer aquí una enumeración de los muchos y muy diferentes daños que los contaminantes pueden estar causando en la diversidad biológica de España y del planeta es algo que excede del objetivo de esta obra. Valga, pues, lo dicho, simplemente como una somera aproximación a algunos de los muchos males que se están produciendo en la Naturaleza a consecuencia de la contaminación química. Y debemos sumar estos daños a los que sabemos que se están produciendo en el ser humano para darnos cuenta de las proporciones reales del drama causado.

QUITÁNDONOS LA VENDA DE LOS OJOS

AFRONTANDO EL PROBLEMA.
TOLERANCIA CERO CON LOS DAÑOS DE LA CONTAMINACIÓN QUÍMICA

Frente a la imagen benefactora que la industria química ha conseguido proyectar en las mentes de muchos de los habitantes del mundo desarrollado, en este libro hemos mostrado otra cara de la moneda, sea en lo que tiene que ver con la salud humana o con la Naturaleza, si es que, como se ha insistido, ambas cosas pudieran separarse.

Inocentemente, y con un gran desconocimiento, nos exponemos diariamente al más complejo cóctel químico que quepa imaginar. Miles de sustancias, sin nosotros saberlo, porque con frecuencia no se nos advierte de ello en ninguna etiqueta u otra forma de información, van en los productos de limpieza, en los perfumes, en los materiales de construcción, en los cosméticos, en los conservantes, en los alimentos, en las ropas, en los plásticos, en las moquetas, en el polvo doméstico, en los pegamentos, en las pinturas... Se trata de miles de sustancias que, con frecuencia, no sabemos que están ahí, y mucho menos, que puedan representar amenaza alguna. Pero el que no sepamos que representan una amenaza no nos exime de sufrir las consecuencias.

En este libro hemos hecho un repaso de la amplia serie de problemas de salud -humana y del medio ambiente- que pueden tener que ver con esos contaminantes químicos. Son tantos y tan importantes que, como comentan los numerosos científicos cuyos llamamientos hemos recogido, no es exagerar en absoluto decir que estamos ante una de las mayores epidemias (o epizotias, en el caso de la fauna) que jamás haya padecido la Humanidad en su Historia. Sólo que esta vez no se debe a ningún agente patógeno natural, sino fundamentalmente a agentes patógenos diseñados por el hombre.

Normalmente tales agentes patógenos no han sido diseñados precisamente para que lo sean, pero es un hecho que, lamentablemente, han acabado siéndolo. Y como hemos visto, no se trata de unos pocos sino de miles de ellos, extendidos, además, de forma global.

Resulta a veces sorprendente comprobar, como ya se dijo, cuan lenta puede ser la Humanidad a la hora de darse cuenta de un peligro. Tardamos miles de años en percatarnos de la existencia de los microorganismos y en adoptar medidas de higiene contra ellos. Esperemos no tardar tanto en adoptar las medidas adecuadas con los contaminantes químicos, esperemos que la 'droga' de los intereses económicos no enlentezca demasiado nuestros reflejos.

Hoy nos parecería impensable que en Europa volviesen a repetirse episodios como los vividos con las pestes que diezmaron el continente. Sabemos cuáles son los microorganismos, sabemos cuáles son los vectores de transmisión y adoptamos medidas de higiene. No obstante hay otros agentes patógenos que también conocemos, sabemos cuáles son sus 'vectores' y no adoptamos prácticamente ninguna medida de higiene (si acaso paños calientes). En la peste el agente patógeno es un bacilo y su vector son las pulgas de las ratas. En las enfermedades que hemos abordado en este libro el agente patógeno es un tóxico y su 'vector' los productos que lo portan.

Aunque la peste hace mucho que no causa estragos en Europa, cualquier posible factor que pudiera dar pie a enfermedades del tipo de la peste es sañudamente combatido. Ni siquiera se espera a la primera señal de alarma. Se actúa antes, preventivamente. Sin embargo, a la hora de hablar de las enfermedades causadas por tóxicos, aunque las señales de alarma sean ya una epidemia desatada, no se adoptan medidas de higiene. Los cánceres se disparan, las alergias y el asma se multiplican, la fertilidad se pierde a pasos agigantados, pero no hacemos nada porque consideramos que, de alguna manera, los agentes patógenos, en esta ocasión 'son de los nuestros'. Los hemos fabricado nosotros. Y claro, crean puestos de trabajo y cosas así (crean puestos de trabajo hasta en los hospitales y en la industria farmacéutica).

Ha llegado ya el momento en que la sociedad aplique, también en esto, como en otras lacras, la 'tolerancia cero', hacia muchas de las sustancias tóxicas de las que hemos hablado. Ha llegado ya el momento en el que la sociedad corte por lo sano, abandonando toda complicidad con algo que, según las leyes vigentes, no deja de ser incluso delictivo. ¿O es que merece otra denominación más suave algo capaz de frustrar la vida de un niño haciéndole que contraiga una leucemia, de hacer que un agricultor acabe sus días con Parkinson, de negar a un matrimonio su derecho a tener hijos, de hacer abortar forzosamente a miles de mujeres, de hacer que un hijo nazca con malformaciones o con retraso mental, de matar a un padre de familia con un cáncer de páncreas o centenares de otras posibilidades?

Si hasta mediados del siglo XIX, como ya se dijo, podía alegarse ignorancia en descargo de los médicos que no acometieron medidas de higiene contra los microbios, tal atenuante no sirve hoy en el tema del que hablamos: el de los contaminantes químicos. Este libro muestra bien claramente cuantos cientos de científicos están poniendo el grito en el cielo. La ciencia sabe lo que está sucediendo. La ciencia lo está denunciando. La ciencia incluso, ha salido de su 'torre de marfil', cosa que no siempre le es grata, para realizar manifiestos que ha hecho llegar a la opinión pública.

Es evidente que, de no ser por los intereses económicos comprometidos en este asunto, hace mucho que se habrían adoptado medidas muy contundentes. Es evidente que, de no ser por esos intereses económicos, los medios de comunicación estarían bombardeándonos diariamente con los centenares de investigaciones que se hacen sobre el tema. Es evidente que, de no ser por esos intereses, a la hora de poner coto a muchas enfermedades, el foco no se estaría poniendo tanto en los tratamientos como en la prevención, evitando la exposición a miles de sustancias tóxicas. Es evidente que muchas de ellas habrían sido prohibidas o severamente limitadas, que se habrían impuesto enormes sanciones a muchas industrias que las fabrican, que los códigos de construcción prohibirían que se utilizaran materiales que las contuviesen, que los gobiernos hace mucho que habrían apoyado la agricultura y la ganadería ecológicas por su menor saldo contaminante, que las etiquetas de cientos de productos indicarían su contenido químico real de modo que los consumidores pudiesen protegerse...

Hay muchas inercias que vencer, pero deben ser vencidas. Hay mucho que estudiar, pero debe estudiarse. Por ejemplo, es necesario que muchos médicos, que se comportan como si estuviésemos todavía a mediados del siglo XIX, se percaten de que estamos en el siglo XXI y que en ese tiempo han cambiado muchas cosas en nuestro planeta. Deben darse cuenta de que en ese lapso de tiempo han aparecido una serie de realidades que antes no estaban presentes y que ahora, sencillamente, son omnipresentes; que el aire que respiramos ahora, el agua que bebemos, la comida que comemos, los materiales de las casas en las que vivimos, los tejidos con los que nos vestimos, los perfumes que usamos y tantas otras cosas, no tienen la misma composición química que en el siglo XIX. Deben ver, asimismo, que en el siglo XIX no estábamos envueltos en plásticos; que en el siglo XIX no existían los pesticidas que hoy aparecen en nuestros alimentos, ni había PCBs, ni había en Cartagena, pongamos por caso, una fábrica que produce cientos de miles de toneladas de bisfenol A. Tampoco existía en Huelva el Polo Químico que hoy conocemos, ni en Tarragona se producía PVC, ni había incineradoras que emitiesen tal chorro de dioxinas, ni, en fin, tantas otras cosas.

Hoy sabemos perfectamente que los productos que esparcimos en casa o por los campos para matar insectos pueden matarnos a nosotros mismos. Conocemos que los ingentes vertidos de tóxicos que hacemos desde nuestras ciudades e industrias a la atmósfera, a los ríos o al mar, pueden acabar volviendo a nuestras casas en el plato de comida. Estamos al corriente, incluso, de que los objetos más insospechados que metemos voluntariamente en nuestros hogares (muebles, moquetas, productos de limpieza, plásticos, pinturas, quitamanchas, ambientadores, perfumes...), pueden portar elementos que pueden tener que ver, en muchas ocasiones, con alergias, asma, hipersensibilidad química, migrañas, fatiga crónica, problemas congénitos en nuestros hijos, cáncer o con muchas otras cosas.

En nuestro afán por cambiarlo todo podemos habernos extralimitado. Hemos sustituido la lana o el algodón por fibras sintéticas, las fragancias naturales por almizcles sintéticos que ponemos sobre nuestra piel como perfumes, hemos cambiado el tacto de la madera por el del plástico, las pinturas vegetales y minerales por las sintéticas... Se realizaron todos estos cambios porque era más fácil de obtener, porque era más rápido o más barato para algunos fabricantes.

Ya hemos visto hasta qué punto, en nuestro afán por engañar a la Naturaleza, y seguramente sin pretenderlo, podemos habernos engañado y estafado a nosotros mismos, a veces con consecuencias muy negativas. Llevados por un ciego entusiasmo, nos hemos creído capaces, como si fuésemos el mismísimo Dios del Génesis, de diseñar una química totalmente nueva que sirviera exclusivamente a nuestros intereses, sin tan siquiera sospechar las posibles consecuencias. Hemos inyectado esa química en las venas de toda la Naturaleza, incluyendo nuestros organismos, suponiendo que iba a ser asimilada sin más.

Supusimos que los contaminantes iban a diluirse en un planeta que se nos antojaba inmenso. Pero resulta que los contaminantes no sólo no se diluían sino que se concentraban en los seres vivos. Supusimos que sólo concentraciones muy altas podían causar daños, pero resulta que bastaba muchas veces con concentraciones mínimas. Pensamos que el problema estaba limitado sólo a unas pocas sustancias y nos despertamos comprobando que sucedía con miles de ellas. Creímos que una vez que prohibiésemos una sustancia el tema se zanjaría, al menos por lo que a esa sustancia respectaba, y resulta que esa sustancia, como sucede con los PCBs o el DDT, persiste durante generaciones.

Nos creímos geniales y creativos produciendo tantas sustancias y en tales cantidades y con ello no hicimos más que superar cualquier capacidad de adaptación a ellas de la Naturaleza (incluyendo dentro de ella a nuestros propios cuerpos), sometiéndola a un bombardeo químico inmisericorde.

Nos hemos convertido hoy, dentro del equilibrio químico que debería prevalecer en el organismo de la Biosfera, como también se ha dicho ya, en una especie de 'glándula' demente que no se cansa de enviar mensajes químicos erróneos que provocan trastornos como que los peces o los cocodrilos se vuelvan hermafroditas o acaso que nuestros cuerpos se ataquen a sí mismos con las enfermedades auto-inmunes. Estamos saboteando la Naturaleza, y con ello, nos estamos saboteando nosotros mismos. Porque aunque lo hayamos olvidado, la Naturaleza es nuestra madre. Ya vimos lo que le pasa al embrión de una embarazada expuesta a sustancias tóxicas: el hijo sufre más los efectos que su progenitora.

Podemos seguir empeñados en creer que la tecnología es nuestra madre. Pero no es verdad. No es ella quien nos alimenta en última instancia. No es ella quien nos da el aire, el agua y la comida. La tecnología, especialmente cuando se desarrolla de manera ciega, ignorante y codiciosa, se convierte más bien en nuestra cruel madrastra.

Acaso haya hoy en día mucha gente que no comprenda estas cosas. Pero es preciso que se apresuren a hacerlo. Porque es la verdad y la verdad es muy tozuda. Creer que estamos al margen de la Naturaleza es algo que puede depararnos sorpresas muy desagradables. Si un día hubo quien creía que el hombre podía hacer lo que le placiera, como si no estuviese en la Tierra, ese día no es hoy, con la capacidad que tenemos de causar impactos a gran escala.

El hombre forma parte de la Naturaleza y todo lo que haga, por ejemplo, en el ámbito de la química, debe partir de esa realidad. No hacerlo es embarcarnos a todos en un experimento global de consecuencias que no pueden ya calificarse de 'imprevisibles' porque a estas alturas ya estamos sintiéndolas de forma notable.

Una parte importante de la población aún no es consciente de las dimensiones del problema, porque acaso les lleguen sólo pequeñas piezas del puzle y nunca vean el rompecabezas completo. Un día oyen algo de salmones contaminados, otro de dioxinas en los pollos belgas, y entre medias, mucho fútbol, mucha política, mucha economía, mucho cotilleo y por supuesto, muchas preocupaciones inmediatas como la hipoteca, llegar a fin de mes, la enfermedad de un pariente cercano y muchos otros avatares de la vida. Es difícil, entre tantas preocupaciones, que la gente sea consciente del alcance de estos problemas. Pero debería serlo, al menos sobre asuntos que pueden resultar importantes, como el de este libro.

Siempre habrá personas que puedan decir eso de 'prefiero no saberlo', pero la táctica del avestruz nunca ha sido una buena opción. Los problemas siguen existiendo aunque no queramos verlos. No sólo eso, pues si los apartamos de nuestra vista, crecen más y más y se hace más probable que nos afecten. Como sucedía con los microbios hasta mediados del siglo XIX, no servirá de nada simular que los agentes patógenos tóxicos no existen.

También hay quien insiste demasiado en que no hay que alarmar. Muchos políticos y por supuesto responsables de las industrias involucradas son verdaderos especialistas en no alarmar. Alarmar no es bueno o malo en sí mismo, simplemente depende de si hay motivos o no para hacerlo. Si repasan con atención los diferentes capítulos de esta obra, verán que incluso en el escenario más oficialista y moderado, se estaría siempre hablando de centenares de miles de enfermos. ¿No es para alarmarse?

No tengamos miedo a la verdad sobre los efectos de la polución química. La mentira es tóxica porque propiciará que sigamos padeciendo las consecuencias. Hemos llegado a una encrucijada en la que sólo cabe actuar pronto y con contundencia.

Para actuar debemos ser muy conscientes de una serie de realidades. En primer lugar se encuentra la ya vista en capítulos precedentes: la magnitud del problema de la contaminación química y sus efectos sobre las personas y el planeta. En segundo término, veremos en los capítulos que siguen hasta qué punto estamos desprotegidos por las autoridades. Porque hay algunas cosas, algunos engaños que se han puesto ante nuestros ojos para que no veamos la realidad. Y sin que hablemos de ellos es difícil, queridos lectores, que seamos plenamente conscientes de lo que pasa.

Son engaños que tienen que ver, por ejemplo, con la falsa apariencia de 'control' existente. Una vez visto eso, concluiremos con un llamamiento a una acción urgente y contundente. Porque éste es un problema en el que nos estamos jugando mucho. Demasiado. Y la falsa apariencia de 'control' está desmovilizando a la sociedad.

ASÍ NOS DESPROTEGEN LAS AUTORIDADES

A lo largo de esta obra hemos pasado revista a los más variados ejemplos que nos muestran, sin ambages, que no se nos está protegiendo adecuadamente frente a la amenaza de la contaminación química. Entre ellos, la no aplicación del principio de que 'el que contamina paga', la debilidad más que notable a la hora de establecer un control de las actividades contaminantes, la escasez de tests de toxicidad serios para productos a los que nos exponemos cotidianamente, el escaso compromiso de la Justicia y, por no citar más, la forma en la que, en general, se está haciendo oídos sordos a todo lo que la ciencia está publicando sobre los daños sanitarios y ecológicos que se están produciendo.

En los breves capítulos que siguen vamos a añadir algunos argumentos más que nos van a permitir comprender hasta qué punto nuestra salud está desprotegida, incluyendo cómo se ha creado una particular ciencia toxicológica a la medida de los intereses industriales. Esta particular ciencia se ha convertido en todo un escollo a la hora de proteger nuestra salud, ya que ha dado una apariencia de 'legitimidad' y 'legalidad' a la contaminación química que más nos está castigando.

La mayor parte de los contaminantes químicos fuera de control

Muchas personas imaginan que las autoridades velan para que las sustancias tóxicas no puedan amenazar nuestra salud y que, por tanto, los daños sanitarios producidos por esta causa son mínimos, están limitados a situaciones muy puntuales.

Lamentablemente la realidad es diametralmente opuesta. El control sobre las sustancias químicas tóxicas y sus efectos es mucho más que insuficiente. En realidad, la situación está más cerca del descontrol que de otra cosa. Lo que hemos visto en los capítulos precedentes es una prueba de ello, como lo es también lo que vamos a ver a continuación.

Hay un hecho que ilustra perfectamente el tipo de 'control' que ha prevalecido hasta hoy: a lo largo sobre todo de las últimas cinco o seis décadas, la sociedad industrial ha generado más de cien mil sustancias sintéticas. En Europa, por ejemplo, se fabrican o importan más de 146.000 sustancias distintas. Hablamos de un muy caudaloso río de millones de toneladas métricas de química artificial. Se trata de sustancias que no existían en la Naturaleza y que han acabado en los más diversos productos, invadiendo nuestro entorno, y frecuentemente, nuestros propios cuerpos.

Y ahora viene la gran cuestión. ¿Saben qué porcentaje de esas decenas de miles de sustancias sintéticas diferentes ha sido estudiado hasta hoy, más o menos debidamente[497], para ver si podían dañar la salud de las personas o el medio ambiente? Menos de un uno por ciento[498]. Sí. Como han leído. Menos de un uno por ciento. De hecho, en Europa, en el año 2009, sólo se había realizado la evaluación de riesgo 'completa' a 141 sustancias. Y ponemos 'completa' entre comillas porque, en realidad, las pruebas realizadas a esas sustancias no contemplan debidamente aspectos muy importantes como los efectos de alteración hormonal a largo plazo. Ese es el panorama real. ¿Puede llamarse 'control' a esto?

¿Y cómo ha sido ello posible? Pues muy sencillo. Porque la tónica general ha sido diseñar sustancias y ponerlas en el mercado sin estudiar antes debidamente sus posibles efectos[499].

Esas sustancias se diseñaron y comercializaron por empresas que únicamente pensaban en los usos y beneficios obtenidos con ellas y no en sus posibles consecuencias sanitarias o ambientales. Es decir, se prescindió de la más mínima prevención[500]. Los efectos se fueron estudiando después, a medida que se iban produciendo, y a un ritmo muy inferior al de fabricación de nuevos compuestos. Y además, fuertes resistencias industriales tendían a que, incluso cuando existía una clara conciencia de que una sustancia causaba daño, se demorase la adopción de medidas para controlarla.

La información científica disponible, a pesar de que seguimos desconociendo lo que pasa con buena parte de las sustancias que hay circulando, nos dice, por ejemplo, que al menos hay 1.500 sustancias que son cancerígenas y mutágenicas, 1.500 que son tóxicas para la reproducción y 1.500 que son alteradoras hormonales, 3.000 alergénicas, 1.300 neurotóxicas, 400 tóxicas, persistentes y bioacumulativas, etc.

Se sabe que miles de sustancias químicas, entre las decenas de miles que el hombre ha creado, pueden tener efectos tóxicos, con frecuencia a muy bajas concentraciones. Muchas veces pueden tenerlos a las concentraciones en las que esas sustancias están en los cuerpos de la mayoría de nosotros. Ya se ha comprobado con centenares de ellas. Y sin embargo se ha seguido permitiendo que prácticamente la totalidad de los nuevos compuestos químicos salgan al mercado, pudiendo llegarnos por el aire, el agua o la comida, o a través de la piel, sin demostrar antes debidamente que sean inocuos.

Además, la cantidad de toneladas de química sintética que se producen se ha multiplicado por 400 desde los años 40 hasta hoy. Entonces se producía cerca de un millón de toneladas anuales, pero en estos momentos, la cifra se acerca a los 400 millones de toneladas por año. Se espera que para el año 2020 pueda ser el doble. Además, el número de nuevos compuestos que se sintetizan crece en paralelo a estas cifras.

Los científicos llevan mucho tiempo denunciando la situación y pidiendo que se adopten medidas, como la instauración de un eficiente principio de precaución que no fuerce, como hoy pasa, a la consecución de exigentes pruebas epidemiológicas que, por sí mismas, implican que los daños ya se han producido, sino medidas que realmente eviten que se dañe la salud de las personas[501].

El control de estas sustancias, hoy en día, está muy lejos de llegar, más allá de las medidas extraordinariamente limitadas tomadas a raíz de planes internacionales como el Convenio de Estocolmo o las algo más ambiciosas iniciativas como el Reglamento REACH de la Unión Europea, que tan sólo está en sus inicios de aplicación, con mucha lentitud y muchas resistencias.

¿Se controlan los contaminantes en los alimentos?

Otra evidencia de descontrol es el escasísimo seguimiento que se hace de la presencia de contaminantes, sea en el cuerpo humano, sea, por ejemplo, en los alimentos (tales como la carne, la leche o el pescado). En general sólo se realizan unos pocos controles aleatorios y muy pocas veces lo que detectan llega a ser conocido por la opinión pública. Todo ello, al margen de que las pocas veces que se enciende una alerta sea sólo si se superan los límites 'legales' (acerca de los cuales nos ocupamos en otro apartado, mostrando hasta qué punto son o no una garantía sanitaria).

Un ejemplo de la ineficiencia de los sistemas de control lo daba hace algún tiempo la entidad PAN Europe sobre los residuos de pesticidas en los vegetales que se consumen en Europa. Apuntaban que pese a que existían más de 850 plaguicidas usados globalmente en los países de la Unión Europea sólo se estaba analizando la presencia de 160, y en el caso de Alemania, por ejemplo, solamente 90. A todo ello cabe sumar la escasez de controles, especialmente en algunos países.

No son pocos los científicos que llevan mucho pidiendo, sin éxito, que la Administración intensifique estos controles, sobre esas y otras muchas sustancias. Y piden sobre todo que haga públicos los resultados detallados de tales análisis, sean buenos o malos, las veces que se realizan, tanto si superan los límites legales como si no. La población, en cumplimiento de la legislación vigente, tiene derecho a esa información que se le está negando.

Pese a lo poco que se ha hecho público sobre la cuestión, sí que existen datos, publicados por diferentes instituciones científicas, que muestran la existencia cotidiana de una relevante contaminación química de muchos alimentos. Por ejemplo, nos referimos a los datos que se conocieron en el año 2000 acerca de la presencia de tóxicos como el lindano, el hexaclorobenceno, el beta hexaclorociclohexano o algunos tipos de PCBs en la mantequilla que se comercializaba en España, comparando esos niveles con los de otros países europeos. Los niveles eran significativamente altos[502].

Se sabe que la alimentación es una de las principales vías de entrada de contaminantes -tales como los organoclorados- en nuestros cuerpos. Han sido detectados, por ejemplo, en carne, pescado, huevos, leche, mantequilla, cereales y otros alimentos[503]. Y se conoce también la abundancia de estudios científicos que asocian esta presencia de tóxicos con problemas de salud. Por ello es crucial que la Administración corrija las deficiencias existentes en el control y la información sobre este tema.

La tendencia malsana a minusvalorar la relevancia de esa presencia de contaminantes, alegando que es a niveles 'bajos', debe asimismo ser abandonada, a la luz de lo que abordamos en otros apartados de esta obra acerca del estado de conocimiento científico sobre la cuestión.

Si hablamos de contaminantes que son bioacumulativos y persistentes, aunque su concentración pueda ser a niveles aparentemente 'bajos' en los alimentos, ello no quiere decir que su concentración no vaya creciendo progresivamente en quienes los consumimos a largo plazo. Y en cualquier caso, al margen de eso y de forma más amplia para los contaminantes, sean bioacumulativos o no, como vemos en otros capítulos, lo que la ciencia está viendo es que pueden tener efectos a niveles mucho más 'bajos' de lo que se sospechaba, y más si hablamos de centenares de contaminantes diferentes que tenemos en nuestros organismos y que pueden potenciarse entre sí.

En resumen, se han denunciado importantes deficiencias en los sistemas de seguimiento sobre presencia de contaminantes en los alimentos. Los controles son pocos, no se hacen sobre todas las sustancias, los sistemas de análisis muchas veces no son lo suficientemente sensibles. Finalmente tranquilizan a la población simplemente ocultando los resultados o diciendo que pocas muestras sobrepasan los niveles 'legales', como si no se supiese que hay investigaciones científicas que están mostrando efectos por debajo de esos límites.

Los límites 'legales' y los límites seguros ¿son lo mismo?

Como ya se ha comentado, no es mucha la información que llega a la población acerca de la presencia de tóxicos en su entorno o, por ejemplo, en sus alimentos. La omnipresencia real de esos contaminantes contrasta con la casi inexistencia del tema en los medios de comunicación o campañas oficiales.

"Se ha decretado que la contaminación existente, por ser la norma, es 'normal' ".

Pero lo más preocupante es que, cuando llega al público algo de información, casi siempre aparece de manera deformada y tiende a hacer que concedamos al problema menos importancia de la que realmente tiene.

En general sólo llegan a la población algunos casos graves de contaminación, en los que se superan los llamados niveles 'legales' de concentración de contaminantes en un alimento, pongamos por caso. Como estos casos llegan pocas veces a la prensa, la gente tiende a pensar que no sucede a menudo, que la contaminación de los alimentos es algo puntual o anecdótico y no la norma. Se piensa que todo está bajo 'control' y que no hay ningún riesgo.

Sin embargo, la triste realidad, y de ello hemos dado datos abundantes en este libro, es que la norma, precisamente, es que un notable porcentaje de los alimentos está contaminado. Lo que sucede es que se ha decretado que la contaminación existente, por ser la norma, es 'normal' y se la ha legalizado. Reflexionemos sobre esto último porque es muy importante. Se ha establecido que sólo cuando se supere esa contaminación en una cantidad que se ha fijado, se está al margen de la ley. Sólo entonces, según estos parámetros, se nos dice que hay motivos de alarma, y a veces ni eso.

Lamentablemente, el estado actual de la ciencia nos muestra que la realidad es muy diferente. Lo vemos en esta obra en sus diversos apartados, como al hablar de los niveles 'bajos' o el 'efecto cóctel' de contaminantes.

Sin embargo, muchas personas siguen tranquilizándose cuando, después de la aparición de cualquier noticia alarmante -una fuga tóxica, un vertido, la aparición de dioxinas en la carne...-, aparece un responsable de la Administración y dice, como si pronunciase unas palabras mágicas, que esa contaminación no entraña un riesgo porque 'no supera los límites legales'. Y 'la vida sigue', como si todo estuviese bajo control.

Podríamos extendernos mucho acerca de cuantas veces pueden superarse esos límites legales sin que se informe debidamente de ello a la población. Pero esto no es lo más grave, lo importante es si realmente esos niveles 'legales' son realmente una garantía sanitaria real. Porque se expone mucha más gente a esos niveles 'legales' que a los ilegales.

Saber qué son esos llamados límites 'legales' y cómo se llega a ellos es, pues, una cuestión importantísima para saber hasta qué punto está realmente protegida la población frente a la amenaza de los contaminantes químicos. Es especialmente importante cuando se sabe que la comunidad científica lleva muchísimo tiempo cuestionando esos límites y demostrando una y otra vez cómo se han establecido, en ocasiones sin ningún fundamento real o simplemente para crear una apariencia de seguridad y/o proteger a la industria frente a las posibles demandas por daños.

Estamos hablando de límites que teóricamente deberían garantizar que el agua que bebemos, el aire que respiramos en la calle, en nuestras casas o trabajos, la comida con que nos alimentamos, las pinturas, los productos de limpieza, o incluso los cosméticos que usamos, por no hablar de más cosas, no supongan un riesgo para nuestra salud.

Teóricamente lo legal y lo seguro deberían ser lo mismo, pero ¿es así? Lo que vemos en esta obra, lamentablemente, nos hace dudarlo. De hecho, buena parte de los daños sanitarios que hemos repasado y que han investigado los científicos no parecen proceder tanto de vertidos o emisiones en los que se superen los limites 'legales', sino de los usos cotidianos, perfectamente consentidos y refrendados por la legislación (o, al menos, aplicándola de ciertas formas).

Pero antes de ver, cosa que haremos enseguida, cómo se ha llegado a establecer algunos de esos límites 'legales', conviene que hagamos una reflexión más general que nos preparará para comprender mejor lo que luego digamos. Y es que hay demasiadas personas que tienen instaurada en sus mentes la idea de que hay más control del que realmente hay. Y combatir esa idea es algo clave a la hora de concienciar a la población y hacer que vea la necesidad de protegerse.

Para resumir, el marco general en el que nos movemos no es otro que el que hasta ahora, como ya hemos visto, se hayan puesto decenas de miles de sustancias nuevas en el mercado sin haber estudiado antes debidamente su inocuidad ni establecido límite 'legal' alguno de exposición a las mismas (cosa que sólo se ha hecho, y a posteriori, con una parte de las mismas)[504]. Ese es el punto de partida, con todo lo que implica.

Reflexionen profundamente sobre este dato. Ya que no es un dato sobre el que se pueda pasar sin reparar en lo que significa en todos los planos, incluido el legal. Ese hecho es ya de por sí una prueba inequívoca del escasísimo control real que ha existido, y de que, en buena medida, la ley -una ley que garantice una seguridad- de hecho apenas existe para buena parte de las sustancias químicas sintéticas que hay circulando por ahí.

El mundo de los contaminantes químicos ha sido durante mucho tiempo, en buena medida, un mundo sin ley. Una especie de 'far west'[505] en el que la ley se ha encontrado bastante ausente, y cuando ha querido hacerse presente lo ha sido de una forma comprometida. Ha sido demasiadas veces un poco como Gary Cooper en 'Solo ante el peligro'. Y ello, sin duda, ayuda también a comprender que la ley, en un territorio tan 'salvaje' y en el que hay tantos 'forajidos', pueda llegar a ser tan débil en ocasiones. En el proceloso mundo de las sustancias químicas es muy poco lo que ha acabado 'sometido' a la ley, y aún ese poco, demasiadas veces, con mucho esfuerzo y de formas manifiestamente mejorables.

Si ya es difícil 'sentar en el banquillo' a un contaminante químico, siendo que la mayor parte de ellos han campado a sus anchas, al margen de la ley, no debe ser tan difícil comprender que los pocos que se ven sometidos a 'juicio' no sean a veces tratados con demasiada severidad por los 'tribunales' que juzgan su peligrosidad y establecen 'condenas' contra ellos.

Muchos de los presuntos o probados 'malhechores' químicos están amparados por potentes entramados empresariales con bufetes de abogados y poderosas influencias económicas, técnicas y políticas. Así que, en el caso de que uno de esos 'bandidos' que asaltan nuestros organismos sea detectado, ¿con qué fuerza caerá la ley sobre él?, ¿qué apoyos tendrá para hacerlo? Si la ley se ha mostrado tan tímida y débil permitiendo una situación tan vasta de descontrol ¿podemos esperar que sea muy fuerte a la hora, por ejemplo, de 'cortar las alas' mediante unos exigentes niveles 'legales', a uno de estos tóxicos?

Como se ha visto en Europa con el reglamento REACH que intenta poner un poco de orden en el tema, muchas veces hacer una norma es fruto de un regateo, de presiones y contra-presiones, en donde la verdad científica no necesariamente tiene más peso que los intereses económicos. Si eso se ha hecho palpable en el Reglamento REACH, que al menos atrajo cierta atención pública, y en lo que era todo un Parlamento Europeo intentando llevarlo adelante, imaginemos qué pasará con menos testigos, en los despachos, cuando se han establecido los límites 'legales' de algunas sustancias.

Resulta fácil comprender que si no se tuvo en cuenta debidamente a la comunidad científica para elaborar la normativa REACH hace tan sólo unos pocos años, con más presión mediática, con más nivel de certeza científica, mucho menos para establecer buena parte de los límites 'legales' hoy vigentes para muchas sustancias, a los cuales se llegó hace más tiempo y de forma mucho más oscura.

El único indicador de la preocupación sincera de cualquier Administración hacia la salud de las personas debería ser la fuerza con la que aplique el principio de precaución. Eso es evidente que no se ha hecho. ¿Podemos esperar que quien no ha sido exigente en lo más importante, como es la autorización de una sustancia sin evaluarla debidamente, vaya a serlo luego a la hora de establecer sus límites? Cuando la ley no ha sido capaz de hacer funcionar ese primer y único filtro realmente protector, dejando pasar tamaña cantidad de sustancias sin evaluar, no cabe esperar otra cosa, con demasiada frecuencia, que la simple 'legalización' de la situación generada por unos hechos consumados. Y eso es, lamentablemente, lo que ha pasado demasiadas veces.

Primero se ha tolerado que se comercialicen sustancias sin control y después, una vez que se convierten en contaminantes y se detectan algunos problemas, se 'legaliza' el hecho consumado de su presencia en el medio o los seres vivos, incluido el hombre, con unos límites que no perjudiquen demasiado a sus fabricantes, considerando 'aceptables'[506] unos niveles determinados de polución.

Si, con los años, van acumulándose evidencias sobre sus efectos perniciosos, es probable que, poco a poco, esos límites vayan siendo más exigentes, e incluso que, en algún caso, como con el Convenio de Estocolmo, tras muchos años y muy a regañadientes, se pueda incluso llegar a plantear la eliminación de alguna sustancia (otra cosa será que finalmente tal eliminación se llegue a materializar realmente). Si repasamos historias como la del plomo en los combustibles veremos cómo se puede tardar décadas y décadas hasta conseguir que la ley se adecue a la verdad sanitaria. Se recorre un camino en el que no suele faltar el uso de informes de apariencia científica que benefician a la industria creando dudas aparentemente 'razonables' que permiten que se dilate el tiempo en el que los límites 'legales' y los límites realmente seguros, lleguen a parecerse. Son informes que pese a ser tan sólo unos pocos y con escaso o nulo fundamento científico, no es raro que la Administración les conceda más peso que a decenas de informes serios y rigurosos.

En definitiva, el establecimiento de los niveles supuestamente 'seguros' de una sustancia no depende sólo de la evidencia científica sobre sus efectos, sino de una lucha desigual, que con frecuencia dura décadas, entre los intereses económicos y la verdad científica.

Así se han establecido los niveles 'tolerables' de contaminantes

Para que cobremos conciencia real de la frivolidad con la que las autoridades pueden establecer qué nivel de una sustancia química tóxica es 'seguro', vamos a ver un ejemplo concreto. Nos referimos en concreto al del establecimiento de los llamados Valores Umbrales Límite[507] que se han tomado como oficiales en Estados Unidos[508], pero que han sido adoptados durante décadas, de un modo u otro, por muchos otros países, entre ellos España. Esos límites en teoría deberían haber servido para proteger la salud de millones de personas, estableciendo los niveles 'tolerables' de exposición a centenares de sustancias tóxicas.

El tema, lejos de ser algo 'abstracto' o 'técnico' es, en realidad, algo muy sencillo de comprender y muy interesante, ya que tiene que ver con lo que afecta directamente a nuestra salud. Si esos límites han sido obtenidos de manera poco científica, puede implicar que con ello se ha puesto en peligro la salud y/o la vida de muchísimos miles de personas.

Para saber hasta qué punto son fiables o no esos límites que teóricamente protegen a las personas frente a muchos contaminantes químicos, lo primero en lo que merece la pena que nos detengamos es en quienes son las personas que los han establecido. La respuesta no es tranquilizadora.

Estos niveles han sido establecidos por una entidad privada de EE.UU. llamada American Conference of Governmental Industrial Hygienists (ACGIH). Es una entidad en la que no han faltado precisamente asesores de la industria, y cuyos métodos de trabajo no han estado sometidos al debido contraste de la comunidad científica[509]. Sin embargo, durante cerca de medio siglo, esos niveles se dieron por buenos sin comprobar realmente hasta qué punto eran correctos.

Llegado un momento los científicos vieron que era demasiada la gente que enfermaba exponiéndose a esos niveles de sustancias supuestamente 'seguros'. Así que decidieron investigar qué era lo que fallaba en esos límites 'legales'.

¿Cuál fue la conclusión de esa investigación? Muy sencillo. Pese a la apariencia de supuesto 'rigor' de quienes establecían esos límites de exposición humana a las sustancias tóxicas, la verdad era que la forma de llegar a ellos había sido muy poco seria. Al menos 104 de los límites estudiados se habían establecido basándose en informes de la propia industria -¡de la propia industria!- que no habían sido publicados, por lo que nadie podía saber qué rigor real tenían. En quince casos al menos, esos extraños informes habían sido la única información utilizada para establecer un límite 'seguro'; y cuando los investigadores pidieron esos informes para ver si eran serios (o simplemente si existían), nadie se los hizo llegar, pese a pedirlos vehementemente. ¿Curioso, no?

También se vio que algunos consultores tenidos en cuenta para establecer los niveles 'aconsejables' de sustancias cancerígenas, trabajaban para las industrias interesadas. A veces, el establecimiento de límites se había hecho sólo siguiendo los consejos de estos consultores, como una persona ligada a Dow Chemical que estableció límites para decenas de compuestos de esa empresa (hidrocarburos halogenados, pesticidas...).

Las conclusiones de esta investigación sobre la forma en que se establecían los límites 'seguros', fueron publicadas en la revista "American Journal of Industrial Medicine"[510] y son, como vemos, bastante elocuentes. También lo es que la Administración americana haya impedido durante mucho tiempo que otros organismos de la propia Administración establecieran límites legales de exposición a sustancias con más seriedad[511], permitiendo que siguiera haciéndolo la citada peculiar 'conferencia de higienistas', aún cuando estas agencias advertían reiteradamente de que los niveles de numerosísimas sustancias que consideraban seguros eran decenas de veces más bajos de los que establecía esa singular entidad. Como vemos, la ciencia de verdad ha estado excesivamente ausente a la hora de establecer los límites legales de exposición humana a demasiadas sustancias.

A principios de los años 90, dos investigadores decidieron revisar otro aspecto de muchos de esos Valores Umbrales Límite. Como hemos visto, muchas veces decían basarse en informes que luego resultaban ser informes 'fantasma' a los que nadie podía acceder. Como también decían apoyarse en algún estudio científico publicado, los investigadores se dedicaron sistemáticamente a consultar esos estudios a los que se aludía y ver lo que decían en realidad. ¿Y qué se encontraron? Pues que los estudios en los que decían 'basarse' no tenían con frecuencia nada que realmente les apoyara sino más bien todo lo contrario.

Era como si todo valiese. Como si estuviesen tan confiados que pudieran permitirse inventar lo que decía un estudio pensando que nadie iba a consultarlo. Así, por ejemplo, había límites basados en el estudio de sólo tres individuos, límites adoptados para proteger el oído basados en estudios de ojos... pero sobre todo, límites establecidos en niveles muy superiores a aquellos que los estudios en que decían 'basarse' señalaban como causantes de daños en personas. Así sucedía, una tras otra, con multitud de sustancias como el acetaldehído, el benceno, el butil alcohol, el dinefilcloruro, el etil éter, el mercurio... Por citar un caso sólo, el del acetaldehído, el estudio en el que decían basarse hablaba de que la mayoría de voluntarios sufrían irritación de ojos a 50 partes por millón (ppm), e incluso que varios de esos voluntarios se opusieron con energía a exposiciones incluso con 25 ppm por el daño que les causaba. ¿Cuál fue el Valor Umbral Límite que finalmente se adoptó 'basándose' en ese estudio? Nada menos que "100 ppm para prevenir la excesiva irritación de los ojos y los daños potenciales al tracto respiratorio"[512]. ¡Toma ya!

La realidad de los estudios científicos mostraba que los trabajadores expuestos a niveles muy inferiores a los aprobados[513] podían acabar enfermando[514]. En definitiva, la conclusión científica era que muchos de los Valores Umbrales Límite no sólo no protegían la salud de los trabajadores sino que eran muy lesivos para ellos.

Los autores de esa investigación sobre los límites 'legales' lo tenían claro[515]: esos límites no habían sido hechos tanto para proteger la salud de los trabajadores como para defender a las empresas de posibles demandas por daños producidos por las sustancias. Era evidente que los abogados de las industrias podrían apoyarse en el argumento de que se "cumple con los límites legales"; que, por lo tanto, si alguien enfermaba lo hacía con todas las bendiciones 'legales', y por ello no habría posibilidad de que los tribunales condenasen a la empresa causante.

Es el 'mundo al revés', la subversión impuesta por los intereses económicos, que hace que las leyes se escriban para proteger al que más fuerza tiene. Y en esto, demasiadas veces, tiene más fuerza el interés económico particular que la salud de las personas. En definitiva, que lo que puede ser que hagan los límites 'legales' con demasiada frecuencia es decretar que el grado de contaminación normalmente existente en un lugar determinado, como una industria, ése que hace de hecho enfermar a la gente, es 'legal'. Luego todo es cosa de convencer al público de que el único problema es cuando los niveles 'legales' de polución son más altos que esos niveles 'legales'. Y si alguien enferma no pasa nada.

Curiosamente, como apuntan los autores del estudio citado, habrían sido los propios industriales quienes, en 1935, se reunieron para poner solución a la situación generada por las acciones judiciales que se habían emprendido contra ellos por parte de los trabajadores, lo que hizo nacer en 1936 la Fundación para la Higiene del Aire. Fueron las propias industrias quienes impulsaron que se estableciesen unos límites 'legales'. Qué cosas, ¿no?

Cada año enferman y/o mueren en el mundo cientos de miles de trabajadores por exponerse a sustancias, muchas veces dentro de los niveles 'legales'. Del mismo modo, fuera del ámbito laboral, por ejemplo en los hogares, otras muchas personas enferman también por exponerse a sustancias 'dentro de la ley'.

Lo que hemos comentado, además, se refiere al escaso porcentaje de sustancias que han tenido el raro privilegio de ser estudiadas, de entre las decenas de miles que el hombre ha creado. Lo visto puede servir para hacerse una idea de hasta qué punto es necesario que cambien las cosas para que alguna vez llegue a haber una verdadera seguridad química y cómo es posible que las autoridades estén consintiendo situaciones cotidianas de riesgo para nuestra salud.

Porque las deficiencias de control que hemos visto en el ámbito laboral se dan también y si cabe en mayor medida, en el ámbito de exposiciones como las que tienen lugar en el hogar, mucho menos estudiado que el ámbito laboral. Cuando uno, por ejemplo, compra un producto en un supermercado, suponiendo que si está a la venta es que es inocuo, debe considerar este tipo de cosas.

En el mejor de los casos, en esas sustancias que han sido objeto de mayor preocupación, de mayor presión mediática y social, los límites 'legales' no son, con frecuencia, más que el fruto de una negociación en la que se ponen en una balanza los intereses mercantiles y -muy por debajo de estos, frecuentemente (a veces a años luz)- los de la salud pública[516].

Para comprender cuál es la dinámica que suele seguirse con sustancias que se saben peligrosas, basta ver lo sucedido con el bisfenol A, contaminante al que todos estamos expuestos cotidianamente. Un numeroso grupo de científicos internacionales del máximo prestigio se vio obligado a publicar un escrito muy duro en una de las revistas de investigación de referencia[517]. El motivo era que las agencias supuestamente 'reguladoras' como la FDA (la Food and Drug Administration) de los Estados Unidos o la Agencia de Seguridad Alimentaria de la Unión Europea estaban tomando más en serio -¿por qué?- unos pocos informes pagados por la industria que dicen que el bisfenol A es 'seguro', que cerca de mil investigaciones que van en sentido contrario, publicadas en las revistas científicas más serias del planeta y realizadas por los mayores especialistas mundiales, utilizando tecnología punta de investigación. Estas publicaciones, realizadas muchas veces con fondos de entidades públicas como el National Institute of Environmental Health Sciences, son despreciadas, al igual que las opiniones contra el bisfenol A de organismos como el propio Programa Nacional de Toxicología de los EE.UU..

La situación se repite una y otra vez con las más variadas sustancias en cuanto hay intereses económicos particulares comprometidos. El sarcasmo llega hasta el extremo de que la Administración, para aparentar que lo que hace es muy 'riguroso', haya llegado a inventarse conceptos peculiares como unas supuestas 'Buenas Prácticas de Laboratorio' que por lo visto cumplen los estudios de la industria, realizados a veces por personas con unos currículos dudosos y muchas veces con técnicas desfasadas y metodologías muy cuestionables. Pero, en fin, sus resultados son mejores para los intereses industriales y eso debe ser de lo que se trata.

Se dan por buenos estudios que no son sometidos a los métodos básicos que la ciencia considera vitales para garantizar el rigor. Es escandaloso que la Administración pueda tomar como bueno lo acientífico y desoiga las conclusiones de investigaciones realizadas con los procedimientos realmente científicos, sometidos a una continua exigencia derivada de los procesos de validación, que traen consigo el que los experimentos que se publican -y ya cuesta que una de estas revistas científicas admita publicar un estudio- sean repetidos una y otra vez con los mismos resultados por equipos de investigación de diferentes países. El hecho de que hace poco se haya denunciado también que informes de la FDA sobre el bisfenol A hubieran sido realizados por portavoces de la industria de los plásticos que contienen el bisfenol A, no ha hecho más que incrementar la indignación de los científicos[518].

Lo que sucede con el bisfenol A no es más que lo que pasa con un número enorme de otras sustancias, evidenciando lo poco protegida que está nuestra salud frente a la amenaza de los contaminantes químicos.

Toxicología 'tóxica'

Muchas veces los organismos encargados de 'controlar' el riesgo que los contaminantes químicos representan para nuestra salud y el medio ambiente, han venido incurriendo en una serie de errores que han hecho posible que esos riesgos no hayan sido debidamente reducidos.

Los errores cometidos son variopintos. Por ejemplo, como luego veremos, un error importante es analizar los efectos de una sola sustancia aisladamente, cuando lo cierto es que nos vemos expuestos habitualmente a una combinación de centenares de ellas, pudiendo darse interacciones muy complejas entre unas y otras.

Otro error es el de estudiar sólo un tipo de efectos y no otros. Por ejemplo, muchos estudios han analizado un efecto determinado como el cáncer, pero olvidándose de otros, como las alteraciones hormonales.

Además, demasiadas veces se han analizado los efectos a corto plazo y no a largo plazo, y buscando una serie de efectos, manifestados de cierta forma y pasando por alto otros acaso más graves.

Otro error es haber analizado algunos efectos sobre determinados sectores de población, tales como los adultos, pero sin entender hasta qué punto las repercusiones pueden ser mucho peores en los niños o en los fetos, por ejemplo, manifestándose a veces décadas después.

Una primera evidencia clara de hasta qué punto pueden ser caprichosos los criterios que se emplean para determinar qué es seguro y qué no lo es, más allá de la apariencia técnica y rigurosa que puedan darle los organismos de 'control' y su lenguaje, es que haya discrepancias entre los niveles que se establecen en un país u otro. ¿Acaso el ser humano puede resistir un nivel más alto de un contaminante según el país en el que viva[519]?

Prueba de lo mismo es que, con frecuencia, se considere 'seguro' para un trabajador de una industria determinada lo que se considera intolerable para otras personas, cuando el trabajador, obviamente, no tiene un organismo diferente[520].

Otro problema muy serio es que muchos límites legales de exposición a sustancias se establezcan con cálculos abstractos en vez de con la realidad de los efectos. Son criterios toxicológicos que se aplican basándose en probabilidades o en criterios que, desde luego, parecen demasiado arbitrarios y subjetivos.

Hablamos, por ejemplo, de cuando se calcula a qué cantidad de una sustancia tóxica puede exponerse una persona basándose en experimentos con animales y realizando luego una serie de operaciones matemáticas que supuestamente nos dicen cual sería la cantidad de esa sustancia admisible para una persona[521]. Como si una suposición basada en una operación matemática pudiese suplir el estudio de qué efectos reales tiene una sustancia sobre un ser humano. Increíblemente, criterios de este tipo se han aplicado mucho[522].

Lamentablemente, ciertos organismos oficiales tienen una malsana tendencia a mantener este tipo de criterios toxicológicos obsoletos y burdos, sin adoptar los criterios más punteros de la comunidad científica actual. ¿A quién beneficia que eso sea así? Desde luego que a la salud pública no, pero sí, evidentemente, a las industrias que comercializan sustancias tóxicas y a las que la aplicación de estos criterios obsoletos deja las manos más libres.

El daño que la contaminación química produce en nuestra salud es, a la vez, mucho más sutil y mucho más brutal de lo que cierta obsoleta toxicología ha mostrado hasta hoy.

Unos niveles no tan 'bajos'

Como ya hemos visto en otros capítulos, prácticamente todos tenemos centenares de sustancias contaminantes en nuestros cuerpos. Buena parte de esos contaminantes proceden de una polución generada dentro de los llamados límites 'legales', que una serie de normas postulan que no tendrían efectos sobre nuestra salud por hallarse en concentraciones 'bajas'.

En la práctica, es un hecho que se han 'legalizado' los niveles de contaminación a los que más frecuentemente estamos expuestos, y que se han ilegalizado sólo los que rara vez se producen. Es decir, que la mayor parte de la contaminación que sufrimos se considera 'legal' y sólo una mínima parte -aquella que supera unos determinados niveles-, ilegal.

Si esa mayoría de la contaminación fuese, como muchas personas quieren pensar, 'inocua' por no superar ciertas concentraciones, no habría problema. Pero si, por el contrario, no fuese cierto que esas dosis 'bajas' fuesen inocuas estaríamos ante un mayúsculo problema de salud pública, ya que es la mayoría de la población la que se expone a ellas.

Lamentablemente, lo que la ciencia nos está mostrando, con una ingente cantidad de estudios que se van realizando, es que los niveles que se habían tomado como 'bajos' de concentración de muchas sustancias tóxicas, supuestamente 'inocuos', aparecen asociados a los más diversos trastornos.

La idea de que sólo niveles altos de contaminantes pueden causar problemas, es arcaica. Data nada menos que de un médico del siglo XVI, Paracelso, que dijo que "todo es veneno. Nada es sin veneno. Sólo la dosis hace al veneno".

Basándose en esa idea y en poco más, simplemente se ha pensado, de una forma tremendamente burda, que a más dosis más efecto y que, por tanto, no cabía esperar consecuencias de tener contaminantes a niveles 'bajos' en nuestros cuerpos.

Ciertamente, si sólo estudiamos cierta clase de efectos, sobre cierta clase de individuos y, por ejemplo, a corto plazo, es probable que sea cierto que a más dosis más efecto. Sobre todo si lo que buscamos es cierto tipo de consecuencias, como las de una intoxicación aguda[523]. Pero si, como han hecho ya un innumerable número de investigadores, vamos más allá de eso, descubriremos una realidad muy diferente. Y es que una verdad a medias -y la de que a más dosis más efecto lo es- puede ser mucho peor que una mentira.

Lo que la ciencia nos está demostrando reiteradamente en este asunto es que mientras las alarmas no se encendían por creer que sólo dosis altas podían causar daños, las dosis supuestamente 'bajas' han podido estar causando estragos en la población general[524]. Innumerables investigaciones han asociado la presencia de muchos contaminantes, a niveles muy 'bajos', con incrementos muy notables del riesgo de padecer una larga serie de problemas de salud. Algunas de esas investigaciones las hemos citado en este libro. De hecho, en los últimos tiempos, la ciencia más seria, la que se publica en las revistas científicas más prestigiosas del planeta, aunque cierta toxicología oficial no se dé por aludida, se está centrando especialmente en el estudio de los efectos de estos niveles 'bajos' cuyo alcance es infinitamente mayor que el de los altos, aunque sólo sea por el hecho de que afectan no a sectores concretos sino a la población general.

Tanto es así que muchos científicos creen que esa polución química generalizada puede ser una de las causas principales del crecimiento en incidencia de una serie de problemas de salud que se ha registrado en las últimas décadas en Occidente, coincidiendo, curiosamente, con el incremento de utilización de numerosas sustancias industriales[525].

Pese a la tremenda resistencia de los intereses económicos comprometidos y a la complicidad de ciertos ámbitos de la toxicología oficial, al final los niveles que se consideraban 'seguros' de muchas sustancias han teniendo que irse rebajando ante la evidencia científica creciente. Un ejemplo de ello es lo sucedido con las célebres dioxinas, a las que la Agencia de Protección Ambiental (EPA) de los EE.UU. ha tenido que ir rebajando los límites considerados 'seguros' a lo largo de las últimas dos décadas, hasta terminar por reconocer que no hay nivel realmente seguro de exposición a estas sustancias. Estas sustancias, por cierto, son uno de los contaminantes que más frecuentemente tenemos en nuestros cuerpos. Algo parecido pasó con los famosos PCBs, uno de los grupos de contaminantes más tristemente célebres. Los niveles de estas sustancias que hace tan sólo unas décadas se tomaban como 'seguros' son muchos miles de veces más altos de los que hoy se sabe que afectan al desarrollo cerebral de los embriones humanos. Y en fin, lo propio podría decirse de otras muchas sustancias[526].

En definitiva, ésa es la tónica general y no la contraria, la de que se vaya descubriendo que lo que un día se tomó como una concentración 'baja', realmente resulte al final 'alta' a los efectos de representar una amenaza para la salud. Y la preocupación que ello trae aparejada es mayor porque esos niveles más 'bajos' están presentes en millones de personas.

La prioridad de protegernos de la contaminación química a niveles supuestamente 'bajos'

Las concentraciones de contaminantes que encontramos hoy en la mayoría de las personas, ésas que son tenidas como 'bajas' según cierta toxicología obsoleta, han sido asociadas por numerosas investigaciones a los más diversos problemas que hemos repasado en este libro: infertilidad, endometriosis, malformaciones congénitas, problemas de desarrollo y aprendizaje, alteraciones hormonales e inmunológicas, diabetes tipo 2 o la promoción de cánceres, por ejemplo.

En los últimos tiempos, de hecho, buena parte de la investigación más puntera se está centrando en estudiar precisamente los posibles efectos de los contaminantes a niveles bajísimos de concentración. En esa línea, por ejemplo, el Programa Nacional de Toxicología (del National Institute of Environmental Health Sciences) de los Estados Unidos, coordinó un informe de la creciente evidencia existente sobre los efectos de disrupción hormonal de estos niveles en diversas sustancias, de algunas de las cuales hemos hablado en esta obra (como el bisfenol A o el nonilfenol, por ejemplo). En ese informe se instaba muy vehementemente a revisar ciertos criterios obsoletos de la toxicología convencional[527], ya que los estudios realizados aplicando la mejor tecnología moderna, encuentran que se producen efectos muy notables[528] a niveles más bajos.

El bisfenol A, por sólo citar un caso, es capaz de favorecer la proliferación de células de cáncer de próstata humano a niveles prácticamente indetectables[529]. Precisamente esos niveles suelen encontrarse en la sangre de la mayoría de la población masculina adulta[530]. Pero, aparte de eso, se ha visto que sus efectos pueden ser mayores en ocasiones con una dosis más baja que con una más alta[531]. Es lo que los científicos denominan 'curvas de dosis-respuesta no monotónicas' y que rompen el esquema tradicional de la toxicología del que antes hablábamos, aquel que establecía que a más dosis más respuesta. Y es que en el mundo real de los organismos vivos y su química, no todo es tan simple como para adecuarse a cálculos abstractos que pueden servir para las matemáticas pero no para la biología[532].

Resultados de este tipo se han obtenido en diversas investigaciones con sustancias diferentes, tales como algunos ftalatos[533], viendo que la dosis que más respuesta generaba -exacerbando respuestas alérgicas en este caso- era al menos mil veces inferior al nivel que la EPA (Agencia de Protección Ambiental de los EE.UU.) había establecido como el nivel de 'bajo efecto'. Y lo propio puede decirse de estudios con otros compuestos como puedan ser el hexaclorobenceno, las dioxinas[534] o los trihalometanos[535], por ejemplo.

Todo esto nos muestra que muy probablemente los niveles de determinadas sustancias químicas que ya tenemos en nuestros cuerpos buena parte de los occidentales, no son seguros. Y que, por tanto, una parte notable de la carga de enfermedades en nuestras sociedades podría tener en este factor una de sus causas más importantes, siempre en combinación con otras.

Mientras estábamos atentos a que la contaminación química no superase unos niveles 'legales' establecidos con criterios obsoletos, no nos fijábamos tanto en el torrente continuo de contaminación que, poco a poco, a niveles más 'bajos' pero globalmente con un volumen infinitamente mayor, iba inundándonos. Las alarmas sólo se activaban, si acaso, cuando alguna vez se superaban esos niveles 'altos' (aunque muchas veces ni siquiera entonces). Y a lo mejor se estudiaban los pocos casos de personas afectadas por esos episodios anormales. Mientras lo 'normal', es decir, la polución progresiva y callada de todo, no nos llamaba la atención, como tampoco el crecimiento progresivo de las tasas de una serie de problemas de salud.

El problema básico es que aunque la ciencia hace ya mucho que sabe estas cosas, y ha realizado millares de investigaciones que avalan el nuevo enfoque, determinadas autoridades siguen resistiéndose a modernizar ciertos criterios toxicológicos con el único afán de favorecer intereses económicos particulares[536].

Un cóctel tóxico

Si es grave subestimar, como hemos visto, los efectos de los niveles supuestamente 'bajos' de tóxicos, no lo es menos otro error monumental en el que se ha venido incurriendo a lo largo de décadas a la hora de evaluar el riesgo que supone para nosotros la exposición cotidiana a sustancias contaminantes.

Tradicionalmente, se ha venido estudiando la toxicidad de las sustancias una a una, por separado, como si éstas estuviesen por separado en nuestro entorno y en nuestros cuerpos, cosa que jamás sucede. La realidad es que estamos expuestos, simultáneamente, a centenares de contaminantes a la vez[537]. Pese a todo, cierta toxicología oficial e industrial sigue empeñada en estudiar las cosas y establecer unos valores 'legales' en base a situaciones de una simpleza inexistente en el mundo real.

El efecto conjunto de ese 'cóctel' de sustancias apenas ha comenzado a ser tenido en cuenta. Lo que la ciencia sabe está generando gran inquietud, porque sustancias que aisladamente parecen no producir un efecto, pueden producirlo cuando actúan conjuntamente.

Son muy interesantes las investigaciones de científicos como, entre otros, Andreas Kortenkamp del Centro de Toxicología de la Escuela de Farmacia de la Universidad de Londres, en el Reino Unido. Una de las más célebres encabeza su título con la elocuente frase: "Something from 'nothing'" ("Algo de 'nada'"), y muestra como ocho contaminantes hormonales[538], combinados a concentraciones inferiores a aquellas para las que la toxicología convencional ha establecido que no se observan efectos, producen, sin embargo, efectos muy significativos cuando están juntos[539]. De ahí lo de 'algo' -esto es, un efecto- de 'nada'. Porque en el mundo de los tóxicos -a diferencia de lo que sucede en el mundo de las matemáticas abstractas que parecen tanto influir en algunos toxicólogos- la suma de ocho supuestos 'ceros' puede no ser cero.

En otro trabajo similar, científicos como los anteriores se dedicaron a estudiar los efectos aditivos de once sustancias alteradoras del equilibrio hormonal. Eran sustancias como los parabenes, las benzofenonas o el bisfenol A[540], prácticamente omnipresentes como contaminantes en nuestros cuerpos por formar parte de latas de comida y bebida, productos de aseo, cosméticos y cremas solares, entre otros.

Los niveles de concentración a los que estaba cada una de esas sustancias por separado eran inferiores a aquellos a los que la toxicología convencional dice que no se producen efectos observables[541]. Sin embargo ¿que vieron estos investigadores?, pues que el efecto conjunto de esas sustancias que aparentemente no tenían efecto por separado era 'dramático'[542].

Lo que esto puede implicar acerca de los sistemas de evaluación del riesgo de las sustancias usados a lo largo de décadas es, igualmente, dramático. Se ha estado dando luz verde a la exposición a centenares de sustancias estudiadas aisladamente, pensando que con eso se garantizaba algo. Lo que vemos nos abre una perspectiva muy diferente sobre los efectos que pueden estar teniendo realmente todos los compuestos químicos que acumulamos en nuestros organismos.

Cada vez hay más investigaciones acerca de los efectos combinados de contaminantes. Una de ellas es la realizada por Warren Porter de la Universidad de Wisconsin sobre unos herbicidas. Los tests convencionales realizados por separado sobre cada compuesto analizado de un producto de ese tipo no mostraban efectos. Sin embargo, lo que hizo Porter fue estudiar el efecto conjunto de la mezcla comercial[543] tal y como era puesto a la venta en las tiendas. ¿Cuál fue el resultado? Pues que a los mismos niveles 'bajos' de concentración tenían efectos importantes[544] en los animales de experimentación. Se observaron efectos a los mismos niveles en lo que -según los tests convencionales-, cada compuesto por separado no tenía efecto[545].

Podrían citarse otros muchos estudios semejantes, pero basta con lo visto para que nos percatemos de hasta qué punto muchos productos que están en uso, aunque hayan tenido el visto bueno de las autoridades, pueden en realidad representar una amenaza para nuestra salud.

O la toxicología oficial incorpora seriamente lo que la ciencia sabe o seguiremos desprotegidos ante la amenaza sanitaria omnipresente de los contaminantes químicos.

En resumen... Estamos desprotegidos

Los sistemas vigentes de aparente 'control' del riesgo químico no nos están protegiendo debidamente. La científica americana Anne Steinemann[546] lo resume muy bien al comentarnos todo lo que pasa por alto la normativa que supuestamente nos protege, olvidando temas clave como "la manera en la que los contaminantes llegan hasta nosotros en realidad: mediante exposiciones (no emisiones), mediante mezclas de contaminantes (en lugar de contaminantes aislados), a través de varios medios (agua, aire, tierra, polvo, productos de consumo, en lugar de un solo medio), por medio de varias rutas (epidérmica, ingestión, inhalación, intergeneracional, en lugar de una sola ruta), produciendo múltiples efectos sobre la salud (tales como daños al sistema inmune, neurológico, endocrino y reproductivo, además del cáncer, frecuentemente tomado como el único criterio de regulación)".

Buena parte de los criterios oficiales que se aplican no tienen en cuenta el conocimiento científico actual. No nos protegen ante "las fuentes más importantes de exposiciones a los contaminantes" como las que tienen que ver, por ejemplo, "con la contaminación del aire en ambientes interiores y los productos de consumo que escogemos" cuyos "riesgos son mucho mayores que los riesgos por el aire exterior y las fuentes reguladas tradicionalmente".

"Paradójicamente" -añade Steinemann- "los sitios que normalmente consideramos más "seguros" (hogares, escuelas, lugares de trabajo, vehículos, edificios públicos, instalaciones médicas) y los productos que consideramos "seguros" (debido a que son comúnmente vendidos y usados) son precisamente las principales fuentes de exposiciones a contaminantes. Sin embargo, estas fuentes casi no se encuentran reguladas por las leyes ambientales existentes".

Dos ejemplos del 'control' oficial

Muchos científicos independientes, organizaciones no gubernamentales y las más diversas entidades públicas y privadas llevan años intentando que se instaure un principio de precaución que anteponga la salud de las personas a determinados intereses económicos. No obstante, los resultados obtenidos hasta ahora en ese afán han sido más bien modestos.

Vamos a ver dos de las iniciativas más notables mediante las cuales se ha pretendido proteger la salud humana frente a las sustancias químicas tóxicas: el Convenio de Estocolmo sobre contaminantes orgánicos persistentes (COPs) y el reglamento REACH de la Unión Europea. Al saber acerca de estas iniciativas, seguiremos respondiendo a la pregunta que nos hacíamos acerca de si las autoridades nos están protegiendo o no frente a la amenaza que suponen las sustancias químicas tóxicas para nuestra salud y la del medio ambiente.

El control de las cosas, como la instauración de la justicia en el mundo, no es algo que nos venga dado, algo que exista ya sin más, como algunos parecen creer, sino que frecuentemente es fruto de una lucha tenaz en la que es difícil que la razón se imponga a unos intereses que se resisten a ser controlados.

El Convenio de Estocolmo

Durante muchos años se han realizado notables esfuerzos, dentro de este tratado internacional, para conseguir la prohibición o limitación de algunas sustancias tóxicas muy conflictivas.

Hasta hace unos años, los esfuerzos se centraron especialmente en la llamada 'docena sucia', una lista negra de sustancias persistentes y bioacumulativas[547] en la que se encontraban ocho pesticidas organoclorados[548], dos productos industriales[549] y dos residuos indeseados de la actividad industrial[550]. Posteriormente, en el 2007, la lista se amplió a otros compuestos (algún retardante de llama y algún compuesto perfluorado, así como otros dos pesticidas organoclorados más)[551].

El gran drama es ver que buena parte de los contaminantes sobre los que se sigue debatiendo en el Convenio de Estocolmo, son en realidad sustancias de las que se alertaba hace décadas, y sin embargo, ni siquiera con estas sustancias se ha llegado a una solución satisfactoria en muchos casos. Es una tragedia, porque si se está tardando tanto con estas sustancias reconocidamente dañinas, cabe suponer lo que pasará con otros miles de sustancias nocivas que se encuentran hoy en circulación.

Ni siquiera se ha resuelto el problema de sustancias que, como el DDT o los PCBs, inauguraron prácticamente la preocupación moderna por los tóxicos sintéticos. Pese a ello, por su alta persistencia entre otras razones, siguen siendo detectadas en España y otros países en los huevos, el pescado, la carne, la leche, la mantequilla[552]... así como en los cuerpos humanos.

El Convenio estableció la eliminación y restricciones, según los casos, de algunas sustancias como el DDT, intentando llegar a la prohibición, y medidas de reducción de emisiones de dioxinas, furanos, hexaclorobenceno y PCBs, y donde sea viable, su supresión total. Pero establecía exenciones por razones como la 'investigación' en nuevas sustancias, así como para productos anteriores al convenio o para algunos países (como sucede con el aldrin como insecticida, el clordano en su uso contra termitas o como aditivo de adhesivos para contrachapados o el heptacloro para madera). En resumen, que el convenio tiene una serie de trampas, obviamente introducidas por presiones industriales, que relajan su aplicación y, además, está por ver que se cumpla incluso en los aspectos en los que es más estricto.

Muestra de lo dicho es lo visto en España con relación al DDT. Sigue siendo detectado en nuestros cuerpos, él o sus metabolitos, décadas después de su prohibición, y no sólo a consecuencia de su alta persistencia[553], sino parece que también porque hay alguna fuente actual de contaminación. En algunas ocasiones no está clara la procedencia de estas poluciones recientes, ya que podrían proceder de importaciones de productos alimenticios de otros países. Sin embargo, otras veces el origen está dentro de nuestras propias fronteras, como sucede con el DDT que se sigue utilizando por industrias como la de la empresa Montecinca en la provincia de Huesca, que lo emplea dentro del proceso para generar otros pesticidas como el dicofol. Lo propio podríamos decir sobre los PCBs, ya que a pesar de que existe el compromiso de eliminar estas sustancias, los planes oficiales para hacerlo dejan bastante que desear. De hecho, ni siquiera se sabe exactamente dónde están muchos de los componentes industriales y eléctricos que los contienen. En cuanto a las dioxinas, a pesar de su reconocida peligrosidad, sigue autorizándose, por ejemplo, en la construcción de nuevas incineradoras de residuos y otras instalaciones que las emiten, además de no actuar debidamente con las ya existentes.

En resumen, ni siquiera se ha conseguido prohibir y eliminar del todo satisfactoriamente, tras mucho tiempo de negociaciones, ni sustancias como las de la 'docena sucia' sobre las que tanto consenso existía. ¿Qué sucederá con el resto de sustancias, miles y miles, que pueden ser problemáticas?

El reglamento REACH

El reglamento REACH (Registro, Evaluación y Autorización de Productos Químicos) de la Unión Europea, que entró en vigor en 2007, unificando y sustituyendo 40 normativas anteriores, ha sido hasta ahora el más ambicioso intento de poner un poco de orden en el descontrol de las sustancias químicas. Es un reglamento que había generado grandes expectativas e ilusiones y para cuyo éxito muchas personas -científicos, instituciones médicas, administraciones, políticos, organizaciones no gubernamentales...- habían puesto toda la carne en el asador.

El objetivo de REACH era colosal: controlar decenas de miles de sustancias que hasta hoy han venido comercializándose y utilizándose sin el debido control. Pero las enormes presiones de la industria química europea y estadounidense, consiguieron que las autoridades rebajasen las exigencias contenidas en los primeros borradores y basadas en la evidencia científica, que pretendían anteponer la salud de las personas a los intereses comerciales.

La industria química de la UE, un gigante que mueve cientos de miles de millones de euros al año y que tiene empleadas a centenares de miles de personas, no dudó en utilizar toda su fuerza, todos sus recursos, toda su capacidad de influencia, económica y política, para evitar ser debidamente controlada[554].

El reglamento REACH actual, a consecuencia de esas presiones, contiene partes inadmisibles. Se trata de temas como exigir unos exorbitados niveles de prueba para demostrar, por ejemplo, los daños de las sustancias que producen alteraciones hormonales en el cuerpo humano. De modo que, puede suceder que, en contra del principio de precaución, las autoridades tengan que esperar a que se materialice un daño, a veces demasiado grande y evidente, para poder actuar. Ello es especialmente grave si se tiene en cuenta que precisamente los daños hormonales se cuentan entre los que más inquietan hoy en día a la comunidad científica. Y no se comprende, al menos desde una óptica decente, que prevalezcan apreciaciones mercantiles sobre las científicas, desprotegiendo la salud humana para proteger intereses económicos.

Otro aspecto clave que ha sido marginado en buena medida por REACH es el ya citado 'efecto cóctel'. Se trata de sustancias que pueden interaccionar entre sí y ejercer efectos tóxicos adicionales y/o sinergias en los organismos vivos. La comunidad científica insistió mucho en que era clave incluir adecuadamente este tema en REACH, si lo que se pretendía era defender la salud de la gente. Pero la voz de la verdad y la ciencia pesaron menos que la voz del dinero.

Y eso no fue todo. La lista de recomendaciones científicas desatendidas era larga. Por ejemplo, la obligación de sustituir las sustancias peligrosas por seguras fue desestimada. De modo que aunque una sustancia tóxica tenga alternativas viables, podrá seguir empleándose. Además, será la industria la que diga si hay alternativas o no.

Para rizar el rizo de los disparates, se dice que se podrán autorizar sustancias peligrosas si los productores aseguran algo tan vaporoso y difícil de cumplir en la práctica como que la exposición a las mismas puede ser 'controlada adecuadamente'.

Por otra parte, REACH no controlará muchos miles de sustancias químicas que se producen por debajo de una cantidad determinada.

Sin embargo, muchos expertos opinan que la existencia de la normativa REACH, a pesar de las deficiencias, marca una gran mejoría sobre la situación precedente. Aunque la verdad es que mejorar la situación anterior era fácil, ya que lo que había era un descontrol prácticamente absoluto donde la industria producía miles de sustancias y las comercializaba, en la inmensísima mayoría de los casos, sin realizar estudios previos que garantizasen su inocuidad.

Ahora, por lo menos, la norma REACH obligará a las empresas a registrar y probar la inocuidad de muchas sustancias ante la Agencia Europea de Sustancias Químicas de Helsinki[555]. Es positivo, por ejemplo, que mientras la normativa anterior no establecía que fuese precisa una autorización para la producción, importación, comercialización o uso de ciertas sustancias muy peligrosas, la norma REACH sí lo establezca para unas 1.500 sustancias consideradas cancerígenas, mutágenas o tóxicas reproductivas, tóxicas persistentes y bioacumulativas, muy persistentes y muy bioacumulativas y otras preocupantes como los disruptores endocrinos. Pero, claro está, como antes se decía, dejando puertas falsas como que pueda argumentarse que los beneficios de uso superen a los riesgos sanitarios, que se diga -a saber con qué fundamento- que no existan alternativas o que supuestamente puedan 'controlarse' los riesgos. Podríamos hablar de otros aspectos más o menos positivos o negativos, pero, por concluir, muchos científicos dudan que lo aprobado sea suficiente para revertir en un grado adecuado los daños sanitarios que pretenden conjurarse.

En resumen: que ciertas normativas que deberían haber sido movidas únicamente atendiendo a criterios sanitarios y científicos, acaban siendo retocadas y, en buena medida, gravemente desactivadas en función de otros intereses. Y cabe hacerse la pregunta de hasta qué punto la industria química o cualquier otra industria tiene derecho a influir sobre las políticas sanitarias como, a la vista de lo que se ha denunciado, parece que está haciendo.

Y lo peor no es que una normativa pueda ser mejorable, sino que ni siquiera se cumpla. Y lo que se está viendo hasta ahora es una tremenda lentitud en su aplicación. Muy pocas sustancias han sido evaluadas, y hay decenas de miles esperando.

En resumen, lo que se ha hecho hasta ahora para poner un poco de orden en el proceloso mundo de los contaminantes químicos (sea con REACH, con el Convenio de Estocolmo o con otras normativas adoptadas a diferentes niveles) dista mucho de estar a la altura de lo que requeriría la magnitud del problema sanitario y ambiental generado por esta cuestión.

DESACTIVANDO LAS ALERTAS SANITARIAS

¿Por qué, a pesar de la gravedad del problema sanitario causado por la contaminación química y la gran evidencia científica acerca de ello, la sociedad apenas reacciona? ¿Por qué? ¿Por qué sigue existiendo también una legislación altamente ineficiente que además muchas veces ni siquiera se cumple? ¿Por qué se siguen aplicando unos sistemas desfasados de evaluación toxicológica? ¿Por qué se anteponen los intereses de la industria a los del interés general, inclusive a nivel económico y no digamos a nivel de la salud de las personas? ¿Por qué, marginando toda prevención, se supone que toda sustancia química es inocente hasta que una carga tremenda de pruebas, pruebas que suelen ser ya la enfermedad y muerte de muchas personas, demuestre lo contrario? ¿Por qué incluso en ese caso es frecuente que la industria siga negándolo, demorándose a veces durante décadas la prohibición o el debido control, mientras la gente sigue enfermando e incluso, según los casos, muriendo? ¿Por qué la industria no paga por los daños económicos y sanitarios causados?

Para responder a ésas y otras preguntas es importante conocer el cómo; cómo la industria consigue todos esos 'logros' en contra de la evidencia científica. No lo consigue precisamente improvisando, sino aplicando unos protocolos perfectamente establecidos. La aparición de una investigación científica que cuestione uno de sus productos es muchas veces para ellos como la aparición de un foco de fuego en un bosque: si no se sofoca enseguida, el incendio puede extenderse.

Para conseguirlo, algunas industrias tienen contratados 'bomberos' muy curtidos en estas lides. Son empresas con muchos contactos a todos los niveles y especializadas en 'gestionar' este tipo de situaciones. Su especialidad es fabricar dudas que desdibujen la percepción de un riesgo, que lo minimicen, que lo atemperen hasta reducirlo a la nada, que desactiven cualquier estado de alerta de la sociedad. Son empresas especialistas, como ellas a veces gustan en definirse, en manipular las 'percepciones' que tenemos de las cosas. Son como la tinta que arrojan los calamares -en este caso las industrias- para que nada se vea claro y así poder ponerse a salvo.

Un libro de David Michaels acerca de estas cuestiones se titula "La duda es su producto", con el subtítulo "Cómo los asaltos de la industria sobre la ciencia amenazan su salud". En él se desgranan muchos casos reales que nos muestran cómo pueden diluirse las cosas que la ciencia descubre. Se habla incluso de cómo se crea, ad hoc, una nueva clase de pseudociencia que les permite, valiéndose de sus abundantes recursos económicos, crear sus propias 'verdades' aparentes con las que contrarrestar el efecto de las investigaciones científicas que les perjudican. Consiguen crear la apariencia falsa de que hay controversia científica sobre temas en los que, realmente, no la hay. Y cómo esas situaciones de confusión, juntamente con una sutil y no tan sutil forma de influir o controlar a algunos políticos y administraciones, por no hablar de medios de comunicación, son aprovechadas para retrasar, descafeinar o incluso hacer naufragar por completo los intentos de prohibir o regular adecuadamente algunas sustancias.

Se realizan informes pagados por la industria, se prepara a portavoces, muchas veces 'científicos', para que digan una serie de cosas clave perfectamente diseñadas, se preparan encuentros con personas de la Administración y líderes públicos, se montan programas de televisión o de radio, se escriben artículos en la prensa, se dan charlas y conferencias, se presiona a periodistas, se adoctrina a empleados de las fábricas implicadas, se monitoriza lo que hacen las agencias reguladoras, los médicos, los ecologistas, se editan boletines, se desarrollan apoyos políticos...

En el libro citado se detalla el trabajo de gigantes de las 'relaciones públicas', especialistas en gestionar situaciones de crisis de las grandes corporaciones. Se trata de empresas que ayudaron mucho, por ejemplo, a las grandes tabaqueras a crear dudas sobre los efectos del tabaco, sirviéndose para ello del 'impagable' servicio de algunos llamados científicos, que luego se lanzaron a apoyar a otras multinacionales aún más poderosas.

Es realmente alucinante leer cómo estas empresas se jactaban de haber conseguido, por ejemplo -como se cita en uno de los informes en el capítulo de 'logros'-, que el amianto siguiese produciéndose "a pesar de la validez de muchas de las reclamaciones hechas contra el amianto y los esfuerzos de varios grupos por eliminar el material de nuestra sociedad". Si tenemos en cuenta las dimensiones del sufrimiento humano, la enfermedad y la muerte que ha causado este material a cientos de miles de personas, se darán cuenta de lo que representa jactarse de haber ayudado a que siguiera utilizándose durante décadas a pesar de la existencia de tantísimas investigaciones científicas rigurosas que denunciaban sus peligros.

Otra victoria de la que se jactaban era, por ejemplo, haber conseguido que sus propios clientes "como resultado de cerca de 400 entrevistas en los medios de comunicación en unos cinco meses, se estableciesen a sí mismos como una autoridad en la investigación en las dioxinas". Es decir, que habían conseguido que las industrias apareciesen ante el público como los mayores 'sabios' en la cuestión y verdaderas 'autoridades' a la hora de establecer si las dioxinas eran buenas o malas para la salud y hasta qué punto. Con cosas así consiguieron debilitar las normas en relación a las dioxinas, unos venenos potentísimos.

Se jactaban de logros semejantes, con casos como el del cloruro de vinilo, incineradoras de residuos, fluorocarbonos (porque adelgazaban la capa de ozono), la sacarina, casos de contaminación de aguas subterráneas, el cromo 6, el benceno, diversos fármacos que habían producido graves efectos...

Este tipo de cosas siguen sucediendo cada día a lo largo y ancho del planeta. Una de las batallas más encarnizadas de los últimos años es la ya aludida en otro capítulo cuando hablamos de los esfuerzos por aprobar en la Unión Europea la normativa REACH para el control de las sustancias químicas. Es una lucha constante. ¿O es que creen ustedes que la industria química, uno de los entramados corporativos más extensos y poderosos del orbe, va a quedarse de brazos cruzados y va a aceptar sin más lo que digan los científicos?

Son los propios científicos, con frecuencia, los que denuncian los peligros del poder corruptor de la ciencia que pueden tener las grandes corporaciones. Y lo denuncian porque sus efectos sobre la salud de millones de personas pueden ser terribles. Hace unos pocos años un científico llamado Egilman publicó un artículo en una revista técnica que se titulaba así: 'Corporate Corruption of Science'. En él denunciaba los peligros de un sistema económico que "produce enfermedad, porque sus reglas políticas, económicas, regulatorias e ideológicas priorizan el valor del beneficio sobre el de la salud humana y el bienestar ambiental. Y la ciencia es una parte del sistema, existiendo una tradición considerable de manipulación de evidencias, datos y análisis, diseñados finalmente para mantener unas condiciones favorables para la industria"[556]. En esta situación, las industrias pueden beneficiarse y cuando se producen daños, rara vez tendrán que pagar por ellos (se asume que es algo que tendrá que abonar finalmente el conjunto de la sociedad, tanto en dinero -de gastos médicos, indemnizaciones, subsidios, etc.- como en sufrimiento).

Se citan casos como el de la industria del plomo, que utilizó determinados informes 'científicos' consiguiendo décadas de retraso en la adopción de medidas. Durante años y años se esgrimieron una serie de peculiares informes, muchas veces pagados por la propia industria, que el tiempo, juez inexorable, se ha encargado de dejar en su lugar. Por mucho que quienes defendían tales 'estudios' engolasen la voz con términos académicos, debía ser evidente para ellos su falsedad. Una falsedad que hoy, desvanecida la tinta de calamar, es evidente para todos, como también lo era en su momento para los científicos serios que los cuestionaban. Aunque los informes objetivos que señalaban los riesgos fuesen más numerosos y realizados por instituciones mucho más prestigiosas, bastaba que hubiese unos pocos informes, que se aireaban convenientemente en los medios de comunicación (mucho más que los informes serios, de los que la opinión pública apenas se enteraba), para que determinadas autoridades -por razones que ya podrán sospechar- tuviesen la excusa de oro para decir que existían 'dudas'. Muchas veces sólo se buscaba ganar tiempo, mientras la industria iba buscando alguna salida. Como antes decíamos, al final el tiempo, juez inexorable, daba o quitaba razones, pero a lo largo de ese tiempo seguían produciéndose más y más daños y miles de personas enfermaban y morían.

Y si se habla de corrupción de la ciencia también cabe hacerlo, cómo no, y en mayor medida si cabe, de la de los políticos y las más variadas instancias de la Administración. Es perfectamente conocida la capacidad de influencia, no siempre legítima, de las grandes corporaciones sobre el poder político. Esto sucede a todos los niveles, bien sea en los ámbitos nacionales o en los supranacionales, como pueda ser la Unión Europea. Por todo ello, si se pretende luchar contra las consecuencias sanitarias y ambientales de la contaminación química, hay que tenerlo en cuenta.

La vigilancia de esa corrupción o esa influencia malsana, tendente a desviar la atención de los legisladores del interés general hacia el particular, debe formar parte de la lucha contra este grave problema, como también la lucha contra cualquier otra forma ilegítima que los intereses económicos particulares pueden emplear para imponerse sobre los intereses económicos y sanitarios generales.

UN LLAMAMIENTO A LA ACCIÓN

UNA ESTRATEGIA DE ACCIÓN URGENTE

En este libro hemos mostrado la lamentable situación sanitaria y ambiental que está creando la contaminación química en España y en el mundo. Es un panorama desolador. Las dimensiones del drama son tales que desentenderse de actuar ante ellas es ser cómplice, muy probablemente, de la enfermedad de centenares de miles de personas tan sólo en España.

Ahí están las espectaculares cifras de incremento en las incidencias del cáncer, de las alteraciones hormonales, de la infertilidad, de los desarreglos neurológicos, del asma, de las alergias... Curiosamente todas estas enfermedades crecen a la vez que nuestro mundo va haciéndose más y más tóxico. Según centenares de investigaciones, estas enfermedades tienen vínculos, a veces muy fuertes y claros, con factores ambientales como la contaminación química. Todo ello con independencia de que frecuentemente sean enfermedades de causas complejas, multifactoriales.

El porcentaje de gente que se ve afectada por una serie de problemas de salud no para de crecer. Pero no se reacciona. Una de las cosas más chocantes en esta cuestión es ver que a pesar de existir datos tan alarmantes, el tema se asume con una absoluta 'naturalidad', como si no estuviera pasando nada. Vemos que una de cada tres personas será diagnosticada de cáncer y no reaccionamos. 'La vida sigue', (aunque no para todos).

Se nos muestra, por parte de los científicos, que vamos camino de que en unas décadas pueda no moverse prácticamente ni uno de nuestros espermatozoides y no pasa nada. Nos dicen que más de la mitad de la población española podría llegar a padecer a un nivel u otro procesos alérgicos en cuestión de unos años y nada. ¿Cuándo se reaccionará? ¿Acaso cuando haya un 100%?

Falta la concienciación social y, sobre todo, el impulso político decidido que haría que se materializasen medidas necesarias al ritmo debido. El que puede ser, sin duda, uno de los factores que más enfermedades humanas y más daños ambientales producen en Occidente está prácticamente abandonado, incumpliéndose mandatos básicos de cualquier nación como el de velar por la salud de sus ciudadanos y la del medio ambiente que, como vemos, en este ámbito son prácticamente una y la misma cosa.

Es urgente que la situación cambie y se ponga en marcha una efectiva estrategia nacional preventiva contra la contaminación química, acometida al máximo nivel y con una férrea voluntad política de darle cumplimiento. Esta estrategia debe contar con la complicidad de todos los sectores sociales y económicos involucrados y ser acompañada de intensas campañas de concienciación.

Dicho plan debe subsanar la inacción virtual que ha existido en los últimos tiempos en esta cuestión, e involucrar a todos los ministerios y departamentos que tengan competencias en el asunto. La estrategia deberá conceder una gran importancia al papel de la sociedad civil, dentro de ella a entidades como las organizaciones no gubernamentales involucradas, y a la comunidad científica, a la que hasta ahora no se ha prestado la debida atención en este asunto.

En primer lugar se debe dar impulso a planes y políticas ya en marcha, pero abandonadas en los últimos tiempos, como, entre otros, el Plan Nacional de Aplicación del Convenio de Estocolmo sobre contaminantes orgánicos persistentes. Desde su aprobación en España en 2007 no se ha desarrollado ninguna de sus líneas de actuación más importantes (inventarios, campañas de concienciación, vigilancia de la salud pública y del medio ambiente, planes de sustitución de sustancias peligrosas que se siguen empleando como si nada....).

Del mismo modo España debería convertirse en un paladín en el avance de la implantación real de lo estipulado en normas y reglamentos internacionales como REACH, que en estos momentos avanzan demasiado lentamente por la falta de voluntad política que contrarreste las estrategias dilatorias de la industria y que haga que la Administración se tome más en serio el asunto.

Igualmente hay que dar impulso a otras iniciativas que se han dejado a su suerte a pesar de que el Gobierno español se comprometió a materializarlas, tales como el Plan Nacional de Salud y Medio Ambiente, el inventario de dioxinas, el inventario de PCBs o, entre otros, el control de sustancias prioritarias que contaminan las aguas.

La situación es increíble, hasta el punto de que ninguna Administración del Estado en España, sea central o sea de las autonomías, cuenta siquiera con un diagnóstico básico de la situación del riesgo químico que tenga en cuenta los diferentes ámbitos en los que debería actuarse (salud laboral, salud pública general, medio ambiente, agricultura...). No existen diagnósticos sectoriales del riesgo químico. Ninguna Administración cuenta con una estrategia para la prevención de estos peligros que tenga objetivos definidos ni marque las líneas en las que debería actuar.

¿Qué puede hacerse así en prevención? Obviamente muy poco. Lo descrito es, por sí solo, de una gravedad inaudita. Tales diagnósticos del riesgo deben ser hechos inmediatamente, de forma seria, y poner en marcha medidas reales para reducir estos peligros.

Por si fuese poco, en España existe además un tremendo caos de competencias en esta cuestión, una gran descoordinación que dificulta aún más la toma de medidas eficaces. En nuestro país tienen atribuciones en la gestión del riesgo químico numerosos ministerios, y a otros niveles, son centenares de direcciones, subdirecciones y otros servicios, cada uno con sus propios criterios.

El Gobierno español prometió en su momento la creación de una Agencia de Sostenibilidad Química que corrigiese esa dispersión de competencias pero, como tantas otras cosas, tampoco ha llegado a materializarse. Es urgente que de una vez se haga algo que lo solucione, coordinando, integrando y dando eficacia a medidas reales en favor de la protección de la salud de las personas y el medio ambiente.

La situación actual es, pues, de bastante abandono a todos los niveles, central, autonómico y local. Es muy poco lo que se hace. Se limita a veces simplemente a algunos formalismos a los que obligan una serie de leyes y acuerdos vinculantes, tales como algunas directrices que emanan de la Unión Europea y aún así, con demasiada frecuencia, de forma manifiestamente mejorable. La falta de voluntad política hace que muchas normas, simplemente, no se cumplan.

¿Cuándo se hará algo serio para reducir el coste social y ambiental que representa la contaminación química? ¿Cuándo se potenciará la concienciación acerca de la enorme carga de enfermedad, de muerte y de años de vida perdidos que ello representa? ¿Cuándo se comprenderá que incluso en términos económicos las cantidades de dinero perdidas por el conjunto de la sociedad son muy superiores a las conseguidas por determinadas empresas privadas con la comercialización de sus sustancias tóxicas? ¿Cuándo se hará un balance del coste que representa la atención sanitaria a tantas personas que enferman, por esta cuestión? ¿Cuándo nos daremos cuenta de lo que representan los innumerables casos de asma, enfermedades autoinmunes, problemas neurológicos infantiles, malformaciones congénitas, abortos, diabetes, infertilidad, Parkinson y otros problemas que pueden explicarse, en mayor o menor medida, por la contaminación química?

La situación generada por la que la científica estadounidense Rachel Carson bautizó como la "era de los venenos" obliga a actuaciones contundentes e inmediatas, antes de que sea demasiado tarde (si es que no es ya demasiado tarde para muchas personas). A la era de las enfermedades causadas por microorganismos ha venido a suceder la de las enfermedades causadas por tóxicos, pero sin que las alertas científicas hayan hecho en este caso que los gobiernos actúen en proporción a la magnitud de la amenaza.

El drama alcanza también a la Naturaleza en la que están dándose profundas alteraciones por este motivo. Los males, tanto los causados en el medio como en la salud humana, probablemente superen por su gravedad a los de otros problemas como el cambio climático. Sin embargo, en el caso del cambio del que hablamos, la alteración del equilibrio químico que sostiene la vida, los gobiernos no se han visto obligados a reunirse en grandes cumbres de jefes de Estado para actuar. ¿Por qué? Eso debe cambiar. Y en ello España debe tener un papel importante, impulsando, como primer paso, una contundente estrategia nacional contra la contaminación química que corrija todo lo que se está haciendo mal en esta acuciante cuestión, haciendo todo lo posible para que también se avance en el ámbito internacional, convirtiéndonos en un referente mundial en estos asuntos y no en una rémora más, como hasta ahora sucede.

Un aspecto clave de esa estrategia nacional que proponemos debe ser, por ejemplo, que se corrija la vergonzosa inacción que hasta ahora, haciendo dejación de competencias, ha tenido el Ministerio de Sanidad en este asunto. ¿Cómo es posible que si la OMS reconoce que una de cada cuatro enfermedades y muertes en el mundo tienen que ver con el Medio Ambiente, el Ministerio de Sanidad se haya desentendido de hacer campañas de prevención de enfermedades debidas al medio ambiente y sólo dedique a este tema un diminuto, olvidado y desatendido apartado de su estructura del que apenas se sabe nada?

Es importante también incrementar los fondos dedicados a promover la investigación independiente, seria y rigurosa, acerca de los vínculos existentes entre los contaminantes y problemas sanitarios y/o ambientales. En este último caso, se deberían potenciar las investigaciones que versen sobre aspectos tales como los efectos que la alteración hormonal derivada de los contaminantes está teniendo sobre diferentes especies de fauna. Muchas especies son 'centinelas' de la salud humana, y los datos que ofrecen las investigaciones sobre los efectos que sufren pueden servir para anticipar efectos sobre las personas.

Son, en fin, muchas las cosas que urge cambiar. Y ello debe hacerse, así lo creemos, teniendo en cuenta criterios como los que a continuación citamos:

Primar el principio de precaución

Debe aplicarse con voluntad firme el 'principio de precaución' y no otros que hoy se aplican como el de la 'gestión del riesgo' de las sustancias químicas. Este último no consigue, en la práctica, más que 'jugar con fuego', quemando nuestra salud.

Partir de la base de que las sustancias tóxicas dañinas deban existir y seguir usándose, suponiendo que el riesgo que entrañan puede 'controlarse', es un absoluto disparate. Tal visión viene impuesta por los intereses económicos, antepuestos a los datos científicos, y está causando una crisis sanitaria y ecológica sin precedentes en la Historia de la Humanidad. Esos intereses, obviamente, no quieren dejar de hacer negocio, y por ello nos están imponiendo que nos expongamos a una serie de riesgos, en beneficio suyo y pérdida nuestra.

El Gobierno español no debe seguir colaborando con esos enfoques, sino, con toda decisión, aplicar lo que pide la comunidad científica, que no es otra cosa que el llamado principio de precaución. Es un principio absolutamente imprescindible para cumplir con aquello de que más vale prevenir que curar, que debería ser la máxima inviolable, la prioridad absoluta y radical de todo verdadero afán de proteger la salud de las personas.

El principio de precaución establece que se obre con cautela ante las incertidumbres existentes acerca de los peligros de las sustancias químicas. Obrar con cautela implica que no hay que esperar a que exista una certeza total sobre un riesgo para actuar, sino simplemente que haya una evidencia suficiente, como de hecho ya sucede con tantas sustancias sintéticas producidas por el hombre.

Aplicar un principio de precaución excluye que se dejen pasar años y años esperando la confirmación total y absoluta, con todo lujo de detalles, y sin ninguna duda (como las dudas que hábilmente siembran las propias industrias interesadas) acerca de la toxicidad de una sustancia, mientras tanta gente sigue enfermando y/o muriendo.

El principio de precaución ha de ser anticipatorio, esto es, no debe esperar, como se hace hoy en día, a que los daños se hayan producido. Especialmente si los daños, como hemos visto en este libro, pueden ser tantos y de tal calibre, y afectar a cientos de miles de personas[557]. Es inadmisible que ante tanta enfermedad y muerte no se aplique tal principio. ¿En qué mundo vivimos? ¿Cómo puede ser posible que hoy día, en buena medida, el principio de precaución no deje de ser más que una especie de sueño, que parece casi utópico, algo que piden los científicos pero que rarísima vez se aplica?

Mano dura con los contaminadores

El Gobierno español debe poner fin al pésimo control que hoy existe de la contaminación industrial, imponiendo, sin ambages, la producción limpia. No es de recibo que ni siquiera se estén cumpliendo las normas europeas sobre vertidos, y que la vigilancia y las sanciones adecuadas a los infractores escaseen del modo que lo hacen. En España, por ejemplo, ha sido muy débil la presión oficial sobre las empresas para que adopten las mejores técnicas disponibles, las menos contaminantes, en cumplimiento de normas como la Directiva IPPC, de Prevención y Control Integrado de la Contaminación. ¿Por qué?

Las industrias españolas causan una considerable contaminación de los aires, los suelos, los ríos y aguas subterráneas. Actividades diversas como la incineración, los vertederos, las plantas de tratamiento de residuos, las industrias peligrosas... siguen incrementando diariamente la carga química tóxica a la que nos vemos expuestos.

Además, se consiente sistemáticamente que muchos productos de consumo contengan sustancias conflictivas que pueden llegarnos a través de los alimentos, contaminar el polvo doméstico que inhalamos en casa o incluso llegarnos a través de la piel por el uso de productos de higiene corporal, entre otras muchas posibilidades. ¿Qué está haciendo la Administración para resolver estos y otros problemas?

Una de las más claras muestras de la permisividad y tolerancia existente en España ante los contaminadores químicos es que el principio de que 'el que contamina paga' haya sido tan escasamente aplicado, como se comenta en un apartado de esta obra[558]. España es, de hecho, un referente europeo en el mal hacer en este campo. Aquí el que contamina no paga, sino que es el contribuyente el que paga con su dinero y su salud. Eso debe cambiar radicalmente.

La Administración debería seguir a rajatabla ese principio de que el que hace un daño lo pague. No sólo en casos en los que una empresa contamine y deba restaurar lo dañado en el medio ambiente, sino también en otros aspectos importantes, por ejemplo, aplicándolo a lo que hace enfermar a la gente. Una de las formas posibles para llevarlo a efecto es garantizando la tutela judicial efectiva en casos como las demandas colectivas que acometen personas afectadas por exposición a sustancias, ayudando a que haya justicia y que, a imagen de lo visto en otros países, se impongan sanciones multimillonarias a las empresas que les hagan pagar por los daños que causan. Lamentablemente esto apenas ha sido visto en España, lo que acaso sea indicativo del nivel de la justicia española en este asunto.

Otra de las formas de asegurar que el que contamine pague, acaso más imaginativa, pero que es probable que deba ser estudiada, es la de establecer que una parte del presupuesto sanitario de los países sea pagado por empresas, como muchas del sector químico, cuya actividad se sabe que puede contribuir al deterioro de la salud[559].

La Administración española también debería, en primer término, aplicar y desarrollar a un ritmo adecuado todas las medidas asociadas a normativas como el Convenio de Estocolmo o el reglamento REACH de la UE, y por supuesto, dar cumplimiento a normas hace mucho vigentes, pero poco cumplidas como las citadas u otras muchas, por ejemplo, la Ley de Prevención de Riesgos Laborales que en aspectos de exposición a tóxicos es mayoritariamente ignorada en buena parte de las empresas y pésimamente controlada por los organismos oficiales.

Pero más allá de eso, también debería promover activamente un endurecimiento y mejora de normas como las citadas u otras que regulan las sustancias químicas. Porque buena parte de la legislación, todo hay que decirlo, ha sido redactada sin tener en cuenta lo que hoy sabe la ciencia acerca de la verdadera dimensión de los daños sanitarios y ambientales que causan las sustancias tóxicas[560].

Prevención en orígen

A la hora de luchar contra la contaminación química, la Administración debería atajar los problemas en su origen, con valentía, sin caer en la tentación de 'atajos' de apariencia más fácil pero que no resuelven sino que eternizan los problemas.

Entre estas falsas 'soluciones' a las que tanto se ha recurrido hasta ahora, destacan todas aquellas que se cuentan en la categoría de las llamadas 'soluciones' de 'final de tubería'. Son las que se basan en confiar en sistemas de depuración o filtro de los contaminantes, o en sistemas como la acumulación de residuos tóxicos en montones crecientes en instalaciones supuestamente 'controladas'. Y esto sin hablar de la incineración de los mismos.

Ese tipo de 'soluciones' aparentes pero no reales, lo único que hacen es 'legitimar' buena parte de la contaminación química existente, dando la apariencia de que es algo 'controlado' lo que, en buena medida, no es cierto. Que sin medidas como ésas la cosa pudiera ser peor aún, no implica que la situación que consienten sea precisamente la mejor desde una perspectiva sanitaria y ambiental.

Si pensamos en la contaminación de las aguas, es evidente que, pensando sólo en 'soluciones' de 'final de tubería', podrían establecerse algunas mejoras, como hacer que las depuradoras filtrasen adecuadamente muchos contaminantes químicos (cosa que hoy mayoritariamente no hacen). Pero al margen de los costes y de la posibilidad o no de su implantación a gran escala, ello no solucionaría el problema en ningún caso, ya que seguirían amontonándose en los filtros enormes cantidades de venenos que 'gestionar'.

Es evidente que la única opción racional es evitar la contaminación de las aguas en origen. Es decir, ver cuáles son las fuentes de contaminantes principales y actuar contundentemente sobre ellas. En primer lugar se debería actuar sobre las fuentes contaminantes industriales, sobre las que se endurecerían los controles, instaurando la política de 'vertido cero' frente a la hoy vigente que establece niveles 'permitidos' de envenenamiento de los ríos. No debemos, sin embargo, olvidar otras fuentes, como las domésticas, que también representan volúmenes ingentes de contaminación química.

En este último sentido es importante forzar a las empresas que generan productos que luego contaminan los ríos (tales como los fabricantes de detergentes y productos de limpieza, entre otros), a la no incorporación en sus fórmulas de una larga lista de sustancias conflictivas[561]. También deberían realizarse campañas detalladas para que los consumidores supiesen hasta qué punto contribuyen a la contaminación hídrica y cómo pueden evitarla o reducirla. Y lo dicho sobre las aguas es extensible a otras situaciones de polución diferentes.

Una estrategia nacional seria contra la contaminación química debe superar enfoques simplones, propiciando la lucha contra la contaminación al principio de la cadena, impidiendo que las sustancias químicas tóxicas se incorporen en la ecuación de la producción de bienes y servicios.

La Administración debe presionar para conseguir la sustitución obligatoria de todas aquellas sustancias para las que se conozcan alternativas, pasando por encima de las resistencias industriales que emplean argumentos falaces para seguir utilizando compuestos que entrañan riesgos sanitarios y ambientales.

En los casos en los que no se conociesen alternativas, debe forzarse a las industrias a que investiguen hasta llegar a ellas, velando porque las alternativas investigadas cumplan una serie de requisitos que garanticen que éstas no generen nuevos problemas de toxicidad, tal y como se ha visto que sucede demasiadas veces (por ejemplo, con los retardantes de llama).

Cabrá incluso, yendo más allá de lo anterior, no sólo velar porque una sustancia tóxica no se use, sino estudiando la forma para conseguirlo, que ni siquiera se diseñe. Una posibilidad podría ser la de dictar normas que regulen incluso la responsabilidad legal de los diseñadores de sustancias químicas. Desde el primer momento estos diseñadores de sustancias deben prever y evaluar el posible riesgo para los seres vivos de la sustancia que vayan a diseñar[562], y no a posteriori[563].

La industria química debe asumir la realidad de que con demasiada frecuencia los productos que generan no sólo actúan sobre las cosas para las que ellos las diseñan, sino que pueden actuar de forma más amplia, y a veces muy seria, sobre la trama que sostiene la vida en la Tierra. Esto es algo tan importante que no puede ser considerado un pequeño 'daño colateral' que tan sólo obligue a realizar unos pequeños cambios, siguiendo con el mismo esquema general, sino que es un efecto muy principal y determinante que ha de obligar a profundas revisiones[564].

Toda la química del siglo XXI debería ser una química 'verde' y si no, sencillamente, no ser. Toda aquella química que no sea 'verde' ha de ser condenada a las tinieblas exteriores.

Lo que se pide a la industria no es, precisamente, ningún imposible. Instituciones como el Lowell Center for Sustainable Production de la Universidad de Massachusetts (EE.UU.), entre otras muchas en el mundo, llevan mucho tiempo investigando sobre la 'química verde'.

La Química Verde es una disciplina muy desarrollada que ha generado ya una enorme cantidad de alternativas viables que excluyen el uso de sustancias problemáticas. En España, entidades como el ISTAS, por ejemplo, han trabajado mucho en esto.

Es perfectamente viable llevar adelante una profunda reconversión del sector químico de modo que las sustancias y materiales que se diseñen sean inherentemente seguros. Ya se han ensayado criterios alternativos, utilizando sustancias que difícilmente puedan dañar a los seres vivos. Se está investigando con materiales difícilmente biodisponibles, es decir, que difícilmente puedan ser absorbidos, alcanzar órganos o acumularse en los tejidos de seres vivos, así como extraordinariamente biodegradables.

Incremento de los controles

Es esencial incrementar los controles de presencia de contaminantes, tanto en número como en calidad de los tests que se realicen. Ello debe hacerse en las propias industrias, en los productos de consumo, alimentos, aguas, etc., en todas las posibles fuentes de exposición a esas sustancias.

Urge, y a nivel oficial debe hacerse todo lo posible para ponerlo en marcha, que se controle un mayor porcentaje de productos a través de los cuales podemos exponernos a sustancias químicas conflictivas, que en esos controles se analicen no sólo unas pocas de ellas, sino centenares, y que a la hora de determinar si son un riesgo o no, no se apliquen criterios toxicológicos hoy superados, como los que presuponen que las concentraciones supuestamente 'bajas' de tóxicos no son un problema.

Asimismo, la Administración debe publicar todos (todos) los resultados de las analíticas realizadas, sin arrogarse paternalistamente la potestad de decidir qué debe y qué no debe saber la gente. Todos los españoles tienen derecho a conocerlas con todo detalle, así como a decidir qué grado de alarma le merecen.

Los niveles de ocultación y oscurantismo hoy existentes acerca de estos temas en España son impropios de un país que se dice libre y democrático. Y las administraciones deben poner fin a todo ello. Da igual que se refiera a contaminantes en la comida, en el aire, en un juguete de plástico, en un producto de limpieza, un ambientador, un cosmético o en las aguas, por ejemplo. Todos (insistimos: todos) los datos deben estar fácilmente accesibles para cualquier persona sin necesidad de solicitarlos (por ejemplo, a través de internet).

Si nos referimos a las aguas, por citar uno de los casos a título de ejemplo, es obvio que debe hacerse mucho para mejorar la situación existente acerca del conocimiento de su calidad química. Para comenzar debe aumentar mucho el número de puntos de control, así como buscar, en las analíticas muchos más parámetros de los que normalmente se tienen en cuenta, de modo que se registren las concentraciones de centenares de compuestos y no, como se acostumbra, de unos pocos tan sólo. Y por supuesto, como se decía, que cualquier persona pueda saber, automáticamente, de dónde viene y qué sustancias contiene el agua que bebe, con independencia de que la Administración pueda luego juzgar si es para alarmarse o no.

Estudios epidemiológicos

La Administración debe impulsar, con toda su fuerza, la realización de estudios epidemiológicos en zonas que se saben especialmente conflictivas. Las llamativas agrupaciones de casos, los excesos de casos de enfermedades que se dan en algunas zonas de España, en áreas de fuerte contaminación química, deben ser seriamente estudiados. La Administración debería apoyar tales investigaciones y no como tantas veces hoy sucede, entorpecerlas. Debe hacerse un listado riguroso de esas áreas y apoyar la creación de grupos científicos que coordinen los datos sobre ellas.

Asimismo, se deben promover estudios paralelos que aborden no sólo las diferencias geográficas de incidencia, sino también estudios epidemiológicos teniendo en cuenta profesiones particularmente expuestas, o por ejemplo, estudios sobre productos de consumo con tóxicos a los que se ven expuestos amplios sectores de población, a fin de detectar excesos de patologías asociados a tales productos y sustancias.

Seguimiento de la presencia de contaminantes en la población general

A pesar de las hondas repercusiones sanitarias que puede tener la acumulación de sustancias tóxicas en el cuerpo humano, en países como España apenas se han realizado esfuerzos para conocer hasta qué punto está lleno de tóxicos el cuerpo de los habitantes del país.

Sólo muy recientemente entidades como el Instituto de Salud Carlos III han iniciado investigaciones sobre el particular, referidas a la población general española. Es el estudio "Presencia y vigilancia de contaminantes químicos"[565] del que simplemente se han adelantado unos datos muy limitados. Uno de ellos, dado a conocer en abril de 2011 era, por ejemplo, que la sangre de los españoles tenía diez veces más mercurio que la de los alemanes, probablemente por el consumo de pescado. En cualquier caso el número de contaminantes a analizar en el estudio citado -básicamente algunos metales pesados y algunos contaminantes orgánicos persistentes- está muy lejos, como veremos, de los estudios que se realizan en otros países.

Previamente, un equipo dirigido por el científico Miquel Porta, del Instituto Municipal de Investigaciones Médicas de Barcelona, había monitorizado la presencia de 19 contaminantes -DDT, varios PCBs, beta-hexaclorociclohexano, o hexaclorobenceno- en una población general, la de la comunidad autónoma de Cataluña[566], detectando que más del 85% de las personas los tenían. En algún caso, como pasaba con el DDE y el PCB 180, estaban en el 100% de los catalanes analizados. Anteriormente se había realizado un estudio, bastante limitado, de monitorización en Canarias.

Así pues, como vemos, España va con un enorme retraso, pues simplemente es algo que está comenzando a ser controlado. Se está muy en los inicios. Y por tanto, es algo dónde sería de esperar que las administraciones con competencias en el asunto hicieran un esfuerzo para que se realizasen estudios adecuados que permitiesen un seguimiento de centenares de sustancias que hay en nuestros organismos.

En otros países se han realizado buenas investigaciones sobre la presencia de tóxicos en el cuerpo humano. Sin duda, una de las referencias importantes son los 'National Reports on Human Exposure to Environmental Chemicals' (Estados Unidos), que han servido para medir la presencia de más de 200 contaminantes diferentes en el cuerpo de los estadounidenses. Otros estudios que podrían citarse son la 'German Environmental Survey' o el 'Arctic Monitoring and Assestment Programme', así como los realizados en diversos países como Nueva Zelanda, Australia o Japón[567].

Disponer de este tipo de datos en España sería un punto de partida importantísimo que demostraría el interés de las administraciones en proteger a la población, además de permitir cualquier posible investigación y toma de medidas acerca de la asociación entre la presencia de contaminantes y la salud. Porque una de las cosas que ha permitido avanzar en la asociación de la presencia de contaminantes en el cuerpo humano con enfermedades diversas, ha sido precisamente la realización de muestreos de este tipo en la población general.

Basta ver lo hecho en Estados Unidos, gracias a los 'National Reports on Human Exposure to Environmental Chemicals', y que ha permitido disponer de unos datos de base que luego, cruzados con otros sobre las personas afectadas por diversas dolencias, ha servido para establecer posibles relaciones entre unas cosas y otras[568].

Esos muestreos han permitido que los estudios no versen, como durante un tiempo pasó, sobre restringidos sectores de población expuestos a inusuales niveles altos de las sustancias sospechosas, sino a la población general 'normal' y a los niveles de exposición a sustancias generalmente 'bajos', que tiene cotidianamente cualquiera de nosotros sin necesidad de vivir en ningún sitio en particular ni tener ningún oficio en concreto. Y es precisamente esto lo que da mucha más trascendencia social a sus conclusiones[569].

La trascendencia poblacional de los resultados de este tipo de investigaciones, por partir de los niveles 'de fondo' presentes en millones de personas es, pues, enorme y no como en los estudios más antiguos centrados sólo en niveles más altos y más puntuales de exposición a las sustancias (como, por ejemplo, los que pudieran darse en trabajadores de alguna industria concreta). Y lo que están mostrando las investigaciones que se han hecho, de alguna de las cuales hemos hablado en esta obra, es que los contaminantes químicos que casi todos tenemos ya en nuestros cuerpos, y los niveles aparentemente 'bajos' a los que están, podrían estar teniendo un peso mucho mayor de lo sospechado hasta ahora en la carga social de enfermedades y muertes.

Reducción de la carga tóxica en el cuerpo humano

Basándose en los datos concretos obtenidos a través de la instauración de una monitorización regular y muy completa de la presencia de centenares de contaminantes en el cuerpo de los españoles, sería necesario establecer objetivos y calendarios concretos de reducción de la presencia de los mismos. No hacer tal cosa, como de hecho está pasando hasta ahora, es una grave irresponsabilidad.

Para conseguir esa reducción de la presencia de contaminantes en el cuerpo de los españoles, el Gobierno y todas las administraciones involucradas, deberían desarrollar planes concretos y tangibles: primero actuando contundentemente contra las principales fuentes de exposición a esas sustancias (control de la contaminación industrial, sanciones, acciones judiciales, retirada de productos, prohibiciones o limitaciones del uso de sustancias...), y después aplicando otro tipo de medidas, en ocasiones más amplias e imaginativas.

Esa 'descontaminación' del cuerpo de los españoles debería ser acometida prioritariamente en sectores de población especialmente vulnerables a los efectos de los contaminantes, aún a niveles supuestamente 'bajos' de concentración, como sucede con las embarazadas y los niños.

Deberían realizarse campañas de protección de los mismos frente al riesgo químico, que cuenten con medidas concretas que puedan ayudar a la reducción de contaminantes. Entre ellas, por ejemplo, podría estar la de la instauración de incentivos y campañas para generalizar la alimentación ecológica para embarazadas y niños, por estar demostrado que de ese modo se reduce la presencia de residuos de pesticidas en sus organismos. En el caso de las embarazadas, se cursarían instrucciones precisas para que el Ministerio de Sanidad advierta a éstas con todo lujo de detalles acerca de las más variadas fuentes de exposición a contaminantes, entre ellas la presencia de mercurio en diferentes especies de pescado[570]. Otras medidas tendrían que ver con la instauración de entornos sin tóxicos en guarderías infantiles y escuelas, por ejemplo. Las formas posibles de conseguir una reducción de los tóxicos en la población son muchas y se deberían aplicar con fuerza las que pueden tener más eficacia a fin de conseguirlo.

Más en general, se potenciaría la difusión del conocimiento sobre la vasta gama de productos ecológicos que no contienen contaminantes, así como sobre las diversas formas existentes de tener hábitos sanos en este sentido[571]. Existe hoy un pujante sector económico que se basa en estos criterios y en el que se incluyen todos los productos de la sociedad de consumo (productos de limpieza, de aseo personal, cosmética, pinturas, muebles, tejidos, alimentos, materiales de construcción...). Basta darse una vuelta por ferias multitudinarias como Biocultura (que organiza la Asociación Vida Sana) para comprobar la amplia variedad de productos existentes.

Potenciar la producción ecológica

La Administración debería valorar el ahorro de costes sanitarios y ambientales que está generando para la sociedad el sector ecológico, y apoyarlo decididamente mediante toda clase de incentivos, velando para que no existan fraudes.

Igual que el que contamina debe pagar, el que no lo hace debe ser favorecido de forma decidida, y no tibiamente (o más bien nada tantas veces) como hoy. De este modo, sectores como la agricultura ecológica, que no conlleva el empleo de sustancias contaminantes como los pesticidas, deben ser potenciados con firmeza. Esto debe realizarse no sólo dejándolo al albur de los responsables de Agricultura, sino entendiendo que es algo que tiene implicaciones que van mucho más allá y que tienen que ver con la salud pública y el medio ambiente.

El apoyo al sector verdaderamente ecológico, que no utilice en sus procesos sustancias químicas conflictivas, debe ser incorporado como un eje básico de una estrategia de prevención de los problemas sanitarios y ambientales que genera la contaminación química. Y por ello, debe ser impulsado como una cuestión de Estado, involucrando en ello a todas las instancias precisas.

Todos los sectores de la producción realmente ecológica deben ser fortalecidos. Debe potenciarse extraordinariamente el consumo de todos los bienes y servicios que estas empresas producen. Ello no sólo hará que se propicie el crecimiento de estas empresas concretas, con la reducción de la carga tóxica que ello traerá aparejado, sino que acabará forzando a que otras empresas que hoy utilizan sustancias problemáticas se vean apremiadas a la reconversión para no perder cuota de mercado.

El sector ecológico es una realidad que funciona y que demuestra que un mundo sin tóxicos químicos es perfectamente posible. Sin embargo, en países como España (no así en otros) el consumo ecológico alcanza unos porcentajes demasiado bajos. Tanto que siendo España uno de los principales productores europeos de agricultura ecológica, la mayor parte de lo producido ha de exportarse a otros países con una ciudadanía más concienciada.

Debe hacerse lo posible para concienciar a la sociedad española de que consumir ecológico no es un 'lujo' sino, en buena medida, una imperiosa necesidad sanitaria. Y por ello, dentro de las políticas para promover la producción ecológica deben ponerse en marcha campañas de información que hagan ver a los ciudadanos la importancia del consumo de productos sin tóxicos para conseguir una vida más sana.

Como hemos visto en esta obra, múltiples sustancias químicas tóxicas llegan a nuestros cuerpos por las más diversas vías, tales como la alimentación, los productos de aseo y cosmética, y otros muchos diversos productos no ecológicos que nos rodean. Lo que comemos, lo que ponemos sobre nuestra piel, lo que respiramos... tiene frecuentemente trazas de sustancias que incluso a niveles 'bajos' de concentración pueden tener a veces impactos sanitarios muy severos.

Por todo ello, comer ecológico o no, usar una crema ecológica o no, emplear una pintura ecológica o no, eliminar del aire que respiramos en casa una serie de sustancias o no, etc., no es, como pudiera parecer a algunas personas, un asunto de mero 'esnobismo' o de un exceso de preocupación por la salud o la ecología. Ello queda meridianamente claro ante la contundencia de los resultados de miles de estudios científicos como los que hemos repasado en este libro.

De ese modo, atendiendo a lo que hoy sabe la ciencia, es un hecho objetivo que el sector ecológico puede contribuir de una forma a veces muy importante a la prevención de algunos de los principales problemas sanitarios que afectan a nuestras sociedades desarrolladas.

Paracelso, padre de la Medicina, dijo aquello de 'que tu alimento sea tu medicina'. Y eso nunca ha sido más cierto que hoy, al menos si hablamos de los alimentos sin tóxicos, porque al ingerirlos, evitamos cosas que, como los residuos de pesticidas, pueden inducir problemas de salud. Y lo dicho para los alimentos es aplicable a todas las demás categorías de productos ecológicos o a cualquier cosa que contribuya a reducir nuestra contaminación orgánica.

Es un hecho que el sector ecológico en España ha experimentado crecimientos notables después de crisis como las de los 'pollos con dioxinas' y otras parecidas. La gente, a poco que cobra conciencia de un problema de contaminación química, sabe, a pesar de lo poco que se le informa, que los productos ecológicos tienen más garantías. Pero se debe crear una conciencia estable y profunda más allá de las situaciones puntuales, ya que la contaminación química no es anecdótica (como sugieren episodios como los citados) sino prácticamente omnipresente.

Junto con las medidas que proponemos en otros apartados es importante articular también éstas, tendentes a que la población cobre conciencia clara de la existencia de productos alternativos sin tóxicos. Porque, en tanto llegamos a una situación en la que haya sistemas de control real de la contaminación química (algo que parece hoy muy lejano) es importante que la gente pueda auto-protegerse adoptando hábitos de consumo más sanos y tomando una serie de medidas. La población debe saber que evitar posibles riesgos no es tan difícil, que hay productos que pueden ponerle a salvo del problema o al menos minimizarlo.

Aplicación de criterios toxicológicos modernos

Como se ha mostrado en este libro, siguen aplicándose criterios toxicológicos desfasados que benefician a algunas industrias y que van en contra de la evidencia científica, perjudicando la protección de la salud humana. En ese sentido, debe hacerse todo lo posible para que los criterios oficiales que se apliquen para establecer el riesgo químico incorporen el conocimiento más puntero.

Es prioritario que se revisen algunos sistemas obsoletos, por ejemplo en aspectos que tienen que ver con los posibles efectos de los llamados niveles 'bajos' de contaminantes, así como, por ejemplo, los efectos combinados del 'cóctel' real de sustancias al que nos vemos expuestos. También entre otras cosas, se deben analizar de manera más amplia muchos posibles efectos, tales como los que la ciencia está documentando, y no sólo unos pocos y a largo plazo.

Al margen de cosas como las anteriores, hay otro asunto realmente descorazonador, que debe ser corregido. Es el que el ritmo de evaluación de los riesgos de las sustancias haya venido siendo infinitamente más lento que el de producción de nuevas sustancias. Esto ha comprometido muy seriamente el que alguna vez pueda llegarse a una protección real y no teórica de la salud humana y la naturaleza frente a los contaminantes químicos.

Hasta hoy la situación vivida en cuanto al 'control' de la amenaza que pueden suponer las sustancias químicas ha marchado más al ritmo impuesto por la industria y sus intereses económicos que al deseado por los científicos para proteger la salud de las personas.

La situación que se ha vivido recuerda bastante a uno de esos tormentos eternos a los que los dioses de la mitología griega sometían a los condenados al Tártaro. ¿Recuerdan a Sísifo que a lo largo de toda la eternidad había de subir una pesada piedra a un monte, piedra que automáticamente volvía a caer y debía ser subida así, una y otra vez, 'ad aeternum'? ¿Recuerdan a Tántalo que padecía hambre eterna y que cuando alargaba las manos hacia los frutos de un árbol, una y otra vez las ramas se alejaban de él? Pues así nos ha tenido a todos la industria química, a costa de nuestra salud.

Nos ha tenido, por ejemplo, estudiando las sustancias una a una, mientras producía cientos de otras nuevas, como si estuviésemos contando los granos de arena de una playa inmensa, o como si luchásemos contra la Hidra de Lerna, viendo como, una y otra vez, vuelven a salir, multiplicadas, las cabezas de las serpientes venenosas que acabamos de cortar.

No sólo se ha estado estudiando una a una miles de sustancias, sino que el estudio de una sola, especialmente si era una sustancia muy rentable para alguna industria, no pocas veces ha estado lleno de mil y un sobresaltos. Y así, entre zancadilla y zancadilla, no ha sido raro que hayan pasado décadas para conseguir la prohibición o limitación de una sola sustancia. Sumemos a todo esto que los científicos independientes y realmente objetivos no siempre reciben palmaditas y apoyo por parte del poder político (que frecuentemente se lleva mejor con el poder económico que con la verdad de las cosas).

Según los esquemas que se han impuesto hasta ahora, podría tardarse mucho en poner orden en todas las 'criaturas' que alumbra la industria química. Son criaturas que, por sus efectos, recuerdan algunas veces a los más siniestros engendros de la mitología. Por ello, es vital que esta lucha por un mundo sin tóxicos se asuma como una cuestión de Estado, al máximo nivel, con un compromiso político profundo de cumplir las normas vigentes, a nivel nacional e internacional, y de implementar las mejoras normativas que sean precisas para cambiar este estado de cosas.

Hoy por hoy existe una abismal desproporción entre la magnitud del problema y las medidas que se están tomando para abordarlo. Muestra de ello es lo que ya se ha comentado varias veces en esta obra, de que mientras la industria ha generado más de cien mil sustancias químicas sintéticas no hemos sido capaces de evaluar la toxicidad ni de un 1% de esas sustancias, y en la mayoría de los casos, lo hemos hecho de forma insuficiente e inadecuada.

Incluso en los casos en los que se ha convenido que una serie de sustancias eran muy peligrosas, ni siquiera han conseguido eliminarse del todo esas pocas (aunque sea cierto que se haya conseguido hacer disminuir algo la presencia de algunas de ellas).

Es evidente que el ritmo de producción de conocimientos acerca de los riesgos de las sustancias ha sido inimaginablemente inferior al de la creación de nuevas sustancias (en sólo un mes pueden crearse muchas de ellas). Se ha estimado que, de seguir las cosas al ritmo que hasta ahora ha imperado, el estudio adecuado de todas las sustancias existentes podría requerir miles de años. Y eso sin contar las nuevas que van añadiéndose. Es como si se nos hubiese estado haciendo jugar con dados trucados. Difícilmente ganaremos la partida.

Los gobiernos, como el Gobierno español, deben poner toda la carne en el asador para que se materialice una adecuada evaluación del riesgo químico, al ritmo debido. Un primer paso sería profundizar, contundentemente, en el cumplimiento del reglamento REACH de la UE, y más allá de eso, en promover mejoras sustanciales del mismo. Sin excluir la promoción del diseño de otras normativas más ambiciosas a nivel nacional o internacional que realmente garanticen que se ponga orden en el problema descrito.

Deben establecer sistemas más rápidos de evaluación de los riesgos, más preventivos y en origen, como ya se ha comentado. Y deben articularse medidas que garanticen que la industria colabore, como puedan ser establecer frenos a la síntesis de nuevas sustancias en aquellas empresas que no hayan hecho los deberes, propiciando la correcta evaluación de las que ya tienen en uso.

La creación descontrolada de decenas de miles de sustancias es, en sí misma, un problema para la salud de millones de personas. Por tanto, tal creación descontrolada debe detenerse. Debe ponerse fin al diseño y comercialización de sustancias químicas sintéticas, en tanto no existan garantías plenas de la inexistencia de riesgos.

No debe aplicarse más el criterio, tanto tiempo vigente, de que toda sustancia sea inocente hasta que no se demuestre lo contrario (o peor aún: incluso aunque se demuestre), sino el mucho más racional -y más ajustado a la realidad observada- de que toda nueva sustancia es sospechosa y no puede ser comercializada hasta que detenidas investigaciones a todos los niveles y con toda clase de parámetros no determinen su absoluta y total inocuidad.

Los fabricantes son voz interesada

Una medida importante, sin duda, y que los gobiernos deberían afrontar alguna vez, a no ser que queramos que la democracia se degrade hasta extremos inauditos, es conseguir que la influencia de los grupos de poder industriales no perviertan la defensa del bien público que deberían procurar las administraciones.

La lucha contra la contaminación química, como sucede con otras grandes cuestiones, es también una lucha por la existencia de una democracia real, no ficticia. A nadie escapa que la existencia de determinadas normas inadecuadas, o el incumplimiento de otras legislaciones, han tenido que ver con la presión de grupos de interés, por mucho que luego, evidentemente, todo pueda disfrazarse como hecho en pro del 'bien común' y como algo que supuestamente 'protege' a la población.

Desarrollar una estrategia nacional contra la contaminación química que verdaderamente tenga un impacto positivo en la prevención de daños sobre la salud pública y la Naturaleza, es algo que, como se ha venido viendo hasta la saciedad en las más diversas iniciativas promovidas en ese sentido, generará resistencias desde los intereses económicos que puedan creerse afectados. Por ello, en paralelo al desarrollo de las medidas descritas, deberán también impulsarse acciones que impidan o dificulten la labor de 'lobbies' que intenten torcer la voluntad de las administraciones en contra de los intereses generales.

Es evidente que las industrias químicas tienen derechos legítimos en defensa de sus intereses, pero no puede permitirse que esos intereses económicos particulares sean antepuestos, como hasta hoy ha sucedido, a intereses generales, como los de la salud pública.

Se debe permanecer muy vigilante acerca de cualquier cosa que implique que, en la balanza de la Administración, se pueda estar dando de forma irregular más peso a un interés económico particular que al interés general real (como puedan ser tanto el interés económico general de un país, como en ámbitos clave como la salud o el medio ambiente). Cualquier situación de conflicto de intereses debe ser estrechamente vigilada, como la de personas que deciden sobre estas cuestiones y trabajan en entidades interesadas.

Uno de los síntomas más preocupantes de que la objetividad de determinadas instituciones públicas está comprometida es, entre otros, es del valor dominante que se da a los fabricantes de sustancias como voz 'autorizada' acerca de los posibles daños que las sustancias que fabrican pueden producir. Es verdaderamente inadmisible que, como está sucediendo, las autoridades suelan tener más en cuenta unos pocos informes de la industria o afines a sus intereses que centenares de estudios de los especialistas de mayor prestigio mundial. Y como no hay ninguna razón científica para ello, parece evidente que es algo irregular.

La Administración debe abandonar este proceder y todas las cosas que trae aparejadas a fin de darle una aparente justificación, entre ellas, la aplicación de las sarcásticamente llamadas "Good Laboratory Practices" ("Buenas Prácticas de Laboratorio"). Estas prácticas sólo sirven, muchas veces, para dar más peso a estudios realizados con menos garantías de fiabilidad científica, pero que, curiosamente, tanto benefician a los fabricantes a la hora de decir que una sustancia no es tan dañina. Irónicamente, no es raro que los estudios a los que la Administración concede más peso hayan sido realizados con métodos cuestionados por la comunidad científica, aplicando criterios desfasados y manipulables, sin ser contrastados por los cauces normales de las publicaciones científicas rigurosas.

Tanto esto como cualquier otra cosa que indique que la ciencia verdadera pueda ser marginada, anteponiendo a ella intereses económicos particulares, deberá ser desterrada.

Derecho a la información

Un aspecto clave que las administraciones deberían promover es el respeto escrupuloso del derecho de la ciudadanía a estar informada, de modo tal que prevalezca sobre cualquier derecho empresarial. En el asunto que nos ocupa, es el derecho a saber la composición química total de los productos y a saber los efectos posibles de todas esas sustancias, aún a niveles 'bajos' y a largo plazo, y no sólo los más inmediatos y evidentes.

Este derecho implica que se habiliten sistemas de información fácil y clara, actualizada, acerca del estado de conocimiento científico de los posibles efectos de las sustancias químicas, así como que se realicen fuertes campañas informativas que adviertan de la importancia objetiva que tiene el riesgo químico en el contexto de la salud.

Pensemos, por ejemplo, en el agua. Teóricamente, la normativa vigente establece que el consumidor tiene derecho a conocer de dónde viene el agua que bebe y qué calidad tiene. Pero lo cierto es poca gente sabe el contenido químico del agua que ingiere. Los mecanismos que en su día se prometieron para ello no funcionan debidamente[572].

Otro aspecto es el de la mejora sustancial de los etiquetados para garantizar el derecho ciudadano a la libre elección en base a datos suficientes. Las etiquetas deben contener información precisa y completa sobre contenidos de compuestos y efectos de los mismos, en especial de las sustancias más claramente asociadas a problemas, todo ello de modo que sea inteligible para cualquier persona independientemente de su formación. Además, si en el contenido hay sustancias que pueden comprometer la salud, aunque sea a niveles 'bajos' y a largo plazo, y por sutiles que puedan parecer esos efectos, deberián acompañarse también etiquetas advirtiendo de ello de modo similar a como se hace con las cajetillas de tabaco. En ellas se alerta de los más dispares posibles efectos aún cuando el riesgo de algunos de ellos es infinitamente menor que el que tienen las sustancias contenidas en otros productos que no se etiquetan de igual modo. Cualquier etiquetado deficiente, incompleto o falaz debería acarrear sanciones severas[573], e incluso retirada de series de productos del mercado.

De esta manera, las empresas se verán obligadas a facilitar datos concretos y completos sobre los mismos aspectos a cualquier particular que lo solicite, estableciéndose severas sanciones automáticas para las empresas o entidades que no faciliten la información solicitada. En realidad es algo a lo que ya obligan algunas normativas en ciertos casos, pero debe imponerse la aplicación real y más amplia.

Con un carácter más general, el derecho a estar informados también implica que desde los poderes públicos se realicen campañas adecuadas para que exista una conciencia de estos riesgos en la población.

Si los ciudadanos no tienen conciencia debida del problema, será difícil que puedan protegerse ellos mismos o que se acometan medidas adecuadas para protegerlos. De hecho, la intolerable inacción actual de la Administración no sería admitida por una sociedad debidamente concienciada. Una forma de la Administración para tener más fuerza en la defensa del bien público frente a intereses particulares, sería precisamente que informase más y mejor a la población[574].

Campañas de prevención

La Constitución Española dice, en su artículo 43, apartado 1, que "se reconoce el derecho a la protección de la salud" y en el apartado 2 que "compete a los poderes públicos organizar y tutelar la salud pública a través de medidas preventivas". Pero ¿dónde están esas "medidas preventivas" de las que habla la Carta Magna española?

Precisamente la escandalosa -y anti-constitucional- falta de prevención existente en estos asuntos es, sin duda alguna, una de las mayores lacras sanitarias a las que se enfrenta Occidente, y particularmente España, en el mundo de hoy. Es un sinsentido en general y, de forma mucho más grave, en lo que tiene que ver con la prevención de enfermedades causadas por la contaminación química.

El actual modelo sanitario hace hincapié, ante todo, en el diagnóstico y el tratamiento de las enfermedades, olvidando de manera inconcebible la prevención. Y ello está propiciando que ingentes cantidades de personas enfermen y en muchos casos mueran, contribuyendo además a la sobrecarga de los sistemas de atención sanitaria[575].

La máxima de que "más vale prevenir que curar" no está siendo aplicada mayoritariamente por la sanidad española y ello, como se vio con anterioridad en esta obra al hablar de enfermedades como el cáncer, mayoritariamente ambientales, está teniendo unas consecuencias terribles.

Para solventar esta cuestión debe acometerse una profunda revisión de las políticas sanitarias en muchos ámbitos, haciendo que se incorporen de forma decidida en la práctica sanitaria cotidiana los conocimientos científicos hoy existentes. En particular, los que tienen que ver con el efecto de los contaminantes químicos sobre la salud.

Debería mejorarse la formación de los médicos, ya desde las universidades, por ejemplo mediante la creación de fuertes especialidades en Medicina Ambiental, pero también mediante promoción de la actualización de conocimientos y formación continuada en estos asuntos, especialmente de cara a los médicos de atención primaria, que deberían tener incorporados estos criterios a la hora de diagnosticar y gestionar muchos problemas sanitarios.

Debe considerarse que el que la clase médica tenga en cuenta debidamente el papel de los tóxicos en la salud, no es sólo algo con evidentes consecuencias preventivas positivas, sino también algo que puede generar beneficios en personas ya enfermas a las que una serie de sustancias no sólo pudieron causar su enfermedad sino propiciar su avance y agravamiento una vez iniciada. Evitar la exposición a tóxicos ambientales debería muy probablemente, en base a los datos de numerosas investigaciones, ser considerado un 'tratamiento' más para muchos problemas sanitarios que van desde la infertilidad a cánceres, asma, alergias, etc.

Debe hacerse un esfuerzo notable para que las enfermedades ambientales causadas por sustancias químicas sean reconocidas como tales con toda la fuerza que ello requiere. Muchas enfermedades que son tratadas como de supuesta causa desconocida, sin entrar en más detalles, lo son. Y es muy importante que los médicos conozcan los parámetros para identificarlas y diagnosticarlas correctamente, teniendo en cuenta que la identificación de las causas, hoy extraordinariamente desatendida, es clave a la hora de solucionar los problemas y prevenirlos.

La Administración debe anteponer los derechos de los enfermos ambientales a los intereses económicos de las empresas que comercializan las sustancias que causan esas enfermedades. Y para ello debe habilitar cauces claros de apoyo, que contrarresten la desatención, cuando no el maltrato, que hoy reciben de las instituciones.

Al mismo tiempo, deberían realizarse grandes campañas de sensibilización ciudadana que impidan que muchas personas, como hoy sucede, por desconocimiento, sigan exponiéndose a sustancias que pueden dañar gravemente su salud.

Estas campañas, que la Administración debería esforzarse para que tengan el máximo eco, coordinándose para ello con las entidades necesarias que hayan acreditado un trabajo en estas cuestiones, deberían ser lo más completas posibles. En primer lugar, podrían realizarse campañas que muestren, en general, que los contaminantes químicos tienen un peso muy importante como agentes creadores de enfermedades. En segundo término, deberían realizarse campañas concretas, divisibles en apartados que describan situaciones específicas de riesgo (tales como las exposiciones laborales, los productos de uso cotidiano en los hogares, los contaminantes en la alimentación, etc.), o por ejemplo, articuladas sobre grupos de sustancias preocupantes concretas (pesticidas, bisfenol A, ftalatos, retardantes de llama, disolventes, mercurio...). Otra posibilidad es la de realizar campañas preventivas que adviertan del papel que los tóxicos pueden tener en enfermedades o problemas de salud concretos tales como el cáncer (tanto el cáncer en general, como tipos de cáncer específicos que una nutrida literatura científica asocia a contaminantes: mama, próstata, páncreas...), infertilidad, problemas neurológicos infantiles, malformaciones congénitas, asma, etc. También sería importante realizar campañas sobre alternativas y usos saludables, como ya se apuntó antes en un apartado.

Todas estas y otras medidas deben ser acometidas de forma urgente. Los estragos sanitarios y ambientales causados por la contaminación química son tan importantes que no actuar de esa forma es, como ya se ha insistido, permitir conscientemente la enfermedad y muchas veces la muerte de demasiadas personas. La Humanidad se encuentra en una encrucijada y todos hemos de estar a la altura. Todos. La Administración debe estarlo en primer lugar, y, por supuesto, de grado o por fuerza, las empresas. Y finalmente, los ciudadanos hemos de contribuir informándonos debidamente, presionando y colaborando también mediante cosas como nuestros hábitos de consumo. La 'era de los venenos' ha de tocar a su fin.

ANEXOS

ALGUNOS EJEMPLOS DE VENENOS A LOS QUE NOS EXPONEMOS COTIDIANAMENTE

Buena parte de las sustancias químicas que pueden dañar nuestra salud no fueron diseñadas con la voluntad de que actuasen como venenos (como sí lo fueron, por ejemplo, los pesticidas). Lamentablemente, al final, sus efectos están siendo los mismos que si hubiesen sido diseñadas con ese fin.

Fueron simplemente sustancias que se concibieron o produjeron para hacer que algo tardase más en arder, o para lubricar, o para crear superficies antiadherentes, o para hacer que un plástico fuese más dúctil, o para mil y un otros posibles usos. Y así, las pusimos en todo lo que nos rodea, ignorantes de que, además de las propiedades que nosotros valorábamos en ellas, tenían otras insospechadas.

La primera de esas cosas que no pensábamos era que esas sustancias iban a salir de los productos en las que sus fabricantes las habían puesto -pinturas, tejidos, plásticos, etc.- para pasar a nuestros cuerpos. Y la segunda, que una vez en nuestros organismos, iban a poder alterar nuestra química interna, produciéndonos severos problemas de salud.

Lamentablemente lo que nadie podía sospechar acabó pasando. Y se ha estudiado mucho acerca del drama sanitario que esta situación está produciendo. Las evidencias son ya aplastantes.

Las sustancias que producen daños son tantas, usadas tan cotidianamente y en una escala tal, que los gobiernos deberían haber actuado ya hace mucho adoptando medidas contundentes para ponernos a salvo.

Un alto porcentaje de las sustancias que el hombre usa de forma masiva pueden tener efectos biológicos que no se sospechaban cuando se diseñaron. Como la tónica general hasta hoy ha sido ponerlas en el mercado sin antes garantizar su inocuidad para las personas o el medio ambiente, es un hecho objetivo incuestionable que los seres humanos estamos siendo sometidos a un experimento químico-biológico de vastas proporciones al exponernos a ellas.

En lugar de prevenir los efectos, se ha permitido que muchas personas enfermen y/o mueran mientras la ciencia iba demostrando que unas sustancias determinadas causaban una serie de problemas. Con frecuencia, las industrias que se beneficiaban con el uso de las mismas, negaban o relativizaban la evidencia, haciendo que se demorase la adopción de medidas eficaces, a veces durante décadas. Los gobiernos, tradicionalmente, han hecho más caso de la voz de los intereses económicos que de la voz de la ciencia. Mientras, la gente seguía enfermando y muriendo. Esa situación se vive hoy en día con una serie de contaminantes a los que está expuesta la práctica totalidad de las personas en Occidente.

Pueden ser sustancias presentes en los alimentos, el agua del grifo, el aire interior de los hogares, y que pueden estar incorporadas en productos de limpieza, productos de aseo personal, plásticos, fragancias, muebles, tejidos, pinturas, materiales... Por tanto, no sólo pueden encontrarse en vertidos o emisiones industriales o en cosas a las que puedan exponerse, por ejemplo, los trabajadores de una factoría química. Son sustancias a las que puede exponerse, virtualmente, toda la población. Y es de este hecho donde surge el verdadero drama, ya que bastará que esas exposiciones, que suelen ser a niveles bajos pero a largo plazo, eleven tan sólo un poco el riesgo de padecer una enfermedad para que el número de personas afectadas en la población general sea muy elevado.

A continuación vamos a ver cuáles son algunas de las sustancias más preocupantes. Sabedores de que es difícil que el lector medio asimile demasiados nombres de sustancias y de que podríamos saturarle hablándoles de sus efectos, vamos sólo a ver unos pocos ejemplos.

El bisfenol A

Un tóxico que casi todos tenemos en nuestros cuerpos y asociado a infinidad de males

Es uno de esos contaminantes que prácticamente todos tenemos en nuestros cuerpos y sobre el que se han publicado centenares de estudios acerca de sus efectos. Estudios realizados en Estados Unidos lo han encontrado en el 93% de los americanos analizados. Ha sido hallado en fetos y en adultos, y en las más diversas partes analizadas: cordones umbilicales, sangre, fluidos del folículo ovárico, líquido amniótico, etc.[576] Algunos estudios mostraban que en muchos casos la concentración de bisfenol A en la sangre de los fetos era mayor que en sus madres[577], lo que es especialmente preocupante si se tiene en cuenta la mayor sensibilidad a sus efectos en las primeras etapas de la vida.

¿Cómo es que lo tenemos en nuestros cuerpos? Muy sencillo, porque está por todas partes al ser el componente principal de productos muy usados hoy en día, como el plástico policarbonato[578] o las resinas epoxi. Era inevitable, al usarlo tan masivamente, que acabase integrándose en nuestra química corporal, pudiendo causar en ella los más dispares desarreglos.

Pensemos en las resinas epoxi, usadas en el interior de tantas latas de comida[579] y bebida para que el contenido no sepa a metal, o en empastes dentarios. El bisfenol A puede entrar en nuestro cuerpo así, de forma tan directa. Pensemos también en las ingentes cantidades de resinas epoxi que se utilizan hoy en muchos edificios en los que vivimos o trabajamos, sea en recubrimientos, como adhesivos, en pinturas, etc., y ello por no citar otros usos como pueden ser las placas de circuito impreso, las tuberías de agua potable, etc. Al final, sea por ingestión o por inhalación de polvo, cantidades de bisfenol A pueden pasar a nuestro interior.

Pero es que, además, como hemos dicho, el bisfenol A es el constituyente de uno de los plásticos más usados hoy en día: el policarbonato[580], plástico que se ha hecho relativamente famoso en Europa después de que la Comisión Europea, forzada por la evidencia científica, decidiese prohibir desde junio de 2011 uno de sus usos más conocidos: los biberones infantiles. Entre otras razones, el bisfenol A que liberan estos biberones a la leche, especialmente si son sometidos al calor[581], podría perjudicar el sistema inmunológico y el desarrollo de los niños. Con anterioridad, Canadá había tomado una decisión análoga, declarando tóxica esta sustancia. Pero el policarbonato se usa en otros innumerables productos: DVDs, CDs, equipos eléctricos y electrónicos, carcasas de ordenadores, tuberías de agua, automóviles (como en los faros, por ejemplo), envases de comida y bebida, tapones, material óptico, cristales antibalas, equipos médicos...

Se han estudiado las más diversas posibilidades de contaminación vinculadas al bisfenol A. Entre ellas, por ejemplo, la migración de compuesto a los alimentos desde envoltorios como los plásticos finos, especialmente cuando son calentados[582], o la exposición de enfermos que se someten a hemodiálisis de los riñones artificiales de policarbonato[583].

Es un ejemplo inmejorable de cómo una sustancia que muchos estudios vinculan con efectos perjudiciales no es que aparezca como contaminante residual de un material o como integrante parcial del mismo, sino como base de su misma composición mayoritaria: El policarbonato, por ejemplo, es básicamente puro bisfenol A[584], y está por doquier, como hemos comentado[585].

Por cierto, es en España, en Cartagena concretamente, donde la multinacional norteamericana General Electric Plastics construyó hace años la mayor fábrica europea de policarbonatos, capaz de producir más de 250.000 toneladas al año de un plástico que en su mayoría es un puro perturbador del equilibrio hormonal humano[586], capaz de tener efectos biológicos a niveles nanomolares (es decir, de milmillonésimas de gramo).

Posibles efectos sobre la salud del bisfenol A

Sobre el bisfenol A se han realizado centenares de estudios científicos que lo asocian a los más diversos efectos, producidos con frecuencia a muy bajas concentraciones. Es más, a veces un efecto determinado puede ser mayor con una dosis más baja de bisfenol A que con una dosis mayor[587], como se vio con células de cáncer de próstata humano. Es un importante contaminante hormonal.

En estudios sobre animales ha sido asociado, por ejemplo, a alteraciones en el desarrollo de las mamas de hembras de roedor tras haberse visto expuestas a la sustancia cuando estaban dentro del útero materno. Estas alteraciones, por cierto, las hacían más susceptibles a la aparición de tumores en las mamas[588]. Otras investigaciones con animales[589] asocian el bisfenol A con anomalías en los órganos sexuales masculinos, caída en la producción de esperma, agresividad, deficiente cuidado materno... -frecuentemente a niveles miles de veces inferiores a los establecidos por la Agencia de Protección Ambiental de los Estados Unidos-. Hablamos de esos niveles supuestamente 'sin efecto observable'.

En otros apartados de esta obra ya hemos aludido a diversos problemas sanitarios en humanos que han sido asociados a este contaminante, tales como desarreglos en el sistema inmunológico o diabetes.

La prestigiosa revista "Journal of the American Medical Association" (JAMA) publicó un estudio de científicos ingleses y norteamericanos que asociaba las concentraciones de bisfenol A detectadas en la orina con la diabetes tipo 2, problemas con los enzimas del hígado y problemas cardiovasculares[590]. Llamaba la atención sobre su detección en más el 90% de la población norteamericana y citaba la cantidad de estudios que aludían a su actividad estrogénica, las anomalías en los enzimas hepáticos, su capacidad de alterar la función de las células beta del páncreas y las hormonas tiroideas, y sus efectos promotores de la obesidad, y solicitaba que se revisaran los niveles de exposición que se recomendaban para esta sustancia.

En el mismo número de la revista médica citada aparecía un editorial[591], firmado por los científicos Frederick S. vom Saal, de la Universidad de Missouri, en Columbia y de John Peterson Myers, de la Environmental Health Sciences de Charlottesville, en Virginia (EE.UU.) que destacaba la importancia de los hallazgos epidemiológicos antes referidos. Sus autores animaban a que las autoridades de Estados Unidos siguieran los pasos de las de Canadá que poco antes habían definido al bisfenol A como 'sustancia química tóxica' y que tomasen medidas para reducir la exposición humana a esta sustancia.

Apuntaban que diversas investigaciones habían mostrado efectos muy notables de esta sustancia muy por debajo de los límites que oficialmente se dan por 'seguros' y que ante la 'aplastante evidencia' mostrada en estudios científicos muy serios no se podían seguir manteniendo una serie de criterios toxicológicos obsoletos en detrimento de la salud pública. Criticaban que las autoridades de Estados Unidos y de la Unión Europea estuvieran ignorando las advertencias de los científicos y que existiera una "agresiva campaña de desinformación que empleaba técnicas de "fabricación de dudas" que ya fueron empleadas por las industrias del plomo, el vinilo o el tabaco para desafiar la credibilidad de los hallazgos publicados por científicos independientes".

Como antes se comentó, son centenares las investigaciones que asocian el bisfenol A los más diversos efectos. Son tantos que no podemos condensarlos aquí. Podríamos hablar, por ejemplo, de cómo se ha asociado la presencia de bisfenol A en los folículos a problemas de fertilidad en mujeres que precisaban de fecundación artificial[592]. El contaminante también ha sido asociado a la poliquistosis ovárica[593], problema, por cierto, asociado a su vez a la infertilidad, la diabetes, problemas cardiacos, etc. Podemos hablar de estudios que muestran que las madres que tenían fetos con anomalías cromosómicas tenían mayores niveles de la sustancia en su sangre[594]. E incluso se ha estudiado su influencia en el adelanto de la pubertad en las niñas[595] que, por cierto, viene de la mano con el incremento de riesgo de una serie de problemas sanitarios. Pero tan sólo resumir lo que se sabe sobre el bisfenol A requeriría hacer un libro aparte.

Los ftalatos

Otras sustancias con un raro nombre pero con las que todos estamos en contacto

Si preguntásemos a una persona de la calle qué son los ftalatos, seguramente se encogería de hombros. Casi nadie sabe lo que son. Sin embargo, hoy en día, casi todos los tenemos en nuestros cuerpos, porque son una de las clases de sustancias sintéticas más utilizadas en el mundo moderno, y por ello los ingerimos, los respiramos o los hacemos pasar a través de nuestra piel de las más variadas formas.

Están por doquier. Una verdadera cascada de estas sustancias ha entrado a formar parte de nuestro entorno inmediato, a través de los más diversos productos, desde los que luego, poco a poco, van liberándose, muy frecuentemente en los ambientes cerrados en los que pasamos tanto tiempo (hogares, oficinas, guarderías...) acabando finalmente en nuestros organismos.

En el año 2002, por ejemplo, más de un millón de toneladas de ftalatos eran fabricadas y usadas en Europa[596]. Todo un río de ftalatos que ha estado desembocando, año a año ¿dónde? Pues en lo que nos es más cercano y familiar.

Por ejemplo, se encuentra en los plásticos como el PVC, especialmente el blando, ya que los ftalatos se usan como reblandecedores o plastificantes. Muchas veces, un porcentaje muy notable del peso de un plástico son los ftalatos. Y estando en estos plásticos, ahí los tenemos, liberándose desde miles y miles de metros cuadrados de suelos revestidos con ellos. O desde recubrimientos o tantos elementos plásticos usados hoy en la construcción, decoración, mobiliario... Pero también, no lo olvidemos, los ftalatos pueden estar en otros plásticos tales como las botellas, así como en otros objetos muy dispares, desde juguetes a material médico, pasando por impermeables. Han sido muy usados como disolventes y en el sector textil, pudiendo estar en las ropas y tejidos. Y, en fin, podemos encontrarlos en la fabricación de celulosa y caucho, pinturas, barnices, esmaltes de uñas, adhesivos, detergentes, lubricantes, insecticidas y repelentes de insectos, ambientadores, tintas... y por supuesto, muy frecuentemente, en productos de higiene y aseo personal como champús, geles, jabones, cremas cosméticos y como fijadores en perfumes.

Pero han sido pocas las veces que las autoridades se han decidido a hacer algo, como cuando se dictaron normas en la UE para prohibir su uso en los chupetes, tetinas y mordedores infantiles. Es una prohibición de algo muy evidente y que ponía en riesgo a los niños especialmente sensibles ante unas sustancias conocidas por sus efectos hormonales[597]. Sin embargo, esta prohibición no hizo decrecer el volumen de fabricación y uso de ftalatos, que en Europa alcanzaba el millón de toneladas anuales en 2002.

Por supuesto, esta medida no sirvió para que los niños dejasen de estar expuestos a estas sustancias. Un ejemplo de ello lo tenemos en el estudio que encargó una entidad alemana[598], que mostró cómo precisamente en entornos infantiles, que es donde menos contaminantes debiese haber por razones obvias, es, precisamente, donde pueden encontrarse los niveles más altos de ftalatos[599], en concreto tres veces más altos que en los hogares (donde no es que no haya ftalatos precisamente[600]). Estos tóxicos pueden ser inhalados o tragados por la costumbre de los niños de estar mucho por el suelo y meterse las manos en la boca.

Ése fue el resultado del análisis del polvo de decenas de jardines de infancia y centros de cuidado de niños. Y se atribuía a la liberación de estas sustancias desde los productos de PVC que los incorporan como plastificantes y que suelen ser más abundantes precisamente en este tipo de sitios. Suelos, paredes empapeladas de vinilo, colchonetas, juguetes, manteles de plástico... utilizados en estos lugares liberaban esas sustancias. Curiosamente, detectaron también algunas guarderías en las que, por usar productos alternativos, tenían muchos menos ftalatos.

La entidad que encargó el estudio denunciaba que no hubiese límites oficiales de contaminación con estas sustancias en espacios cerrados pese a los efectos que puede tener la exposición a estas sustancias. Es una evidencia más del descontrol existente, a pesar de que se conoce perfectamente la cantidad de ftalatos que puede haber, por ejemplo, en el polvo domestico[601].

¿Pero cuáles son los efectos que la ciencia ha asociado a exponernos a los ftalatos? Son tantos los estudios realizados que cuesta sintetizarlo. Pero hagamos un breve repaso.

Para empezar, se ha documentado mucho la fácil migración de los ftalatos desde los múltiples productos en los que están hacia los cuerpos de las personas. Prueba de ello son los numerosos datos existentes acerca de la concentración de ftalatos en la orina humana.

Hay mucha preocupación por la acumulación de algunos ftalatos muy utilizados, tal como el dietil ftalato, por ejemplo, que se ha encontrado en la orina humana en concentraciones decenas de veces superiores a las de otros ftalatos[602]. Hay estudios que asocian altas concentraciones con posibles cambios en el ADN de los espermatozoides[603]. Otros estudios han asociado la presencia en orina de dos metabolitos suyos[604] (sustancias en las que el dietil ftalato se convierte dentro del cuerpo), a una limitación de la función pulmonar en hombres adultos[605].

En diferentes apartados de esta obra ya hemos visto cómo este tipo de sustancias aparecen vinculadas a la exacerbación de respuestas alérgicas o al asma infantil. Pero los efectos posibles son muchos, y algunos impactantes: por ejemplo, hay investigaciones que han visto que los adolescentes varones con más ftalatos tenían más riesgo de padecer ginecomastia, un desarrollo excesivo de las mamas en el sexo masculino[606].

Y es que a los ftalatos se atribuyen efectos imitadores de hormonas femeninas (estrogénicos), o también contrarios a las hormonas masculinas (antiandrogénicos).

Diversas investigaciones asocian la exposición a ftalatos desde la etapa embrionaria, con anomalías en el desarrollo genital masculino, como por ejemplo, la criptorquidia; o con síntomas de una virilización incompleta tales como el acortamiento de la distancia anogenital en los varones recién nacidos[607].

Hay incluso estudios que hablan de una feminización del cerebro masculino por la exposición a estas sustancias durante su formación en el útero materno. El realizado por la Universidad de Rochester mostraba que los niños nacidos de madres con mayores niveles de ftalatos tenían, después de nacer, una tendencia a entretenerse con juguetes considerados menos masculinos[608].

Los ftalatos pueden contribuir a que disminuyan los niveles de testosterona, la hormona masculina. Esto último, por cierto, se está constatando que sucede en la población general masculina en diversas zonas del mundo, sin que falten científicos que sugieran que puede deberse en mayor o menor medida a factores como la exposición universal a sustancias como los ftalatos, u otras. La exposición a estas sustancias puede estar asociada a trastornos insospechados para muchos, tales como la obesidad, por ejemplo[609]. El hipo-androgenismo puede venir de la mano con consecuencias de este tipo. Eso es lo que dice una investigación publicada en la revista "Environmental Health Perspectives" y que asocia claramente las concentraciones urinarias de metabolitos de ftalatos[610] con la obesidad[611] y la resistencia a la insulina que precede al desarrollo de la diabetes[612].

Los resultados de la investigación, "sugieren que la exposición a estos ftalatos puede contribuir a la carga poblacional de obesidad y resistencia a la insulina, y otros trastornos clínicos asociados". Y es especialmente importante señalar que los niveles de ftalatos de los que se habla son niveles que se encuentran cotidianamente en la población[613]. Tener más o menos riesgo de sufrir trastornos se asocia a tener tan sólo unos niveles un poco más altos (pero dentro de los que se consideran siempre teóricamente 'bajos' por moverse en los órdenes de concentración presentes en amplios sectores poblacionales)[614]. Ello hace más relevantes los datos obtenidos.

Pero así como en los varones los efectos son de una clase, en las mujeres pueden ser de otra. Hay estudios que han vinculado, por ejemplo, la presencia de metabolitos de diversos ftalatos, como el DEHP, en el cuerpo de las niñas con la telarquia (un desarrollo prematuro de las mamas)[615].

Entre los ftalatos hay sustancias que pueden ser grandes alteradores del equilibrio hormonal. Y en organismos como los de las mujeres, donde las hormonas tienen un papel tan importante, los desarreglos causados pueden ser muchos.

Los estudios realizados con personas dan datos muy preocupantes[616], como los que muestran la ligazón que parece existir entre la detección de altos niveles de ftalatos y problemas como la endometriosis, que castiga a tantas mujeres en el mundo[617].

Según los tipos de ftalatos, que además pueden tener efectos combinados, se han descrito efectos antiestrogénicos, estrogénicos, citotóxicos... sobre células de cáncer de mama humanas[618].

Otros experimentos hablan del modo en que pueden perjudicar los procesos de formación de los folículos ováricos o de su carácter de tóxicos reproductivos, de su papel en la aparición de malformaciones congénitas e incluso en la muerte de los fetos. En estudios sobre roedores se ha visto que la exposición de las madres al DEHP/MEHP venía de la mano con fallos en la implantación uterina, problemas de crecimiento de los fetos y, posteriormente, de las crías nacidas, problemas cardiovasculares, esqueléticos u oculares y, entre otras cosas, mayor mortalidad.

En mujeres, diferentes estudios han asociado la exposición a ftalatos con los partos prematuros[619].

Han sido también ligados en diferentes investigaciones, especialmente por exposición intrauterina, a infertilidad masculina y femenina (que puede llegar a ser absoluta en este caso). Daños diversos en el aparato reproductor han sido descritos también para el DINP, DBP, BBP, DPP o DHP, además de para el DEHP/MEHP, al que por cierto, se liga al cáncer de hígado. Se sabe por otro lado que los ftalatos pueden suprimir la respuesta inmunitaria[620] o, según el caso, y como ya se ha dicho, estimularla hasta el punto de propiciar reacciones alérgicas.

La exposición prenatal a estas sustancias ha sido asociada, incluso, y por concluir, y sin haber citado más que una mínima parte de todo lo estudiado, a problemas de desarrollo cognitivo y motor en los niños[621].

Sin embargo, en general existe muy poca conciencia social acerca de la amenaza que pueden representar sustancias químicas como estas, incluso en amplios sectores del estamento médico. El que en los entornos hospitalarios pueda darse una alta exposición a sustancias de este tipo[622] es prueba de ello.

Retardantes de llama

En la sociedad actual se utilizan ingentes volúmenes de estas sustancias que impregnan muchos de los objetos que nos rodean cotidianamente. Suelen ser aportados a muchos objetos para evitar que ardan fácilmente, de modo que pueden estar en unas cortinas, un sofá, una moqueta, la carcasa de un ordenador, los cables eléctricos, el polietileno.... Y por ello aparecen frecuentemente como contaminantes en nuestro entorno más inmediato, por ejemplo en el polvo doméstico[623].

En 2010 un grupo de 150 científicos de 22 países, reunidos en San Antonio (Texas), firmaron una Declaración Internacional[624] para advertir sobre el riesgo que entrañan estos compuestos. Preocupan mucho por su persistencia, bioacumulación, transporte de largo alcance (es decir, la facilidad que tienen a veces de llegar a miles de kilómetros de donde son usados) y toxicidad. Pueden, entre otras cosas, contaminar la cadena alimentaria, incluyendo la leche materna. Además, como comentan estos científicos, los retardantes de llama bromados y clorados[625] pueden aumentar la toxicidad del fuego[626], sin que sus beneficios globales en el campo de la seguridad frente al fuego hayan sido probados seriamente.

Idea de su capacidad de transportarse a largas distancias, muy lejos de donde se utilizan, es por ejemplo su acumulación en los osos polares del Ártico, a los que están produciendo problemas. Y si eso pasa con animales que viven a enormes distancias de donde se fabrican y usan, es fácil comprender que también sean contaminantes que aparecen en buena parte de los seres humanos y a veces en concentraciones inquietantes. Así, se han medido niveles de retardantes de llama con bromo en sangre, hígado, grasa, leche materna, fetos humanos[627]...

Se ha visto que en muchos sitios ha ido decreciendo la presencia de contaminantes clásicos como los PCBs, pero ha ido creciendo la de otros tóxicos como los PBDEs (retardantes de llama). Ello se vio por ejemplo en la leche de madres suecas[628], consiguiéndose que decreciese algo mediante la adopción de algunas medidas. Mientras, en otros países como EE.UU. un estudio registraba que tanto madres como fetos tenían unas concentraciones decenas de veces más altas que las de Suecia[629].

Varios estudios han asociado sustancias de este tipo a los más diversos trastornos, desde alteraciones hormonales al cáncer. Entre esos efectos de estas sustancias, que en algunos casos guardan ciertas preocupantes similitudes con contaminantes clásicos como los PCBs o las dioxinas, se cuenta el de ser tóxicas para el sistema inmunológico, alterar los niveles de hormonas tiroideas y afectar al desarrollo neurológico[630]. Diferentes estudios con animales o personas han registrado daños a los riñones o el hígado o, entre otras cosas, malformaciones congénitas o afectación a la calidad del semen[631]. Algún estudio[632] ha encontrado, por ejemplo, una asociación entre la presencia de este tipo de compuestos en las madres y el que sus hijos tengan una mayor probabilidad de nacer con criptorquidia, una anomalía genital masculina que forma parte del llamado síndrome de disgenesia testicular (en el que esa anomalía se da la mano con una mala calidad seminal y un mayor riesgo de cáncer de testículos). Es importante señalar que esas asociaciones se daban a niveles aparentemente 'bajos' de concentración de estas sustancias, esos a los que suelen ser encontrados en la población general.

En la Unión Europea, en consonancia también con algunas recomendaciones de la Organización Mundial de la Salud, se está debatiendo su eliminación. Hace no mucho se prohibió en Europa la utilización de algunos pirorretardantes bromados, pero siguen usándose otros, además de que los ya empleados persisten en los objetos, liberándose de ellos durante años y años.

Metales pesados

Mercurio

Uno de los metales pesados de los que más se ha escrito a consecuencia de su problemática ambiental y de salud pública ha sido el mercurio[633]. Ha sido utilizado profusamente para las más diversas aplicaciones[634], y vertido y emitido desde muchas fuentes como, por ejemplo, las centrales térmicas de carbón o algunas industrias fabricantes de plásticos[635]. La cantidad de este metal pesado que hay hoy diseminada sobre la superficie de la Tierra es el triple de la que existía antes de la Revolución Industrial. Se trata de un metal pesado muy persistente en el medio y que, tras una serie de reacciones, puede integrarse en las cadenas alimentarias[636].

Con motivo de una jornada sobre "Vigilancia de tóxicos" en el Ministerio de Medio Ambiente español en 2011, el Instituto de Salud Carlos III dio a conocer unos datos inquietantes acerca de la presencia de mercurio en el cuerpo de los españoles. Eran diez veces superiores a los niveles de este metal pesado que tienen en su cuerpo los alemanes, por ejemplo.

Es un hecho que los niños españoles ya nacen sobreexpuestos al mercurio. Eso reflejan estudios como el publicado en la revista "Environmental International", según el cual más de la mitad de los niños nacen en este país expuestos a unos niveles de mercurio, en la preocupante forma de metil-mercurio, superiores a los límites considerados 'admisibles'[637]. En concreto un 64% de ellos están expuestos a más de 5,8 microgramos por litro de sangre (límite considerado 'seguro' por la EPA de EE.UU.[638]).

Pese a ello, el Ministerio de Sanidad español sigue sin hacer los deberes de informar debidamente a las mujeres embarazadas acerca del riesgo de consumir en exceso algunas especies de pescado. Los científicos autores de la investigación llaman la atención sobre el hecho de que el pescado[639] sea una de las vías fundamentales de llegada de mercurio a nuestros organismos. Se midió el mercurio en la sangre del cordón umbilical y se estudió qué pescado consumían esas madres durante el embarazo. Se vio claramente que las que consumían más pescado de ciertas clases tenían más mercurio en el cordón umbilical. Algunas especies, como el pez espada en España, suelen concentrarlo de forma singular. También el atún, entre otras especies, puede acumular niveles altos[640]. Lo del mercurio es una muestra de cómo por procesos de bioconcentración en la cadena alimentaria los tóxicos que emitimos vuelven a nosotros a través del plato de comida.

Si no se tienen en cuenta debidamente los niveles de mercurio que puede haber en cada especie de pescado, según sus diferentes características, así como los máximos de ingesta para cada especie que establecen los científicos, es muy probable que los beneficios que se atribuyen a este alimento puedan verse en algún caso contrarrestados por los posibles perjuicios.

En España es poco lo que se ha hecho para informar debidamente a la población, a diferencia de lo hecho en otros países[641]. Entre lo más destacado está el programa Ribepeix, desarrollado por dos universidades catalanas, que permite evaluar los riesgos de cada especie, no sólo en cuanto a su contenido de mercurio sino de otros contaminantes, y establecer unos máximos de ingesta en función de parámetros como nuestro peso, etc.

Existe una gran preocupación internacional por el problema de la exposición al mercurio a través del pescado[642]. Su acumulación en algunas especies de peces explotadas comercialmente[643] es considerada una seria amenaza sanitaria mundial[644].

Las administraciones de países como Estados Unidos o el Reino Unido, entre otros, hacen campañas para establecer máximos semanales de ingesta para sectores de población vulnerables como las embarazadas. Sin embargo, en países como pueda ser España, por ejemplo, la mayor parte de la población no tiene siquiera la más remota idea de estas cosas, y cuando muchos médicos dan consejos nutricionales sobre lo que es saludable o no, no suelen decir ni una palabra de estos temas. Suelen hablar de las ventajas del pescado y de los tipos de grasas cardiosaludables que contienen, pero es raro que adviertan de lo que hoy sabe la ciencia sobre sus contenidos no sólo de mercurio sino de otros tóxicos, como puedan ser los retardantes de llama bromados, compuestos organoestánnicos, el hexaclorobenceno, naftalenos policlorados, dioxinas o los PCBs, por ejemplo. Sin embargo, y tan sólo teniendo en cuenta el tema del mercurio, hay científicos que advierten que los beneficios que se atribuyen a la ingesta de pescado pueden ser contrarrestados sobradamente por estas cosas.

Uno de los aspectos que más inquieta es el de los efectos neurológicos que puede tener tal exposición en sectores de población especialmente sensibles como los niños. Y las más diversas investigaciones han hecho un seguimiento de estos temas. Cabe citar, como ejemplo, el estudio realizado por la Universidad de Granada[645], que constató que un consumo excesivo de algunos tipos de pescado durante el embarazo y las primeras etapas de la infancia se ve asociado a un peor rendimiento "en las áreas general cognitiva, ejecutiva y perceptivo-manipulativa, mientras que aquellos con mayores niveles de exposición a mercurio muestran un retraso en las áreas general cognitiva, de memoria y verbal". Todo ello, según los investigadores, sucede por el mercurio, presente frecuentemente como contaminante en el pescado azul y en conserva, y en menor cantidad, en el pescado blanco.

A continuación, sin afán de que el lector lo memorice, sino sólo para que realice una lectura apresurada que le haga darse cuenta de todos los males que la ciencia ha asociado al mercurio, les damos una lista de problemas de salud que las más diversas investigaciones han asociado a este metal. Con evidencia fuerte: necrosis tubular aguda, problemas de comportamiento, bronquitis aguda, parálisis cerebral, deterioro cognitivo[646], retraso mental, retraso en el desarrollo, dermatitis de contacto, disminución en la coordinación, pérdida de audición, enfermedad de Minamata, neuropatía periférica, neumonitis (hipersensibilidad), trastornos psiquiátricos[647], convulsiones y espasticidad. Con buena evidencia: alteración de la proporción de sexos, anemia (incluyendo anemia hemolítica), anemia aplásica, anticuerpos de autoinmunidad, enfermedad renal crónica, malformaciones congénitas, enfermedad coronaria arterial, enfermedad vascular periférica, aterosclerosis, disminución de la visión[648], retraso en el crecimiento, fetotoxicidad (abortos, muertes fetales), glomerulonefritis, inmunosupresión, bajo peso al nacer, trastornos menstruales[649], defectos del tubo neural, malformaciones del SNC, neumonía y edema pulmonar. Con una base algo más limitada de evidencia: enfermedad de Lou Gehrig, tumor cerebral, disfunción eréctil, alteraciones hormonales, hipertensión, infarto de miocardio, síndrome nefrítico, neurastenia, fibrosis pulmonar, reducción de la fertilidad en la mujer y el hombre, cáncer de riñón, esclerodermia y trastornos tiroideos (como el hipotiroidismo)[650].

¿No está mal para ser una sola sustancia, no?

Sin embargo, y a pesar de la conciencia existente sobre el indiscutible peligro de esta sustancia, sigue existiendo una notable polución por la misma. Pocas veces, no obstante, se habla de ello en la prensa, como sucedió por ejemplo con la contaminación por mercurio que se dio en 2002 en el agua potable de 40 municipios de Tarragona, que la Generalitat de Cataluña achacó a la industria química Ercros situada en el pueblo de Flix o lo que sucedió en la provincia de Huesca cuando se registraron una gran cantidad de daños en los hígados de los peces a consecuencia de los vertidos de una industria cloroalcalina[651].

La actuación de los gobiernos en este tema, como en otros que tienen que ver con contaminantes, deja mucho que desear. Sin ir más lejos, tenemos el ejemplo del Gobierno español. A pesar de la existencia de una directiva europea de 1996 que establecía que en el año 2007 industrias como la cloroalcalina, dejasen de utilizar el mercurio en sus procesos, el Ministerio de Medio Ambiente llegó a un acuerdo con las empresas para que el año en el que se materializase tal prohibición fuese nada menos que el 2020. Esto se traduce en trece años más de contaminación con mercurio y eso si se cumple.

La industria a la que nos referimos emplea celdas de mercurio para producir el cloro necesario en la industria de los plásticos. A pesar de que existan alternativas como las membranas de celdas electrolíticas, la industria no quiere apresurarse en adoptarlas. Como tantas otras veces, los criterios de beneficio particular prevalecen frente a los de la salud pública[652].

El plomo

Otro metal pesado que ha generado gran preocupación internacional ha sido el plomo, liberado desde carburantes, emisiones industriales, tuberías, pinturas, soldaduras, cables, recubrimiento de envases... Es uno de los contaminantes químicos mejor identificados y sobre los que más se ha actuado en diversos países. No obstante, sigue siendo una amenaza real que está muy lejos de haber remitido, pese a la mejoría apreciada en algunas zonas del planeta. En 2004 la Organización Mundial de la Salud advertía del riesgo que este metal pesado representa para al menos 120 millones de personas, en especial para los niños, a cuyo desarrollo mental puede afectar gravemente, propiciando agresividad e incluso conductas antisociales, como podemos ver en este libro en el capítulo de los daños neurológicos infantiles.

No tenemos espacio para extendernos demasiado acerca de otros metales como puedan ser el cadmio o el arsénico, pero en cualquier caso también nos referimos e ellos en diversas partes de este libro.

Almizcles sintéticos

Los perfumes hoy en día están por doquier. No sólo nos referimos a los perfumes vendidos como tales para ponerlos sobre nuestros cuerpos, sino los que hay en todo tipo de productos que van desde detergentes a la tinta aromatizada de algunas revistas. Si nos damos cuenta de lo omnipresentes que son los perfumes en la sociedad actual comprenderemos también el problema que puede representar el que algunos de sus componentes puedan ser reconocidos tóxicos. La ciencia no para de alertarnos sobre muchas sustancias conflictivas presentes en ellos. A continuación sólo vamos a ocuparnos de uno de los grupos de sustancias de las que más se ha escrito en este sentido.

Si hacemos un poco de historia, al principio sólo existían almizcles naturales que eran usados para incorporarlos a diversos productos como fragancias. Eran otros tiempos, en los que aún no imperaba, como hoy, la química artificial. Pero llegado un momento, se juzgó que aquellas sustancias naturales eran demasiado caras, y en aras de conseguir unos mayores márgenes de beneficio, comenzó a apostarse por la fabricación de los almizcles sintéticos cuya producción se consideraba más fácil y más económica. Una vez más, el hombre había encontrado un atajo artificial, sustituyendo los almizcles naturales por estos compuestos aromáticos artificiales.

Los almizcles sintéticos eran fragancias más baratas y más fáciles de fabricar a gran escala, por lo que enseguida comenzaron a añadirse a gran cantidad de productos. Hoy podemos encontrarlos, por supuesto, en toda clase de perfumes y productos de aseo y cuidado personal, tales como los cosméticos, jabones o champús y también en múltiples productos de limpieza doméstica, tales como los detergentes para lavar la ropa o para fregar los suelos. En realidad, se utilizan tan profusamente que sería interminable referir la lista de productos en la que se encuentran, desde productos alimenticios a ambientadores, pasando por pesticidas. La exposición a los mismos es, pues, prácticamente universal en el mundo industrializado.

Estas sustancias se clasifican fundamentalmente en dos grupos: el de los nitro almizcles y el de los almizcles policíclicos, al que cabrían añadir otros almizcles sintéticos llamados macrocíclicos.

En el primer grupo tenemos sustancias como el almizcle de xileno o el almizcle de cetona (el AHTN o el HHCB), entre otros. Su profusa utilización los ha convertido en muy familiares contaminantes del medio ambiente. De ese modo los almizcles son detectados en los sedimentos de ríos y lagos, o en los organismos de animales como los peces, y por supuesto en los humanos. Han sido detectados, por las más diversas investigaciones, en la grasa y sangre de personas adultas, y por supuesto en la leche materna humana[653].

La fabricación de los nitroalmizcles, a consecuencia de su toxicidad, ha caído algo en Europa, si se exceptúa algunos de ellos como el xileno de almizcle (MX) y la cetona de almizcle (MK), que siguen empleándose mucho, al igual que dos almizcles policíclicos: el galaxolide (HHCB) y el tonalide (AHTN).

Muestra de la inquietud existente sobre estas sustancias fue la realización de un informe sobre su presencia en conocidas marcas de perfumes que encargó la asociación ecologista Greenpeace a un laboratorio independiente holandés (TNO). En él se aludía a la preocupación existente, por ejemplo, por la fuerte persistencia que los almizcles sintéticos tenían en el medio ambiente: aguas, atmósfera, espacios cerrados... Un estudio del año 2003, detectó el nitroalmizcle ambrette, prohibido en 1995, en el 34% de las gotas de lluvia analizadas[654].

Algunos almizcles sintéticos como el xileno de almizcle (MX) o la cetona de almizcle (MK) han sido muy estudiados para determinar sus posibles efectos sanitarios. Diversas investigaciones científicas han ligado nitroalmizcles o almizcles policíclicos con perturbaciones hormonales de mamíferos[655], anfibios[656] y peces[657]. Se ha estudiado, asimismo, cómo acentúan los daños de otras sustancias tóxicas[658]. Niveles bajos de MK, por ejemplo, pueden incrementar en los seres humanos la vulnerabilidad frente a la actuación genotóxica de sustancias como al benzo(a)pireno (un hidrocarburo aromático policíclico)[659]. Almizcles como el HHBC o el AHTN han sido ligados experimentalmente a efectos anti-estrogénicos[660]. Y el MX y el MK se han relacionado con algunas disfunciones ginecológicas[661].

En los análisis que realizó para Greenpeace aquel laboratorio holandés sobre perfumes de uso corporal humano, se detectaron altas concentraciones de almizcles sintéticos en buena parte de los perfumes analizados, destacando algunos como el 'White Musk' de The Body Shop, que los contenía en un nivel especialmente alto. Casi todos los perfumes contenían almizcles policíclicos como el galaxolide (HHCB) y el tonalide.

El informe dejaba, no obstante, sin analizar otras sustancias que también se introducen en los perfumes, como los almizcles macrocíclicos, que en el estudio de TNO se comenta que aparecían en al menos 21 de 29 perfumes analizados. Los autores advertían de la muy limitada protección de la salud que establece la legislación europea, por ejemplo, la Directiva sobre Cosméticos (76/768/CEE).

De nuevo, como vimos antes al hablar de sustancias como el bisfenol A o los ftalatos, volvemos a encontrarnos con sustancias con las que estamos en un contacto muy directo. Son hechos que han de llevarnos definitivamente a la comprensión de que, al hablar de sustancias tóxicas, no hablamos generalmente de cosas ajenas, sino de productos con los que convivimos muy cotidianamente. Pueden estar en los envases alimentarios o de bebida, en las conducciones que nos traen el agua, e incluso en los perfumes que ponemos sobre nuestros cuerpos. Sin olvidar que, al ser también con frecuencia contaminantes del medio natural, pueden también llegarnos a través de otras vías.

Compuestos organoestánnicos

El uso de estas sustancias que más ha dado que hablar ha sido su utilización como parte de pinturas para embarcaciones, a fin de que no se incrusten en ellas algas y otros elementos. En otro apartado de esta obra hablamos de los inquietantes efectos que tienen en algunos organismos, los cuales se dan a niveles sorprendentemente bajos, prácticamente indetectables. Son extraordinariamente persistentes en el medio. Destacan entre ellos el copolímero de tributilestaño (TBT) y el óxido de tributilestaño (TBTO) que se transforma en el primero con facilidad. Han sido prohibidos en diversos países, pero su uso sigue siendo muy extenso.

Los compuestos organoestánnicos se utilizan para las más diversas finalidades, no sólo como antiincrustantes en embarcaciones, muelles o aperos de pesca, sino como componentes de pesticidas (incluyendo los empleados en sistemas de refrigeración), conservantes de la madera, fungicidas en moquetas y suelos de PVC, en industrias papeleras, empresas de curtidos de pieles, empresas textiles, antimohos, pinturas, plantillas bactericidas para los pies, así como en la producción de silicona y poliuretano, por no hablar del PVC (tubos, paneles, juguetes...). Precisamente la fabricación del PVC ha sido responsable de una buena parte del uso de compuestos organoestánnicos a escala global.

Diversos estudios científicos han mostrado las diferentes vías de exposición humana a estas sustancias, como puedan ser el papel de celofán para envolver alimentos, algunos guantes para fregar, e incluso estropajos o el papel con parafina para los hornos[662].

Entre los compuestos organoestánnicos se cuentan sustancias altamente tóxicas. Las hay que son fetotóxicas, inmunotóxicas, cancerígenas[663], tóxicas respiratorias o alergénicas. En general son considerados potentes inhibidores de enzimas metabólicas, pudiendo interferir muchos mensajes y procesos clave para el funcionamiento de las células. Aunque, como se ve en otro capítulo, lo que más fama les ha dado es su papel como perturbadores hormonales en algunas especies de moluscos marinos. Sus efectos pueden ser mucho más amplios, afectando de forma severa, por ejemplo, y a dosis bajas, al tiroides de ratas embarazadas expuestas. A consecuencia de ello se ha registrado un mayor número de pérdidas tras la implantación, una reducción del número de crías así como del peso de estas, aumentos de las afecciones al desarrollo del esqueleto de los fetos y de los órganos genitales de las crías macho[664].

Los estragos que hacen sobre el sistema inmunológico tampoco parecen cosa de broma. Se ha estudiado cómo el TBT y el DBT afectan a la reproducción de los linfocitos humanos, debilitando la respuesta inmunológica clave ante cualquier infección[665]. También se ha visto cómo el TBT, no contento con no dejar que se reproduzcan, propicia directamente la muerte de los linfocitos T humanos[666]. Se ha estudiado que el TBT, el BTP o el TPT inhiben la actuación de las células NK humanas, responsables de eliminar las células cancerosas[667]. El TPT también limita la capacidad de matar bacterias de los neutrófilos humanos[668].

La Unión Europea ha establecido unas medida de prohibición sobre alguna de las sustancias, pero dejando puertas falsas abiertas que pueden hacer que se sigan utilizando bastante.

Alquilfenoles

De nuevo, estamos ante un grupo de sustancias presente por doquier. Son muy usados para fabricar agentes tensioactivos (detergentes) dispersantes, emulsionantes o humectantes, tanto industriales como domésticos (por ejemplo, en productos líquidos para lavar la ropa en EE.UU. y Europa). Pueden emplearse como plastificantes y algunos derivados suyos como estabilizadores de la luz ultravioleta en plásticos.

Son usados como antioxidantes en el poliestireno modificado y en el PVC para aumentar su estabilidad y solidez. También aparecen al degradarse determinados plaguicidas, detergentes y productos para el cuidado personal. Los alquilfenoles están presentes, por ejemplo, en productos de acabado textil, de las pieles o del metal, e incluso en lubricantes espermicidas.

En las aguas residuales los alquilfenoles etoxilados se degradan en alquilfenoles. Entre los alquilfenoles tenemos sustancias como el p-nonilfenol, el octilfenol, así como productos de la descomposición como los polietoxilatos de alquilfenol.

Son contaminantes muy extendidos, que pueden llegarnos a través de múltiples vías. Una de ellas, no la única, es la contaminación de las aguas. Diversos estudios han encontrado estas sustancias en las aguas 'depuradas' que corren por muchos ríos de países como Estados Unidos o España, a veces con altas concentraciones[669], o han registrado su liberación, junto con la de ftalatos, desde diversos productos utilizados en las conducciones de agua potable[670] (cementos, revestimientos epoxi...). Finalmente, de un modo u otro, terminan en nuestros cuerpos, sea a través de la bebida o de la comida. En Alemania, por ejemplo, se detectó nonilfenol de forma muy generalizada en decenas de alimentos de uso común. No extraña pues que hayan sido encontrados muy frecuentemente en los tejidos humanos. Se ha detectado presencia de nonilfenol, que la Unión Europea clasificó hace algunos años como tóxico para la fertilidad y el desarrollo del ser humano, en la leche materna y en cordones umbilicales[671].

Precisamente, algunos descubrimientos científicos inquietantes han versado sobre estas sustancias. Uno de los ejemplos es cuando se intentó determinar por qué aparecían peces hermafroditas en algunos cursos fluviales del Reino Unido. La investigación llevó a las aguas que se vertían desde las plantas depuradoras y potabilizadoras. Era cerca de esos puntos de vertido donde se registraba la mayor cantidad de peces con estas anormalidades[672].

La investigación mostró hasta qué punto puede haber sustancias perjudiciales en los detergentes, generando inquietud sobre las posibles consecuencias de la exposición de las personas a los alquilfenoles, como el nonilfenol[673], por el agua potable.

Algunos alquilfenoles pueden comportarse como poderosos disruptores endocrinos y dañar el sistema inmunológico al afectar a los leucocitos. El nonilfenol tiene propiedades estrogénicas y anti-androgénicas más fuertes que, por ejemplo, el octilfenol. Sin embargo, diversos experimentos han mostrado cómo roedores expuestos a esta última sustancia, incluso brevemente, antes y después de nacer, tenían los testículos de menor tamaño y menos espermatozoides una vez maduraban[674].

Sería largo resumir aquí lo que se ha investigado acerca de estas sustancias. En otros capítulos las vemos aparecer al hablar de algunos problemas sanitarios.

Disolventes

Los disolventes orgánicos son compuestos volátiles. Se utilizan para disolver materias primas, productos o residuos, empleándose para limpiar, modificar la viscosidad, como agentes tensoactivos, como plastificantes o como vehículos de otras sustancias, evaporándose una vez que estas se han fijado. Así pues, son usados frecuentemente para pegar, desengrasar, limpiar, plastificar y flexibilizar, pintar y lubricar. Entre los más empleados podrían citarse el 1,1,1-tricloroetano, queroseno, diclorometano, tetracloroetileno, tricloroetileno, tolueno, xileno, 2.propanol, n-hexano, butiletilen glicol, CFC 113, o el white spirit (mezcla de hidrocarburos y parafinas).

En 1990 se usaron 2.200.000 toneladas métricas de disolventes en la Unión Europea. De ellos un 39% fueron para pinturas, un 13% para desengrasado, otro 13% para artes gráficas, un 10% para recubrimientos adhesivos, un 5% para tratamiento de maderas y otro 5% para producción de fármacos, y porcentajes menores para limpieza en seco, extracción de aceites, producción de adhesivos, procesamiento de caucho o producción de tintas[675].

El que causen emanaciones forma parte de la propia naturaleza de los disolventes, pudiendo alcanzarse concentraciones muy elevadas en espacios cerrados. Pero el problema de los compuestos orgánicos volátiles que emiten los disolventes es muy importante también en espacios abiertos, como sucede con la nube química de estos compuestos que se forma en las grandes ciudades (además están vinculados también a la nociva generación de ozono troposférico).

Dentro de la categoría de disolventes se encuentra un muy amplio grupo de sustancias de muy diversas características. Entre los disolventes se cuentan los disolventes aromáticos como el benceno, el tolueno, el xileno, el estireno, e dietilbenceno, el etilbenceno,... También están los hidrocarburos alifáticos que, como las parafinas y las isoparafinas, son componentes importantes de la gasolina. La nafta, el ciclohexano, octano, o pentano son disolventes alifáticos muy usados. Otro grupo son los disolventes halogenados, como el cloroformo, el clorobenceno, el tricloroetileno, el 1,1,1-tricloroetano, o los clorofluorocarbonos (los famosos CFCs de los que tanto se ha hablado en relación al agujero en la capa de ozono). También existen otros grupos como los éteres de glicol[676].

Los disolventes liberan compuestos orgánicos volátiles que han sido asociados, en algún caso, a problemas ecológicos como el debilitamiento de la capa de ozono (1,1,1-tricloroetano, tetracloruro de carbono, CFCs, HCFCs). Además contribuyen también a la generación de ozono ambiental o troposférico en presencia de la luz solar causando efectos nocivos para la salud humana. Los disolventes orgánicos así como sus envases vacíos son considerados residuos peligrosos[677].

Desde antiguo, los disolventes orgánicos han sido asociados por la literatura científica internacional a muchísimos problemas de salud. De hecho, constituyen uno de los grupos de sustancias que más graves problemas de salud producen. Es perfectamente conocida la alta toxicidad de hidrocarburos halogenados como el tetracloruro de carbono, el tricloroetileno, del dicloroetano o el cloroformo, de hidrocarburos aromáticos como el benceno o el tolueno (algunos disolventes aromáticos pueden ser cancerígenos), de cetonas como la acetona o de derivados nitrogenados como la anilina[678]. Los disolventes organoclorados suelen ser muy persistentes. Algunos como el 1,1,1-tricloroetano suele degradarse en compuestos tóxicos y se sabe que es carcinógeno en animales. En otro grupo, el de los éteres de glicol, se han identificado sustancias que pueden causar efectos de alteración hormonal, ser neurotóxicos o tener toxicidad reproductiva.

Entre los disolventes que podrían ser cancerígenos se han citado, con diferentes niveles de evidencia: benceno, formaldehído, óxido de estireno, percloroetileno, tricloroetileno, tetracloruro de carbono, cloroformo, 1,2-dicloroetano, estireno, cloruro de metileno, ciclohexanona, tolueno, xileno, 1,1,1-tricloroetano o el 1,1-dicloroetileno[679].

Buena prueba de la conciencia existente acerca de la peligrosidad de los disolventes es la gran preocupación que se deriva de la exposición laboral a estos productos[680]. Los mayores riesgos para la salud humana derivan de su absorción por la piel o de la inhalación de sus emanaciones. Algunos de ellos, como los clorados, tienden a acumularse en los tejidos grasos, pudiendo llegar a alcanzar concentraciones que comprometan la salud. Muchos disolventes han sido asociados por la literatura científica a abortos espontáneos, malformaciones congénitas, lesiones cerebrales, daños reproductivos o cáncer.

Uno de los aspectos que más inquieta acerca de estos productos desde hace mucho tiempo es su conocida neurotoxicidad[681], habiéndose descrito efectos agudos en personas y en animales de laboratorio, tales como dificultades respiratorias, narcosis, anestesia, depresión del sistema nervioso central, inconsciencia y muerte. Personas con exposiciones agudas han padecido disfunciones psicomotoras que afectaban a su coordinación y equilibrio, a su tiempo de reacción o a su destreza manual. En otras personas se ha observado neuropatía periférica y encefalopatía tóxica leve.

La epidemiología ha encontrado en trabajadores de algunas industrias efectos crónicos persistentes en la función nerviosa periférica. Y también se han registrado los más diversos efectos neuroconductuales: problemas de memoria, menor capacidad de concentrarse y aprender, inestabilidad emocional, irritabilidad, fatiga, menor control de los impulsos o baja motivación, sin excluir los daños en la estructura del sistema nervioso central ligados a efectos irreversibles sobre el intelecto y la memoria (con casos de demencia).

Como sucede con otros muchos grupos de sustancias, a pesar de que sea en el ámbito laboral en el que más preocupación exista, esto no quiere decir, obviamente, que haya de ser el único ámbito que deba inquietar. Es cierto que en determinadas industrias o labores pueden darse situaciones de exposición muy directa e intensa. Pero son muchos los usos cotidianos, mucho más extendidos en la población general, en el que estas sustancias se hallan presentes. Además, el hecho de que muchos de sus compuestos puedan ser contaminantes de aires, suelos, aguas o alimentos, por ejemplo, añade otras posibles vías de exposición más general de la población.

Formaldehído

Es uno de los compuestos orgánicos básicos más importantes de la industria química. Se genera en órdenes de millones de toneladas anuales y se utiliza en los más diversos productos, desde tejidos libres de arrugas a medicamentos, pasando por champús, cosméticos, plásticos, abonos, papel, colorantes, antisépticos, colas para adherir entre sí las partículas de los tableros de la madera conglomerada, resinas... Lo tenemos, pues, por doquier, y en especial, y ello debe recalcarse mucho, dentro de los espacios en los que habitamos o trabajamos. Puede estar en estado líquido o gaseoso, pasando frecuentemente a este último a temperatura ambiente, liberándose desde los productos que lo contienen y acumulándose en especial en espacios cerrados poco ventilados.

En 2006 el Observatorio para la Sostenibilidad en España, al hablar de las cifras de producción de esta sustancia, comentaba que habrían aumentado un 50% en la última década, incrementándose su consumo aparente un 13% entre los años 2000 y

2004[682]. La cifra de producción y la de consumo aparente en el año 2004 era cercana a las 500.000 toneladas anuales (508.000 de producción y 487.000 de consumo aparente, ya que una pequeña parte se exporta). Las cifras dadas son realmente espectaculares. Sobre todo si consideramos que hablamos de uno de los contaminantes más presentes en nuestros entornos más inmediatos, una sustancia a la que fácilmente nos vemos expuestos por vía inhalatoria, por ejemplo.

El asunto, además, es más grave si tenemos en cuenta, como hace el informe referido, que existen alternativas a sus principales aplicaciones, lo que implica que se están incumpliendo las normas de sustancias cancerígenas (RD 665/1997).

Por si fuese poca la cantidad de formaldehído que puede acumularse en el interior de una oficina o una vivienda a consecuencia de su presencia en tantos elementos, cabe señalar que existen otras fuentes importantes de esta sustancia que vienen a añadirse. Basta ver, por ejemplo, informes como el realizado por la Agencia de Protección Ambiental de California[683], acerca de las sustancias químicas asociadas a los productos de limpieza. El informe, con una base experimental realmente admirable, se ocupaba de las sustancias presentes en esos productos y no olvidaba hacer un repaso de los trabajos científicos que asociaban algunas de ellas a diversos problemas como el asma, las alergias o la irritación respiratoria. Tampoco dejaba de citar otras sustancias que han dado muchísimo que hablar, como los éteres de glicol basados en el etileno (como el 2-butoxietanol). Pero lo que aquí más nos interesa es lo que decía sobre los terpenos, como el d-limonene, el α-pinene o el linnalool, extraordinariamente presentes en la mayoría de estos productos. No porque se comentara el carácter alergénico que en algún caso pudieran tener por ellos mismos, sino porque demostraba cómo los terpenos reaccionan con el ozono que suele acumularse en los espacios cerrados generando contaminantes como los radicales hidroxilos o el formaldehído del que estamos hablando. De modo que el uso de productos de limpieza y ambientadores, según este estudio, podía generar "altas exposiciones a contaminantes en ambientes interiores". Les preocupaba en especial el estar hablando de una exposición por inhalación muy generalizada y que podría ser un foco de enfermedades hasta hoy no tenido en cuenta debidamente.

Aparte de los efectos que puede tener para personas especialmente sensibles, como puedan ser los asmáticos o las personas con sensibilidad química, la literatura técnica ha descrito los más diversos efectos, tales como sensación de quemazón al respirarlo, tos, dolor de cabeza, náuseas o jadeo, así como enrojecimiento de los ojos, dolor de los mismos o visión borrosa. Una exposición de corta duración puede provocar en algún caso, un edema pulmonar. Las investigaciones científicas realizadas asocian la exposición a esta sustancia a la posibilidad de desarrollar cáncer en humanos por inhalación[684].

También hay estudios que vinculan este producto (CHE Toxicant and Disease Database) con ciertos tipos de cáncer -leucemia en adultos, naso faríngeo, pulmón, piel, páncreas-, y además con dermatitis de contacto, asma, aparición de anticuerpos de autoinmunidad, toxicidad para los fetos, trastornos menstruales, porfiria, edema pulmonar, reducción de la fertilidad, inmunosupresión...

Otras sustancias preocupantes

A continuación hablaremos de unos pocos grupos de sustancias más, no con afán de ser exhaustivos, sino tan sólo de tener una idea general, sin aspirar al imposible de ocuparnos de todas las muchas sustancias conflictivas. De todos modos, en diversas partes de este libro, de un modo u otro, son citadas muchas de ellas.

PCBs

Los PCBs, un grupo de más de doscientas sustancias químicas sintéticas, nacieron en 1929 de manos de un grupo de químicos. Al principio no parecían conflictivos y la compañía química Swann (que luego se integraría en Monsanto) comenzó a comercializarlos, como refrigerantes de los transformadores eléctricos, o parte de lubricantes, fluidos hidráulicos, aceites aislantes, líquidos selladores, productos ignífugos para madera y plástico, pinturas, barnices, plaguicidas, papel de copia sin carbón... Ya en 1936 aparecieron los primeros datos preocupantes, pero aún así siguieron empleándose durante décadas y hoy no hay un rincón del planeta donde no se detecten, especialmente en los seres vivos, por su carácter bioacumulativo y su capacidad portentosa de extenderse a miles de kilómetros de donde se liberan.

Hoy nadie discute sus cualidades neurotóxicas, anti-tiroideas e inmunotóxicas, especialmente cuando la exposición se da en el periodo embrionario[685]. A lo largo de este libro los encontramos con frecuencia en las más diversas investigaciones sobre daños sanitarios[686].

En España el Ministerio de Medio Ambiente calculaba hace unos pocos años que pueden existir todavía unas 210.000 toneladas, unas 70.000 en aparatos que los contienen y otras 140.000 en aceites dieléctricos y aparatos potencialmente contaminados.

Parafinas cloradas

Es un grupo de sustancias que se emplean para las más dispares utilidades. Se usan como aditivos de gomas, pinturas, selladores o adhesivos. También, en algunos casos, como sustitutos de los PCBs. Y es muy frecuente su utilización para el acabado de productos textiles o de piel, o como plastificantes en el PVC (a veces como sustitutos de los ftalatos), retardantes de llama, lubricantes o aceites industriales en metalurgia.

Son persistentes y bioacumulativas y diversos estudios las vinculan a efectos carcinogénicos o, por ejemplo, de alteración de las hormonas tiroideas humanas. Han sido muy bien investigados los daños que algunas parafinas cloradas generan en el riñón, el hígado o las glándulas linfáticas, habiéndose establecido en algún caso su contribución al desarrollo de la leucemia.

Hidrocarburos poliaromáticos (PAHs)

Son centenares de sustancias. Muchas de ellas son altamente tóxicas. Naftaleno, acenafteno, antraceno, trifenileno, fenantreno, benzo(a)pireno, benzofurano o fluoranteno son algunos de sus nombres.

Suelen formarse a consecuencia de combustiones incompletas, especialmente de combustibles fósiles, lo que hace que una de sus principales fuentes sean las emisiones de escape de los vehículos. Quedan adheridos a las partículas en suspensión.

Actividades como la combustión de petróleo, gasolina, carbón, basuras, tabaco e incluso carne a la parrilla, pueden liberarlos, así como la producción de alquitrán de hulla, la producción de asfalto y otras muchas. Y son empleados algunos de ellos, con mayor o menor toxicidad, para los más diversos usos, como la producción de colorantes, dilución de conservantes de la madera, resinas, revestimiento de tuberías, fármacos, etc.

Su acumulación en el alquitrán y hollín hizo que muchos deshollinadores desarrollasen cáncer de escroto, en uno de los primeros casos descritos de enfermedad por exposición ocupacional.

Se sabe que la mayor exposición a este tipo de sustancias se ha asociado a más riesgo de padecer cánceres como el de pulmón en trabajadores de industrias de coque, aluminio y acero.

Diversos hidrocarburos aromáticos policíclicos han sido asociados a cánceres como los de vejiga, laringe, pulmón, escroto, mama, esófago, páncreas, próstata, riñón, piel... aparte de a supresión inmune, porfiria, efectos hormonales, etc.

La creosota, que se utiliza para fines tales como la conservación de la madera o la producción frutera, contiene al menos treinta de ellos, frecuentemente muy persistentes y bioacumulativos, y es considerada cancerígena. España ha venido siendo uno de los países europeos con más consumo de madera tratada con creosota. Desde que entró a formar parte de la Unión Europea se han tomado algunas medidas sobre los niveles permitidos de este producto.

Compuestos perfluorados

Los compuestos perfluorados han sido usados vastamente en muchos productos de consumo desde espumas anti-incendios a papeles para envolver, sartenes anti-adherentes o tantos tejidos aislantes (tipo goretex, por ejemplo), pasando por pesticidas, superficie anti-manchas en alfombras, tejidos y pinturas, o productos de aseo, así como tensioactivos y emulsionantes en procesos industriales.

Entre estas sustancias las hay con una alta persistencia en el medio ambiente y que han sido detectadas en la fauna silvestre y los seres humanos en todo el mundo. La preocupación por lo que se sabe acerca de estas sustancias ha dado lugar a la toma de algunas medidas oficiales sobre varias de ellas, sin que eso, como suele acontecer, haya hecho que dejen de representar un problema.

Sobre estas últimas sustancias, conviene tener presente que son uno de los tipos de compuestos contaminantes que aparece en mayores concentraciones en los cuerpos de los estadounidenses en estos momentos, por encima incluso de los elevadísimos niveles del DDT y sus metabolitos que se medían en la década de los años 60[687].

Son sustancias muy persistentes en el medio ambiente y han sido detectadas de forma muy extensa en los más diversos rincones del planeta, tales como en los tejidos de las anguilas de muchos países, y cómo no, en el organismo humano. La literatura científica atribuye diversos efectos, entre ellos cancerígenos, a algunas de las sustancias pertenecientes a este grupo. Diferentes investigaciones con animales de laboratorio han mostrado asociaciones de este tipo de compuestos con daños en el hígado, el sistema inmune, el desarrollo y los órganos sexuales, entre otras cosas. Un trabajo científico publicado en la prestigiosa revista "Human Reproduction"[688] vinculaba los niveles de compuestos perfluorados con una mayor dificultad de las mujeres que los tienen en sus cuerpos para poder quedar embarazadas.

Las citadas son sólo unas cuantas sustancias, a modo de ejemplo, de entre las más importantes. Pero hay muchas más tanto entre las conocidas, como, lo que todavía es más preocupante, entre las miles de sustancias que pueden estar causando efectos sin que todavía la ciencia haya detectado a las posibles culpables.

DECLARACIONES CIENTÍFICAS

EL LLAMAMIENTO DE PARÍS

Declaración internacional sobre los peligros sanitarios de la contaminación química

PREAMBULO

Recordando que, según la Constitución de la Organización Mundial de la Salud (OMS) de 7 de abril de 1948, la salud es un "estado de completo bienestar físico, mental y social y no consiste solamente en la ausencia de enfermedad o de dolencia..."

Recordando la adhesión a los principios Universales de los derechos del hombre afirmados por la Declaración Universal de Derechos del hombre de 10 de diciembre de 1948 y los dos pactos internacionales de las Naciones Unidas relativos a los derechos económicos, sociales y culturales y en particular su artículo12.1, que reconoce el derecho de toda persona de disfrutar del mejor estado de salud física y mental que ella sea capaz de lograr;

Recordando que la Conferencia de las Naciones Unidas sobre el medio ambiente ha afirmado en la Declaración de Estocolmo de 16 de junio de 1972, que el hombre tiene un derecho fundamental a la libertad, la igualdad y condiciones de vida satisfactorias en un medio ambiente cuya calidad le permita vivir en la dignidad y el bienestar y que el derecho a la vida forma parte incluso de los derechos fundamentales;

Recordando que la Declaración de La Haya sobre el medio ambiente de 11 de marzo de 1989, suscrita por 24 países ha confirmado que no se trata solamente del deber fundamental de preservar el ecosistema, sino también del derecho a vivir dignamente, en un medio ambiente global viable y de la obligación inducida por la comunidad de naciones frente a las generaciones presentes y futuras de promover todo lo que se puede hacer por preservar la calidad de la atmósfera;

Recordando que la Convención relativa a los derechos del niño de 20 de noviembre de 1989 exige en su artículo 6 a los Estados comprometidos, reconocer que "todo niño tiene derecho inherente a la vida" y asegurar "en la medida de lo posible la supervivencia y el desarrollo del niño" y en su artículo 24 les exige reconocer "el derecho del niño a disfrutar del mejor estado de salud posible" y tomar" las medidas apropiadas para luchar contra (...) la enfermedad (...) teniendo en cuenta los peligros y riesgos de contaminación del medio natural";

Recordando que la Carta Europea sobre el Medio Ambiente y la Salud adoptada en Frankfurt el 8 de diciembre de 1989 afirma que cada persona tiene el derecho de disfrutar de un medio ambiente que le permita la realización del nivel más elevado posible de salud y bienestar público;

Recordando que la Resolución 45/94 de la Asamblea general de Naciones Unidas de 14 de diciembre de 1990 sobre la necesidad de asegurar un medio ambiente saludable para cada uno, declara que cada uno tiene el derecho a vivir en un medio ambiente que pueda asegurar su salud y su bienestar;

Recordando que la Convención sobre la diversidad biológica de 5 de junio de 1992 señala en su preámbulo que "cuando existe un amenaza de reducción sensible o de pérdida de la diversidad biológica, la ausencia de certezas científicas totales no debe ser evocada como razón para diferir (retrasar) las medidas que permitirían evitar el peligro o atenuar los efectos;

Recordando que la Declaración de Río de Janeiro sobre el medio ambiente y el desarrollo de 13 de junio de 1992 ha establecido, en su primer principio, que los seres humanos están en el centro de las preocupaciones que conciernen al desarrollo sostenible y que tienen derecho a una vida sana y productiva en armonía con la naturaleza, y en su principio 15, que para "proteger el medio ambiente, los Estados deben, en función de sus capacidades, aplicar ampliamente medidas de precaución. En caso de daños graves o irreversibles, la ausencia de certeza científica absoluta no debe servir de pretexto para retrasar la adopción de medidas efectivas que pretendan prevenir la degradación del medio ambiente";

Recordando que los Estados comprometidos en la Convención OSPAR para la protección del Atlántico Norte-Este de 22 de septiembre de 1992 deben, según el artículo 2 del Anexo 5, tomar "las medidas necesarias para la protección de la zona marítima contra los efectos perjudiciales de las actividades humanas, de modo que se salvaguarde la salud del hombre" con un objetivo de cese de los vertidos, emisiones y pérdidas de sustancias peligrosas en el medio ambiente marino desde hoy hasta el año 2020;

Recordando que el Tratado constitutivo de la Comunidad Europea establece en su artículo 174 relativo al medio ambiente, que la política de la Comunidad en el ámbito del medio ambiente contribuye a perseguir los objetivos siguientes: la preservación, la producción y la mejora de la calidad del medio ambiente, la protección de la salud de las personas, la utilización prudente y racional de los recursos naturales, la promoción en el plano internacional de medidas estimadas a hacer frente a los problemas regionales o planetarios del medio ambiente. En el S 2, este artículo precisa que la política de la comunidad en el ámbito del medio ambiente está basada en los principios de precaución y de acción preventiva, en el principio de la corrección de los ataques al medio ambiente de forma prioritaria respecto a su origen, y sobre el principio del contaminador -pagador;

Recordando que el protocolo de Cartagena sobre la protección de riesgos biotecnológicos relativo a la convención sobre la diversidad biológica de 29 de enero de 2000, reafirma en su preámbulo y su artículo primero el enfoque de precaución consagrado por el principio 15 de la Declaración de Río teniendo en cuenta los riesgos para la salud humana;

Recordando que la Convención de Estocolmo del 22 de mayo de 2001 reconoce que los "contaminadores orgánicos persistentes poseen propiedades tóxicas, que resistiendo a la degradación se acumulan en los organismos vivos y son propagados por el aire, el agua y las especies migratorias" y precisa en su artículo 1 que el objetivo es "proteger la salud humana y el medio ambiente de los contaminadores orgánicos persistentes";

Recordando que la Declaración de Johannesburgo sobre el desarrollo sostenible de 4 de septiembre de 2002 ha criticado el empobrecimiento de la diversidad biológica, la desertización, los efectos perjudiciales del cambio climático, la frecuencia creciente de las catástrofes naturales devastadoras, la contaminación del aire, el agua y el medio marino;

CONSIDERACIONES CIENTÍFICAS

S.1. Considerando que la situación sanitaria se deteriora en todo el mundo; que esta degradación, aunque de naturaleza diferente, afecta tanto a los países pobres como a los países ricos;

S.2. Considerando que se desarrollan enfermedades crónicas inventariadas por la OMS, en particular los cánceres; que la incidencia global de los cánceres aumenta en todo el mundo; que por lo que se refiere a los países fuertemente industrializados, la incidencia de los cánceres es globalmente creciente desde 1950; que los cánceres afectan a todos los grupos de edad, tanto a las personas ancianas como a las personas jóvenes; que la contaminación química, cuya extensión exacta todavía no se ha estimado, podría contribuir a ello en de forma importante;

S.3. Considerando que la exposición a ciertas sustancias o productos químicos provoca un aumento del número de ciertas malformaciones congénitas;

S.4. Considerando que la esterilidad, en particular masculina, está aumentando especialmente en las regiones fuertemente industrializadas, sea ésta o no la consecuencia de malformaciones congénitas o esté ligada a una disminución de la calidad y/o de la concentración de espermatozoides en el esperma humano; que hoy en Europa, el 15% de las parejas son estériles; que la contaminación química puede ser una de las causas de esterilidad;

S.5. Constatando que el hombre está expuesto hoy a una contaminación química difusa ocasionada por múltiples sustancias o productos químicos; que esta contaminación tiene efectos sobre la salud del hombre; que esos efectos son con frecuencia la consecuencia de una regulación insuficiente de la puesta en el mercado de productos químicos, y de una gestión insuficientemente dirigida de las actividades económicas de producción, consumo y eliminación de esos productos;

S.6. Constatando que esas sustancias o productos son cada vez más numerosos: hidrocarburos aromáticos policíclicos (HAP), derivados organohalógenos entre los cuales las dioxinas y los PCB, amianto, metales tóxicos entre los cuales los calificados como metales pesados como el plomo, el mercurio y el cadmio, pesticidas, aditivos alimentarios y otros, etc.; que algunos de esos productos no son o son poco biodegradables y persisten en el medio ambiente; que un gran número de esos productos contaminan la atmósfera, el agua, el suelo y la cadena alimentaria; que el Hombre está expuesto de forma permanente a sustancias o productos tóxicos persistentes entre los que se incluyen los Contaminadores Orgánicos Persistentes (POPs); que algunas de esas sustancias o productos se acumulan en los organismos vivos, incluyendo en estos el cuerpo humano;

S.7. Considerando que la mayoría de las sustancias o productos se introducen en el mercado sin haber sido objeto, previamente y de forma suficiente, de test toxicológicos y de estimación de riesgos para el hombre;

S.8. Considerando que esas numerosas sustancias o productos químicos contaminan de forma difusa el medio ambiente; que pueden interactuar unas con otras y ejercer efectos tóxicos adicionales y/o sinergias en los organismos vivos; que desde entonces se ha convertido extremadamente difícil establecer el plan epidemiológico como la prueba absoluta de una conexión directa entre la exposición a una u otra de estas sustancias o productos y el desarrollo de enfermedades;

S.9. Considerando que en el plano toxicológico, un cierto número de estas sustancias o productos químicos son perturbadores hormonales, que pueden ser cancerígenos, mutágenos o reprotóxicos (CMR) en el hombre, lo que significa que son susceptibles de inducir cánceres, malformaciones congénitas y/o esterilidades; que algunas de estas sustancias o productos pueden ser además alérgenos, induciendo enfermedades respiratorias, como el asma; que algunos de ellos son neurotóxicos, induciendo enfermedades degenerativas del sistema nervioso en los adultos y una bajada del cociente intelectual en los niños; que algunos son inmunotóxicos, induciendo déficits inmunitarios en particular en los niños, y que esos déficits inmunitarios son generadores de infecciones, en particular víricas ; que los pesticidas se extienden en gran cantidad de forma voluntaria en el medio ambiente cuando un gran número de ellos son contaminantes químicos tóxicos para el animal, para el hombre y para el medio ambiente.

S.10. Considerando que los niños son los más vulnerables y los que están más expuestos a la contaminación de estos contaminantes; que un gran número de estos productos tóxicos atraviesan la barrera placentaria y contaminan el embrión; que se concentran en el tejido graso y se encuentran en la leche de las madres que dan el pecho; que en consecuencia el cuerpo del niño presenta el riesgo de ser contaminado desde su nacimiento; que, por añadidura, el niño puede ingerir esas sustancias o productos y/o inhalar un aire contaminado por estos contaminantes, en particular en la vivienda.

S.11. Considerando que esas sustancias o productos contaminantes pueden inducir en el niño enfermedades entre las cuales se encuentran las citadas en S.9; que concretamente en Europa, uno de cada siete niños es asmático, posiblemente debido a la contaminación de las ciudades y las viviendas; que la incidencia de los cánceres pediátricos es creciente desde los últimos 20 años en algunos países industrializados; que de estas consideraciones se deduce que el niño está hoy en peligro;

S.12. Considerando que el Hombre es un mamífero consubstancial a la flora y la fauna que le rodea; que él se encuentra en el origen de la desaparición de varios millares de especies cada año; que toda destrucción o contaminación irreversible de la flora y la fauna pone en peligro su propia existencia;

S.13. Considerando que la declaración de Wingspread de 28 de julio de 1991 suscrita por 22 científicos norteamericanos establece un vínculo entre la desaparición de especies animales, salvajes o domésticas y la contaminación del medio ambiente por algunos de estos productos químicos ; que el Hombre está expuesto a los mismos productos que las especies animales salvajes o domésticas; que estos productos han provocado enfermedades (malformaciones congénitas, esterilidades) en esas especies de animales que han conllevado su desaparición, y que estas enfermedades son comparables a las observadas hoy en el Hombre:

S.14. Considerando que la contaminación química bajo todas sus formas se ha convertido en una de las plagas humanas actuales, como los cánceres, esterilidades, enfermedades congénitas, etc.; que la medicina contemporánea no consigue detener; que a pesar del progreso de las investigaciones médicas, la medicina corre el peligro de no poderlas erradicar;

S.15. Considerando, además, que la contaminación por emisión de gases con efecto invernadero provoca indiscutiblemente un agravamiento del calentamiento del planeta y una desestabilización climática; que según las previsiones científicas menos pesimistas, en 2100, la temperatura media de la Tierra corre el peligro de aumentar en tres grados centígrados; que este aumento de temperatura será susceptible de favorecer al proliferación de virus, bacterias, parásitos y vectores de esos agentes infecciosos; que en consecuencia, la extensión de su nicho ecológico del hemisferio Sur al hemisferio Norte será susceptible de generar una extensión de las enfermedades que aquellos producen, y la reaparición en los países del Norte de enfermedades infecciosas o parasitarias que habían sido parcialmente contenidas el pasado siglo, e incluso susceptible de generar la aparición de nuevas enfermedades.

DECLARACIÓN

Nosotros, científicos, médicos, juristas, humanistas, ciudadanos, convencidos de la urgencia y de la gravedad de la situación

Declaramos que,

Artículo 1: El desarrollo de numerosas enfermedades actuales es consecuencia de la degradación del medio ambiente.

Artículo 2: La contaminación química constituye una amenaza grave para el niño y para la supervivencia del hombre.

Artículo 3: Estando en peligro nuestra salud, la de nuestros hijos y la de las generaciones futuras, es la especie humana la que está en peligro.

Nosotros pedimos a los responsables políticos nacionales, las instancias europeas, los organismos internacionales, y en particular a la organización de las Naciones Unidas, que tomen todas las medidas necesarias en consecuencia, y en particular:

Medida 1: prohibir la utilización de productos cuyo carácter cancerígenos, mutágeno o reprotóxico (CMR) en el Hombre es cierto o probable, según lo que ha sido definido por las instancias u organismos científicos internacionales competentes, y aplicarles el principio de sustitución; excepcionalmente, cuando la ejecución o la puesta en práctica de este principio sea imposible y que la utilización de unos de los productos a los que nos referimos se juzgue como indispensable, restringir su utilización lo estrictamente necesario mediante medidas de restricción (contingentación) precisas extremamente rigurosas.

Medida 2: Aplicar el principio de precaución frente a todos los productos químicos por los que debido a su carácter tóxico cualquier otro que no fuera el definido en la medida 1 (ver S9 y 13) o a su carácter persistente, bioacumulable o tóxico (PBT), o muy persistente y muy bioacumulable (vPvB) tal y como se han definido internacionalmente, existe un presunto peligro grave e irreversible para la salud animal y/o humana, y de manera general para el medio ambiente, sin esperar la prueba formal de un vínculo epidemiológico, con el fin de prevenir y de evitar daños sanitarios o ecológicos graves y/o irreversibles.

Medida 3: Promover la adopción de normas toxicológicas o de valores umbrales internacionales para la protección de las personas, basadas en una evaluación de los riesgos incurridos por los individuos más vulnerables, es decir los niños, por añadidura el embrión.

Medida 4: En aplicación del principio de precaución, adoptar planes con un plazo programado y objetivos de resultado cifrados, con el fin de obtener la supresión o reducción estrictamente reglamentada de la emisión de sustancias contaminantes tóxicas y de la utilización de productos químicos introducidos en el mercado, como los pesticidas según el modelo de reducción e utilización de Suecia, Dinamarca o Noruega.

Medida 5: debido a las amenazas graves que pesan sobre la humanidad, incitar a los estados a obligar toda persona o entidad pública a asumir la responsabilidad de los efectos de sus actos o de sus carencias en sus actuaciones, y cuando esta responsabilidad no sea competencia de un Estado, elevarla a una jurisdicción internacional.

Medida 6: Tratándose del calentamiento del planeta y de la desestabilización climática, esta responsabilidad implica la obligación para los estados de ejecutar medidas fuertes para reducir las emisiones de gases de efecto invernadero sin esperar a la aplicación efectiva del protocolo de Kioto.

Medida 7: respecto a Europa, reforzar el Programa REACH (Registration, Evaluation, Authorisation of Chemicals) de regulación de la introducción en el mercado de productos químicos, para de este modo y especialmente asegurar la sustitución de los más peligrosos para el Hombre por alternativas menos peligrosas, y en referencia al mundo, adoptar una reglamentación internacional de regulación de la introducción en el mercado de productos químicos según el modelo del programa REACH en una versión reforzada.

LA DECLARACIÓN DE PRAGA SOBRE LA DISRUPCIÓN ENDOCRINA

Versión original en inglés accesible en:
http://www.ourstolenfuture.org/Consensus/2005-0620praguedeclaration.htm

DECLARACIÓN DE SAN ANTONIO

Declaración de San Antonio sobre retardantes de llama bromados y clorados.

Versión original en inglés accesible en:
http://ehp03.niehs.nih.gov/article/info:doi/10.1289/ehp.1003089.

1- Las partes firmantes del Convenio de Estocolmo han tomado medidas respecto a tres retardantes de llama bromados que han sido catalogados en el tratado para una eliminación global. Estas sustancias incluyen los componentes de los comerciales penta-bromodiphenyl éter y el octa-bromodiphenyl éter, con hexabromobiphenyl. Otro retardador de llama con bromo, hexabromocyclododecane, está bajo evaluación.

2- Muchos retardantes de llama bromados y clorados comúnmente usados pueden ser transportados ambientalmente con largo alcance.

3- Muchos retardantes de llama bromados y clorados aparecen como persistentes y bioacumulativos, causando la contaminación de cadena alimentaria, incluyendo la leche materna.

4- Muchas de estas sustancias carecen de la adecuada información acerca de su toxicidad, pero preocupan los datos que se acumulan de forma creciente sobre ellos.

5- Muchos tipos diferentes de retardantes de llama bromados y clorados han sido incorporados en productos aún cuando faltaba la adecuada información toxicológica.

6- Los retardantes de llama bromados y clorados presentes en variedad de productos son liberados a los ambientes interiores y exteriores.

7- Los productos eléctricos y electrónicos cercanos a su fin de vida o ya en él, son una preocupación creciente como consecuencia del vertido en países en vías de desarrollo, que resulta en un tráfico ilegal de sus componentes peligrosos. Entre ellos figuran los retardantes de llama bromados y clorados.

8- Hay una falta de capacidad para manejar la basura electrónica en una manera ecológicamente sana en casi todos los países en vías de desarrollo y países con economías en transición, lo que conduce a la liberación de sustancias peligrosas que causan daños a la salud humana y el entorno. Estas sustancias incluyen retardantes de llama bromados y clorados.

9- Los retardantes de llama bromados y clorados, pueden aumentar la toxicidad de fuego, pero sus beneficios globales en el campo de la seguridad frente al fuego no han sido probados.

10- Cuando los retardantes de llama bromados y clorados se queman, se forman dioxinas y furanos muy tóxicos.

Por lo tanto, estos datos apoyan lo siguiente:

11- Retardantes de llama bromados y clorados son sustancias que preocupan por su persistencia, bioacumulation, transporte de largo alcance, y toxicidad.

12- Hay una necesidad de mejorar la disponibilidad y el acceso a la información sobre los retardantes de llama bromados y clorados y otros compuestos químicos en productos en la cadena de suministro y en todas partes del ciclo de vida de cada producto.

13- Los consumidores pueden desempeñar un papel en la adopción de alternativas a retardadores de llama dañinos si ellos son conscientes de la presencia de las sustancias, por ejemplo, por el etiquetaje de producto.

14- El proceso de búsqueda de alternativas a los retardantes de llama no solo deberían incluir alternativas químicas sino también innovaciones y cambios del diseño de los productos, los procesos industriales, y otras prácticas que no requieran el empleo de ningún retardador de llama.

15- Debe hacerse un esfuerzo para asegurar que tanto los retardantes de llama que se usan como sus alternativas químicas no tengan propiedades peligrosas, tales como mutagenicidad y carcinogenicidad, o efectos adversos sobre los sistemas reproductivos, sobre el desarrollo, o sobre los sistemas endocrino, inmune o nervioso.

16- Cuando se buscan exenciones para ciertos usos de los retardadores de llama, la parte que solicita la exención debería suministrar alguna información que indique por qué dicha exención que se solicita es técnicamente o científicamente necesaria y por qué las alternativas potenciales no son técnicamente o científicamente viables; una descripción de los procesos potencialmente alternativos, de los productos y materiales, o de los sistemas que eliminan la necesidad del producto químico; y una lista de fuentes investigadas.

17- Los desechos que contienen retardantes de llama con características de contaminantes orgánicos persistentes (COPs), así como los productos y artículos, deberían ser eliminadas de tal modo que el contenido de COPs sea destruido o transformado irreversiblemente de modo que no puedan exhibir las características propias de los COPs.

18- Los retardadores de llama con características de COPs no debe permitirse que se sujeten a formas de gestión que puedan conducir a la recuperación, el reciclaje, la recuperación, la reutilización directa, o los empleos alternativos de las sustancias.

19- Los desechos que contienen retardantes de llama con propiedades de COPs no deberían ser transportados a través de fronteras internacionales a no ser que sea para la disposición de tal modo que el contenido de COPs sea destruido o irreversiblemente transformado.

20- Es importante considerar la Administración de producto y ampliar aspectos de la responsabilidad del productor en la gestión del ciclo de vida de productos que contengan retardantes de llama con propiedades de COPs, incluyendo productos electrónicos y eléctricos.

NOTAS

1. Entre los firmantes se contaban destacados científicos y otras conocidas personalidades: Luc Montagnier, Jean Dausset, François Jacob, Hubert Reeves, Jean Bernard, Dominique Belpomme, Pierre Chambon, Boutros-Ghali, John Newby, Richard Clapp, Peter Ohnsorge, Vyvyan Howard...

2. Es importante aclarar que el Llamamiento apuntaba que dicho incremento del cáncer había afectado a todos los sectores de edad, lo que evidenciaba que tal auge del cáncer no puede ser explicado, como a veces pretende hacerse, aludiendo de forma muy poco razonada a factores como el envejecimiento. Una de las cosas que más les preocupaba era, de hecho, dentro de este contexto, el crecimiento de los cánceres pediátricos en los últimos 20 años siendo la infancia mucho más vulnerable a los efectos de las sustancias químicas tóxicas.

3. Wingspread statement on the precautionary principle. Wingspread Conference Center. Racine. Wisconsin. 23-25 January 1998.

4. Houlihan et al. (2003) Body burden. Report. The pollution in people. Washington.

5. CDC (2003). Second National Report on Human Exposure to Environmental Chemicals.

6. Concentraciones de contaminantes, que en el caso de las sustancias persistentes suelen ir aumentando con la edad de las personas. Ver, por ejemplo Porta M et al (2002). Concentrations of persistent toxic compounds in the Spanish population: a puzle without pieces and the protection of public health. Gaceta Sanitaria. 16 (3): 257-266. o Porta M (2003). Persistent toxic substances and public health in Spain. Int J Occup Environ Health. 9 (2):112-117.

7. Porta M et al. Concentraciones de compuestos orgánicos persistentes en la población española: el rompecabezas sin piezas y la protección de la salud pública. Gac Sanit 2002; 16 (3): 257-266.

8. Ver "estudio de niveles de impregnación por organoclorados en placentes humanas" de M. Falcon, A. Barba, A. Luna, de la Unidad Docente de Medicina Legal y Forense de la Universidad de Murcia y de la Unidad Docente de Química Agrícola de la misma Universidad. HCH and DDT residues in human placentas in Murcia (Spain). Original Research Article. Toxicology, Volume 195, Issues 2-3, 15 February 2004, Pages 203- 208. M. Falcón, J. Oliva, E. Osuna, A. Barba, A. Luna.

9. Solomon GM, Huddle AM. (2002). Low levels of persistent organic pollutants raise concerns for future generations. Journal of Epidemiology and Community Health; 56; 826-827.

10. Vivían en la salida al mar de las aguas que provenían de la cuenca de los Grandes Lagos, región fuertemente contaminada industrialmente. Como se narra en el libro "Our Stolen Future" (Nuestro futuro robado) hacia finales de los 80 se había registrado una fuerte bajada en las poblaciones de estos animales, y toda una serie de problemas, tales como cáncer de mama, úlceras, neumonía, infecciones generali-

zadas, alteraciones tiroideas, problemas reproductivos diversos, hermafroditismo... Los científicos asociaron aquello a los altos niveles de contaminantes que tenían.

11. Así, por ejemplo, lo evidencian estudios como los de Hoppin y otros científicos. Ver, por ejemplo: Hoppin et al. (2002). Reproducibility of urinary phtalate metabolites in first morning urine samples. Enviromental Health Perspectives; 110 (5): 515-518.

12. Desde 1940 la producción de materiales sintéticos se ha multiplicado varios centenares de veces.

13. Son datos de la Agencia Europea de Medio Ambiente y del Programa de las Naciones Unidas para el Medio Ambiente. EEA (1999): Chemicals in the European Environment: Low doses, high stakes? Agencia Europea de Medio Ambiente (EEA) y Programa de las Naciones Unidas (UNEP).

14. "Consumiendo química. Europa. Las sustancias peligrosas en el polvo doméstico, como indicador de exposición química en el hogar". Greenpeace. Octubre 2003.

15. Institoris et al., 199: Punareewattana et al, 2001, Prater et al, 2003, Chen et al, 2002, etc. Algunos piretroides, en combinación con el butóxido de piperonilo, también frecuentemente detectado en el polvo doméstico en el estudio aludido, pueden inducir respuestas alérgicas en individuos sensibles (Diel et al.,1999.)

16. Pueden comportarse como hormonas tiroideas, induciendo desarreglos. De paso los pirorretardantes bromados también han sido ligados a daños neurológicos, defectos congénitos, y daños hepáticos y renales.

17. Otros estudios realizados secundan los resultados, como el informe: Sick of Dust. Chemicals in Common Products. A Needless Health Risk in Our Homes. Pat Costner, Beverley Thorpe & Alexandra McPherson. March 2005.

18. Gale et al. Semivolatile organic compounds in residential air along the Arizona- Mexico border. Environmental Science and Tecnology (2009) 43 (9): 3054-3060.

19. Phtalates, Alkylphenols, Pesticides, Polybrominated Diphenyl Ethers, and Other Endocrine-Disrupting Compounds in Indoor Air and Dust. Environmental Science & Technology, 37(20): 4543-4553. doi:10.1021/es0264596. 20. Phatalates in Indoor Dust and Their Association with Building Characteristics. Environ Health Perspect. 2005 October; 113(10): 1399-1404. Published online 2005 June 1. doi: 10.1289/ehp.7809.

21. Steinemann A.C. Fraganced consumer products and undisclosed ingredients. Envrion Impact Asses Rev (2008).

22. Wilson et al. (2003) Aggregate exposures of nine preschool children to persistent organic pollutants at day care and at home. Journ Expo Anal Environ Epidemiol; 13 (3): 187-202.

23. Ftalatos como el dietil hexil ftalato o el disononil ftalato, asociados a daños en el hígado, riñón, cáncer o alteraciones endocrinas.

24. Otras sustancias como los compuestos organoestánnicos pueden haber sido usadas como estabilizante y biocidas en el PVC, por ejemplo; otras como las parafinas cloradas, en pinturas, plásticos, gomas, selladores para baños... Las pinturas, por ejemplo, no es infrecuente que contengan elementos preocupantes, por ejemplo, diversas sustancias volátiles, alquilfenoles etoxilados, parafinas cloradas, ftalatos, benceno, tolueno o cetonas y, en algunas ocasiones incluso plomo, cadmio, cromo...

Igualmente, pueden ser conflictivas algunas sustancias contenidas en los tratamientos que reciben los muebles, por ejemplo, en los pesticidas que se les aplica para que no haya insectos u hongos que estropeen la madera, o en los barnices o esmaltes... sustancias que, en algunos casos, pueden generar reacciones alérgicas u otros problemas. Sustancias como los conservantes de la madera, tales como el pentaclorofenol, han generado serios problemas. En Alemania, Bélgica y Holanda, por ejemplo, se denunciaron miles de casos de personas afectadas por el pentaclorofenol organizándose revuelos considerables en la prensa y los tribunales. Informe Europeo. Ashford et al. Sensibilidad Química en países europeos seleccionados: un estudio exploratorio. 1994. (sin publicar). También otros conservadores de la madera como el rentolín, que incorporaba disolventes y fungicidas, ocasionó quejas al ser utilizado en espacios cerrados, por ejemplo, en Dinamarca. Como con el pentaclorofenol, se denunciaron diversos problemas de salud, entre ellos el desarrollo de sensibilidades químicas. Hubo de intervenir la Agencia de Protección Ambiental de Dinamarca y un tribunal falló a favor de algunos afectados. (Ver, por ejemplo en: Silberschmidt M. MCS. Envir. Project Nr 988 2005. Environmental Protection Agency. Danish Ministry of the Environment). Pero los elementos del hogar que pueden liberar sustancias problemáticas son muchos. Pensemos si no en tantos muebles que hoy en día están hechos con tableros de fibras de madera conglomerada, realizados con colas que contienen formaldehído, un compuesto químico especialmente conflictivo, que fácilmente es liberado desde los muebles a la atmósfera interior de las habitaciones (y que también puede liberarse desde tejidos tratados con él). El asunto es, con todo, mucho más complejo, ya que cabría considerar también el concurso de posibles efectos, más o menos sutiles, que en algún caso pudieran tener sustancias como un suavizante de la ropa. Algún estudio ha descrito efectos como irritación sensorial y pulmonar, inflamación pulmonar leve y limitación del flujo de aire en ratones (Ver, por ejemplo: Anderson RC & Anderson JH. Respiratory toxicity of fabric softeners emissions. J Toxicol Environ Health A. 2000. 26; 60(2):121-136). También se han descrito problemas de algunos compuestos usados para la limpieza en seco y el blanqueado de tejidos, que podrían causar emanaciones de sustancias irritantes como estireno, isopropilbenceno, trimetilbenceno, fenol y timol, habiéndose mostrado en ratones efectos respiratorios muy negativos. El panorama de posibles fuentes de liberación de sustancias tóxicas es, como ya se ha dicho muy amplio: materiales de construcción, suelos de PVC, alfombras o moquetas sintéticas, colchones sintéticos ignífugos, impresoras, papeles pintados, colas y pegamentos... por lo que afrontar su reducción debe ser fruto de un estudio detallado de la cuestión que, sin dramatismos, de forma progresiva y racional, vaya mejorando la situación. No debe olvidarse, por otro lado, que además de la liberación o emanación, más o menos sutil, de las más dispares sustancias como el tolueno, xileno, formaldehído, acetona... desde los más diversos elementos (que puede prolongarse durante meses o años, según los casos) los hogares son espacios donde suele darse una profusa utilización de sustancias químicas de forma deliberada. Esa utilización normalmente se hace sin tener los debidos conocimientos acerca de la composición de los productos y de los efectos que se atribuyen a muchos de sus componentes. Ejemplo de ello, sin duda, son los insecticidas domésticos (entre ellos los que tienen diclorvos o diazinon, por ejemplo), cuyo peligro no es conocido por muchos de sus usuarios, como tampoco lo es el de otros productos que se han venido utilizando de forma rutinaria en muchos hogares, como pueden ser algunos antipolillas o ambientadores para los cuartos de baño que contenían paradiclorobenceno, sustancia reconocidamente peligrosa. Anne Steinemann citaba en un artículo, al referirse a ambientadores que contienen paradiclorobenceno, producto de peligrosidad reconocida, casos en los que no se exigía que se citase en las etiquetas (Steinemann A. (2005) La exposición humana y los peligros para la salud. Parte 2. Edición Electrónica en Castellano de Rachel´s Environment & Health News 811. Salud y Medio Ambiente. Boletín Informativo 811. Peter Montague Editor).

25. Para conocerlas recomendamos la lectura de manuales como el libro "Anti-Tóxico", publicado por Espasa.

26. En algunos casos, pueden incluso irse acumulando en determinados elementos -que actuarían como reservorios- que vuelven a ser liberados en determinadas circunstancias.

27. Benceno, xileno, pesticidas, formaldehído, tolueno, iones positivos, amianto, campos electromagnéticos, radón...

28. El resultado, que no pocas veces se combina con otras cosas como niveles de humedad o temperatura inadecuados, por ejemplo, no puede ser peor. Dolores de cabeza, irritaciones de ojos y de vías respiratorias, sequedad en mucosas y piel, muchas infecciones respiratorias y resfriados, cambios sensoriales, fatiga, dolores musculares, fallos de memoria y concentración, problemas cutáneos y gastrointestinales, acortamiento de la respiración, eritemas, comezón, hipersensibilidades inespecíficas, náuseas, mareos, vértigos, repercuten en un malestar que, no pocas veces, se manifiesta en un incremento de bajas laborales y pérdidas de productividad. A todo ello cabría sumar consecuencias de las exposiciones tóxicas a largo plazo que pueden ser de lo más variopintas y que son descritas en diversos apartados de esta obra.

29. Los edificios enfermos pueden serlo temporal o permanentemente. El primer caso se da, por ejemplo, en edificios nuevos y ello no es infrecuente que se deba a la reciente utilización de una serie de sustancias en la construcción y equipamiento cuyas emanaciones son más intensas al principio y luego van decreciendo. El segundo se da en edificios que incluso después de aplicar una serie de medidas para intentar poner remedio, los problemas persisten con tenacidad.

30. Por citar aquí dos: NTP 243: Ambientes cerrados: Calidad del aire. Inst. Nac. de Seg. e Higiene en el Trabajo, NTP 521 Calidad del Aire Interior: emisiones de materiales utilizados en la construcción, decoración y mantenimiento de edificios.

31. La primera descripción técnica del problema se atribuye al científico finlandés Tapio Rantanen en la British Journal of Dermatology donde trata de unas personas afectadas por unos sofás importados desde China.

32. Las asociaciones de afectados y de consumidores han solicitado reiteradamente que se mejore la información, que se realicen más controles y que ante los primeros síntomas, las personas dejen de usar los productos, pero los conserven como prueba, así como las bolsitas, tickets de compra, etc., y que se acuda al médico, a asociaciones de afectados y consumidores, además de a las autoridades sanitarias y de consumo.

33. Nazaroff WW et al. (April 2006). Indoor air chemistry. Cleaning agents, ozone and toxic air contaminants. Final report: Contract No. 01-336. Prepared for the California Air Resources Board and the California Environmental Protection Agency.

34. Como el 2-butoxietanol.

35. Consultar, por ejemplo, la base de datos de 'The Collaborative on Health and the Environment'.

36. Sustancias como el d-limonene, el α-pinene, el linalool. etc.

37. Hay muchos otros estudios que muestran esta preocupación por compuestos de los productos de limpieza como esos contaminantes del aire que son los éteres glicólicos o el formaldehído que se origina al reaccionar los terpenos con el ozono. Ver, por ejemplo: Singer BC et al. Cleaning products and air fresheners : emissions and resulting concentrations of glycol ethers and terpenoids. Indoor air 2006. Jun 16 (3): 179-91.

38. Como el cáncer, por ejemplo, como sucede con el tolueno, que algún estudio asocia a tumores. Puede estar presente, por ejemplo, en quitamanchas. El tolueno además, puede también afectar al sistema neurológico como también otras sustancias muchas veces presentes como el hexano o el xileno (presente en esprays).

39. La inquietud existente por algunos de los compuestos contenidos en este tipo de productos -como puedan ser las fragancias- ha hecho que en algunos casos se hagan constar en las etiquetas ciertas sustancias. Así, por ejemplo se citan algunas como benzyl alcohol, cinnamyl alcohol, amyl cinnamal, eugenol, coumarin, etc.. Pero que en algunos casos se cite, por ejemplo, un biocida, incorporado para mejorar la conservación de un producto, o alguna sustancia que pueda causar problemas de sensibilización, no sirve para ocultar un panorama de bastante desinformación en las etiquetas.

40. Como las que, por ejemplo, puede haber adoptado la Comisión Europea acerca de sustancias como los alquilfenoles etoxilados, compuestos amónicos cuaternarios, polietileno glicoles, nitroalmizcles y almizcles policíclicos. Ver, por ejemplo: Commission decision 19 july 2001, establishing the ecological criteria for the award of the Community eco-label to hand dishwashing detergents. L214/30-42 Official Journal of the European Communities.

41. Lichtensteiger W. et al. Endocrine active UV filters: developmental toxicity and exposure throught breast milk. Chimia 62 (2008). 345-351.

42. Son sustancias estrogénicas -como el 4-methylbenzylidene canfor (4-MBC) y 3-benzylidene canfor (3-BC)- cuya toxicidad para el desarrollo ha sido estudiada en experimentos con roedores. Se administraron en la comida a la generación de los padres antes de apareamiento, durante el embarazo y la lactancia, y a las crías hasta la edad adulta. Y se observaron diversos efectos. Los recién nacidos machos, expuestos al 4- MBC exhibían un mayor crecimiento de la próstata, y las hembras, después de la exposición al 4-MBC y el 3-BC, manifestaban una alteración de la expresión de los genes del útero. La exposición a los dos filtros se asoció a un retraso de la pubertad masculina y también afectaba al peso de órganos reproductivos de la descendencia adulta. También se apreciaron interacciones con la tiroides y alteraciones en la expresión y la sensibilidad a los estrógenos de los genes diana y los corereguladores del receptor nuclear en el ARN y los niveles de proteínas en el útero, próstata y cerebro de los adultos. También se apreció una alteración del comportamiento sexual femenino por 4-MBC y 3-BC, y del ciclo menstrual por el 3-BC. Los parámetros moleculares se vieron afectados por las dosis más bajas.

43. En los grupos de 2004 y 2005, un 78,8% de las mujeres decían usar cosméticos que contenían filtros UV en un cuestionario. Pero ello no debe servir para olvi-

dar que, además, no sólo pueden llegarnos por su uso directo, sino también, al ser contaminantes ambientales, a través de alimentos como el pescado, aunque obviamente en menores proporciones.

44. Bp-2 (2,2`4,4`- Tetrahydroxi-benzophenone, o Benzophenone-2), Bp-3 (2-Hydroxi- 4-methoxi-benzophenone, o Benzophenone-3), -BC 3-Benzylidene-bornane-2-on , conocida como 3-Benzylidene Camphor), 4-MBC 3-(4`-Methyl)benzylidene bornane- 2-on , o también llamada 4-Methylbenzylidene Camphor), EHMC (OMC) (2- Ethylhexyl-4-methoxicinnamate, o Ethyl-hexylcinnamate (Octyl-methoxycinnamate), HMS (3,3,5-Trimethyl-cyclohexyl-salicylate, conocido como Homosalate), OC 2- Cyano-3,3`-diphenyl-acrylic acid 2`-ethyl-hexylester, llamado Octocrylene), ODPABA (4-Dimethylamino-benzoic acid-2 ethylhexyl-ester, conocido como Octyl-dimethyl PABA).

45. Compuestos que van desde del dióxido de titanio o el óxido de zinc que reflejan los rayos ultravioleta, hasta moléculas orgánicas que tienen la propiedad de absorberla. Hay 27 permitidas en la UE para su uso en cosméticos, aunque también hay filtros ultravioletas que se usan, por ejemplo, en cosméticos que no son cremas solares e incluso en plásticos y otras cosas, sin que se obligue a declararlo.

46. Más estudios sobre el tema: Estrogen Sensitivity of Target Genes and Expression of Nuclear Receptor Co-Regulators in Rat Prostate after Pre- and Postnatal Exposure to the Ultraviolet Filter 4-Methylbenzylidene Camphor - Estrogenic activity of ternary UV filter mixtures in fish (Pimephales promelas) - An analysis with nonlinear isobolograms - Occurrence of some organic UV filters in wastewater, in surface waters, and in fish from Swiss lakes. Environmental Science & Technology 39(4): 953- 962 - Cuderman P, Heath E. 2007. Determination of UV filters and antimicrobial agents in environmental water samples. Analytical and bioanalytical chemistry 387(4): 1343-1350 - Heneweer M, Muusse M, van den Berg M, Sanderson JT. 2005. Additives estrogenic effects of mixtures of frequently used UV filters on pS2- gene transcription in MCF-7 cells. Toxicology and Applied Pharmacology 208(2): 170-177 - Ma RS, Cotton B, Lichtensteiger W, Schlumpf M. 2003.UV filters with antagonistic action at androgen receptors in the MDA-kb2 cell transcriptional-activation assay. Toxicological Sciences 74(1): 43-50 - SCCNFP (Scientific Committee on Cosmetic Products and Non-Food Products). 2001. Opinion on the Evaluation of Potentially Estrogenic Effects of UV-filters adopted by the SCCNFP during the 17th Plenary meeting of 12 June 2001. Opinion: European Commission -- The Scientific Committee on Cosmetic Products and Non-Food Products Intended for Consumers - Schlumpf M, Cotton B, Conscience M, Haller V, Steinmann B, Lichtensteiger W. 2001. In vitro and in vivo estrogenicity of UV screens. Environmental health perspectives 109(3): 239-244 - Schlumpf M, Schmid P, Durrer S, Conscience M, Maerkel K, Henseler M, et al. 2004. Endocrine activity and developmental toxicity of cosmetic UV filters--an update. Toxicology 205(1-2): 113-122 - Estrogen Target Gene Regulation and Coactivator Expression in Rat Uterus after Developmental Exposure to the Ultraviolet Filter 4-Methylbenzylidene Camphor.

47. Olea N. Nuevos tóxicos en alimentos. Hospital Clínico. Universidad de Granada. Riesgos y sistemas de control en la cadena alimentaria. CONAMA, Madrid 2004.

48. Para que tengan determinadas texturas o como anti-bacterias. En algún caso

se han reportado daños en el hígado o los riñones, así como en los ojos o la piel, por ejemplo.

49. Usado por su capacidad antimicrobiana, bastante poco selectiva, se lleva por delante también microbios beneficiosos. Su abuso, como sucede con otros antibióticos, propicia una situación actualmente muy preocupante: la generación de resistencias bacterianas. Se ha empleado mucho en productos de limpieza, dentífricos, geles o jabones, por ejemplo.

50. Adolfsson-Erici M et al. Triclosan, a commonly used bactericide found in human milk and in the acuatic environment in Sweden. Chemosfere 46: 1485-1489 .2002.

51. Latch D.E. Photochemical conversion of triclosan to 2, 8-dichlorodibenzo-p-dioxin in aqueous solution. Journal of Photochemistry and Photobiology A: Chemistry. 158: 63- 66 (2003) Opinion on triclosan resistance adopted by the EU Scientific Steering Commitee meeting 27-28 June 2002.

52. Presentes en tantas lacas, perfumes, cremas, esmaltes de uñas...

53. Que han generado muchas reacciones adversas, existiendo inquietud sobre sus efectos a largo plazo. Están en muchos cosméticos como exfoliantes, hidratantes y emulgentes.

54. Presentes, por ejemplo, en los filtros ultravioletas.

55. Presente a veces, por ejemplo, en lápices de labios.

56. Pons-Guiraud A. Cosmétiques et dermatitie dermatopique de l'enfant. Les Nouvelles Dermatologiques, 1994; 13-5: 409-414.

57. La mayoría fototóxicas (aunque también pueden darse fotoalérgicas). Por el uso de cremas solares. También por otras sustancias como fármacos o perfumes. Ver, por ejemplo, Fotosensibilidad por Fármacos. Boletín Informativo. Servicio de Farmacia. Consensuado con el servicio de Dermatología. Hospital de Txagorritxu. Vitoria-Gasteiz. Julio 2005.

58. Para una orientación sobre alternativas, por ejemplo, el libro Anti-Tóxico, de Carlos de Prada (Espasa Calpe, 2010).

59. Los más frecuentes acaso sean el metilparabeno (methylparaben, Número E E218), etilparabeno (ethylparaben, E214), propilparabeno (propylparaben, E216) y butilparabeno (butylparaben). Menos frecuentes isobutilparabeno (isobutylparaben), isopropilparabeno (isopropylparaben), bencilparabeno (benzylparaben) y sus sales.

60. Como parecen mostrar algunos experimentos con animales.

61. Ver, por ejemplo, "Concentrations of Parabens in Human Breast Tumours". Journal of Applied Toxicology v. 24, i. 1, 1 jan 04. P.D. Dardre, A. Aljarrah, W.R. Miller, N.G. Coldham . M.J. Sauer and G.S. Pope.

62. Parahidroxibenzoatos.

63. Jarabes, supositorios, soluciones para los ojos, contraceptivos, corticoides, anestésicos locales, heparinas, etc.

64. Aceites, refrescos, pasteles, gelatinas, helados, fiambres...

65. Peters, RJB. (2005). Phtalates and artificial musks in perfumes. TNO Environment and Geosciences, Report R&T-A 2005-011. Para Greenpeace (accesible en la página web de la organización).

66. TNO Environment, Energy and Process.

67. Ver apartado sobre estas sustancias en esta obra.

68. Como cloruro de metileno, metil etil ketona, etanol, cloruro de benceno, tolueno. A principios de los 90, la Agencia de Protección Ambiental de los Estados Unidos encontró tolueno, por ejemplo, en muchas de las fragancias que analizó.

69. Ver, por ejemplo, Home safe home, de Debra Lynn Dadd. Penguin Group 2004. (EE.UU.) Pgs 234-236.

70. Wallace L et al. Identification of polar volatile organic compounds in consumer products and common microenvironments. Proceedings of The Air & Waste Management Association, 84 Annual Meeting and Exhibition, 16-21 June 1991, Vancoover, British Columbia. A este estudio se alude, por ejemplo, en Scents and Sensitivity (Environ Health Perspectives 106-12, 1998). Entre las sustancias detectadas se contaban algunas como etanol, limonene, linalool, β-fenetil alcohol o β-mircene, etc.

71. No sólo perfumes propiamente dichos, sino también otros productos con fragancias como jabones o desodorantes.

72. National Toxicology Program, NTP Technical Report on the Toxicology and Carcinogenesis Studies of d-limonene, National Toxicology Program, Research, Triangle Park, NC, 1998. Otros estudios aluden al safrole, el coumarin, el metil eugenol o el xileno de almizcle (musk xilene), como: IFRA Code of Practice: Safrole, Isosafrole, Dihydrosafrole. www.ifraorg.org. National Toxicology Program: TR-422 Toxicology and carcinogenesis Studies of Coumarin (CAS Nº 91- 64-5) in F344/N Rats and B6c3f1 Mice (Gavage Studies). Toxicology and carcinogenesis Studies of Methyleugenol NTP Technical Report on the toxicology and carcinogenesis studies on methyleugenol (CAS Nº 93152) in F344/N Rats and B6C3F1 Mice (Gavage Studies). Matsushima Y et al. Toxicity and carcinogenity studies of musk xylol in B6C3f1 mouse. Eisei Shikenjo Hokoku. 1990; (108) 89-94. Así como a otras como el AHTN y el HHCB: European commision: Scientific Commitee for Cosmetic Product, and Non-Food Products intended for Consumers. 14th Plenary Meeting. Brussels. 24 Oct 2000.

73. Niels Moller Madsen Danish Environment, Internet Edition 2, Sept 1996 Perfume Causes Allergy.

74. Lo que ha hecho que se listen compuestos conflictivos. Ver, por ejemplo: Opinión of the scientific commitee in cosmetic products and non-food products intended for consumers. An initial list of perfumery materials which must not form part of fragrances compounds used in cosmetic products. Adopted by the SCCNFP during the 12th Plenary meeting of 3 may 2000.

75. Basta revisar algunos números de la revista Contact Dermatitis para ver artículos sobre temas tan curiosos como alergias a las fragancias en niños disparadas por juguetes perfumados.

76. Consumer.es. Eroski. 5 de agosto 2002. El País. 10-7-2001.

77. Shim C and Williams MH. Effect of odors in asthma. Am J Med 1986. 80(1): 18- 22 Kumar P et al. Inhalation challenge effects of perfume strips in patients with asthma. Ann Allergy Asthma Inmunol. 1995. 75(5): 429-433 American Academy of Allergy, Asthma and Immunology: Today Findings from de AAAAI Annual Meeting unveil new research on allergic triggers and cutting-edge asthma treatments. March 4 .2000. Millqvist E and Lowhagen. Placebo-controlled challenges with perfume in patients with asthma like symptoms. Allergy 1996. 51(6): 434-439 Ross DJ et al. SWORD 97: surveillance of work-related and occupational respiratory

disease in the UK. Occup Med (Lond.) 1998. 48(8): 481- S Bener A et al. Genetic and environmental factors associated with asthma. Hum Bioi. 1996. 68 (39: 405-414).

78. Anne C. Steinemann de la Universidad de Washington encontró que porcentajes muy notables de personas -entre un 17,8% y un 20,5%, se quejaban, en mayor o menor medida, de determinados problemas como dolores de cabeza o dificultades respiratorias cuando se veían expuestos a ambientadores o desodorizantes y que un 10, 9% se quejaba de irritación frente al perfume de los productos para lavar la ropa o los suavizantes, por ejemplo. Los porcentajes eran mayores entre los asmáticos, de modo que cerca de un 30% de ellos manifestaban dificultades respiratorias, dolores de cabeza u otros problemas al respirar los ambientadores y un 21,5% se quejaban de irritación por los perfumes de los productos de lavar la ropa, los suavizantes o las emanaciones de las sábanas que se secaban. Estos problemas son especialmente importantes en sectores de población que padecen enfermedades emergentes como la Sensibilidad Química Múltiple. Caress SM. Steinemann AC National prevalence of astsma and chemical hipersensitivity: an examination of potential overlap. J. Occup. Med 2005; 47: 518- 522.

79. En la mayoría de las etiquetas de algunos de estos productos simplemente viene la palabra 'fragancia' o 'perfume' sin decir nada acerca de sus decenas o cientos de sustancias, ni si han sido debidamente testadas. Ello, considerando la vasta exposición humana a estos compuestos, parece difícilmente conciliable con el derecho a la información que debería presidir cualquier derecho verdadero a la libre elección.

80. La Agencia de Protección Ambiental (EPA) de EE.UU. no puede obligar a las industrias a que le faciliten las listas de compuestos químicos utilizados. En Europa la cosa no es muy distinta. Ello, obviamente, puede dar lugar a una falta de control que es difícilmente compatible con la obligación de las autoridades de velar debidamente por la salud de las personas.

81. En parte, seguro, por la letra tan diminuta en la que suelen estar.

82. Algunos de ellos advierten incluso de riesgos muy severos, incluso fatales. Al margen de esto, pero con evidente relación, cabe decir que si uno bucea en la literatura científica puede incluso encontrarse con cosas tan singulares como un caso concreto en el que un ambientador que contenía hidrocarburos alifáticos de cadena corta apareciese vinculado a fibrilaciones ventriculares que podían resultar fatales (LoVecchio F & Fulton SE. Ventricular fibrillation following inhalation of Glade Air Freshener. Eur J Emerg Med 2001 8 (2): 153-4).

83. Como el d-limonene, dihydromercinol, linalool, linalyl acetate, beta-citronellol, alpha-pinene, beta-pinene, 3-carene, camphene, benzyl propionate, benzyl alcohol, benzaldehido, etc., algunos de los cuales podrían causar problemas. Ver, entre otros, estudios como: Sarwar G et al. Indoor fine particles: the role of terpene emissions for consumer products. J Air Waste Manag Assoc 2004. 54(3): 367-77 Liu X et al. Full scale chamber investigation and stimulation of air fresheners: emissions in the presence of ozone. Environ Sci Technol 2004. 38(10): 2802-12.

84. Ver, por ejemplo: Anderson RC & Anderson JH. Toxic effects of air fresheners emissions. Archives of Environmental Health 1996; 52 (6): 433-41. Los autores creen que esto arrojaría luz sobre las quejas de algunas personas expuestas a los ambientadores.

85. Farrow A et al. Symptoms of mothers and infants related to total volatile organic compounds in household products. Arch Environ Health 2003 58(10): 633-41.

86. Preocupados por los compuestos orgánicos volátiles -aldehídos, xileno, ketonas- que liberaban algunos productos como los ambientadores.

87. New Scientist 1999: Frequent use of air fresheners and aerosol sprays in the home contributed to 25% more headaches and 19% more incidence of depression in mothers and 30% more ear infections and 22% greater incidence of diarrhea in infants less than six months of age.

88. Bureau Européen des Unions de Consommateurs-BEUC.

89. Emission of chemicals by air fresheners. Test on 74 consumer products sold in Europe. January 2005. BEUC.

90. Vaporizadores, difusores eléctricos, líquidos y geles, velas perfumadas... sin excluir ciertos artículos que suelen tener una apariencia más 'natural' (incienso, aceites esenciales y algunos desecados y perfumados).

91. Se hacían algunas recomendaciones concretas como, por ejemplo, advertir sobre el carácter especialmente problemático de algunos productos de combustión o de los difusores eléctricos. Y se recomendaba que se realizase una ventilación adecuada y se empleasen métodos más naturales para ambientar las casas.

92. Ver, por ejemplo, en consumer.es: (http://www.consumer.es/web/es/salud/2004/11/22/112241.php).

93. Formaldehído, benceno, estireno, terpenos, tolueno, dietilftalato...

94. El informe creó polémica considerable, en especial cuando una de las empresas que se sintió perjudicada interpuso acciones judiciales contra la BEUC, que se reafirmó en las conclusiones de los análisis que había realizado. Ver, por ejemplo, en:

http://www.consumer.es/web/es/economia_domestica/2005/02/24/117318.php.

95. Entre las sustancias usadas había disolventes (tricloroetano, naftas destilados de petróleo, benceno, tolueno y xileno, copolímeros butil acrilato, eter-alquil-aril-poliglicólico) y colorantes (poliamidamina y sal poliaminica -sistema «ACRAMIN» de Bayer-), ácido acético, etc.

96. Del sindicado Comisiones Obreras.

97. Eurostat. 1998-1999.

98. Garcia M. (1993). Consideraciones sobre el sistema actual de declaración de enfermedades profesionales. Gaceta Sanitaria. 7: 46-50.

99. Garcia A y Gadea R (2004) Estimación de la mortalidad y morbilidad por enfermedades laborales en España. Archivos de Prevención de Riesgos Laborales, 7 (1): 3-8.

100. Kogevinas et al. 2006.

101. Kogevinas et al, 2005. Datos de este tipo fueron dados a conocer, por ejemplo, a finales de abril de 2003, con motivo del Día Internacional de la Seguridad y Salud en el Trabajo, CC.OO.. Las estimaciones se hicieron basándose en estudios internacionales que, con estimaciones un tanto moderadas, dicen que de un 4 a un 6% de los cánceres mortales lo son por causas profesionales, siendo un porcentaje del 13 al 18% en el caso de los pulmonares.

102. Disolventes especialmente peligrosos como el benceno o el tricloroetileno se citan entre las sustancias peligrosas, así como los cromatos, el cadmio y el níquel usados en la industria metalúrgica o el cloruro de metileno usado para limpiar pintadas. La fabricación de maquinaria con soldaduras realizadas con electrodos de

tungsteno con torio radiactivo es otro de los muchos riesgos menos conocidos que podrían citarse.

103. En la que pueden usarse sustancias tóxicas y volátiles como el disolvente percloroetileno.

104. Por ejemplo por exposición a cromo VI en el cemento de construcción.

105. Cabría añadirse casos de cáncer de laringe, estómago, recto o colon, por ejemplo.

106. Ahora uno de los grupos que más preocupa, tras haberse prohibido el uso de este mineral, es el de las personas que trabajan en la desamiantización de tantos y tantos edificios e instalaciones que tienen este material en sus tejados, techos, paredes, tuberías, sistemas de aire acondicionado, etc.

107. El amianto ha sido empleado en millares de productos (revestimientos, techumbres, aislantes térmicos y sonoros, conducciones, depósitos de agua, tostadoras, pastillas de freno y ferodos de embrague, fibras textiles, material ferroviario, etc.)

108. España ha sido una de las mayores potencias constructoras del mundo en el que se ha usado amianto con extraordinaria generosidad. En 1996 España era el segundo consumidor de amianto, tras Francia.

109. Aunque las anteriores cifras, suministradas por responsables sindicales, son suficientemente elocuentes, lo resultan aún más si se añaden otras como, por ejemplo, que en tan sólo 3 años, 1990-1992, hubiese habido en España 455 muertos por cáncer de pleura, una enfermedad de la que se sabe que debe ser atribuible al amianto en la mayor parte de los casos. De un 70% a un 95% de los casos. Por su parte las cifras del Ministerio de Trabajo, e incluyendo todo el periodo entre 1984 y 1990, sólo aludían a 84 asbestosis, 14 carcinomas y 19 mesoteliomas. Y en los años entre 1991 a 1997 sólo 17 asbestosis, 2 carcinomas, y 1 mesotelioma.

110. En el tema del amianto el Gobierno español enviaba a las reuniones internacionales en las que se debía establecer cuando y de qué manera prohibir el amianto a un empleado de Uralita, empresa con fuertes intereses comprometidos en el negocio del amianto. El Ministerio de Industria enviaba a Eustasio Pérez, empleado de Uralita, a las reuniones internacionales y nacionales sobre el tema.

111. El 90% de la exposición humana a las dioxinas es a través de los alimentos (un 80% de la exposición total por alimentos de origen animal).

112. González CA, Kogevinas M, Gadea E, Päpke O, Bosch A, Quílez A, et al. Monitorització biològica dels residents de Mataró que viuen prop de la incineradora de residus sòlids urbans del Maresme. Resultats de la tercera fase de l'estudi. Mataró: Institut de Recerca Epidemiològica i Clínica, 2000. González CA, Kogevinas M, Gadea E, Pera G, Papke O. Increase of dioxin blood levels over the last 4 years in the general population in Spain. Epidemiology 2001;12:365. Porta M et al. Concentraciones de compuestos orgánicos persistentes en la población española: el rompecabezas sin piezas y la protección de la salud pública. Gac Sanit 2002; 16 (3): 257-266.

113. 'Toxicidad ambiental y salud pública: el paradigma de las dioxinas y agentes polihalogenados afines'. Rodríguez Farré E. II Congreso de Medicina Ambiental (Brunete, Madrid. Junio de 2008).

114. 'Tratamiento de textiles y sus repercusiones ambientales', Junio de 2005, Greenpeace.

115. España ocupaba hace unos años el primer puesto en el porcentaje de presupuesto público que se utilizaba para descontaminación de suelos industriales, en un estudio realizado en 19 países europeos. España, junto a la República Checa y Macedonia, son los únicos que cubrían el 100% de estos costes con dinero público.

116. Se marchó dejando miles de hectáreas contaminadas con metales como el arsénico, y una ingente cantidad de residuos acumulados que amenazan los acuíferos de la zona. Hoy siguen detectándose niveles de arsénico, plomo, cadmio y zinc en las hojas de los árboles de la zona afectada.

117. El 31 de octubre de 2007 venció la fecha límite que estableció la UE en 1996 para que toda la industria europea hubiese adquirido la Autorización Ambiental Integrada y utilizase las Mejores Técnicas Disponibles (MTDs). En España, en una interpretación particular de la directiva, se permitió a algunos sectores, como a la industria cloro-alcalina, retrasar la utilización de las MTDs al año 2020 y se dio además un tiempo extra a toda la industria para adaptarse a la legislación europea sobre prevención y control integrados de la contaminación, ya que a finales de octubre de 2007 sólo el 30% de la industria española cumplía los requisitos legales.

118. Indicadores de sostenibilidad ambiental. Generación de residuos peligrosos. Sostenibilidad en España 2006. Pgs. 298 -302. OSE, 2006.

119. Mallorca, Madrid, Melilla, Coruña, Barcelona, Lérida...

120. Jay K. y Stieglitz (1995). Identificación y Cuantificación de los Compuestos Orgánicos Volátiles en Emisiones de Incineradoras de RSU. Chemosphere 30 (7): 1249- 1260.

121. Informe Observatorio Sostenibilidad en España (OSE) 2006, pg 342. El consumo aparente aumentó un 24% entre 2003 y 2004 (que en este año fue de 173.149 toneladas, superior a las 163.000 producidas, ya que se importaron algo más de las que se exportaron).

122. Andalucía es la Comunidad Autónoma que más consume, aunque las mayores cantidades por hectárea, a nivel puntual, se den en algunos cultivos de Canarias.

123. Por ejemplo, las fumigaciones contra la langosta que se efectúan regularmente en zonas de Extremadura o Salamanca.

124. Como es el caso de Badajoz, con productos como piretrinas, a causa de los mosquitos. Ver, por ejemplo: La Crónica de Badajoz 20-6-2007).

125. Hay casos de una muy potente utilización de pesticidas en entornos urbanos. Un ejemplo en España es el de Elche (Alicante) donde se producen fuertes fumigaciones en los palmerales para combatir plagas como la del célebre picudo rojo (un insidioso escarabajo importado).

126. Nicolás Olea, catedrático de Medicina de la Universidad de Granada, denunciaba en una conferencia que algunos de los pesticidas cuyo uso se prohibía para las cosechas por los residuos que luego quedaban en los alimentos, se estaban derivando a usos como la jardinería, lo que estaba creando situaciones de exposición inadvertida a sustancias peligrosas. II Congreso Internacional de Medicina Ambiental. Brunete (Madrid). Junio 2006.

127. La madera tratada de una casa recién estrenada y que, sin que nosotros lo sepamos, puede haber sido tratada, pongamos por caso, con pesticidas. Uno de los ejemplos de los que más se ha hablado es el pentaclorofenol. Es un compuesto sintético profusamente usado para el tratamiento de las maderas, por ejemplo por sus propiedades como fungicida, lo que también ha servido para que se emplee para

impregnar tejidos industriales. La industria del papel, así como la de los curtidos, también lo han empleado como agente anti bacterias. Persiste mucho en el suelo, el aire o las aguas. Se atribuyen al pentaclorofenol o a algunos de sus metabolitos, graves efectos sanitarios. Puede ser cancerígeno. Es muy tóxico por ingestión, contacto con la piel o inhalación, fuertemente irritante para ojos y vías respiratorias. Decenas de países han adoptado medidas para limitar su uso.

128. Por ejemplo, entre otras cosas, el uso directo de pesticidas aplicados sobre el cuerpo humano. Como el lindano y otros productos que se han estado usando en las cabezas de los niños en las lociones anti-parasitarias (donde ahora sigue utilizándose más comúnmente otro tipo de pesticidas), e incluso, como sucedía hace unas décadas, en simples colonias con DDT, usadas diariamente como prevención. Aunque algunos de estos usos ya no se den del mismo modo, los tóxicos empleados, por su carácter bioacumulativo, siguen en nuestros cuerpos y en los de nuestros hijos.

129. Eso sí, las autoridades puntualizaban que sólo un pequeño porcentaje superaba los máximos permitidos, como si no se conociese perfectamente la abundante cantidad de estudios científicos que asocian efectos sanitarios con exposiciones a niveles mucho más bajos de los permitidos, algunas de las cuales vemos en esta obra en diferentes capítulos.

130. Por ejemplo, el insecticida organoclorado sistémico endosulfan, se presentaba entre los diez plaguicidas más importantes para la fruta y verduras en Grecia, España, Holanda, Austria, y Portugal.

131. Una de las mayores expertas en estas cuestiones en Cataluña, la doctora Carme Valls, establece seis grandes síndromes originados al exponerse a los insecticidas: síndrome respiratorio de vías altas y bajas, síndrome neuropsicológico, síndrome hiperestrogénico con alteraciones del ciclo menstrual, síndrome de estimulación de la autoinmunidad, síndrome de parasimpaticotonía hipotalámica con hipersecreción de la hormona del crecimiento y síndrome de hipersensibilidad química múltiple. Ver, por ejemplo en: Consecuencias clínicas a corto, medio y largo plazo de fumigaciones de insecticidas en lugares de trabajo. Valls C. Directora del Programa Mujer, Medio Ambiente, Salud y Calidad de Vida del CAPS. Ver también: Francisca López, Jordi Obiols, Neus Moreno y Carme Valls. Plaguicidas de uso ambiental: un riesgo grave y poco conocido. Accesible en: Revista Interactiva Mujeres y Salud. M y S 7. 1.1.: http://www.matriz.net/ mys/mys-07/dossier/doss_07_018.html.

132. Ver, por ejemplo, "Síndrome de fatiga crónica e hipersensibilidad química múltiple tras exposición a insecticidas". Fernández-Sola J., Lluis P., Nogue X., Munne M. Servicio de Medicina Interna, Unidad Multidisciplinar de Fatiga Crónica, Hospital Clinic de Barcelona, IDIBAPS, U. de Barcelona. Referido a afectados por fumigación en edificios.

133. Ha habido casos que han tenido cierta repercusión en la prensa como los de las fumigaciones en el Hospital Vall d`Hebrón, en el Centro de Atención Primaria (CAP) de Tarragona o en algún hotel de la capital catalana. Ver, por ejemplo: El País 18-6- 2002. El Mundo 3 febrero 2007. EFE 16 enero 2007. La Vanguardia 14-11-2004.

134. Nota Técnica de Prevención 595 (NTP 595): Plaguicidas: riesgos en las aplicaciones en interior de locales. Instituto Nacional de Seguridad e Higiene en el Trabajo. Ministerio de Trabajo y Asuntos Sociales. Entre los efectos atribuibles a los pesticidas incluye daños en la memoria, afectación a la capacidad de concentración

y orientación, pérdida de energía, fatiga, anomalías en algunos parámetros neurofisiológicos, alteraciones menstruales, Sensibilidad Química Múltiple, etc.

135. Apuntando que los organofosforados, solos o en compañía de los piretroides (que parece que también por sí mismos podrían hacerlo) pueden originar, entre otras cosas, el llamado Síndrome de Fatiga Crónica, incluso en exposiciones a niveles bajos, acabando por generar la incapacidad laboral permanente de los afectados. Y, finalmente, por supuesto, los organofosforados son capaces de dar origen a la llamada Sensibilidad Química Múltiple de la que hablaremos en otro capítulo de este libro. Conocidos con la denominación de Chronic Organophosphate Induced Neuropsychiatric Disorder (COPIND), y más recientemente con la de Organophosphorus Ester-Induced Chronic Neutoxicity (OPICN).

136. Tales como los que producen, por ejemplo, organofosforados. Ver, por ejemplo el Informe ITB/75. 07 . 23 de agosto. Centro Nacional de Condiciones del Trabajo. Instituto Nacional de Seguridad e Higiene en el Trabajo. Ministerio de Trabajo y Asuntos Sociales. Este informe era una revisión y actualización de un informe anterior del año 2002 (ITB/114. 02) sobre los efectos de los pesticidas organofosforados sobre la salud de los trabajadores, que se realizó, dentro del contexto de una causa judicial, a petición de Adquira.

137. Ello hace que además, las empresas productoras de pesticidas se conviertan en unos actores muy importantes en la aparición de otra nueva forma de contaminación, además de la química derivada de sus productos, de la que nos ocupamos en este libro, y que no es otra que la contaminación genética, cuyos efectos aún no han sido debidamente valorados, y que se está extendiendo poco a poco con imprevisibles consecuencias sobre la salud y el medio ambiente. Recomiendo por ejemplo la lectura de la comparecencia de C. de Prada en el Senado (Cortes Generales. Diario de Sesiones del Senado. Comisión Especial sobre la manipulación genética con fines de producción de alimentos. 4 de octubre de 1999. Es accesible en Internet).

138. Datos de la Academia de Ciencias de EE.UU. un tanto conservadores, hablaban de que para 2050 se habrían producido un millón de cánceres por exposición a pesticidas (al parecer se refería a 28 de estas sustancias, aunque la EPA tenía al menos 53 identificados como cancerígenos).

139. Francisco Laínez Bretones, como otros médicos de Andalucía, han investigado secuelas a largo plazo. Muchas de las intoxicaciones son cutáneas (cerca de un 90%) y de ellas un 1% causa la muerte. Aunque por ingestión son menos frecuentes, son más mortales (muere un 20%). Se dan, asimismo, no pocos casos de suicidios con los propios pesticidas.

140. Sanjosé S et al. Exposure to non-arsenic pesticides is associated with lymphoma among farmers in Spain. Occup Environ Med (2006).

141. Agrichemicals in surface water and birth defects in the United States. Acta Paediatr. 2009 Apr. 98(4):664-9. Epub 2009 Jan 22.

142. Ver, por ejemplo: Interesante síntesis sobre niños y pesticidas (Children and Pesticides. Don´t mix. Beyond Pesticides).

143. Ver, por ejemplo el Informe ITB/75.07.23 de agosto. Centro Nacional de Condiciones del Trabajo. Instituto Nacional de Seguridad e Higiene en el Trabajo. Ministerio de Trabajo y Asuntos Sociales.

144. Por citar sólo un pesticida, el clordano ha sido ligado a problemas tales como cáncer de mama, cáncer de hígado, supresión del sistema inmune, neuropatía

periférica, leucemias en niños y adultos, generación de anticuerpos de autoinmunidad, esclerosis múltiple, cáncer de testículos, porfiria, etc.

145. Aunque probablemente a Carson no se le pasara por la cabeza, lo cierto es que la palabra Averno (infierno) viene de Aorno, esto es, lugar sin pájaros. Y ello, aunque sea sólo de una forma literaria, puede acaso añadir algún componente evocador a este drama.

146. Numerosos estudios vinculan la cloración de las aguas y los subproductos que se generan a consecuencia de ella con determinados problemas sanitarios como puedan ser cierto incremento, mayor o menor según los casos, en la incidencia de cáncer de vejiga, partos prematuros, bajo peso de los recién nacidos, defectos de nacimiento, abortos, etc. Por sólo citar unos pocos: Nieuwenhuijsen et al (2000) Chlorination disinfection byproducts in water and their association with adverse reproductive outcomes: a review. Occup Environ Med 57: 73-85. Yang CY (2004) Drinking water chlorination and adverse birth outcomes in Taiwan. Toxicology 198: 249-254. Wright JM et al (2003) Effect of trihalomethane exposure on fetal development. Occupational and Environmental Medicine. 60: 173-180. Dodds L et al. (2001) Relation between trihalomethane compounds and bird defects. Occup Environ Med. 58: 443-446.

147. Villanueva C.M, Kogevinas M, Grimalt J.O. (2001) Cloración del agua potable en España y cáncer de vejiga. Gaceta Sanitaria. 15 (01): 48-53 (Unitat de Recerca Respiratoria i Ambiental, IMIM; Instituto de Investigaciones Químicas y Ambientales de Barcelona. Departamento de Química Ambiental, CSIC). También otros estudios como: Villanueva CM et al (2003). Meta-analysis of studies in individual consumption of chlorinated drinking water and bladder cancer. Journal of Epidemiology and Community Health 57: 166-173.

148. Atención, agua no potable. Calidad y precio del agua en las capitales de provincia. OCU. Marzo de 2006.

149. Ávila (zona centro-sur), Badajoz, Bilbao, Cádiz, Córdoba (cerro Muriano), Huelva, Lugo, Orense, Santander, Segovia, Sevilla, Valencia, Valladolid (B° Pajaritos), Vitoria.

150. Publicado en noviembre de 2002.

151. La cloración de las aguas genera toda una larga serie de productos organoclorados: cloroformo, dibromoclorometano, diclorobutano, clorociclohexano, tetra, penta y hexacloracetona, o-diclorobenceno, p-diclorobenceno, triclorobenceno, cloroetilbenceno, dicloroetilbenceno, diclorotolueno, triclorofenol, etcétera, etcétera, etcétera.

152. El País. 11-4-99.

153. INTERLAB para la Confederación Hidrográfica del Ebro (1999). Estudio de la situación piscícola en el río Cinca a su paso por la localidad de Monzón (Huesca). Citado en el informe de Greenpeace y Ecologistas en Acción: Uso actual del DDT en España: el caso de Montecinca. Noviembre de 2003.

154. Nadando en químicos. Presencia generalizada de retardantes de llama bromados y de PCBs en las anguilas (Anguilla anguilla) de los ríos y lagos de 10 países europeos. noviembre de 2005.

155. http://www.juntacentral.es/prensa/2007/nota_prensa_18-12-07.pdf. Los datos habrían sido obtenidos de la página Web de la Confederación Hidrográfica del Júcar: www.chj.es en su apartado de Red de Control de sustancias peligrosas

dentro de la Red de Calidad de las Aguas (http://www.chj.gob.es/redescalidad/Marco.aspx) de las siguientes estaciones: - Azud de Sueca-Fontaleny (JU07470017), - Río Magro en Alcudia de Carlet (JU07470019). - Río Verde en Alzira (JU07700027).

156. El motivo que se alegaba para hacer eso público era que esos contaminantes podrían perjudicar a la agricultura del Valle del Vinalopó si el agua se tomaba del curso bajo del Júcar. Los regantes preferían que se tomase algo más arriba, en concordancia, por cierto, con una serie de intereses hidroeléctricos, inmobiliarios, etc. Ver, por ejemplo:

http://www.laverdad.es/alicante/20080515/provincia/alicante-regantes-vinalopo- quitaron-20080515.html.

157. Camacho-Muñoz, M.D.; Martín, J.; Santos, J.L.; Aparicio, I.; Alonso, E. "Ocurrence, temporal evolution and risk assessment of pharmaceutically active compounds in Doñana Park (Spain)". Journal of Hazardous Materials 183: 602-608, 2010.Camacho- Muñoz, M.D.; Santos, J.L.; Aparicio, I.; Alonso, E. "Presence of pharmaceutically active compounds in Donana Park (Spain) main watersheds". Journal of Hazardous Materials 177: 1159-1162, 2010.

158. En este caso, los fármacos llegan desde depuradoras que vierten a los ríos que afluyen a Doñana, como el Guadiamar, el Arroyo del Partido y el arroyo de la Rocina.

159. Hampel, M.; Alonso, E.; Aparicio, I.; Bron, J.E.; Santos, J.L.; Taggart, J.B.; Leaver, M.J. "Potential physiological effects of pharmaceutical compounds in Atlantic salmon (Salmo salar) implied by transcriptomic analysis". Environmental Science and Pollution Research 17: 917-933, 2010.

160. Los peces como indicadores de la presencia de disruptores endocrinos en el medio acuático. F. Piferrer. Institut de Ciències del Mar, Consejo Superior de Investigaciones Científicas, Barcelona.

161. Por sólo citar un caso, podríamos hablar del antimonio, asunto estudiado por la Universidad de Heidelberg (Alemania): "Antimonio en agua embotellada" Consumer Eroski. 30-1-2007 (www.consumaseguridad.com). O lo publicado sobre los plásticos con actividad hormonal en: Yang CZ, Yaniger SI, Jordan VC, Klein DJ, Bittner GD 2011. Most Plastic Products Release Estrogenic Chemicals: A Potential Health Problem That Can Be Solved. Environ Health Perspect 119:989-996.

162. Tal y como vemos en los más diversos apartados de esta obra, como los que se refieren a los efectos sobre los organismos marinos.

163. Ohta et al. (2002). Comparison of polybrominated diphenyl ethers in fish, vegetables and meats and levels in human milk of nursing women in Japan. Chemosfere; 46 (5): 689-696. Van Heijst (1994). Tributylin compounds. Programme on Chemical Safety Group Poisons. Information Monograph. www.inchem.org.

164. Entre ellas, algunas que llenaron las portadas de los diarios, tales como la del Urkiola que en 1976 afectó a las costas de La Coruña con 107.000 toneladas, la del Amoco Cádiz en la Bretaña francesa en 1978 (200.000 toneladas), la de la plataforma Ixtoc en Méjico en 1979 (más de 400.000 toneladas), el Exxon Valdez, que vertió más de 40.000 toneladas en una zona muy valiosa de Alaska en 1989, la enorme del Golfo Pérsico en 1991, la del petrolero Mar Egeo en La Coruña en 1992 con sus 80.000 toneladas, o la del Prestige también en Galicia, en 2002, que con sus más de 70.000 toneladas tiñó de negro centenares de kilómetros de costa.

165. El vertido durante meses de cientos de miles de toneladas en una platafor-

ma de British Petroleum en el Golfo de Méjico fue uno de los episodios más graves tanto por la contaminación del propio petróleo, como por el uso brutal de cientos de miles de toneladas de dispersantes que según muchos expertos, aparte de servir -'cosméticamente'- para hacer menos visible la contaminación, pudo haber servido para hacer que se deposite en los fondos, causando daños mayores. Aparte de haber contribuido, muy probablemente, a facilitar la incorporación de contaminantes en mayor medida a la cadena alimentaria.

166. La capacidad de los ecosistemas para recobrarse de vertidos varía en función de muchos factores, tales como el tipo de hidrocarburos presentes, el tipo de ecosistema, el clima, etc. Muchas veces un ecosistema aparentemente recuperado puede haber padecido daños que tardarán décadas o siglos en subsanarse.

167. Algunos estudios interesantes sobre el tema: Health Changes in Fishermen 2 Years After Clean-up of the Prestige Oil Spill . Gema Rodríguez-Trigo et al.Prestige Study Group Ann Intern Med October 19, 2010 153:489-498; published ahead of print August 23, 2010. Effect of Oil Spills on Clean-Up Workers J.Watch General November 16, 2010 2010:2 Lessons for Study of the Health Effects of Oil Spills ANN INTERN MED October 19, 2010 153:540-541. Influence of dispersants on trophic transfer of petroleum hydrocarbons in a marine food chain. Spill Science & Technology Bulletin. Volume 3, Issue 4, 1996, Pages 255-258. Spill Science and Technology Bulletin. Influence of dispersants on the bioavailability and trophic transfer of petroleum hydrocarbons to primary levels of a marine food chain. Aquatic Toxicology 1998, vol.42, no3, pp.211-227 (1 p.3/4).

168. Muchos de los voluntarios y personal contratado que respiraron sus vapores -con hidrocarburos aromáticos policíclicos, asfaltenos, metales pesados, etc - durante las labores de recogida del vertido padecieron algunas alteraciones hormonales y genéticas (La Universidad de La Coruña realizó una tesis basada en un seguimiento de cuatro años de personas que participaron en la limpieza. Beatriz Pérez. 2006. Evaluación toxicológica de poblaciones humanas expuestas al fuel del Prestige. Universidad de la Coruña). Entre los daños registrados se contaba, por ejemplo, la alteración de los ciclos menstruales de las mujeres (Por ejemplo en: La Voz de Galicia 12-12-2006).

169. Todo ello, por supuesto, al margen de efectos agudos tales como dolores de cabeza, síntomas respiratorios, irritaciones oculares, etc.

170. Sólo por citar algunos problemas que diferentes estudios han asociado al benceno, hablaremos de algunas leucemias, anemia aplásica, supresión inmune, trombocitopenia, arrtimias, anticuerpos de autoinmunidad, pérdida de oído, desórdenes menstruales, parto pretérmino, cáncer renal, esclerodermia, asma irritante, cáncer de huesos, tumor cerebral, cáncer de mama, malformaciones congénitas, etc. El n-hexano, entre otras cosas, se ha visto asociado a la neuropatía periférica. Y en fin, diversos hidrocarburos pueden generar daños en la sangre, la inmunidad, el hígado, el bazo, el riñón, los pulmones, el feto...

171. Publicado en septiembre de 2006 en el Journal of Epidemiology and Community Health.

172. Barcelona, Bilbao, Cartagena, Castellón, Gijón, Huelva, Madrid, Oviedo, Sevilla, Valencia, Vitoria, Vigo y Valencia.

173. Jano. 28 Enero 2008.

174. Cruts B et al. Exposure to diesel exhaust induces changes in EEG in human volunteers. Particle and Fibre Toxicology. 2008, 5:4.

175. Atlas de mortalidad en pequeñas zonas. Unidad de Investigación en Salud Laboral del Departamento de Ciencias Experimentales y Salud.

176. En el aire, el suelo, las frutas y algunos alimentos marinos, se ha detectado la presencia de pesticidas organoclorados como el DDT (y su metabolito el DDE) y se usan otros como endosulfán, lindano, clordano, dieldrín, aldrín, aparte de haber dioxinas, PCBs y hexaclorobenceno.

177. Consultar, por ejemplo, la Base de Datos de The Collaborative on Health and the Environment:

http://www.healthandenvironment.org/tddb/contam/?itemid=2698.

178. Risk excess of soft-tissue sarcoma and thyroid cancer in a community exposed to airborne organochlorinated compound mixtures with a high hexachlorobenzene content. Grimalt JO, Sunyer J, Moreno V, Amaral OC, Sala M, Rosell A, Anto JM, Albaiges J. Int J Cancer. 1994 Jan 15;56(2):200-3. Health effects of chronic high exposure to hexachlorobenzene in a general population sample. Sala M, Sunyer J, Otero R, Santiago-Silva M, Ozalla D, Herrero C, To-Figueras J, Kogevinas M, Anto JM, Camps C, Grimalt J. Arch Environ Health. 1999 Mar-Apr;54(2):102-9. Urinary Porphyrin. Excretion in Children is Associated with Exposure to Organochlorine Compounds. Jordi Sunyer, Mar Alvarez-Pedrerol, Jordi To-Figueras, Núria Ribas-Fitó, Joan O. Grimalt, and Carmen Herrero. Environ Health Perspect. 2008 October; 116 (10): 1407-1410. Published online 2008 June 5. Organochlorine in the serum of inhabitants living near an electrochemical factory. Sala M, Sunyer J, Otero R, Santiago-Silva M, Camps C, Grimalt J.Occup Environ Med. 1999 Mar; 56 (3): 152-8.

179. WHO. Environmental Burden of Disease. Country Profiles. 2007. Se estimó que pueden atribuirse a estas causas unos 13 millones de fallecidos cada año en el mundo y se intentó llegar a una valoración de la carga de enfermedad y muerte nación por nación. Las causas ambientales que se manejan en esos informes no son las mismas en todos los países. Pensemos por ejemplo que en países pobres pueden tener mucho peso factores como la contaminación biológica del agua que en países ricos están superados. Sin embargo, algunos factores de contaminación química, por ejemplo, pueden estar mucho más presentes en estos últimos. De los 13 millones de fallecimientos globales, a un país como España, por ejemplo, esos informes de la OMS asignaban unos casi 60.000 muertos anuales por causas ambientales. Entre las causas se citaban dolencias cardiovasculares, asma, diferentes tipos de cáncer o daños neurológicos que podían verse causados o agravados por diversos problemas ambientales como, entre otros, la contaminación atmosférica.

180. http://www.euro.who.int/en/what-we-do/health-topics/ environment-and-health/evidence-and-data/environmental-burden-of-disease-ebd/preventable-environmental-impact-on-mortality-and-morbidity-in-countries-of-the-who-european-region.

181. Comunicación de la Comisión al Consejo, al Parlamento Europeo y al Comité Económico y Social Europeo - Estrategia europea de medio ambiente y salud. /COM/2003/0338 final/.

182. How Much Global Ill Health Is Attributable to Environmental Factors? (Hasta qué punto son atribuibles los problemas de salud en el mundo a factores medioambientales), K.R. Smith et al., Epidemiology 1999.

183. La población europea, nos dice el informe "es consciente de la magnitud del problema: en una reciente encuesta del Eurobarómetro, un 89% de los encuestados expresaron su preocupación por las repercusiones potenciales del medio ambiente sobre su salud". Las nuevas tecnologías, la evolución de los modos de vida, las nuevas pautas laborales y vitales, tienen un impacto nuevo y a veces inesperado sobre el medio ambiente y, por ende, sobre la salud".

184. OSE.2006.

185. Como puede ser el DDT, las dioxinas, el bisfenol A, los PCBs, los ftalatos, u otros tantos.

186. Se basaba en los datos cerrados más recientes de que se disponía: los que van de 1989 a 1998.

187. El País, viernes 31 de agosto de 2007.

188. Se pueden consultar en internet en la web del CSIC (http://www.csic.es). También son interesantes a otro nivel otros datos sobre efectos a corto plazo de la contaminación atmosférica sobre la mortalidad: resultados del proyecto EMECAM en Huelva, 1993-1996. Revista Española de Salud Pública. Antonio Daponte Codina.

189. Ver, por ejemplo, datos referidos por Joan Benach y José Miguel Martínez (U. Pompeu Fabra).

190. Ver, por ejemplo: Environmental and Occupational Causes of Cancer Re-viewed. Clapp RW, et al. Journal of Public Health Policy (2006). 27, 61-76.

191. Informe OSE 2006. Indicadores de Salud Ambiental, p. 341.

192. Brea y coque de alquitrán de hulla o de otros alquitranes minerales, benceno, cloruro de vinilo, óxido de etileno, formaldehído, hexaclorobenceno, DDT, derivados halogenados de los hidrocarburos aromáticos n.c.o.p., tetracloroetileno, tricloroetileno, diclorometano, acrilonitrilo, buta-1,3-dieno, clorobenceno, o-diclorobenceno y p- diclorobenceno, estireno, tetracloruro de carbono, aceites de creosota.

193. Bray F et al. Estimates of cancer incidence and mortality in Europe in 1995. Eur J Cancer 2002; 38: 99-166. También es significativo que los tipos de cáncer que son más frecuentes en el mundo en desarrollo, al igual que muchas veces sus causas, sean diferentes que los que se sufren en el mundo desarrollado. En este caso hacen más acto de presencia determinados factores de polución.

194. Ver, por ejemplo: Environmental influences in cancer aetiology. Newby JA and Howard V. Journal of Nutritional & Environmental Medicine. 2006, 1-59. PrView article.

195. Exceptuando el de pulmón (a causa sobre todo del tabaco, aunque sin olvidar que muchos de los cánceres de pulmón también pueden ser debidos a factores de polución).

196. Higginson J, Muir CS. Determination of the importance of environmental factors: the role of the epidemiology . Bulletin du Cancer 1977. 64(3): 365-384.

197. Rangos del 1 al 5%.

198. Rangos del 2 al 8%.

199. Ver, por ejemplo, la crítica contenida en: Environmental and Occupational Causes of Cancer Re-visited. Clapp RW, Howe GK and Jacobs M. Journal of Public Health Policy 2006, 27, 61-76.

200. Doll R, Peto R. The causes of cancer: Quantitative estimates of avoidable risk of cancer in the United States. Journal of the National Cancer Institute 1981; 66: 1138-1192 Doll R. Epidemiological evidence on the effects of behavior and the environ-

ment on the risk of cancer. Recent Cancer Res. 1998; 154:3-21.

201. El Mundo. 9-12-2006.

202. The Guardian, 8-12-2006.

203. Ver, por ejemplo: Environmental and Occupational Causes of Cancer Re-viewed. Clapp RW, et al. Journal of Public Health Policy (2006). 27, 61-76.

204. Clapp et al, actualizan los datos citados en otro informe: Environmental and occupational causes of cancer. New evidence 2005-2007. Se recogen 415 sustancias identificadas como cancerígenas o como sospechosas de serlo, aportando nuevos estudios sobre los más diversos tumores.

205. Environmental influences in cancer aetiology. Journal of Nutricional & Environmental Medicine.2006, 1-59.

206. Howsam M et al. (2004). Organochlorine exposure and colorectal cancer risk. Environmental Haalth Perspectives. 112 (15).

207. Como el PCB 28 o el PCB 118.

208. Ver, por ejemplo CHE Toxicant and Disease Batabase.

209. Ver, por ejemplo: Environmental and Occupational Causes of Cancer Re-viewed. Clapp RW, et al. Journal of Public Health Policy (2006). 27, 61-76.

210. Ries LAG, et al. SEER Cancer statistics review, 1975-2001 table I-3 Bethesda, MD: National Cancer Institute- 2004, Accessed February 2005.

211. Tampoco son buenas las perspectivas de, por ejemplo, los británicos, entre los cuales el riesgo de contraer un cáncer a lo largo de su vida sería de un 35% en los hombres y de un 33% en las mujeres. En el Reino Unido, una de cada cuatro muertes es producida por el cáncer (Cancer Research UK. 2003).

212. American Cancer Society. Cancer facts & Figures 2005. Accesible en www.cancer.org. Ver, por ejemplo, lo que sucede, con tumores, como entre otros, los de hígado, melanoma, tiroides, sarcomas de los tejidos blandos, etc.

213. Newby JA & Howard CV. Environmental influences in cancer aetiology. Journal of Nutritional & Environmental Medicine 2006, 1-59.

214. Environmental and Occupational Causes of Cancer Re-viewed. Clapp RW, et al. Journal of Public Health Policy (2006). 27, 61-76.

215. Informe del Observatorio de Sostenibilidad en España (OSE), 2006. Indicadores de salud ambiental.

216. Steingraber S. Living Downstream: an ecologist look at cancer and the environment. Reading, MA: Addison-Wisley Publishing Company, Inc. ; 1997. 359 pp. Referido por Clapp R.W et al. Envir. and Occup. Causes of Cancer Re-visited. Journal of Public Health Policy (2006) 27, 61-76.

217. David Servan-Schreiber. Anti-cáncer. Espasa. 2008.

218. Gaceta Sanitaria (2005). 19 (4): 273-276.

219. Breast cancer risk and the combined effect of environmental estrogens. Cancer Causes and Control 15: 591-600, 2004.

220. El relato se encuentra, con más detalle, en el libro Nuestro Futuro Robado. Colborn T, Peterson JP y Dumanoski D. Ecoespaña Editorial 1997.

221. Por ejemplo: Olea N et al. (1995). Xenoestrogens released from lacquer coatings in food cans. Environmental Health Perspectives 103(6): 608-612.

222. DDT, bisfenol-A, cloruro de polivinilo, dietilestilbestrol, dieldrin, productos de limpieza del hogar, disolventes, aminas aromáticas, 1,3 butadieno, PCBs, dioxinas, óxido de etileno, heptaclor, triazina, cremas solares, ftalatos, aditivos alimentarios....

223. State of the Evidence. What is the connection between the environment and breast cancer? Fourth Edition 2006. Edited by Nancy Evans, Health Science Consultant. Breast Cancer Fund.

224. Environmental influences in cancer aetiology. Journal of Nutritional & Environmental Medicine 2006.

225. Un isómero contaminante ligado al lindano.

226. Reported Residential Pesticide Use and Breast Cancer Risk on Long Island, New York (American Journal of Epidemiology. 2007. Vol 165. N 6.

227. Self-reported chemicals exposure, beliefs about disease causation, and risk of breast cancer in the Cape Cod Breast Cancer and Environment Study: a case-control study. Environmental Health 2010, 9:40 doi:10.1186/1476-069X-9-40.

228. El estudio advertía de la posible presencia de sustancias como el cloruro de metileno en limpiadores de tejidos, nitrobenceno en determinados jabones y abrillantadores, o de compuestos perfluorados en revestimientos impermeables y antimanchas. También advertía sobre los ftalatos, alquilfenoles, parabenes, triclosan y almizcles sintéticos que pueden estar presentes en muchos productos como sulfactantes, disolventes, conservantes, antimicrobianos o fragancias, y sobre otras sustancias a las que se han atribuido los más diversos efectos biológicos y que acaban haciéndose presentes en el interior de los hogares, por ejemplo, en el polvo doméstico. Así, se destaca que los ambientadores pueden contener sustancias como almizcles sintéticos, ftalatos, terpenos (que pueden reaccionar con el ozono de los ambientes interiores creando formaldehído), benceno o estireno, o que en productos para el moho puede haber antimicrobianos, ftalatos y surfactantes alquilfenoles.

229. Son muchos los estudios que se publican y que van rellenando cada vez más lagunas de conocimiento sobre la cuestión. Ver, por ejemplo en "Medical hypothesis: xenoestrogens as preventable causes of breast cancer" Environmental Health Perspectives. Vol. 101. Nº 5 (octubre 1995); David J. Hunter "Plasma organochlorine levels and the risk of breast cancer". The New England Journal of Medicine". Vol.337. Nº 18 (2 oct. 1997); H. Leon Bradlow en "Effects of pesticides on the ratio of 16/2 hidroxiyestrone: a biologic marker of breast cancer risk". E. H. Perspectives. Vol.103. Supplement 7 (oct. 1995); etc.

230. Por cierto, que por hablar de España en concreto, decir que algunas de estas mediciones no daban datos demasiado positivos precisamente. En el año 2001, por ejemplo, dentro del I Ciclo de Invierno de Ciencia y Tecnología (Universidad Complutense de Madrid), se divulgaron unos datos de las Naciones Unidas que situaban a España como el cuarto de entre 17 países que habían sido estudiados en cuanto al contenido de tóxicos en la leche materna.

231. Expertos como Miquel Porta llaman la atención sobre estos hechos. Frente a los que tienen una excesiva tendencia a poner el acento en lo genético cuando tratan sobre el cáncer, por ejemplo, y hablan de antecedentes familiares, acaso conviene recordar que no sólo se heredan genes, sino tóxicos, sea a través de la placenta o luego de la lactancia.

232. Ver "Environmental contaminants and breast cancer: the growing concerns about endocrine disrupting chemicals". A briefing paper for WWF-UK by Dr. Andreas Kortenkamp PhD, Reader and Head of Centre for Toxicology, The School of Pharmacy, University of London. October 2006.

233. Abril de 2008.

234. Es lo mismo, por ejemplo que pidió la Royal Society del Reino Unido en el año 2000 cuando dijo que, al margen de los asuntos que quedasen por investigar en estas cuestiones, y teniendo en cuenta todo lo que ya se sabía, era prudente "minimizar la exposición de los seres humanos, especialmente de las mujeres gestantes, a las sustancias químicas disruptoras de las hormonas".

235. Post PN et al. Striking increase in incidence of prostate in incidence of prostate cancer in men aged <60 years without improvement in prognosis. Br J Cancer 1999; 13- 17 Newby JA et al. An index to aid determination of changes in the age of onset of cancer within different sections of the population in England and Wales, 1971-1999. Unpublished data.

236. López Abente G.: Cáncer en agricultores. Mortalidad proporcional y estudios caso-control con certificados de defunción. Fondo de Investigación Sanitaria. Madrid 1991, 171 pp.

237. Ver, por ejemplo, entre otros.: Settimi L, et al. Prostate cancer and exposure to pesticides in agricultural settings. Int J Cancer 2003: 104: 458-461. O: Sharma-Wagner S, et al. Occupation and prostate cancer risk in Sweden. J Occup Env Med 2000: 42: 517-525.

238. Prostate Cancer and Ambient Pesticide Exposure in Agriculturally Intensive Areas in California. Cockburn M, Mills P, Zhang X, Zadnick J, Goldberg D, Ritz B.Am J Epidemiol. 2011 Mar 28.

239. Correlations between meteorological parameters and prostate cancer. Sophie St- Hilaire, Sylvio Mannel, Amy Commendador, Rakesh Mandal and DeWayne Derryberry. International Journal of Health Geographics 2010, 9:19 doi:10.1186/1476- 072X-9-19.

240. Ver el apartado: "Prostate cancer" en la base de datos de The Collaborative on health and the Environment.

241. Entre los estudios a consultar pueden citarse: Baker SR and Wilkinson CF, ed. The Effects of Pesticides on Human Health. Workshop Proceedings, Advances in Modern Environmental Toxicology XVIII. May 9-11, 1998. Princeton Science Publishing, Princeton. Dich J. and Wiklund K. Prostate Cancer in Pesticide Applicators in Swedish Agriculture. The Prostate 1998;34:100-112. Fleming, L. et al. Cancer Incidence in a Cohort of Licensed Pesticide Applicators in Florida. J Occup Environ Med. 1999; 41(4):279-288. Giri, VN et al. Association between Agent Orange and prostate cancer: a pilot case-control study. Urology 2004; 63(4): 757-761. Hayes, R.B. Gene-Environment Interrelations in Prostate Cancer. Epidemiol Rev 2001;23 (1):163- 167. MacLennan, PA. et al. Cancer incidence among triazine herbicide manufacturing workers. J Occup Environ Med 2002; 44 (11):1048-1058. Parent, M-E and Siemiatycki, J. Occupation and Prostate Cancer. Epidemiologic Reviews 2001;23(1):138-144. Prince, MM et al. Mortality and exposure response among 14,458 electrical capacitor manufacturing workers exposed to polychlorinated biphenyls (PCBs). Environ Health Perspect. 2006 Oct; 114(10):1508-14. Sanborn, MS. et al. Systematic Review of Pesticide Human Health Effects. Ontario College of Family Physicians. April, 2004. Available at: http: www.ocfp.on.ca/English/OCFP/Communications/Publications/default.asp?s=1 Schettler, T. Prostate Cancer. Peer-reviewed report for Collaborative on Health and the Environment. Website: http://www.protectingourhealth.org/newscience/prostate/2003-4peerreview-prostate.htm. Van Maele-Fabry, G. and Willems, J.L. Occupation related pesticide

exposure and cancer of the prostate: a meta-analysis. Occup Environ Med 2003;60:634-642. Wartenberg D. et al. Trichloroethylene and Cancer: Epidemiologic Evidence. Environ Health Perspect 2000;108(Suppl 2):161-176.

242. Hygue E, et al. Increasing incidence of testicular cancer worldwide: a review. J Urol 2003; 170: 5-11.

243. Datos del Reino Unido. Office for National Statistics. Cancer registrations for selected cancers by gender and five-year age group for England and Wales, 1971-1999, 2003.

244. Bibliografía citada en la revisión de Newby y Howard. Además, damos una lista de algunas publicaciones: Hardell, L. et al. Increased Concentrations of Polychlorinated Biphenyls, Hexachlorobenzene, and Chlordanes in Mothers of Men with Testicular Cancer. Environ Health Perspect. 2003;111:930-934.// Massaad, C. et al. How can chemical compounds alter human fertility? Eur J Obstet Gynecol Reprod Biol 2002;100:127-137. Mehlman, M.A. Carcinogenicity of Methyl-Tertiary Butyl Ether in Gasoline. 2002;982:149-159. Rice, JM. The carcinogenicity of acrylamide. Mutat Res 2005; 580(1-2):3-20. Solomon G. et al. Pesticides and Human Health: A Resource for Health Professionals. A peer-reviewed report by Physicians for Social Responsibility (LA and Greater Bay Area chapters) and Californians for Pesticide Reform. 2000. Wartenberg D. et al. Trichloroethylene and Cancer: Epidemiologic Evidence. Environ Health Perspect 2000;108(Suppl 2):161-176. Zahm W. and Hoar S. Pesticides and Childhood Cancer. Environ Health Perspect 1998;106(Suppl 3):893- 908.

245. Sonnenschein V, Soto A (1999). The society of cells: cancer and control of cell proliferation. N York: Springer Verlag.

246. 2006. Observatorio de Sostenibilidad en España (OSE), dependiente del Gobierno español, basándose en los registros del Instituto Nacional de Estadística acerca del número de fallecimientos.

247. Ferris y Tortajada et al. 2004.

248. El cáncer más frecuente entre menores de 15 años es la leucemia, seguido por los cerebrales y de médula. En España se diagnostican unos 900 casos al año, de los que mueren unos 220. En 2002 hubo 6.619 hospitalizaciones de niños con cáncer en España.

249. Anderson,R.N. (2001). Death: leading causes for 1999. National Vital Statistics Report, 49 (11): 1-88. EE.UU.

250. Wigle DT, Turner MC, Krewski D 2009. A Systematic Review and Meta-analysis of Childhood Leukemia and Parental Occupational Pesticide Exposure. Environ Health Perspect 117:1505-1513.

251. Pediatric Acute Lymphoblastic Leukemia and Exposure to Pesticides. Soldin O et al. Therapeutics drug monitoring. August 2009. Vol. 31 (4) : 495-501.

252. The Collaborative on Health and the Environment. Toxicant and diseases Database.

253. Es también catedrático de Medicina Preventiva y Salud Pública de la Universidad Autónoma de Barcelona, y profesor adjunto de la Escuela de Salud Pública de la Universidad de Carolina del Norte en Chapel Hill (EE.UU.).

254. Precisamente esa rapidez con que progresa hace más difícil su estudio, y es una de las razones por las que había sido relativamente poco investigado. Ese vacío de conocimientos sobre un cáncer tan agresivo fue precisamente una de las motiva-

ciones que hicieron que Miquel Porta se decidiera a estudiarlo. Y en ello estuvo de forma particularmente intensa durante unos años, hasta descubrir algo de una enorme trascendencia.

255. Básicamente se distinguía entre niveles detectables y cuantificables, niveles de concentración detectables pero no cuantificables y niveles indetectables. Es decir, que si esas sustancias eran responsables de la mutación o tenían algo que ver con su desarrollo no tenían que estar en concentraciones especialmente elevadas, sino más bien dentro de unos parámetros de concentración que pueden ser relativamente frecuentes en la población.

256. Alguacil J, Porta M y otros. (2002). Exposiciones laborales y cáncer de páncreas: una revisión de la bibliografía internacional. Arch Prev Riesgos Laborales 5 (1): 21-29.

257. Entre los factores que, con mayor o menor fuerza de evidencia han aparecido asociados por estudios realizados al cáncer de pulmón pueden citarse: aluminio, arsénico, benzopirenos, berilio, cadmio, cromo VI, radiación ionizante, níquel, hidrocarburos aromáticos policíclicos, sílice, aminas aromáticas, clorofenoles, creosota, epiclorhidrina, disolventes, acrilamina, antimonio, benceno, pesticidas carbamatos, clordano, clorpirifos, cipermitrina, diazinon, dioxinas, formaldehído, herbicidas, cloruro de metileno, piretrinas y piretriodes, estireno, tetrcloroetileeno, tricloroetileno, dióxido de titanio, cloruro de vinilo, etc. (Collaborative on Health and the environment, Toxicant and Disease Database).

258. Hay otros muchos estudios en el mismo sentido, como el publicado por científicos de Canadá y EE.UU. en la revista JAMA y que concluían que el aire contaminado de las ciudades contribuye a la mortalidad por cáncer de pulmón.

259. Lung cancer risk and pollution in an industrial region of Northern Spain: a hospital- based case-control study. María F López-Cima, Javier García-Pérez, Beatriz Pérez- Gómez, Nuria Aragonés, Gonzalo López-Abente, Adonina Tardón and Marina Pollán . International Journal of Health Geographics 2011, 10:10.

260. Primer estudio de la fertilidad masculina en la provincia de Barcelona. 20 marzo 2004. www.instituto marques.com/estudio-fertilidad-masculina.html.

261. López Teijón et al. (2008) Geographical differences in semen quality in a population of young healthy volunteers from the different regions in Spain. Andrologia. Vol. 40. nº 5. 318-328.

262. Relación entre la exposición a disruptores endocrinos durante el período fetal y perinatal y la tasa de oligospermia. Revista Internacional de Andrología, 9(2) (2011), 41-49.

263. Nota de prensa del Instituto de Reproducción CEFER. Barcelona, 30 de enero de 2007. www.institutocefer.com.

264. Skakkebeak N, et al. Evidence for decreasing quality of semen during past 50 years. British Medical Journal 305: 609-13 (1992).

265. Auger, J. Et al. Decline in semen quality among fertile men in Paris during the past 20 years. New England Journal of Medicine 332 (5): 281-85 (1995) Van Waeleghem, K, et al. Deterioration of sperm quality in young belgian men during recent decades. Abstracts of The Annual Meeting of the ESHRE. Brussels 1994.

266. Jefe del Departamento de Crecimiento y Reproducción del Hospital Universitario de Copenhague.

267. Sharpe, R and Skakkebaek N. Are oestrogens involved in falling sperm

counts and disorders of the male reproductive tract? Lancet 341: 1392-95 (1993).

268. Consultar en internet la base de datos de The Collaborative on Health and the Environmet.

269. De-Kun Li, ZhiJun Zhou, Maohua Miao, Yonghua He, JinTaoWang, Jeannette Ferber, Lisa J. Herrinton, ErSheng Gao and Wei Yuan. Fertility and Sterility, October 2010.

270. Occupational exposure to bisphenol-A (BPA) and the risk of self-reported male sexual dysfunction. Li D, Zhou Z, Qing D, He Y, Wu T, Miao M, Wang J, Weng X, Ferber JR, Herrinton LJ, Zhu Q, Gao E, Checkoway H, Yuan W. Hum Reprod. 2010 Feb; 25(2):519-27. Epub 2009 Nov 10.

271. A Population-Level Decline in Serum Testosterone Levels in American Men. The Journal of Clinical Endocrinology & Metabolism Vol. 92, No. 1 196-202 http://jcem.endojournals.org/cgi/content/abstract/92/1/196.

272. Ver, por ejemplo: Pan G, Hanaoka T, Yoshimura M, Zhang S, Wang P, Tsukino H, et al. 2006. Decreased Serum Free Testosterone in Workers Exposed to High Levels of Di-n-butyl Phthalate (DBP) and Di-2-ethylhexyl Phthalate (DEHP): A Cross-Sectional Study in China. Environ Health Perspect 114:1643-1648. doi:10.1289/ehp.9016 o Gupta A, Ketchum N, Roehrborn CG, Schecter A, Aragaki CC, Michalek JE 2006. Serum Dioxin, Testosterone, and Subsequent Risk of Benign Prostatic Hyperplasia: A Prospective Cohort Study of Air Force Veterans. Environ Health Perspect 114:1649- 1654. doi:10.1289/ehp.8957.

273. Orton F, Rosivatz E, Scholze M, Kortenkamp A 2011. Widely Used Pesticides with Previously Unknown Endocrine Activity Revealed as in Vitro Anti-Androgens. Environ Health Perspect:-.doi: 10.1289/ehp.1002895 http://ehp03.niehs.nih.gov/article/info%3 Adoi %2F10.1289%2Fehp.1002895.

274. Es decir, con un relativamente grande ERR (Environmental Relevance Ratio).

275. Como el dimethomorph, el fludioxonil, el fenhexamid, el imazalil, el linuron, el ortho-phenylphenol, el tebuconazole o el pirimiphos-methyl.

276. Como el dimethomorph, el fludioxonil y el fenhexamid.

277. Como el ortho-phenylphenol.

278. Como el organofosforado fenitrothion, o fungicidas como el fludioxonil, el fenhexamid, el dimetomorph o el imazalil.

279. Ensayos MDA-kb2.

280. Davis, DL, MG Gottlieb and JR Stampnitzky. 1998. Reduced ratio of male to female births in several industrial countries: A sentinel health indicator? Journal of the American Medical Association 279:1018-1023. Møller, H. 1996. Change in male:female ratio among newborn infants in Denmark. The Lancet 348:828-829.

281. Møller, H. 1998. Trends in sex-ratio, testicular cancer and male reproductive hazards: Are they connected? APMIS 106:232-23.

282. Plasma Phthalate Levels in Pubertal Gynecomastia. Elif Ozmert, M.D., Ph.D., Hacettepe University, Ankara, Turkey; and Sheela Sathyanarayana, M.D., assistant professor of pediatrics, University of Washington, Seattle; January 2010 Pediatrics.

283. Decrease in anogenital distance among male infants with prenatal phthalate exposure. Swan SH, Main KM, Liu F, Stewart SL, Kruse RL, Calafat AM, Mao CS, Redmon JB, Ternand CL, Sullivan S, Teague JL; Study for Future Families Research

Team. Environ Health Perspect. 2005 Aug;113(8):1056-61.

284. Prenatal phthalate exposure and reduced masculine play in boys. Swan SH, Liu F, Hines M, Kruse RL, Wang C, Redmon JB, Sparks A, Weiss B. Int J Androl. 2010 Apr;33(2):259-69. Epub 2009 Nov 16.

285. Exposure to pesticides and cryptorchidism: geographical evidence of a possible association. J García-Rodríguez, M García-Martín, M Nogueras-Ocaña, J de Dios Luna-del-Castillo, M Espigares García, N Olea, and P Lardelli-Claret. Environ Health Perspect. 1996 October; 104(10): 1090-1095.

286. Organochlorine pesticides in placentas from Southern Spain and some related factors. Placenta. 2007 Jul; 28(7):631-8. Epub 2006 Nov 15.Lopez-Espinosa MJ, Granada A, Carreno J, Salvatierra M, Olea-Serrano F, Olea N.

287. Tesis doctoral: Exposición medioambiental a xenoestrógenos y riesgo de criptorquidias e hipospadias. Olmos, B. Universidad de Granada.

288. Main et al. Flame Retardants in Placenta and Breast Milk and Cryptorchidism in Newborn Boys. Environmental Health Perspectives Vol. 115. Num. 10. oct 2007.

289. Realizado por el Departamento de Medicina Preventiva y Salud Pública de la Universidad de Alicante y financiado por el Instituto de la Mujer y la Generalitat valenciana.

290. "Gestión de la reproducción, embarazo y lactancia natural". Secretaría de Salud Laboral. CC.OO. de Madrid. Primera edición en diciembre 2009.

291. Orientaciones para la valoración del riesgo laboral y la incapacidad temporal durante el embarazo. SEGO. Enero 2008.

292. Al plomo se ha asociado también la muerte perinatal.

293. Meeker JD, Hu H, Cantonwine DE, Lamadrid-Figueroa H, Calafat AM, Ettinger AS, et al. 2009. Urinary Phthalate Metabolites in Relation to Preterm Birth in Mexico City. Environ Health Perspect 117:1587-1592. doi:10.1289/ehp.0800522. O: Whyatt RM, Adibi JJ, Calafat AM, Camann DE, Rauh V, Bhat HK, Perera FP, Andrews H, Just AC, Hoepner L, Tang D, Hauser R. Prenatal Di(2-ethylhexyl)Phthalate Exposure and Length of Gestation Among an Inner-City Cohort. [Journal Article] Pediatrics 2009 Dec; 124(6):e1213-20.

294. En torno a un 30% desde 1981 en EE.UU., país con unas tasas relativamente altas de este problema. Cerca de un 12% de los partos con criatura viva en Estados Unidos fueron prematuros. Nacer prematuramente, además de entrañar un serio riesgo de muerte de niños, suele venir de la mano con otros muchos problemas sanitarios más tarde en la vida.

295. Woodruff TJ, Zota AR, Schwartz JM 2011. Environmental Chemicals in Pregnant Women in the US: NHANES 2003-2004. Environ Health Perspect :-. doi:10.1289/ehp.1002727.

296. Daños que pueden ir desde malformaciones a partos prematuros, pasando por bajo peso al nacer, daños neurológicos, predisposición a cánceres en etapas posteriores de la vida, etc.

297. Impacto de la exposición prenatal al butóxido de piperonilo y a la permetrina sobre el desarrollo neuronal a los 36 meses de edad (Impact of prenatal exposure to Piperonyl butoxide and Permethrin on 36-month neurodevelopment. Horton et al. Pediatrics 2011.

298. Así, por ejemplo, los investigadores del Columbia Center for Children´s

Environmental Health, demostraron secuelas adversas en el neurodesarrollo por exposición prenatal al clorpirifos (Rauh et al. Impact of prenatal chlorpiriphos exposure on neurodevelopment in the first 3 years of life among inner-city children. Pediatrics 2008. 118 (6)).

299. Shafer et al. Developmental neurotoxicity of piretroid insecticides: critical review and future research needs. Envir. Health Persp. 2005, 113 (2).

300. Ribas-Fitó et al. Exposure to Hexachlorobenzene during Pregnancy and Children's Social Behavior at 4 Years of Age. Environmental Health Perspectives 2007 March; 115(3): 447-450.

301. La competencia social se refiere a los aspectos sociales, emocionales, cognitivos y habilidades y comportamientos que los niños necesitan para el éxito de la adaptación social y no, precisamente, a otras concepciones que pudieran tenerse acerca de la 'competitividad', por ejemplo.

302. Así como bajo peso en los recién nacidos, partos prematuros, complicaciones en el embarazo o muerte tardía de los fetos. Pero a la hora de ver los efectos posibles ha de irse más allá de los más evidentes como pueda ser un aborto o un parto prematuro. Los hay mucho más sutiles y pueden manifestarse mucho después en la vida del individuo.

303. Ver, por ejemplo, Pluim H et al. Effects of pre and post-natal exposure to chlorinated dioxins and furans on human neonatal thyroyd hormone concentrations. Environmental Halth Perspectives 101 (6): 504-508 (1993), entre otros.

304. Prenatal phthalate exposure and reduced masculine play in boys. Swan SH, Liu F, Hines M, Kruse RL, Wang C, Redmon JB, Sparks A, Weiss B. Int J Androl. 2010 Apr;33(2):259-69. Epub 2009 Nov 16.

305. Ver, por ejemplo: Schonfelder et al. (2002). Parent bisfenol A accumulation in the human maternal.fetal placental unit. Environmental Health Perspectives. 110 (11): A 703-707.

306. Consultando bases de datos como la de The Collaborative on Health and the Environment se ve que hay investigaciones que con mayor o menor peso de evidencia han asociado la infertilidad o subfertilidad femenina a cosas tales como el 1- bromopropano, 2-bromopropano, los éteres de glicol basados en el etileno, el formaldehído, el plomo, pesticidas, pesticidas organoclorados, herbicidas, clordecona, hexaclorobenceno, pentaclorofenol, disolventes, tetracloroetileno, tolueno, estireno, dioxinas, PCBs...

307. Maternal levels of perfluorinated chemicals and subfecundity. Chunyuan Fei, Joseph K. McLaughlin, Loren Lipworth, and Jørn Olsen. Human Reproduction, Vol.1, No.1 pp. 1-6, 2009.

308. Los compuestos perfluorados han sido usados vastamente en muchos productos de consumo desde espumas anti-incendios a papeles para envolver o sartenes anti- adherentes, pasando por pesticidas, ropas, tapicerías, alfombras o productos de aseo, así como tensioactivos y emulsionantes en procesos industriales. Entre estas sustancias las hay con una alta persistencia en el medio ambiente y que han sido detectadas en la fauna silvestre y los seres humanos en todo el mundo. La preocupación por lo que se sabe acerca de estas sustancias ha dado lugar a la toma de ciertas medidas oficiales sobre algunas de ellas, sin que, como suele acontecer, haya hecho que dejen de representar un problema.

309. Quienes la padecen sufren fuertes dolores en la parte inferior del abdomen

(que es el síntoma más frecuente), especialmente intensos antes y durante los periodos menstruales, fatiga, problemas de la vejiga, intestinales o inmunológicos (como las alergias, eczemas, intolerancias alimentarias...), etc.

310. Las dioxinas son sustancias cancerígenas que actúan como alteradoras del equilibrio hormonal y que son liberadas, entre otras cosas, cuando se incineran plásticos de algunos tipos. También determinadas industrias las emiten o vierten a la atmósfera, aguas o suelos (por ejemplo, algunas fabricantes de plásticos, cementeras o papeleras). Son muy persistentes en el medio y se acumulan en los seres vivos, llegando a los seres humanos en especial a través de la dieta.

311. Los PCBs son un grupo muy amplio de sustancias -más de 200- que se usaron como refrigerantes en transformadores eléctricos, lubricantes, fluidos hidráulicos, aceites aislantes, productos ignífugos para maderas, pinturas... Son sustancias altamente persistentes y bioacumulativas por lo que, a pesar de haberse prohibido en muchos países, siguen presentes en los seres vivos. De modo que hoy en día, probablemente, la mayor vía de exposición humana a estos productos químicos sea a través de la alimentación. Entre los PCBs hay sustancias que son neurotóxicas, antitiroideas e inmunotóxicas, sobre todo cuando la exposición se da en el periodo embrionario.

312. Rier S. et al. 1993. Endometriosis in Rhesus monkeys (Macaca mulatta) following chronic exposure to 2,3,7,8-tetrachlorodibenzo-p-dioxin. Fundams Appl Toxicology 21: 433-441.

313. Rier S. et al. 2001. Serum levels of TCDD and dioxin-like chemicals in Rhesus monkeys chronically exposed to dioxin: correlation of increased serum PCB levels with endometriosis. Toxicol Sciences 59: 147-159.

314. Promotion of Endometriosis by 2,3,7,8-Tetrachlorodibenzo-p-dioxin in Rats and Mice: Time-Dose Dependence and Species Comparison. Audrey M. Cummings, Joan L. Metcalf and Linda Birnbaum.Toxicology and Applied Pharmacology Volume 138, Issue 1, May 1996, Pages 131-139.

315. Subchronic Exposure to 2,3,7,8-Tetrachlorodibenzo-p-dioxin Modulates the Pathophysiology of Endometriosis in the Cynomolgus Monkey. Jack Z. Yang, Sanjay K. Agarwal and Warren G. Foster. Toxicological Sciences Volume 56, Issue 2 Pp. 374- 381.

316. Dioxins and Endometriosis: A Plausible Hypothesis. Linda S. Birnbaum and Audrey M. Cummings. Environmental Health Perspectives o Volume 110 | Number 1 | January 2002.

317. Serum Dioxin Concentrations and Endometriosis: A Cohort Study in Seveso, Italy. Brenda Eskenazi, Paolo Mocarelli, Marcella Warner, Steven Samuels, Paolo Vercellini, David Olive, Larry L. Needham, Donald G. Patterson, Jr., Paolo Brambilla, Nicoletta Gavoni, Stefania Casalini, Stefania Panazza, Wayman Turner, and Pier Mario Gerthoux. Environmental Health Perspectives o VOLUME 110, NUMBER 7, July 2002.

318. "Dioxin concentrations in women with endometriosis". Human Reproduction (12) 1997.

319. Environmental PCB exposure and risk of endometriosis. G.M. Buck Louis1, J.M. Weiner, B.W. Whitcomb, R. Sperrazza, E.F. Schisterman, D.T. Lobdell, K. Crickard, H. Greizerstein and P.J. Kostyniak. Human Reproduction Vol.20, No.1 pp. 279-285, 2005.

320. Effects of estrogen, progesterone, and methoxychlor on surgically induced

endometriosis in rats. Cummings A. Metcalf J.L. Fundamental and Applied toxicology 1995, vol. 27, no 2, pp. 287-290.

321. Corbellis L et al (2003) High plasma concentrations of di-(2-ethyl-hexul)-phtalate in women with endometriosis. Hum Reproduction; 18 (7): 512-519.

322. Colón, I, D Caro, CJ Bourdony and O Rosario. 2000. Identification of Phthalate Esters in the Serum of Young Puerto Rican Girls with Premature Breast Development. Environmental Health Perspectives 108:895-900.

323. Radiation-induced endometriosis in Macaca mulatta. J.W. Fanton. J.G. Golden. Radiation Research 126. 1991.

324. Zahm, S. H. et Blair, A.. (2003). Occupational cancer among Women: Where Have Been and Where are We going?American Journal of Industrial Medicine, 44(6), 565- 75 Conferencia 1998. Cancer y ocupación en Mujeres.

325. En general, como veremos con más detalle en otro apartado de esta obra, de hecho, a día de hoy, sólo una mínima parte de las sustancias químicas que el hombre ha inventado ha sido debidamente evaluada acerca de sus posibles efectos sanitarios.

326. La declaración fue luego suscrita por centenares de otros investigadores a lo largo y ancho del globo. Eran científicos pertenecientes a multitud de universidades, centros de investigación, institutos, agencias públicas... de países como Alemania, Estados Unidos, Dinamarca, Italia, Francia, Suecia, Suiza, Reino Unido, Bélgica, España, Israel o los Países Bajos, entre otros.

327. Debe tenerse bien presente que muchos de los trastornos descritos pueden iniciarse en un momento de especial sensibilidad: el desarrollo embrionario. En esos momentos comienza la formación en el feto, por ejemplo, de las células germinales que luego serán las encargadas de formar óvulos y espermatozoides.

328. Son cánceres hormono-dependientes.

329. Recent Decline in Age at Breast Development: The Copenhagen Puberty Study Lise Aksglaede, Kaspar Sørensen, Jørgen H. Petersen, Niels E. Skakkebæk, Anders Juul. Pediatrics 2009; 123: e932-e939.

330. Es muy interesante el estudio Colon et al (2000). Identification of phtalate esters in the serum of young Puerto Rican girls with premature breast developtment. Environmental Health Perspectives; 108 (9): 895-900. El estudio muestra conclusiones extremadamente claras en cuanto a la asociación entre la alta exposición a ftalatos y el desarrollo de la telarquia.

331. Wingspread consensus statement. In: Colborn T, Clement C, editors. Chemically induced alterations in sexual and fuctional development: the wildlife/human connection. Princeton: Princeton Scientific Publishing, 1992; p. 1-8.

332. Burlington H and Lindeman V. 'Effect of DDT on testes and secondary sex characters of white leghorn cockerels', Proceedings of The Society for experimental Biology and Medicine 74: 48-51 (1950).

333. Guzelian, P. Fourteen workers exposed to pesticide kepone are probably sterile. Researchers Report. Occup Health and Safety Letters 6:2 (1976).

334. Mocarelli, P, PM Gerthoux, E Ferrari, DG Petterson, SM Kieszak, P Brambilla, N Vincoli, S Signorini, P Tramacere, V Carreri, EJ Sampson, WE Turner and LL Needham. 2000. Paternal concentrations of dioxin and sex ratio of offspring. The Lancet 355:1858-1863. P Mocarelli, P Brambilla, PM Gerthous, DG Patterson, Jr. and LI Needham. 1996. Change in sex ratio with exposure to dioxin. The Lancet 348:409.

335. Otros tóxicos, como ciertos pesticidas o el mercurio, han sido también asociados a variaciones del sex-ratio.

336. Después de la brutal expansión de la industria química, ya desde los años 50, sus peces, expuestos a contaminantes como los PCBs, fueron castigados por horribles epidemias de cáncer antes nunca vistas.

337. Si pensamos en el papel que las hormonas tiroideas juegan en el desarrollo del cerebro de los embriones acaso nos daremos cuenta de una posible razón para esto último.

338. Presente en detergentes, champús, cosméticos, pinturas, herbicidas, espermicidas...

339. Francisco L. Rueda, Julia M. Palomares, Ignacio V. Rico. Atypical Thyroiditis in Huelva. Endocrine Practice Vol 5, Nº 3 May/June 1999.

340. Selgrade MJ K. Et al. (1999) Linking environmental agents and autoinmune disesase: an agenda for future research. Enviromental Health Perspectives 107.

341. The rising incidence of childhood type 1 diabetes and reduced contribution of high-risk HLA haplotypes. Kathleen M Gillespie PhD, Steven C Bain MD, Prof Anthony H Barnett MD, Prof Polly J Bingley MD, Michael R Christie PhD, Geoffrey V Gill MD, Prof Edwin AM Gale MB. The Lancet, Volume 364, Issue 9446, Pages 1699 - 1700, 6 November 2004.

342. Lee DH et al. (2007). Positive associations of serum concentration of polychlorinated biphenyls or organochlorine pesticides with self-reported arthritis, especially rheumatoid type, in women. Environmental Health Perspectives 115 (6): 883-888.

343. Apuntaba también el estudio anterior de Envir. Health Persp. que los contaminantes persistentes acumulados en el tejido adiposo podían estar asociados a la osteoartritis (posiblemente ligada a cambios metabólicos relacionados con la obesidad a los que no serían ajenos los contaminantes acumulados en las grasas). Este es otro tipo de artritis muy frecuente.

344. Cooper GS et al. (2004) Occupational risk factors for the development of systemic lupus erythematosus. J Rheumatol 31: 1928-1933.

345. Cooper GS et al. (001) Smoking and use of hair treatments in relation to risk of developing systemic lupus erithematosus. J Rheumatol 28 (12): 2653-2656.

346. Mayes MD (1999) Epidemiologic studies of environmental agents and systemic autoinmune diseases. Environmental Health Perspectives 107 (55).

347. Parks CG and Cooper GS (2006) Occupational exposures and risk of systemic lupus erythematosus: a review of the evidence and exposure assesment methods in population and clinic based studies. Lupus 15 (11): 728-736.

348. Mayes MD (1999) Epidemiologic studies of environmental agents and systemic autoinmune diseases. Environmental Health Perspectives 107 (55).

349. CHE Toxicant and Disease Database.

350. CHE Toxicant and Disease Database.

351. Ver, por ejemplo: Immune suppresion. CHE Toxicant and Disease Database. The Collaborative on Health and the Environment.

352. The Use of Household Cleaning Sprays and Adult Asthma. An International Longitudinal Study. Jan-Paul Zock, Estel Plana, Deborah Jarvis, Josep M. Antó, Hans Kromhout, Susan M. Kennedy, Nino Künzli, Simona Villani, Mario Olivieri, Kjell Torén, Katja Radon, Jordi Sunyer, Anna Dahlman-Hoglund, Dan Norbäck and

Manolis Kogevinas. American Journal of Respiratory and Critical Care Medicine Vol 176. pp. 735-741, (2007).

353. Asthma symptoms in women employed in domestic cleaning: a community based study. M Medina-Ramón, J P Zock1, M Kogevinas, J Sunyer, J M Antó. Thorax 2003;58:950-954.

354. Zock JP, Kogevinas M, et al. (2001) Asthma risk, cleaning activities and use of specific cleaning products among Spanish indoor cleaners. Scandinavian Journal of Work, Environment & Health. Vol 27, nº1, 76-81.

355. Frequent use of chemical household products is associated with persistent wheezing in pre-school age children. A Sherriff, A Farrow, J Golding, the ALSPAC Study Team, J Henderson. Thorax 2005;60:45-49.

356. Malo JL et al. (2007) Exposure to substances in the workplace and new-onset asthma: an international prospective population-based study. The Lancet. 370: 336-341. En este estudio habían participado algunos científicos españoles que también habían trabajado en el informe anterior sobre los empleados de la limpieza, tales como Kogevinas, Antó o Sunyer.

357. El estudio se basaba en datos de millares de personas de la European Community Respiratory Survey. Se dejó fuera a aquellas personas que tenían cualquier historial previo de asma o que presentaban cualquier síntoma o problema respiratorio.

358. Como pueda ser éste realizado en la Comunidad Vasca: Ordoqui e, et al. Asma Laboral. Salud Laboral. Protocolos de Vigilancia Sanitaria Específica. OSALAN Instituto Vasco de Seguridad y Salud Laborales.

359. Se citan Levafix E-36, tintes, amarillo brillante, Drimaren, K-3GL, Rojo Brillante Ciba Cromo 32, Azul Brillante Drimaren K-BL, Amarillo Lanasol 4G.

360. Med Clin (Barc)1995; 104: 487-492.

361. Ver, por ejemplo en The Collaborative on Health and The Environment, Toxicant and Disease Database.

362. Chang-Yeung M, Malo JL. Occupational asthma. New England Journal of Medicine. 1995; 33: 107-112. La incidencia, el número de gente enferma y el de personas que morían a causa de la enfermedad creció mucho entre 1980 y 1990 según el informe Atshma prevalence and control characteristics by race/ethnicity-United States del Center for Disease Control and Prevention., 2002. MMWR Morb Mortal Wkly Rep. 2004; 57: 145-148. Lamentablemente a veces se tardan años en analizar y cerrar datos como estos, lo que dificulta tener cifras más recientes. No obstante los datos actuales disponibles no muestran precisamente que la incidencia haya decrecido después.

363. Altshuler et al. (2003). Overview of the special vulnerability and health problems of children. OCHP Paper Series on Children´s Health and the Environment. Washington, US EPA.

364. Como el ozono troposférico, el dióxido de nitrógeno, las partículas en suspensión, el benceno, etilibenceno, formaldehído, acetaldehído, acetona, 1,3 butadieno, tetracloroetileno, tolueno, m, p-xileno y o-xileno, entre otros. Ver, por ejemplo: Delfino RJ et al. (2003). Atshma symptoms in hispanic children and daily ambient exposures to toxic and criteria air pollutants. Environmental Health Perspectives 111 (4): 647-656.

365. Jano. 28 Enero 2008.

366. Bornehag CG et al. (2004). The association between asthma and allergic

symptoms in children and phtalates in house dust: a nested case-control study. Environment Health Perspectives. 112 (14). 1393-1397.

367. Sunyer J, Torrent M, Muñoz-Ortiz L, Ribas-Fitó N, Carrizo D, Grimalt J, et al. 2005. Prenatal Dichlorodiphenyldichloroethylene (DDE) and Asthma in Children. Environ Health Perspect 113:1787-1790.

368. Ver, por ejemplo: Alergológica 2005. Methodological aspects and sample characteristics of the study. Caballero Martínez F. J Investig Allergol Clin Immunol. 2009;19 Suppl 2:2-6.

369. Libro Blanco de la SEAIC.

370. Bornehag CG et al. (2004). The association between asthma and allergic symptoms in children and phtalates in house dust: a nested case-control study. Environment Health Perspectives. 112 (14). 1393-1397.

371. Ver, por ejemplo estudios como: Takano et al (2006). Di-(2-ethylhexyl) phtalate enhances atopic dermatitis-like skin lesions in mice. Environmental Health Perspectives 114 : 1266-1269.

372. Lee et al (2003). Enhanced interleukin-4 production in CD4+ T cells and elevated immunoglobulin E levels in antigen-primed mice by bisphenol A and nonylphenol endocrine disruptors. Involvement of nuclear factor.AT and Ca2+. Immunology; 109 (1): 76-86.

373. El triclosán se ha usado mucho como antibacteriano en jabones, dentífricos, pañales, dispositivos médicos, cosméticos, desodorantes, desinfectantes, y múltiples otros productos.

374. Clayton EMR, Todd M, Dowd JB, Aiello AE 2010. The Impact of Bisphenol A and Triclosan on Immune Parameters in the US Population, NHANES 2003-2006. Environ Health Perspect:-.doi:10.1289/ehp.1002883.

375. Impact of Chlorinated Swimming Pool Attendance on the Respiratory Health of Adolescents Alfred Bernard, Marc Nickmilder, Catherine Voisin, Antonia Sardella, Pediatrics Vol. 124 No. 4 October 1, 2009. pp. 1110 -1118 .

376. Detergent protease exposure and respiratory disease: case-referent analysis of a retrospective cohort. Cullinan et al. Occup Environ Med 2009;66:754-758 Published Online First: 29 June 2009. A cross-sectional study among detergent workers exposed to liquid detergent enzymes.Van Rooy et al. Occup Environ Med 2009;66:759-765 Published Online First: 16 August 2009.

377. Alonso-Magdalena P, Morimoto S, Ripoll C, Fuentes E, Nadal A 2006. The Estrogenic Effect of Bisphenol A Disrupts Pancreatic-Cell Function In Vivo and Induces Insulin Resistance. Environ Health Perspect 114:106-112. doi:10.1289/ehp.8451.

378. Heindel JJ (2003) Endocrine disruptors and the obesity epidemic. Toxicol Science 76: 247-249.Mead MN. Origins of obesity. (2004) Environmental Health Perspectives 112: A344.

379. Lee, DH; Steffes, MW; Sjödin, A; Jones, RS; Needham, LL; Jacobs, DR Low dose organochlorine pesticides and polychlorinated biphenyls predict obesity, dyslipidemia, and insulin resistance among people free of diabetes. PloS one 2011; 6(1):e15977.

380. Ver, por ejemplo: Michalek JE et al. (2003) Diabetes mellitus and 2, 3, 7, 8-tetrachlorodibenzo-p-dioxin elimination in veterans of Operation Ranch Hand. J Toxicol Environ Health 66: 211-221.

381. El País 18-4-2006.

382. Lee DH et al. (2006) A strong dose-response relation between serum concentrations of persistent organic pollutants and diabetes: results from the National Health and Nutrition Examination Survey 1999-2002. Diabetes Care 29: 1638-1644.

383. Lee DH et al. (2007). Extended analyses of the association between serum concentrations of persistent organic pollutants and diabetes. Diabetes Care 30 (6): 1596-1598.

384. Duk-Hee Lee, David R Jacobs y Miquel Porta (2006). Could low-levels background exposure to persistent organic pollutants contribute to the social burden of type 2 diabetes? Journal of Epidemiology and Community Health. 60: 1006-1008.

385. Lee DH et al. (2007) Association between serum concentrations of persistent organic pollutants and insulin resistance among non diabetic adults: Results from the National Health and Nutrition Examination Survey 1999-2002 Diabetes Care 30 (3): 622-628.

386. Montgomery MP et al. (2008). Incident diabetes and pesticide exposure among licensed pesticide applicators: agricultural health study, 1993-2003. American Journal of Epidemiology. 167 (10): 1235-1246.

387. Lang Al et al (2008) Associattion of urinary bisphenol A concentration with medical disorders and laboratory abnormalities in adults. Journ Am Med Assoc 300 (11) 1303- 1310.

388. Vom Saal FS and Myers JP (2008) Bisphenol A and risk of metabolic disorders. JAMA 300 (11): 1353-1355.

389. Longnecker MP and Daniels JL. (2001) Environmental contaminants as etiologic factors for diabetes. Environmental Health Perspectivas. 109 (6): 871-876.

390. Como, por ejemplo: Bertazzi PA et al. (2001). Health effects of dioxin exposure: a 20-years mortality study. American Journal of Epidemiology. 153: 1031-1044.

391. En 2002, científicos canadienses publicaron un interesante artículo en el que se aportaban datos epidemiológicos y biológicos que reforzaban que era plausible asociar las dioxinas a la diabetes. Remillard RBJ and Bunce NJ. (2002) Linking dioxins and diabetes: epidemiology and biologic plausibility. Environmental Health Perspectives. 110 (9): 853-857.

392. Tal y como se recogió después en un artículo publicado en la revista científica norteamericana Environmental Health Perspectives. El estudio es: Michelle A. Mendez, Raquel Garcia-Esteban, Mónica Guxens, Martine Vrijheid, Manolis Kogevinas, Fernando Goñi, Silvia Fochs, Jordi Sunyer. Prenatal Organochlorine Compound Exposure, Rapid Weight Gain and Overweight in Infancy. Environmental Health Perspectives, 2010; DOI: 10.1289/ehp.1002169.

393. Un metabolito del DDT. La vía de llegada de este contaminante a los cuerpos de las madres es básicamente la alimentación. Puede llegar a través de alimentos como la carne, los lácteos, el pescado, las frutas y las verduras.

394. Maternal levels of dichlorodiphenyl-dichloroethylene (DDE) may increase weight and body mass index in adult female offspring. W Karmaus, J R Osuch, I Eneli, L M Mudd, J Zhang, D Mikucki, P Haan, S Davis. Occup Environ Med 2009;66:143-149 doi:10.1136/oem.2008.041921.

395. Un ng (nanogramo) es la milmillonésima parte de un gramo.

396. Smink et al. Exposure to hexachlorobenzene during pregnancy increases the risk of overweight in children aged 6 years. Acta Paedriatica 2008 Oct; 97(10):1465-9.

397. Inverse associations between long-term weight change and serum concentrations of persistent organic pollutants. International Journal of Obesity (2011) 35, 744-747. Los contaminantes medidos en este estudio son algunos pesticidas como trans-nonaclor, p, p´, diclorodifenildicloroetileno (DDE, un metabolito del DDT), o beta- hexaclorociclohexano, y contaminantes industriales como PCB 169, PCB 180 y 1, 2, 3, 4, 6, 7, 8, y heptaclorodibenzo-p-dioxina.

398. "Role of Environmental Chemicals in the Development of Diabetes and Obesity" - sponsored by the National Toxicology Program (NTP) Jan. 11-13 at the Marriott at Crabtree Valley in Raleigh.

399. Concentrations of urinary phtalate metabolites are associated with increased waist circunference and insulin resistance (Stahlhut et al. Environm Health Perspect, Vol 115, Num 6, Jun 2007).

400. Los metabolitos de ftalatos medidos fueron mono-butil ftalatos (MBP), mono-etil ftalato (MEP), mono-(2-etil)-hexil ftalato (MEHP), mono-bencil ftalato (MBzP), mono- (2-etil-5-hydroxyhexyl) ftalato (MEHHP), y mono-(2-etil-5-oxo-hexyl) ftalato (MEOHP).

401. Gracias a la monitorización de los niveles de ftalatos en los varones realizada dentro del seguimiento de la presencia de diversas sustancias en los organismos de la población americana realizada por la National Health and Nutrition Examination Survey (NHANES) 1999-2002.

402. MBzP, MEHHP, MEOHP, y MEP.

403. MBP, MBzP, y MEP.

404. Sobre esto es interesante también leer en la misma revista científica: Pthalates and metabolism: exposure correlates with obesity and diabetes in men (Envir. Health Perspectives 115, 2007. Http://www.ncbi.nlm.nih.gov/pmc/articles/PMC1892143/). Es interesante también otro estudio: Association of urinary phthalate metabolite concentrations with body mass index and waist circumference: a cross-sectional study of NHANES data, 1999-2002:

http://www.ehjournal.net/content/7/1/27) publicado en Environmental Health 2008, 7:27.

405. Verhulst SL, Nelen V, Hond ED, Koppen G, Beunckens C, Vael C, et al. 2009. Intrauterine Exposure to Environmental Pollutants and Body Mass Index during the First 3 Years of Life. Environ Health Perspect 117:122-126. doi:10.1289/ehp.0800003.

406. Polychlorinated Biphenyl-77 Induces Adipocyte Differentiation and Proinflammatory Adipokines and Promotes Obesity and Atherosclerosis. Violeta Arsenescu, Razvan I. Arsenescu, Victoria King, Hollie Swanson, and Lisa A. Cassis.Environ Health Perspect. 2008 June; 116(6): 761-768.

407. Newbold, RR, E Padilla-Banks, RJ Snyder and WN Jefferson. 2005. Developmental Exposure to Estrogenic Compounds and Obesity. Birth Defects Research (Part A) 73:478-480.

408. Effects of endocrine disruptors on obesity. Retha R. Newbold, Elizabeth Padilla- Banks, Wendy N. Jefferson and Jerrold J. Heindel. International Journal of Andrology 31, 201-208.

409. Otra revisión de estudios científicos, con conclusiones semejantes a la anterior es la que fue publicada en la revista Molecular Nutrition and Food Research: Perinatal exposure to environmental estrogens and the development of obesity. Retha R. Newbold, Elizabeth Padilla-Banks, Ryan J. Snyder, Wendy N. Jefferson.

Molecular Nutrition & Food Research. Volume 51, Issue 7, pages 912-917, July 2007.

410. Por ejemplo: Environmental Obesogens: Organotins and Endocrine Disruption via Nuclear Receptor Signaling. Felix Grün and Bruce Blumberg. Endocrinology June 1, 2006 vol. 147 no. 6 s50-s55 Environmental chemical tributyltin augments adipocyte differentiation. Hidekuni Inadera and Akiko Shimomura. Toxicology Letters. Volume 159, Issue 3, 15 December 2005, Pages 226-234.

411. New Modes of Action for Endocrine-Disrupting Chemicals. Michelle M. Tabb and Bruce Blumberg Molecular Endocrinology March 1, 2006 vol. 20 no. 3 475-482.

412. Bisphenol A in combination with insulin can accelerate the conversion of 3T3-L1 fibroblasts to adipocytes. Hiroshi Masuno, Teruki Kidani, keizo Sekiya, Kenshi Sakayama, Takahiko Shiosaka, Haruyasu Yamamoto and Katsuhisa Honda. May 2002. The Journal of Lipid Research, 43, 676-684.

413. F. Baillie-Hamilton. The Journal of Alternative and Complementary Medicine. April 2002, 8(2): 185-192. doi:10.1089/107555302317371479.

414. Endocrine Disruptors and the Obesity Epidemic. Jerrold J. Heindel. Toxicol. Sci. (2003) 76 (2): 247-249.

415. No obstante también pueden llegar estos contaminantes con leches de origen animal y además siempre son preferibles, según los expertos, los beneficios de la lactancia materna frente a estos perjuicios de la misma, aunque no por eso debamos dejar de tenerlos en consideración.

416. Intentos como ése, desarrollado dentro de la Estrategia sobre Medio Ambiente y Salud, cuyo primer ciclo se extendió entre los años 2004 y 2010, y que intentaban teóricamente reducir las enfermedades debidas al deterioro ambiental, y dentro de ellas las infantiles de forma especial, no han tenido apenas resultados prácticos.

417. Steinemann A. (2005) La exposición humana y los peligros para la salud. Parte 2. Edición Electrónica en Castellano de Rachel´s Environment & Health News 811. Salud y Medio Ambiente. Boletín Informativo 811. Peter Montague Editor.

418. Weiss B. Vulnerability of children and the developing brain to neurotoxic hazards. Environ Health Perspect. 2000;108(suppl 3):375-381.

419. Se ha visto en su orina, por ejemplo: Barr DB, Bravo R, Weerasekera G, et al. Concentrations of dialkyl phosphate metabolites of organophosphorus pesticides in the US population. Environ Health Perspect. 2004; 112(2):186-200.

420. Furlong CE, Holland N, Richter RJ, Bradman A, Ho A, Eskenazi B. PON1 status of farmworker mothers and children as a predictor of organophosphate sensitivity. Pharmacogenet Genomics. 2006; 16(3): 183-190 y a: Holland N, Furlong C, Bastaki M, et al. Paraoxonase polymorphisms, haplotypes, and enzyme activity in Latino mothers and newborns. Environ Health Perspect. 2006; 114(7):985-991.

421. Rauh VA, Garfinkel R, Perera FP, et al. Impact of prenatal chlorpyrifos exposure on neurodevelopment in the first 3 years of life among inner-city children. Pediatrics. 2006; 118(6). Y: Eskenazi B, Marks AR, Bradman A, et al. Organophosphate pesticide exposure and neurodevelopment in young Mexican-American children. Environ Health Perspect. 2007; 115(5):792-798.

422. Grandjean P, Harari R, Barr DB, Debes F. Pesticide exposure and stunting as independent predictors of neurobehavioral deficits in Ecuadorian school children. Pediatrics. 2006; 117(3).Tambien cita a: Ruckart PZ, Kakolewski K, Bove FJ, Kaye WE. Long-term neurobehavioral health effects of methyl parathion exposure in chil-

dren in Mississippi and Ohio. Environ Health Perspect. 2004;112(1):46-51 y a: Rohlman DS, Arcury TA, Quandt SA, et al. Neurobehavioral performance in preschool children from agricultural and non-agricultural communities in Oregon and North Carolina. Neurotoxicology. 2005; 26 (4): 589-598.

423. Esos venenos agrícolas que dentro de nuestros organismos son degradados en una serie de sustancias que son las que midieron esos investigadores.

424. La investigación se basaba en los datos recogidos en la National Heath and Nutrition Survey (2000-2004) y, como se apunta en el texto: "Este estudio debe ser generalizable a la población de los EE.UU. porque la muestra de la National Health and Nutrition Survey es representativa a nivel nacional, a diferencia de estudios previos realizados sobre grupos con mayores niveles de exposición. Respecto a la importancia de estos hallazgos, decir que los organofosfatos se encuentran entre los plaguicidas más utilizados" y que las concentraciones de las sustancias que se detectaban en los niños no disminuyeron entre 2000 y 2003-2004.

425. Attention-Deficit/Hyperactivity Disorder and Urinary Metabolites of Organophosphate Pesticides. Pediatrics Vol. 125 No. 6 June 2010, pp. e1270-e1277.

426. Por descontado, como sucede en este tipo de publicaciones del mayor nivel científico, antes de llegar a esas conclusiones, se filtraron una serie de factores que podrían inducir a errores de confusión por poder tener que ver también con el problema, tales como género, edad, raza, niveles de plomo, la edad de la madre, si la madre era fumadora, etc. También se excluyeron niños con bajo peso al nacer, prematuros...

427. Fondo para la Defensa de la Salud Ambiental (www.fondosalud-ambiental.org).

428. Organophosphorus pesticide exposure of urban and suburban preschool children with organic and conventional diets. Environ Health Perspect. 2003 Mar; 111(3):377-82.

429. Lee DH, Jacobs DR, Porta M (2007). Associations of serum concentrations of persistent organic pollutants with the prevalence of learning disability and attention deficit disorder. J Epidemiol Community Health. 61: 591-596.

430. Braun JM et al. (2006). Exposures to environmental toxicants and attention deficit hyperactivity disorder in US children. Environ Heath Perspect 114: 1904-1909.

431. El límite que se considera 'normal' es de 1 ppm (unos 10 microgramos por decilitro de sangre).

432. Needleman et al.(2002). Bone lead levels in adjudicated delinquents: a case control study. Neurotoxicol Teratol 24: 711-717.

433. Por cierto, los resultados estaban al margen de si los muchachos eran de una raza u otra.

434. Needleman HL et al. (1996). Bone lead levels and delinquent behavior. JAMA 275: 363-369.

435. Wright JP et al. Association of prenatal and childhood blood lead concentrations with criminal arrests in early adulthood. Public Library of Science. Medicine. May 2008. Vol 5. Issue 5. 732-740.

436. Citados en el informe del Observatorio de la Sostenibilidad en España (OSE) del año 2006, pg 348.

437. Brill et al. (1999). The role of apoptosis in normal and abnormal embryonic development. J Assist Reprod Genetics: 16: 512-509.

438. Hancock DB, et al "Pesticide exposure and risk of Parkinson's disease: A family- based case-control study" BMC Neurol 2008; DOI: 10.1186/1471-2377-8-6. Nitric oxide synthase genes and their interactions with environmental factors in Parkinson's disease. Dana B. Hancock, Eden R. Martin, Jeffery M. Vance, and William K. Scott. Neurogenetics. 2008 October; 9(4): 249-262.

439. C. M. Tanner et al."Parkinson's Disease in Twins," Journal of the American Medical Association. Vol. 281, No. 4.January 27.1999. Pgs. 341-346.

440. Ver: "Chemicals Called Main Cause of Parkinson's". Los Angeles Times (27 enero 1999).

441. Bronstein J, Carvey P, Chen H, Cory-Slechta D, DiMonte D, Duda J, et al. 2009. Meeting Report: Consensus Statement-Parkinson's Disease and the Environment: Collaborative on Health and the Environment and Parkinson's Action Network (CHE PAN) Conference 26-28 June 2007. Environ Health Perspect 117:117-121. doi:10.1289/ehp.11702.

442. Corrigan et al. Diorthosubstituted polychlorinated biphenyls in caudate nucleus in Parkinson disease. Exp Neurol 150 (2): 339-342 y Corrigan et al. Organochlorine insecticides in substantia nigra in Parkinson disease. Journal of Toxicol and Environ Health, 59(4); 229-234.

443. Algo de bibliografía interesante sobre tóxicos y Parkinson: Baldi I. et al. Neurodegenerative diseases and exposure to pesticides in the elderly. Am J Epidemiol 2003; 157(5): 409-414. Baldi BK et al. A fetal risk factor for Parkinson´s disease. Dev Neurosci 26 (1): 11-23. 2004. Burns R.S. et al. The neurotoxicity of 1-methyl-4- phenyl-1,2,3,6-tetrahydropyridine in the monkey and man. Canadian Journal of Neurological Science. Vol. 11 (Supplement 1) (February 1984). Pgs. 166-168. Carpenter D.O. et al. Understanding the human health effects of chemical mixtures. Environ Health Perspect 2002;110(suppl 1)25-42. Coon S et al. Whole-body lifetime occupational lead exposure and risk of Parkinson's disease. Environ Health Perspect. 2006 Dec;114(12):1872-6. Gorell,J.M. The risk of Parkinson's disease with exposure to pesticides, farming, well water, and rural living. Neurology. Vol. 50. No. 5 (May 1998). Pgs. 1346-1350. Ho S.C. et al. Epidemiologic study of Parkinson's disease in Hong Kong. Neurology. Vol. 39. No. 10 (October 1989). Pgs. 1314-1318. Hertzman C. et al. Parkinson's disease: a case-control study of occupational and environmental risk factors. American Journal of Industrial Medicine. Vol. 17, No. 3 (1990). Pgs. 349- 355. Hubble J.P. Risk Factors for Parkinson's Disease. Neurology. Vol. 43, No. 9 (September 1993). Pgs. 1693-1697. Langston J.W. and Ballard P.A. Parkinson's disease in a chemist working with 1-methyl-4-phenyl-1,2,3,6-tetrahydropyri-dine. New England Journal of Medicine. Vol. 309, No. 5 (August 4, 1984). Pg.310. Langston J.W. et al. Chronic Parkinsonism in humans due to a product of meperidine-analog synthesis. Science. Vol. 219, No. 4587. (February 25, 1983). Pgs. 979-980. Liou H.H.et al. Environmental risk factors and Parkinson's disease: a case-control study in Taiwan. Neulology. Vol. 48, No. 6(June 1997), pgs. 1583-1588. Murch, SJ et al. A mechanism for slow release of biomagnified cyanobacterial neurotoxins and neurodegenerative disease in Guam. Proc Natl Acad Sci 2004; 101(33): 12228-31. http://www.pnas.org/cgi/content/full/101/33/12228. Sanborn, MS. et al. Systematic Review of Pesticide Human Health Effects. Ontario College of Family Physicians. April, 2004. Available at: http://www.ocfp.on.ca/English/OCFP/Communi-cations/Publications/default.asp?s=1. Sechi G.P., "Acute and persistent

parkinsonism after use of diquat. Neurology.Vol. 42, No. 1 (January 1992). Pgs. 261-263. Seidler A. et al. Possible environmental, occupational and other etiologic factors for Parkinson's disease: a case-control study in Germany. Neurology. Vol. 46, No. 5 (May 1996). Pgs. 1275-1284. Semchuk K.M. Et al. Parkinson's Disease: a test of the multifactorial etiologic hypothesis. Neurology. Vol. 43, No. 6 (June 1993). Pgs. 1173-1180. Semchuk K.M. et al.Parkinson's disease and exposure to agricultural work and pesticide chemicals. Neurology. Vol. 42, No. 7 (July 1992), pgs. 1328-1335. Smargiassi et al. A case-control study of occupational and environmental risk factors for Parkinson's disease in the Emilia-Romagna region of Italy. Neurotoxicology. Vol. 19, Nos. 4-5 (August-October 1998), pgs. 709-712. Solomon G. et al. Pesticides and Human Health: A Resource for Health Professionals. A peer-reviewed report by Physicians for Social Responsibility (LA and Greater Bay Area chapters) and Californians for Pesticide Reform. 2000. Available on-line at: http://www.psrla.org/pesthealthmain.htm. Vanacore, N. et al. A possible association between exposure to n-hexane and parkinsonism. Neurol Sci2000; 21(1):49-52.

444. Sensibilizantes. ECOinformas. www.istas.net.

445. Entre ellas: ronquera, otitis, afonía,, insomnio, cambios de humor, alteraciones del ciclo menstrual, debilidad, ansiedad, depresión, dolores musculares, falta de coordinación, dolores en las articulaciones, espasmos en el esófago, diarreas, estreñimiento, problemas de apetito, prurito, dolor de ojos, problemas gastrointestinales, dolores musculares y articulares, trastornos menstruales, vaginitis, impotencia...

446. También caben otras posibilidades, como los productos de limpieza, o bien como consecuencia de una exposición a lo largo de más tiempo, incluso a bajos niveles, a una o más sustancias, o una combinación de ambas posibilidades. Miller C, Ashford N, Doty R,et al. Empirical approaches for the investigation of toxicant -induced loss of tolerance. Environ Health Perspect 1997; 105 (suppl 2): 515-9.

447. Entre los afectados hay de todo: personas que trabajaban de fumigadores y que acabaron desarrollando la enfermedad a causa de una fuerte exposición a insecticidas; oficinistas o empleadas que se pusieron a trabajar en un lugar, como una empresa o un hotel, por ejemplo, en el que se había fumigado poco antes; pintores que habían inhalado emanaciones de pinturas tóxicas; médicos o enfermeras que habían desarrollado su enfermedad por la fuerte carga química de algunos centros hospitalarios; otros que habían enfermado por fuertes exposiciones a disolventes o productos de limpieza, e incluso por estar expuestos a un vertido tóxico; otros a los que la enfermedad se la provocó una larga y constante exposición a niveles bajos de diversos productos químicos (acumulación por la dieta, cremas, polvo químico doméstico...). Las posibilidades son muchas.

448. Miller CS. Toxicant induced loss of tolerance-an emerging theory of disease? Environ Health Perspect 105: 445-53. 1997.

449. Anetz BB. Model development and research vision for the future of multiple chemical sensitivity. Scand J Environ Heath 25: 569-73. 1999. En el sistema límbico se integran elementos tan importantes como el hipotálamo, que tiene que ver con el control de la temperatura, presión arterial, estimulación gastrointestinal, contracción uterina, la osmosis de los líquidos corporales, las emociones, la conducta, impulsos subconscientes ligados al movimiento y a la sensibilidad, las sensaciones agradables o desagradables, dolorosas o placenteras, los ciclos de sueño y vigilia, y, en fin, a muchas otras cuestiones fundamentales.

450. Los síntomas que manifiestan los afectados, sobre todo afectadas, ya que en más de un 80% esta enfermedad afecta a mujeres, son muy diversos y afectan al sistema nervioso central, músculo-esquelético, piel, mucosas, ojos, cardiovascular, respiratorio, gastrointestinal o genitourinario.

451. Pall ML. Elevated nitric oxide-peroxynitrite theory of multiple chemical sensitivity: central role of N-methyl- D-aspartate receptors in the sensitivity mechanisms. Environmental Health Perspectives 11. Nº 12(sept 2003): 1461-1464.

452. Xileno, cloruro de metileno, destilados del petróleo, éteres de glicol, tricloroetano, formaldehído, freón, etanol, ácido nítrico, ácido clorhídrico, toluendiisocianato...

453. Ver, por ejemplo www.multiplechemicalsensitivity.org.

454. Caress S and Steinemann AC (2004) A National Population Study of the prevalence of Multiple Chemical Sensitivity. Archives of Environmental Health 59 (6). En Canadá los datos oscilan entre el 2, 4% y el 3%: Sears M. the Medical Perspective on Environmental sensitivities. (2007). Environmental Sensitivities. Medical Issues. Sears 2007 // Park J and Knudson S. Medically unexplained physical symptoms. Statistics Canada. 12-1-2007 // Statistics Canada, Health Statistics Division, Canadian Institute for Health Information. Health Reports. Supplement to volume 16. 2006 // Statistics Canada. Findings from the 2005 National Survey of the Work and Health of Nurses. 11- 12-2006.

455. Hausteiner C, Bornschein S, Hansen J, Zilker T, Förstl H. Self reported chemical sensitivity in Germany: A population based survey. International Journal of Hygiene and Environmental Health. Vol 208. Issue 4. 20 july 2005. 271-278.

456. Gibson P R, Elms A N-M, Ruding L. A. Perceived treatment efficacy for conventional and alternative therapies reported by persons with multiple chemical sensitivity. Environmental Health Perspectives. Volume 11, Number 12, September 2003. Concordando con estudios anteriores, Leroy et al. 1996, Johnson 1996, 1997a, 1997b, 1998 o Gibson 2000.

457. Como algunos profesionales del Hospital Clinic de Barcelona, por ejemplo.

458. Además de otras cosas como no vivir junto a líneas de alta tensión o antenas de telefonía móvil o que, si es posible, intenten que en su lugar de trabajo se adopten medidas en relación a elementos como las fotocopiadoras, que pueden liberar sustancias conflictivas. También, entre otras cosas, advertían sobre algunos fármacos y señalaban medidas de higiene física y mental y de tratamiento endocrinológico. Tratamiento general de personas con Sensibilidad Química Múltiple. Hospital Clínic. Noviembre 2006.

459. Tampoco conviene olvidar que la influencia de la industria química, a través de su rama farmacológica, puede haber penetrado también, demasiado fuertemente, en la propia formación médica.

460. R. Barreiro, M. Quintela y J.M. Ruiz. TBT e imposex en Galicia: los efectos de un disruptor endocrino en poblaciones de gasterópodos marinos. Ecosistemas 13 (3): 13- 29. Septiembre 2004.

461. Mar Environ Res. 2001 Dec; 52(5):463-75. Increasing imposex in populations of Bolinus brandaris (Gastropoda: Muricidae) in the northwestern Mediterranean. Ramón M, Amor MJ.

462. Como los alquilfenoles polietoxilados. Su producto de degradación más común: el nonilfenol. Sustancia que abundaba más a la salida de las depuradoras, ya que se forma al degradarse el nonilfenol etoxilado.

463. Como también algunas otras que se detectaron en menor medida en las aguas, como la hormona natural estriol o la sintética dietilestilbestrol (no se explicaban por qué aparecía ya que es un fármaco que dejó de usarse hace mucho).

464. Environ Toxicol Chem. 2002 Oct; 21(10):2146-56. Petrovic M, Solé M, López de Alda MJ, Barceló D. Endocrine disruptors in sewage treatment plants, receiving river waters, and sediments: integration of chemical analysis and biological effects on feral carp.

465. Solé M, Raldua D, Piferrer F, Barceló D, Porte C. Feminization of wild carp, Cyprinus carpio, in a polluted environment: plasma steroid hormones, gonadal morphology and xenobiotic metabolizing system. Comp Biochem Physiol C Toxicol Pharmacol. 2003 Oct; 136(2):145-56.

466. Como vitelogenina en plasma y otras alteraciones. El hígado de los peces estaba cargado del alquilfenoles. En la muy contaminada industrialmente zona de Flix (Tarragona) al menos los machos capturados no presentaron problemas con la proteína precursora de la yema de huevo, pero sí tenían otras alteraciones, como bajos niveles de testosterona y problemas con la producción de espermatozoides. Las hembras tampoco se salvaban de los desarreglos, como un retraso en la maduración sexual y un problema con la síntesis de hormonas. Problema este último que también tenían las carpas del Canal Imperial de Aragón, que da agua potable a Zaragoza (y que pasa por una zona de gran actividad agrícola). Ver, por ejemplo en: First evidence of endocrine disruption in feral carp from the Ebro River. Ramón Lavado, Rémi Thibaut, Demetrio Raldúa, Rebeca Martin y Cinta Porte. Toxicology and Applied Pharmacology. Volume 196, Issue 2, 15 April 2004, Pages 247-257.

467. The Interference of Nitro- and Polycyclic Musks with Endogenous and Xenobiotic Metabolizing Enzymes in Carp: An In Vitro Study. Sabine Schnell, Rebeca Martin- Skilton, Denise Fernandes y Cinta Porte. Environ. Sci. Technol., 2009, 43 (24), pp 9458-9464.

468. Evidence of endocrine alteration in the red mullet, Mullus barbatus from the NW Mediterranean - Environmental Pollution. Volume 141, Issue 1, May 2006, Pages 60-68.

469. Intersex and oocyte atresia in a mussel population from the Biosphere's Reserve of Urdaibai (Bay of Biscay). Maren Ortiz-Zarragoitiaa and Miren P. Cajaraville. Ecotoxicology and Environmental Safety Volume 73, Issue 5, July 2010, Pages 693-701.

470. ¿Por qué se está recuperando la nutria en España? J.Jiménez, J.M. López Martín, J. Ruiz-Olmo y M. Delibes. Dentro de: La nutria en España. Veinte años de seguimiento de un mamífero amenazado. J.M. López Martín y J. Jiménez Pérez, Editores. SECEM.Málaga 2008.

471. Fry D and Toone M. DDT-induced feminization of gull embryos. Science 213: 922- 24 (1981).

472. Fabricado también en España por la empresa Montecinca en la prov. de Huesca.

473. Porte, C., Janer, G., Lorusso, L., Ortiz-Zarragoitia, M., Cajaraville, M., Fossi, M., & Canesi, L. . (2006). Endocrine disruptors in marine organisms: approaches and perspectives. Comparative biochemistry and physiology Toxicology pharmacology CBP, 143(3), 303-315. Elsevier. Retrieved from http://www.ncbi.nlm.nih.gov/pubmed/16723279.

474. Se sabe, por ejemplo, que insecticidas y herbicidas pueden alterar seriamen-

te la composición de las comunidades biológicas acuáticas, esto es, hacer que desaparezcan o se vuelvan más raras algunas especies. Pueden afectar a invertebrados y peces y, en resumen, a la cadena alimentaria.

475. La rana de uñas africana (Xenopus laevis).

476. Tyrone B. Hayes, Vicky Khoury, Anne Narayan, Mariam Nazir, Andrew Park, Travis Brown, Lillian Adame, Elton Chan, Daniel Buchholz, Theresa Stueve, and Sherrie Gallipeau. Atrazine induces complete feminization and chemical castration in male African clawed frogs (Xenopus laevis). PNAS, March 1, 2010 DOI: 10.1073/pnas.0909519107.

477. Hayes et al. The cause of global amphibian declines: a developmental endocrinologist's perspective. Journal of Experimental Biology, 2010; 213 (6): 921 DOI: 10.1242/jeb.040865.

478. Vitellogenin and zona radiata proteins as biomarkers of endocrine disruption in peregrine falcon (Falco peregrinus). Begoña Jiménez, Gabriele Mori, Miguel A. Concejero, Rubén Merino, Silvia Casini y María Cristina Fossi. Chemosphere Volume 67, Issue 9, April 2007, Pages S375-S378.

479. De otra investigadora, Paula Guerra, del IDAEA (Instituto de Diagnóstico Ambiental y Estudios del Agua) del CSIC. Un estudio dirigido por Damiá Barceló, que se incluyó dentro de una tesis doctoral. El estudio: "Dechlorane Plus and Related Compounds in Peregrine Falcon (Falco peregrinus) Eggs from Canada and Spain". Paula Guerra, Kim Fernie, Begoña Jiménez, Grazina Pacepavicius, Li Shen, Eric Reiner, Ethel Eljarrat, Damià Barceló y Mehran Alaee. Environmental Science & Technology 45 (4): 1284- 1290, enero de 2011. Doi: 10.1021/es103333j. La tesis doctoral: "Análisis de retardantes de llama halogenados emergentes y su impacto en el medio ambiente y en humanos". Presentada el 1 de abril de 2011.

480. Higher brominated diphenyl ethers and organochlorines (PCDDs, PCDFs, PCBs, DDTs) in Peregrine falcon (Falco peregrinus) breeding in Spain. Juan Muñoz-Arnanza, Mónica Sáeza, José I. Aguirre, Fernando Hiraldo, Raquel Baos, Grazina Pacepavicius, Mehran Alaee and Begoña Jiménez-.Environment International. Volume 37, Issue 3, April 2011, Pages 572-576.

481. "Emerging infectious diseases in cetaceans worldwide and the possible role of environmental stressors". Van Bressem MF, Raga JA, Di Guardo G, Jepson PD, Duignan PJ, Siebert U, Barrett T, Santos MC, Moreno IB, Siciliano S, Aguilar A, Van Waercbeek K. Diseases of Aquatic Organisms (Vol. 86: 143-157, 2009).

482. Prevalence of Epidermal Conditions in California Coastal Bottlenose Dolphins (Tursiops truncatus) in Monterey Bay. Daniela Maldini, Jessica Riggin, Arianna Cecchetti and Mark P. Cotter. Ambio: A Journal of the Human Environment. Volume 39, Number 7, 455-462, DOI: 10.1007/s13280-010-0066-8.

483. Porte, C., Janer, G., Lorusso, L., Ortiz-Zarragoitia, M., Cajaraville, M., Fossi, M., & Canesi, L. . (2006). Endocrine disruptors in marine organisms: approaches and perspectives. Comparative biochemistry and physiology Toxicology pharmacology CBP, 143(3), 303-315. Elsevier. Retrieved from http://www.ncbi.nlm.nih.gov/pubmed/16723279.

484. Hall AJ, McConnell BJ, Rowles TK, Aguilar A, Borrell A, Schwacke L, et al. 2006. Individual-Based Model Framework to Assess Population Consequences of Polychlorinated Biphenyl Exposure in Bottlenose Dolphins. Environ Health Perspect 114:60-64. http://dx.doi.org/10.1289/ehp.8053.

485. El estudio es: Negative effects of pesticides on biodiversity and biological control potential on European farmland. Basic and Applied Ecology (2010), doi:10.1016/j.baae.2009.12.001. Se sabe que este tipo de sustancias pueden afectar muy negativamente a murciélagos, ratones de campo, musarañas, tejones, abejas, abejorros y otros insectos beneficiosos, así como a organismos acuáticos (invertebrados, peces, anfibios, etc.).

486. Ver por ejemplo un resumen en : Pesticides and the loss of biodiversity (http://www.pan-europe.info/Campaigns/biodiversity. html) y el informe en: http://www.pan-europe.info/Resources/Briefings/Pesticides_and_the_loss_of_biodiversity. pdf.

487. Ver: Newton I, The recent declines of farmland bird populations in Britain: an appraisal of causal factors and conservation actions, Ibis 146(4): 579-600, 2004. http://www3.interscience. wiley.com/journal/118753450/abstract (abstract).

488. Ver, por ejemplo: Nicolai B, et al, Species protection: Red Kite - The current situation in Germany (Sachsen-Anhalt) [article in German], Naturschutz und Landschaftsplanung 41(3): 69-77, 2009.

489. Martinez-Lopez E, Maria-Mojica P, Martinez JE, Calvo JF, Wright J, Shore RF, Romero D, Garcia-Fernandez AJ. Organochlorine residues in booted eagle (Hieraaetus pennatus) and goshawk (Accipiter gentilis) eggs from southeastern Spain. Environ Toxicol Chem. 2007 Nov; 26(11):2373-8.http://www.ncbi.nlm.nih.gov/pubmed/ 17941741.

490. Antonio J. García-Fernández, José F. Calvo, Emma Martínez-López, Pedro María- Mojica, and José E. Martínez. Raptor Ecotoxicology in Spain: A Review on Persistent Environmental Contaminants. AMBIO: A Journal of the Human Environment 37(6):432-439. 2008.

491. Ver en: Hernández M, et al. Influence of contamination by organochlorine pesticides and polychlorinated biphenyls on the breeding of the Spanish imperial eagle (Aquila adalberti). Environ Toxicol Chem. 2008 Feb; 27(2):433-41. http://www ncbi.nlm.nih. gov/pubmed/18348639.

492. Gómara B, González MJ, Baos R, Hiraldo F, Abad E, Rivera J, Jiménez B. Unexpected high PCB and total DDT levels in the breeding population of red kite (Milvus milvus) from Doñana National Park, south-western Spain.Environ Int. 2008 Jan; 34(1):73-8. Epub 2007 Aug 28., también: Jiménez, Begoña, Merino, Rubén, Abad Holgado, Esteban, Rivera Aranda, Josep, Olie, Kees. Evaluation of organochlorine compounds (PCDDs, PCDFs, PCBs and DDTs) in two raptor species inhabiting a Mediterranean island in Spain (2007), y B. Jiménez. Contaminantes orgánicos persistentes en rapaces. Significado y efecto de la aplicación del Plan Nacional del Convenio de Estocolmo. (Seminario sobre Mortalidad por intoxicación en aves necrófagas. Aínsa (Huesca). Junio 2008).

493. Como pudiesen ser los pesticidas hexaclorobenceno, oxiclordano, DDE... y algunos contaminantes industriales como los PCBs.

494. Jenssen BM 2006. Endocrine-Disrupting Chemicals and Climate Change: A Worst- Case Combination for Arctic Marine Mammals and Seabirds? Environ Health Perspect 114:76-80.

495. Ver: BirdLife International (BLI), State of the world's birds, 2004. www.birdlife.org/sowb/.

496. Wildlife cancer: a conservation perspective. Denise McAloose y Alisa L.

Newton. Nature Reviews Cancer 9, 517-526 (July 2009) | doi:10.1038/nrc2665.

497. Decimos más o menos debidamente porque muy frecuentemente los sistemas utilizados para determinar la toxicidad no han considerado aspectos importantes, además de ser gravemente deficientes en sí mismos.

498. "Exposición a sustancias químicas y salud humana: Avances en la política de control del riesgo químico", documento preparado desde la Sección de Toxicología Ambiental de la Asociación Española de Toxicología (AETOX), para el Grupo de Trabajo 11, del VI Congreso Nacional de Medio Ambiente. En este documento se revela por ejemplo que de las más de 100.000 sustancias químicas incluidas en el inventario EINECS prácticamente el 75% no disponía de datos sobre efectos sobre los seres vivos y casi el 25% tenía datos insuficientes.

499. Para ilustrar lo que decimos basta recordar que cuando en los Estados Unidos el Consejo Nacional de Investigación pretendió conocer qué era lo que se sabía a ciencia cierta sobre los efectos que tantas sustancias químicas podían tener sobre la salud, llegaron a la llamativa conclusión de que no existía información alguna sobre la toxicidad de más del 80% de cerca de 50.000 productos químicos industriales (se dejaban fuera los pesticidas, los aditivos alimentarios, cosméticos y medicamentos). Conviene resaltar que no es que la información que existiera sobre ese 80% de las sustancias fuera insuficiente, sino que no existía en absoluto. Sobre el resto, aquellas de las que existía alguna información, sólo en un muy pequeño porcentaje ésta podía considerarse mínimamente aceptable. (Daphnia. Nº8 (abril 1997) ISTAS.) En otros apartados de esta obra nos ocupamos de la situación real de esas otras sustancias que se dejaron fuera, tales como los pesticidas o los cosméticos. Lo preocupante del asunto es que tal situación denunciada sigue sin ser corregida, ni en Estados Unidos, ni en Europa, ni en otros lugares, en este momento. Y que nada permite suponer o esperar que vaya a hacerse debidamente en mucho tiempo a no ser que haya cambios muy notables en nuestra forma de afrontar el problema. Los datos disponibles hablan de unas 85.000 sustancias registradas en los EE.UU. y unas 100.000 en la UE.

500. Una cultura preventiva habría llevado a que antes de diseñar cualquier sustancia nueva y ponerla en el mercado, se hubiera estudiado y garantizado debidamente su inocuidad.

501. Han pedido también que se revisaran los niveles legales de algunas sustancias tóxicas, ya que no han sido establecidos teniendo en cuenta a los individuos más vulnerables, en particular a los niños. Pero no se ha atendido ni estas ni otras peticiones, como vemos.

502. Badia-Vila M et al. (2000) Comparison of residue levels of persistent organochlorine compounds in butter from Spain and from other European countries. 35 (2) 201-210. Los investigadores apuntaban que, al menos por lo que respecta a la mantequilla en sí misma, los españoles por fortuna no tenían la costumbre de consumirla tanto como en otros países, lo que hacía que las posibles consecuencias fuesen menores. Pero apuntaban que lo más relevante no era eso, sino que la contaminación de la mantequilla evidenciaba, como indicadora de un alto grado general de contaminación por organoclorados que, al fin y al cabo, si están presentes en la mantequilla es que están presentes en el medio y pueden llegarnos por otras vías.

503. Porta M et al. (2002). Concentraciones de compuestos tóxicos persistentes en la población española: el rompecabezas sin piezas y la protección de la salud pública. Gaceta Sanitaria. 16 (3): 257-266.

504. Podrían citarse casos más concretos de descontrol 'legal' como cuando la ley establece situaciones de excepción para beneficiar a la industria. Es el caso por ejemplo, de la industria del perfume y los cosméticos que pueden ampararse en el secreto comercial para no revelar muchas de las sustancias que utilizan.

505. En países como EE.UU. son relativamente escasos los estudios que se habían realizado sobre la toxicidad de decenas de miles de productos químicos (y sin que ello quisiera decir que el resto la situación fuese demasiado boyante). La EPA (Agencia de Protección Ambiental de aquel país) ni siquiera había exigido a quienes los habían fabricado las debidas pruebas acerca de sus efectos para la salud. Y, por aludir a algo más directamente relacionado con lo que estamos diciendo, se habían fijado límites de exposición laboral para menos de 700 de esos 50.000 productos químicos (Daphnia. Nº8 (abril 1997). Istas.). ¿Pero significa eso que esos límites fijados para una minoría de sustancias realmente protejan adecuadamente? Más adelante lo veremos, para no distraernos del asunto principal.

506. Pregunta importante que cabe hacerse también es quién y con qué derecho se atreve a decir lo que es 'aceptable' o no. Porque aunque hayamos delegado estas cuestiones en unas personas e instituciones misteriosas de las que la mayoría de la población no sabe nada, debemos tener en cuenta que de lo que se trata es de establecer cuanta gente enferma es 'aceptable'. Probablemente debería ser cosa de toda la sociedad y no de un grupo selecto de personas decidir sobre tales asuntos.

507. En inglés, TLVs (Treshold Limit Values) o Valores Umbrales Límite, refiriéndose a los umbrales de presencia de un contaminante en nuestro entorno que pueden considerarse 'tolerables'.

508. Muchos estados incluso los establecieron así no sólo para el aire del lugar de trabajo sino para el aire exterior, modificándolos algo en función de 'factores de seguridad' en ocasiones un tanto arbitrarios.

509. Trabajan higienistas gubernamentales, académicos y asesores de grandes empresas, y no se cansa de reiterar que los TLVs se basan en la información científica disponible y que son muy exigentes en cuanto a la protección de la salud.

510. Castleman BI, Ziem GE. Corporate influence on treshold limit values. Am J Ind Med. 1988; 13 (5) : 531-59.

511. Hasta el punto de haber neutralizado las más diversas iniciativas de mejorar las cosas que deberían haber sido promovidas por organismos de la propia Administración. Ejemplo inmejorable de lo dicho es lo sucedido con un organismo oficial, la Occupational Safety and Health Administration (OSHA) que por una ley de 1970, teóricamente al menos, debiera haber estudiado por su cuenta la seguridad de los productos y establecido sus propios niveles. En lugar de ello, en 1971 la OSHA adoptó sin más los TLVs de la sin par ACGIH como límites oficiales de exposición a sustancias tóxicas en el lugar de trabajo (Permisible Exposure Levels, PEL), alegando que no se había dispuesto de tiempo para desarrollar parámetros propios. Lo más preocupante no es que se utilizase esta excusa en 1971, ya que realmente podría haber existido poco margen de tiempo, sino lo que sucedería muchos años después. La Administración había creado un nuevo organismo para evaluar científicamente estos temas, el llamado Instituto Nacional de Seguridad y Salud Ocupacional (NIOSH) que estudió durante los 20 años que siguieron los Límites Recomendados de Exposición (REL) de 160 sustancias. ¿Y qué hizo esta vez la OSHA? Pues no hacer caso a esas recomendaciones del organismo oficial,

aceptándolas sólo para establecer nuevos PEL de 12 sustancias. No sé si se dan cuenta del pavoroso panorama que estamos describiendo, así que vamos a aclararlo más. Entre 1971 y 1989 la OSHA sólo había establecido límites para 12 sustancias. Es decir, que si tuviesen que estudiarse a ese ritmo miles de sustancias se tardaría miles de años. El caso es que mientras la OSHA no hacía caso de los niveles propuestos por el NIOSH, la ínclita ACGIH proseguía su labor incansable de establecer cientos de nuevos TLVs, maquillándolos a veces un poco más que al principio. En 1987 la OSHA, dentro del proceso para adoptar unos nuevos parámetros sobre contaminación del aire propuso, cómo no, adoptar todos los TLVs que había establecido la ACGIH. En 1988 el NIOSH mostró evidencias de que al menos casi 100 de los 400 PEL que se proponían no protegían la salud de los trabajadores. Con frecuencia, los niveles que recomendaba el NIOSH eran decenas de veces inferiores a los de la ACGIH. Situaciones escandalosas como éstas influyeron mucho en que científicos como Castleman y Ziem examinaran seriamente en que se basaban tales niveles de la ACGIH, viendo su inconsistencia y proponiendo que se desarrollasen unas guías de actuación científica rigurosa para reemplazar los TLVs. Pese a las conclusiones de su estudio y a muchas otras denuncias científicas, en 1989, la Administración Reagan volvió a adoptar como normas federales 600 TLVs.

512. S.A. Roach. S.M. Rappaport. "But they are not thresholds: a critical analysis of the documentation of Treshold Limit Values". American Journal of Industrial Medicine. Vol 17. Nº6 (1990) .Pgs 727-753.

513. Los TLVs a los que la OSHA había dado por buenos.

514. Manifestando, en función de las sustancias, náuseas, vómitos, dolores de cabeza, cloracné, y los más diversos problemas sanitarios.

515. Barry, Castleman, Ziem. American Conference of Governmental Industrial Hygienists: low threshold of credibility. American Journal of Industrial Medicine. Vol 26. Nº 1. 1994. 133-143.

516. Ver, por ejemplo, aparte de los citados, otros estudios como Treshold limit values: historical perspectives and current practice. Journal of Occupational Medicine 31: 910- 918. 1989.

517. Myers et al. (23 Oct. 2008). Why public health agencies cannot depend upon "Good Laboratory Practices" as a criterion for selecting data: the case of Bisphenol A. Environmental Healht Perspectives.

518. Plastics industry behind FDA research on bisphenol A. S. Rust & M. Kissinger. JS Online. Milwaukee Journal Sentinel. Posted: Oct. 22, 2008.

519. Aunque muchos países asumieron los TLVs de los que se habla en otro apartado, desde los años 60 también los hubo que fueron desarrollando sus propias normativas. Es el caso de Alemania, los Países Bajos o los Países Nórdicos, cuyos niveles diferían bastante, por ejemplo, de los establecidos por la antigua Unión Soviética. La Organización Mundial de la Salud ha hecho por su parte esfuerzos por promover una unificación de los criterios, pero con poco éxito. En cualquier caso, y al margen de otras cosas, esto ya vuelve a evidenciar nuevas dudas sobre los niveles 'legales'.

520. Es como lo que, saliéndonos del ámbito de la contaminación química, sucede con los niveles permitidos de radiactividad que puede recibir una persona. En España, por ejemplo, se consideraba que una persona normal podía recibir sólo 5

milisievers al año y, sin embargo, un trabajador podía recibir 50. ¿El cuerpo de un trabajador está hecho de una materia diferente? Evidentemente no. Lo que sucede es que los límites legales se establecen muy frecuentemente en función de intereses económicos industriales y no sanitarios.

521. A saber: se realizan experimentos con animales a dosis altas y luego, tras realizar unos cálculos matemáticos abstractos relacionados con factores como la masa corporal, se divide la cifra obtenida por lo que se denomina un 'factor de incertidumbre' (que otros llaman, quizá de forma más autocomplaciente, de 'seguridad').

522. La maquinaria de interpretación de los riesgos tiene en ocasiones tanto margen de error que aunque se le introdujesen los mejores datos, el resultado tendría muchas probabilidades de no ser cierto. Además, demasiado a menudo, los datos que se introducen son erróneos. Esos errores pueden tener que ver, por ejemplo, con las grandes diferencias en los efectos que un mismo tóxico puede producir en animales y en personas. En el Congreso de Medicina Ambiental, el doctor Eduardo Rodríguez Farré, del Instituto de Ciencias Biomédicas (Hosp. Clínico. Univ. Barcelona), comentó que el arsénico era cancerígeno en humanos y no en animales. Sería mucho lo que podríamos hablar sobre estas diferencias y sobre otros aspectos antes descritos, como por ejemplo el de no considerar el efecto conjunto de tantas sustancias, hasta los que tienen que ver con la burda presunción de que quepa esperar siempre, de forma lineal y simple, que a más dosis de un tóxico más efecto del mismo.

523. Bien puede suceder que, a lo mejor, una sustancia produzca un determinado efecto estudiado a corto plazo sólo a niveles de concentración más elevados, pero que produzca otros, a veces más graves, a concentraciones infinitamente menores (a corto o largo plazo). En definitiva, que un mal diseño de muchas evaluaciones de toxicidad que se han hecho, por las causas dichas o por otras, ha contribuido a hacer que consideremos como 'segura' una concentración realmente insegura de muchas sustancias.

524. Una parte de la toxicología se ha ocupado tradicionalmente de escenarios de intoxicación muy evidentes. Esos que tienen que ver con los servicios de urgencia y con lo que pone en las etiquetas de tantos productos: 'en caso de ingestión accidental llame a los servicios de toxicología'. Un niño que da un trago a una botella de lejía, un agricultor que tiene una exposición aguda a pesticidas organofosforados, un trabajador de una industria química que sufre un accidente con una sustancia muy peligrosa. Son situaciones de exposición a niveles muy altos de tóxicos. Cosas muy evidentes, en las que se ve, con una observación muy primaria, que un tóxico ingerido en grandes cantidades puede causar la muerte fulminante u otros espectaculares efectos y que en una menor cantidad las consecuencias son más leves. Esa percepción primaria acaba impregnando todo. Buena parte de los estudios que se han realizado sobre los efectos de los tóxicos, se han centrado en exposiciones a niveles altos, si no tan altos como los de los casos citados, si altos en todo caso. Hablamos, por ejemplo, de los estudios epidemiológicos realizados sobre determinados trabajadores. En ellos, en el fondo, sigue conservándose la idea de que deben existir unos niveles de exposición 'altos' o al menos superiores a los considerados 'normales' para producir daños. La comunidad científica ha demostrado sobradamente, como también mostramos en esta obra, que tal idea es errónea.

525. También explicaría por qué, a pesar de que se hayan prohibido algunas sustancias y que sus niveles hayan bajado algo en el interior de los organismos de muchas personas, aún sigan produciendo efectos.

526. Como el pesticida dieldrin en relación, por ejemplo, con su contribución al riesgo del cáncer de mama, por no citar más casos. Solomon GM, Huddle AM. (2002). Low levels of persistent organic pollutants raise concerns for future generations. Journal of Epidemiology and Community Health; 56; 826-827.

527. Summary of the National Toxicology Program's report of the endocrine disruptors low-dose peer review. Environmental health Perspectives. Vol 110. Number 4. Apr 2002.

528. Por ejemplo por alteraciones hormonales.

529. Hablamos del que los científicos llaman rango nanomolar, esto es, de milmillonésimas partes (10-9). Wetherill et al. (2002) The xenoestrogen bisphenol A induces inappropriate androgen receptor activation and mitogenesis in prostatic adenocarcinoma cells. Vol 1. 515-524. Molecular Cancer Therapeutics. Entre otras cosas, esto evidenciaba la posibilidad de que estos contaminantes invalidasen los tratamientos hormonales contra la proliferación del cáncer de próstata.

530. No se habla de los niveles que también se daban en la población femenina al referirse a un estudio sobre la próstata.

531. En concreto, el mayor efecto se registró a tan sólo un nanomolar de concentración del bisfenol A, decreciendo notablemente según se iba aumentando la dosis hasta 100 nanomolar. La explicación podría estar en parte en lo que ya se ha dicho sobre que en el funcionamiento normal del organismo se requieren tan sólo muy bajos niveles de hormonas para generar una respuesta y, por tanto, también del contaminante que las imite. Basta una baja concentración para ocupar todos los receptores químicos y, una vez hecho esto, la respuesta se pone en marcha al margen de que la concentración suba.

532. En resumen, muchos de nuestros sistemas orgánicos no funcionan según el esquema que ha aplicado cierta visión de la toxicología. Funcionan, como me explicase en su día Nicolás Olea, haciéndose eco de la cantidad de investigaciones que lo secundan, como un interruptor que, una vez activado por una mínima concentración de una sustancia, ya desencadena la respuesta al margen de si luego la concentración sigue subiendo o no. Es más, se sabe que pequeñas dosis de sustancias sintéticas pueden tener efectos aditivos con las naturales, generando determinados desarreglos.

533. Científicos de la Universidad de Missouri (Columbia), como Wade Welshoms o Frederick vom Saal, estudiaron por su parte cómo la exposición intrauterina de los fetos de ratón a muy bajos niveles de compuestos como el bisfenol A y el dietilestilbestrol causaba luego una serie de problemas como el agrandamiento de la próstata cuando llegaban a adultos. Efectos que eran significativamente menores si se exponían a niveles más altos. Para otros ejemplos, ver: Takano et al (2006). Di-(2-ethylhexyl) phtalate enhances atopic dermatitis-like skin lesions in mice. Environmental Health Perspectives 114 : 1266-1269. Por cierto, que este tipo de estudios, deberían ser tenidos en cuenta,entre otros, por quienes analizan la progresión de los fenómenos alérgicos.

534. Otros estudios se ocupaban de efectos similares del mismo ftalato sobre el proceso de masculinización del cerebro de las ratas. Ver en: Andrade et al (2006). A

dos- response study following in utero and lactational exposure to di-(2-ehylhexyl)-phtalate (DEHP): non monotonic dose.response and low dose effects on rat brain aromatase activity. Toxicology 227: 185-192. Otros sobre los efectos de muy bajos niveles de hexaclorobenceno (HCB) sobre el cáncer de próstata. (Ver en: Raph et al 2003). O sobre el de la dioxina sobre el desarrollo y la conducta de ratas expuestas en el útero (Markowski 2001). Todos mostrando efectos mayores de dosis 'bajas' que de dosis más altas de tóxicos.

535. En algunos casos "las exposiciones" -nos dice la experta Anne Steinemann- "van en contra de la lógica de las relaciones tradicionales dosis-respuesta" de modo que exposiciones de muy bajo nivel, inferiores a los límites en los que se supone que "no hay efectos", tienen efectos contundentes, como por ejemplo se comprobó con los trihalometanos y los abortos espontáneos, entre otros muchos casos. (Steinemann A. (2005). La exposición humana y los peligros para la salud. Parte 2. Edición Electrónica en Castellano de Rachel´s Environment & Health News 811. Salud y Medio Ambiente. Boletín Informativo 811. Peter Montague Editor. Es más, insistiendo en lo que ya se ha dicho, hay veces que "las exposiciones de baja intensidad pueden ser más dañinas que las exposiciones de alta intensidad del mismo contaminante". Como se vio con el famoso bisfenol A presente en tantos objetos de consumo cotidiano, desde ordenadores a botellas de plástico. Schmidt CW. The low-down on low-dose endocrine disruptors. Environmental Health Perspectives. Volume 109. Num 9. Sept 2001.

536. Vom Saal FS and Myers JP (2008) Bisphenol A and risk of metabolic disorders. JAMA 300 (11): 1353-1355.

537. Para complicar la cosa, tal cóctel de cientos de sustancias puede variar mucho de un individuo a otro e incluso dentro de la vida de un mismo individuo, a veces en cuestión de días u horas.

538. Las sustancias que estudiaron eran compuestos como PCBs hidroxilados, benzofenonas, parabenes, bisfenol A y genisteina.

539. Silva E, et al. (2002) Something from "nothing"- eight weak estrogenic chemicals combined at concentrations below NOECs produce significant mixture effects. Environ Sci Technol. 36: 1751-1756. En español: "Algo de "nada"- Ocho sustancias químicas débilmente estrogénicas combinadas a concentraciones por debajo de la NOEC (No Observed Effects Concentrations).

540. 2',3',4',5'-tetrachlorobiphenyl-4-ol, 2',5'-dichlorobiphenyl-4-ol, 4'-chlorobiphenyl- 4-ol, genistein, 2,4-dihydroxybenzophenone, benzyl-4-hydroxyparabene, 2,3,4,5- tetrachlorobiphenyl, bisfenol A, resorcinol monobenzoate, 2,3,4-trichlorobiphenyl, phenyl salicytate.

541. En inglés, los llamados no-observed-effect concentration, o NOEC.

542. Rajapakse N, Silva E and Kortenkamp A. (2002). Combining xenoestrogens at levels below individual no.observed-effect concentrations dramatically enhances steroid hormone action. Environmental Health Perspectives. Vol 110. Number 9. Sept 2002.

543. Que contenía una mezcla de 2,4-dichlorophenoxyacetic acid (2,4-D), mecoprop, dicamba y otras sustancias.

544. Por ejemplo, causaban significativas reducciones en el tamaño de las camadas de ratonas embarazadas que fueron expuestas al producto.

545. Cavieres MF, Jaeger J and Porter W. (2002). Developmental toxicity of a commercial herbicide mixture in mice: I. effects on embryo implantation and litter size.

Environmental Health Perspectives. Vol 110. Number 11, Nov 2002.

546. Steinemann A. (2005) La exposición humana y los peligros para la salud. Parte 2. Edición Electrónica en Castellano de Rachel´s Environment & Health News 811. Salud y Medio Ambiente. Boletín Informativo 811. Peter Montague Editor.

547. En la lista hay sustancias pertenecientes a un grupo que ha dado mucho que hablar a los toxicólogos durante décadas: los organoclorados. A ellas se han atribuido los más dispares daños en la salud humana, entre los que cabe destacar los estragos tremendos que causan en el equilibrio hormonal y el cáncer.

548. Aldrin, clordano, dieldrin, endrin, heptacloro, mirex, toxafeno o el más famoso de todos, el DDT.

549. Como el hexaclorobenceno y los policlorobifenilos, los famosos PCBs, que han sido muy usados, por ejemplo, como líquidos aislantes en instalaciones eléctricas.

550. Como son las dioxinas y los furanos.

551. En el año 2007, el Convenio de Estocolmo amplió de 12 a 17 las sustancias tóxicas a eliminar o restringir, -incluyendo retardantes de llama como el pentabromodifeniléter y hexabromobifenilo, pesticidas como el lindano y la clordecona, y surfactantes y antiadherentes como el perfluorooctosulfonato (PFOS)- pero, al mismo tiempo, abrió la puerta al tráfico de residuos contaminados con COPs.

552. Aunque acaso se haya popularizado más, por ser una prueba aterradora del poder que tienen algunos de estos compuestos de diseminarse por los lugares más remotos del planeta, lo que se ha estudiado acerca de los esquimales del Ártico. Pese a vivir muy lejos de donde estas sustancias se emplean y liberan, los esquimales han acumulado en sus tejidos, a través de la alimentación, al igual que sucede con los osos polares, por ejemplo, altas concentraciones de compuestos como los PCBs que les han hecho desarrollar los más diversos problemas de salud, sobre todo reproductivos.

553. Cosa que debería llevarnos a reflexionar sobre la gravedad de las consecuencias que para varias generaciones puede tener no actuar sobre tantas otras sustancias semejantes.

554. Los periodistas Carrasco R, Jara M, y Vidal J. dedican a este asunto un capítulo de su libro "Conspiraciones tóxicas. Cómo atentan contra nuestra salud y el medio ambiente los grupos empresariales". Martinez Roca- Ediciones. Madrid. Junio 2007.

555. Además, aún cabe la oportunidad de introducir mejoras en el reglamento en el futuro.

556. Egilman DS et al. Corporate corruption of science. Over a barrel: corporate corruption of science and its effects on workers and the environment. Int J Occup Environ Health 2005; 11: 331-337.

557. Otra de las cosas que aparecen vinculadas a la aplicación de un principio de precaución, por simple justicia, es que la responsabilidad de la prueba recaiga sobre el fabricante, no sobre el que sufre los efectos. Es decir, que sea el fabricante el que tenga que demostrar de forma muy clara y asumiendo los costes de ello, que realmente una sustancia es inocente.

558. No son admisibles casos como el de Flix o el de Doñana. En Flix, se prevé que la empresa pague sólo un 5% del coste de la limpieza de más de 700.000 metros cúbicos de lodos contaminados (en total serán más de 200 millones de euros). En

Doñana, la empresa cuya balsa generó el vertido de más de 5 millones de metros cúbicos de lodos contaminados, no sólo no pagó el altísimo coste de las labores de limpieza, sino que llegó a cobrar subvenciones públicas después del accidente (y finalmente la empresa se marchó de España echando a la calle a cientos de empleados).

559. No es admisible que el erario público o el bolsillo de los enfermos o víctimas paguen la factura sanitaria derivada de esta situación. "El que contamina paga" debe ser también "el que hace enfermar, paga", computando el coste sanitario debido a la contaminación química en base a lo que la ciencia sabe. No computar sólo daños materializados 'probados' sino también una indemnización de partida por el mero hecho de que dichas sustancias que se sabe que son nocivas sean detectadas como contaminantes en el organismo humano. Ello además tendría un efecto disuasorio para las industrias que incidiría en reforzar su voluntad de no emplear una serie de sustancias. En el Código Penal español el delito ecológico es un delito de riesgo y no de consecuencia y ello debe ser tenido en cuenta análogamente en este asunto. Al margen de ello, el mero hecho de tener en nuestros cuerpos unos contaminantes que no deseamos tener es ya de por sí una violación de nuestros derechos. Habernos contaminado sin nuestro permiso no es algo que deba salir gratis a nadie.

560. Es evidente que la regulación hoy existente no está a la altura de lo que la ciencia sabe sobre la cuestión y, consiguientemente, no es suficiente para protegernos de la amenaza.

561. Más allá de enfoques simplones actuales que sólo se centran en sustancias como los fosfatos y dejan fuera una larguísima lista de contaminantes químicos.

562. Las medidas a tomar deberían involucrar a muchos niveles, sin excluir el judicial, poniendo fin a toda una serie de elementos que permiten a ciertas empresas escapar a la asunción de sus responsabilidades. Tampoco puede olvidarse que los científicos o ingenieros químicos no deberían quedar al margen de la acción de la ley, de modo que la apelación a cuestiones tales como la tan manida de que 'no podían preverse los efectos' fuese juzgada no como un eximente sino como un agravante de la pena. Porque lo que suele suceder no es precisamente que los efectos no pudieran preverse sino que, sencillamente, nadie se molestó en preverlos, porque no se quiso perder el tiempo y el dinero con suficientes estudios (y si algún dato mostraba algo preocupante, en más de una ocasión se orillaba, para que no se frenase la comercialización de algo que prometía beneficios económicos). Hay con demasiada frecuencia una conducta deliberadamente irresponsable. Y la conducta irresponsable, como la conducción peligrosa con un vehículo, es un delito.

563. Debe garantizarse, mediante un sistema eficaz de control real de la industria química, que lo que se produce, ya desde el propio diseño de las sustancias, no pueda representar un riesgo. Debe supervisarse que ya desde las fases de investigación y diseño de una sustancia se esté pensando no sólo en su posible aplicación reduccionista concreta en un plástico o en cualquier otra cosa, sino, ante todo, en su efecto sobre los seres vivos, porque éste último efecto ha de ser prioritariamente considerado.

564. Ya hemos visto de qué forma la industria se ha resistido tantas veces a tener en cuenta criterios adecuados, alegando razones económicas. En la situación de feroz competencia existente, pensar que un producto químico en cuya investigación se ha invertido tiempo y dinero pueda no salir al mercado por razones de salud

pública, es algo que probablemente muchos industriales no estén dispuestos a aceptar, del mismo modo que no se quieren aceptar las responsabilidades por otros productos que llevan ya años comercializándose y produciendo daños. En muchos casos, la asunción honrada de esos daños creados, el pago de indemnizaciones por ellos, la pérdida de imagen que acarrearía, traerían consigo que ciertas empresas quebrasen. Sin llegar a situaciones de ese tipo, incluso el retraso en la comercialización de un producto para evaluarlo es algo que muchas empresas no quieren tolerar. Es evidente que en el estado de cosas existente muchos prefieren que no haya cambios. El actual contexto económico es algo bastante quebradizo y vulnerable, que en parte funciona como un caos donde cada uno mira por sus propios intereses, siguiendo implacablemente las leyes del mercado, procurando tener los mayores beneficios con los menores costes. Es una loca carrera que no invita a detenerse demasiado a mirar lo que se está pisoteando con ella. Poniendo los ojos sólo en la meta -que las estadísticas de la compañía suban y repartir más dividendos entre los accionistas-, muchos ejecutivos juzgan una distracción inadmisible perder el tiempo mirando algo diferente de los beneficios a corto plazo. Es probable que estén tan imbuidos por cierto sistema de valores -que confunde los valores bursátiles y los morales-, que ni siquiera tengan una estructura de pensamiento que les permita corregir el rumbo. Es por todo ello que, si es preciso, las medidas que deban adoptarse sean impuestas. La industria química tiene que pensar que es una consecuencia muy principal de sus actividades generales el interferir con la Biosfera y eso debe incorporarlo como un eje central en el diseño de sus actividades. Y los gobiernos no deben esperar a que lo haga voluntariamente aunque si lo hace también voluntariamente, bienvenido sea. El Gobierno y la opinión pública deben tener claro que no se trata de perjudicar negocios sino antes al contrario, asegurar la sostenibilidad de los negocios, no sea que un día se queden sin clientes. Pensando no sólo en los negocios concretos, sino en todos los negocios, que necesitan de una población sana para que puedan existir.

565. Resolución del 3 de agosto de 2007, de la Subsecretaría, por la que se publica el acuerdo por el que se instrumenta la encomienda de gestión entre el Ministerio de Medio Ambiente y el Instituto de Salud Carlos III, para la investigación sobre la presencia y vigilancia de contaminantes orgánicos persistentes y otras sustancias en humanos.

566. Distribution of blood concentrations of persistent organic pollutants in a representative sample of the population of Catalonia. Environment International Volume 36, Issue 7, October 2010, Pages 655-664 Miquel Porta, Magda Gasullac, Elisa Puigdomènech, Mercè Garí, Magda Bosch de Basea, Montserrat Guillén, Tomàs López, Esther Bigas, José Pumarega, Xavier Llebari, Joan O. Grimalt and Ricard Tresserras.

567. Porta M et al. (2008). Monitoring concentrations of persistent organic pollutants in the general population: the international experience. Environ Int. 34 (4): 546-561.

568. Esos muestreos americanos se han realizado dentro de la National Health and Nutrition Examination Survey (1999-2002) permitiendo uno de los más amplios seguimientos de la presencia de contaminantes en las personas realizado hasta ahora en un país occidental, que ha servido de punto de partida a algunas de las investigaciones más importantes.

569. En estos estudios la diferencia entre los que tienen más riesgo de desarrollar

la enfermedad y los que tienen menos, no depende de comparar los que se encuentran en situaciones de contaminación extraordinarias con la población general. Tanto los que tienen más riesgo como los que tienen menos, están dentro de los niveles de contaminación ordinarios, esos presentes en la mayoría de la población. La única diferencia se establece en algo tan sutil como tener simplemente niveles algo más altos o algo más bajos, pero siempre dentro de los parámetros de exposición normalmente a niveles 'normales', frecuentes en amplios sectores de población.

570. Además de advertir de ello en los propios comercios, tal y como se hace en otros países, con carteles en los establecimientos.

571. Recomendamos la lectura de obras divulgativas como el libro "Anti.tóxico", de Carlos de Prada, editado por Espasa, en el que se dan muchos consejos a fin de evitar esas exposiciones químicas.

572. Se fijaron mecanismos como la creación del Servicio de Información Nacional de Agua de Consumo (SINAC), una base de datos de libre consulta, gestionada por el Ministerio de Sanidad y Consumo, pero la información suministrada es incompletísima.

573. Al margen de que la información sea lo más completa posible, deberá remitirse también a alguna web fiable con información objetiva completa y datos exactos detallados.

574. Del mismo modo, es preciso hacer un llamamiento a la responsabilidad en este grave tema que tienen los medios de comunicación. Con demasiada frecuencia o silencian estos asuntos o si los tratan, lo hacen de forma sesgada. A pesar de que la verdad debería ser lo único importante, no pocas veces se conducen como la Administración, poniendo en una balanza la verdad sanitaria y los intereses económicos. Cuando debería ser la verdad, refrendada con datos, y no los intereses (a los que con frecuencia la verdad acaso les importe menos), lo que debería ocuparles. No es raro que cuando sale un estudio científico de prestigio que asocia una sustancia química con un problema de salud, algunos medios se crean obligados a sacar una amplia contestación de la industria acompañándolo, sin que esa contestación se base a veces en nada, a diferencia del estudio que, en realidad, es lo prioritario. ¿Desde cuándo tener intereses económicos en algo hace que el que los tiene quede investido de 'ciencia infusa' sobre disciplinas de salud ambiental? A nadie escapa que cuando se concede tanto peso a los fabricantes es por el poder económico particular que representan, no porque sean autoridades en la materia. La Administración y cualquier otra instancia que, como los medios de comunicación, puedan tener influencia en proteger la salud pública contra un riesgo serio, deben de conceder prioridad a la verdad de los datos, a la fuerza de la razón y no del dinero.

575. Sistemas que, a consecuencia de esa sobrecarga, y por los elevados costes, pueden llegar al colapso, como de hecho se está viendo ya hace mucho tiempo.

576. Ver, por ejemplo, estudios como: Inoue et al. (2000) Determination of bisphenol A in human serum by high-performance liquid chromatography with multielectrode electrochemical detection. J Chrommatography B Biomed Sci Appl. 749 (I).17-23. O como: Takada et al. (1999). Bisphenol A and nonylphenols in human umbilical cords. Proceedings of the International Scientific Conference on Environmental Endocrine Disrupting Chemicals. Monte Verita, Ascona (Suiza). 7-22 March 1999.

577. Schonfelder et al. (2002) Parent bisphenol A accumulation in the human maternal- fetal-placental unit. Environmental Health Perspectives 110 (11) A 703-707.

578. El bisfenol A es el monómero del que se compone el policarbonato, un plástico claro y muy ligero, con mucha dureza y resistencia ante el calor y la electricidad. Es un plástico que han comercializado empresas como Bayer (con el nombre de Maklolon) y General Electric Plastic (con el nombre de Lexan) que se pelearon por él allá por los años 50.

579. Podría estar presente en más de un 80% de ellas.

580. Así mismo, se ha usado el bisfenol A como aditivo en otros plásticos diferentes del policarbonato.

581. Brede, C (2003). Increased migration levels of bisphenol A from polycarbonate baby bottles after dishwashing, boiling and brushsing. Food Addit Contam; 20 (7): 684-689.

582. López Cervantes J y Paseiro Losada P (2003). Determination of bisphenol A in, and its migration from, PVC stretch film used for food packaging. Food Addit Contam. 20.

583. Yamasaki et al. (2001). Determination of bisphenol A in effluents of hemodialyzers. Nephron; 88 (4): 376-378.

584. La elaboración básica parte del bisfenol A y del fosgeno, sustancia ésta muy conocida por su uso en la Primera Guerra Mundial.

585. Aunque en general los problemas que genera el bisfenol A se dan sin necesidad de que la sustancia tenga una especial persistencia en nuestros organismos, ya que su omnipresencia en nuestro medio garantiza una exposición más o menos constante, hay algo que induce a una preocupación añadida. Me refiero a lo que comentaba, por ejemplo, el profesor Nicolás Olea en una reciente conferencia: el bisfenol reacciona espontáneamente con las sustancias cloradas presentes en el agua que bebemos generándose nuevos compuestos derivados, bisfenoles clorados, que sí que son bioacumulativos en la grasa corporal. (II Congreso Internacional de Medicina Ambiental. Brunete, Junio 2008).

586. Los bisfenoles (A, F, A-F, S, C...) entre los cuales el que más preocupación ha generado es el bisfenol A, han sido vastamente usados por la industria en los más diversos usos: resinas epoxi, policarbonatos, aditivo en resinas acrílicas y vinílicas, aditivo en caucho sintético, tintas, tonners... (Olea N. CONAMA. Madrid 2004).

587. Algunos estudios realizados comprobaron que en las células embrionarias de ratones, una mínima concentración aumentaba su velocidad de desarrollo mientras que dosis 100.000 veces mayores la disminuían. Takai et al (2000). Estrogen receptor-mediated effects of a xenoestrogen, bisphenol-A, on preimplantation mouse embyos. Biochem Biophys Res Commun; 270 (3): 918-921. Takai et al (2001). Preimplantation exposure to bisphenol A advances postnatal development. Reprod Toxicol; 15 (1): 71-74.

588. Markey CM et al. (2001) In utero exposure to bisphenol A alters the development and tissue organization of the mouse mammary gland. Biol reprod; 65 : 1215-1223.

589. Un resumen de la bibliografía que versa sobre estos efectos puede verse en la Tabla 4.4 del informe Legado químico. Contaminación en la infancia. Realizado por la científica Catherine N. Dorey para la organización Greenpeace.

590. Lang Al et al (2008) Associattion of urinary bisphenol A concentration with

medical disorders and laboratory abnormalities in adults. Journ Am Med Assoc 300 (11) 1303- 1310.

591. Vom Saal FS and Myers JP (2008) Bisphenol A and risk of metabolic disorders. JAMA 300 (11): 1353-1355.

592. Ikezuki Y et al (2002) Determinatios of bisphenol A concentrations in human biological fluids reveals significant early prenatal exposure. Human Reprod; 17: 2839- 2841.

593. E. Kandaraki. A.Chatzigeorgiou, S. Livadas, E. Palioura, F. Economou, M. Koutsilieris, S. Palimeri, D. Panidis, E. Diamanti-Kandarakis. Endocrine Disruptors and Polycystic Ovary Syndrome (PCOS): Elevated Serum Levels of Bisphenol A in Women with PCOS. Journal of Clinical Endocrinology & Metabolism,2010- Takeuchi T y Tsutsumi O (2002). Serum bisphenol A concentrations showed gender differences, possibly linked to androgen levels. Biochem Biophys Res Commun; 291 (1): 76-78.

594. Yamada et al (2002). Maternal serum and amniotic fluid bisphenol A concentrations in the early second trimester. Reprod Toxicol; 16 (6): 735-739.

595. Howdeshell KL et al. (1999). Exposure to bisphenol A advances puberty. Nature; 401 (6755): 763-764.

596. Siendo los principales el dietil hexil ftalato (DEHP), el di-isononil ftalato (DINP), el di-iso-decil ftalato (DIDP) el dimetil ftalato (DMP), el dietil ftalato (DEP) y el dibutil ftalato (DBP).

597. En torno a un 40% de los ftalatos pueden tener propiedades estrogénicas.

598. Amigos de la Tierra de Alemania (BUND).

599. Se estudió la presencia de 7 sustancias plastificantes: Dietilhexilftalato (DEHP), dibutilftalato (DBP), bencilbutilftalato (BBP), diisononilftlalato (DINP), disisodecilftalato (DIDP), di-n-octilftalato (DNOP) y diisobutilftalato (DIBP). DEHP, DINP, DIDP, DBP y BBP están entre los ftalatos más usados.

600. BUND se limitó a comparar los niveles hallados en las dependencias infantiles con los resultados de un estudio realizado por la Agencia de Medio Ambiente del Gobierno Federal alemán (Umweltbundesamt - UBA), que había analizado 600 muestras de polvo de hogares alemanes. Encontraron que, con un nivel medio de 3.368 miligramos por kilogramo de polvo, los jardines de infancia tenían tres veces más ftalatos que los existentes de media en una casa alemana (1023 mg/kg), niveles que ya de por sí son preocupantes también. Indica BUND que existían niveles particularmente altos de sustancias como DINP y DEHP, cuyo uso está restringido en la UE en productos para niños de menos de 3 años, estando en la lista SIN (Substitute It Now, ligada al reglamento REACH, y que recoge sustancias que causan inquietud por lo que plantea su sustitución). El DEHP aparecía en unos niveles medios de 2013 mg/kg (tres veces más que los 656 mg/kg medios en los hogares) y el DINP, en unos niveles de 1145 mg/kg, unas seis veces más que en los hogares (184 mg/kg). La razón de tanto DINP podría ser que sea cada vez más usado como sustituto del DEHP.

601. Phthalates in Indoor Dust and Their Association with Building Characteristics. Environ Health Perspect. 2005 October; 113(10): 1399-1404. Published online 2005 June 1. doi:10.1289/ehp.7809.

602. Se han investigado las diferentes vías de exposición a los ftalatos, constatando la importancia de la vía inhalatoria (Adibi JJ., Perera FP, et al. - (2003) Prenatal

exposures to ftalates among women in New York City and Krakow, Poland. Environmental Health Perspectives 11 (14): 1719-1722), pero también la de absorción por la piel, tras de la cual se extiende por el organismo. (WHO (2003) Diethyl phtalate. Concise International Chemical Assesstment Document 52. WHO, Geneva. ISBN 92_4- 15052-9 (LC/NLM Classification: QV 612), ISSN 1020-6167). Dentro del cuerpo humano el dietil ftalato se metaboliza, convirtiéndose en monoéster (MEP). Las mayores concentraciones se detectan en las mujeres probablemente por su empleo de productos de cuidado del cabello, perfumes y cosméticos (Silva MJ et al. Urinary levels of seven phtalate metabolites in the US population from the National Health and Nutrition Examination Survey (NHANES) 1999-2000. Environmental Health Perspectives 112 (3): 331-338).

603. Duty SM, et al. (2003) The relationship between environmental exposures to phtalates and DNA damage in human sperm using neutral comet assay. Environmental Health Perspectives 11 (9): 1164-1169.

604. MEP (monoéster) y MBP (monobutil ftalato).

605. Hoppin JA et al. (2004) Phtalate exposure and pulmonary function. Environmental Health Perspectives 112 (5): 571-574.

606. Plasma Phthalate Levels in Pubertal Gynecomastia. Elif Ozmert, M.D., Ph.D., Hacettepe University, Ankara, Turkey; and Sheela Sathyanarayana, M.D., assistant professor of pediatrics, University of Washington, Seattle; January 2010 Pediatrics.

607. Swan SH, Main KM, Liu F, Stewart SL, Kruse RL, Calafat AM, et al. the Study for Future Families Research Team 2005. Decrease in Anogenital Distance among Male Infants with Prenatal Phthalate Exposure. Environ Health Perspect 113:1056-1061. http://dx.doi.org/10.1289/ehp.8100.

608. Prenatal phthalate exposure and reduced masculine play in boys. S. H. Swan, F. Liu1, M. Hines, R. L. Kruse, C. Wang, J. B. Redmon, A. Sparks, B. Weiss. International Journal of Andrology Article Volume 33, Issue 2, pages 259-269, April 2010. First published online: 16 Nov. 2009. Special Issue: Proceedings of the 5th Copenhagen Workshop on Endocrine Disrupters, 20-22 May 2009.

609. En la publicación a la que aludimos a continuación, realizada por personal de la Universidad de Rochester, se apunta cómo se sabe que los ftalatos alteran la función testicular en los estudios realizados con roedores y cómo han sido asociados con efectos antiandrogénicos en los seres humanos, incluyendo el descenso en los niveles de testosterona. Unos bajos niveles de testosterona en los varones humanos han sido asociados a una mayor prevalencia de la obesidad, la resistencia a la insulina y la diabetes.

610. Los metabolitos de ftalatos medidos fueron mono-butil ftalatos (MBP), mono-etil ftalato (MEP), mono-(2-etil)-hexil ftalato (MEHP), mono-bencil ftalato (MBzP), mono- (2-etil-5-hydroxyhexyl) ftalato (MEHHP), y mono-(2-etil-5-oxo-hexyl) ftalato (MEOHP). El resultado fue que cuatro metabolitos se asociaron con un aumento de la circunferencia de la cintura (MBzP, MEHHP, MEOHP, y MEP) y tres con la resistencia a la insulina (MBP, MBzP, y MEP).

611. Sobre los vínculos entre la obesidad masculina y el efecto antiandrogénico de los ftalatos, se apunta que la testosterona afecta a la distribución de grasa y a la sensibilidad a la insulina en varones (en las mujeres son, obviamente, otros los mecanismos). En la investigación de la que hablamos se alude a diversas investiga-

ciones que muestran cómo los niveles de testosterona afectan al metabolismo de las grasas, a la obesidad, a la resistencia a la insulina y a la diabetes. Por ejemplo, se cita lo visto en hombres que reciben tratamiento por el cáncer de próstata y a los que se les hace bajar los niveles de andrógenos (se ve en ellos cómo crece el nivel de glucosa, la grasa total y la prevalencia del síndrome metabólico).

612. Concentrations of urinary phtalate metabolites are associated with increased waist circunference and insulin resistance (Stahlhut et al. Environm Health Perspect, Vol 115, Num 6, Jun 2007).

613. Una vez más, este estudio pudo ser realizado gracias a la monitorización de los niveles de ftalatos en los varones realizada dentro del seguimiento de la presencia de diversas sustancias en los organismos de la población americana realizada dentro de la National Health and Nutrition Examination Survey (NHANES) 1999-2002.

614. Se insiste en que las dosis de estas sustancias que pueden producir estos efectos pueden ser muy bajas, poniendo en cuestión la tesis, más o menos extendida en ciertos ambientes, de que a más dosis más respuesta. Tampoco olvida este estudio aludir al efecto cóctel, de otras muchas sustancias que podrían tener efectos en esta cuestión, además de los ftalatos y a los que también nos vemos cotidianamente expuestos (PCBs, dioxinas, pesticidas...).

615. Colon et al. (2000). Identification of ftalate esters in the serum of young Puerto Rican girls with premature breast developtment. Environmental Health Perspectives; 108 (9): 895-900. El estudio muestra conclusiones extremadamente claras en cuanto a la asociación entre la alta exposición a ftalatos y el desarrollo de la anomalía.

616. El informe Legado químico, realizado para Greenpeace, resume algunos de ellos.

617. Corbellis L et al (2003) High plasma concentrations of di-(2-ethyl-hexul)-phtalate in women with endometriosis. Hum Reproduction; 18 (7): 512-519.

618. Por ejemplo: Okubo T et al (2003). Estimation of estrogenic and antiestrogenic activities of some phtalate diesters and monoesters by MCF-7 cell proliferation assay in vitro. Biol Pharm Bull; 26 (8): 1219-1224.

619. Un estudio, realizado sobre mujeres afroamericanas y dominicanas de Nueva York, muestra la asociación entre la presencia de una sustancia, el di (2-etil-hexil) ftalato (DEHP), en la orina de las mujeres durante el embarazo y la tasa de partos prematuros. Se trata de una sustancia detectada de modo prácticamente universal en las muestras de orina, al ser muy profusamente empleada en el mundo moderno. Whyatt RM, Adibi JJ, Calafat AM, Camann DE, Rauh V, Bhat HK, Perera FP, Andrews H, Just AC, Hoepner L, Tang D, Hauser R. Prenatal Di(2-ethylhexyl) Phthalate Exposure and Length of Gestation Among an Inner-City Cohort. [Journal Article]. Pediatrics 2009. Dec; 124(6):e1213-20. Otra investigación en el mismo sentido, esta vez en Méjico: Meeker JD, Hu H, Cantonwine DE, Lamadrid-Figueroa H, Calafat AM, Ettinger AS, et al. 2009. Urinary Phthalate Metabolites in Relation to Preterm Birth in Mexico City. Environ Health Perspect 117:1587-1592. http://dx.doi.org/10.1289/ehp.0800522.

620. Larsen ST et al. (2001) Adjuvant and immuno-supresive effect of six monophtalates in a subcutaneous injection model with BALB/c mice, Toxicology: 169 (1) :37-51.

621. Whyatt RM, Liu X, Rauh VA, Calafat AM, Just AC, Hoepner L, et al. 2011. Maternal Prenatal Urinary Phthalate Metabolite Concentrations and Child Mental, Psychomotor and Behavioral Development at Age Three Years. Environ Health Perspect: http://dx.doi.org/10.1289/ehp.1103705.

622. Muchos pacientes, desde los que reciben tratamientos de diálisis a transfusiones, pasando por los niños prematuros, podrían verse expuestos a altos niveles de ftalatos. Bolsas para sangre, etc. los contienen. Por ejemplo, el DEHP, uno de los ftalatos más peligrosos según los estudios realizados, llega a integrar entre el 20 y el 40% de la composición de muchos de estos y otros útiles sanitarios. Se han descrito diversos problemas sanitarios en niños con ventilación artificial, enfermos que se sometían a diálisis, y otros pacientes hospitalarios expuestos de diversas formas.

623. Phthalates, Alkylphenols, Pesticides, Polybrominated Diphenyl Ethers, and Other Endocrine-Disrupting Compounds in Indoor Air and Dust. Environmental Science & Technology, 37(20): 4543-4553. doi:10.1021/es0264596.

624. San Antonio Statement on Brominated and Chlorinated Flame Retardants. Versión original en inglés accesible en:
http://ehp03.niehs.nih.gov/article/info:doi/10.1289/ehp.1003089. Apoyada por el Panel Internacional sobre Contaminación Química (IPCP). Puede verse el texto de la declaración al final de este libro, en un anexo.

625. Son más de 175 sustancias, la mayoría organobromadas. Destacan bifenilos polibromados (PBB) y deca, octa y penta difenil éter (PBDE). Han sido muy utilizados los éteres difenilos polibromados (PBDEs), el hexabromociclododecano (HBCD) y los bisfenoles bromados, como el tetrabromobisfenol A.

626. Que retarden el fuego (en la medida que lo hagan), no implica que puedan impedirlo del todo, de modo que cuando finalmente arden no es raro que den pie a la emisión de dioxinas y furanos, de conocidísima toxicidad.

627. Curiosamente, cuando los niveles eran altos en la leche y sangre maternas, también tendían a serlo en la sangre de los fetos.

628. Meironyte et al. (1999) Analysis of polybrominated diphenyl ethers in Swedish human milk. A time-related trend syudy, 1972-1997. J Toxicol Environ Health A; 58 (6):329-341.

629. Estudio sobre madres en Indianápolis. Guvenius et al. (2003). Human prenatal and post natal exposure to polybrominated diphenyl ethers, plyclorinated byphenils and pentachlorophenol. Environ Health Perspect; 111 (9): 1235-1241.

630. Eriksson P. et al. (2001) Brominated flame retardants: a novel class of developmental neurotoxicants in our environment? Environ Health Perspect. 109: 903-908. En animales se ha probado cómo estos tóxicos pueden acumularse en el cerebro de los fetos generando más tarde diversos problemas de comportamiento, memoria o aprendizaje.

631. Polybrominated Diphenyl Ethers in Human Serum and Sperm Quality. K. Akutsu, S. Takatori, S. Nozawa, M. Yoshiike, H. Nakazawa, K. Hayakawa, T. Makino and T. Iwamoto. 'Bulletin of Environmental Contamination and Toxicology'. Volume 80, Number 4, 345-350, DOI: 10.1007/s00128-008-9370-4.

632. La investigación (Main et al. Flame Retardants in Placenta and Breast Milk and Cryptorchidism in Newborn Boys. Environmental Health Perspectives Vol. 115. Num. 10. oct 2007) se basó en analizar la presencia de 14 PBDEs en placentas y leche materna. Se encontró una clara asociación entre las concentraciones de PDBEs en la

leche materna -tomada como indicadora de la carga de estas sustancias en general en el cuerpo de las madres- y la criptorquidia. La exposición prenatal a estas sustancias, según se decía, "puede tener un efecto adverso sobre el crecimiento testicular". Se hacía notar cómo en estudios realizados con animales, se apreciaba que los PBDEs pentabromados mostraban efectos antiandrogénicos. Se ha constatado, por ejemplo, cómo la exposición a sustancias de este último tipo puede retrasar la edad de la pubertad en machos y hembras de rata y afectar el crecimiento de la próstata y las vesículas seminales. También se ha visto que la exposición gestacional de ratas al BDE-99 acorta la distancia anogenital en machos y hembras, además de reducir los niveles de testosterona y estradiol, entre otras cosas. Se piensa que los efectos antiandrogénicos del PBDE estarían en la base del no descenso de los testículos (que depende mucho de los niveles de andrógenos).

633. España es además un país importante en relación al mercurio. Un gran porcentaje del que se ha utilizado en el mundo procede de las minas de Almadén (Ciudad Real). Últimamente se ha planteado convertir la zona en receptáculo internacional de residuos contaminados por mercurio.

634. Desde baterías a amalgamas dentales (a consecuencia de lo cual se han denunciado muchos problemas), pasando por plaguicidas, barómetros, termómetros, desinfectantes, luminotecnia, e incluso como parte integrante de la composición de vacunas. El Parlamento Europeo se ha mostrado partidario de eliminar el mercurio en el sector sanitario, donde se emplea en aparatos de medición (termómetros, aparatos para medir la presión arterial, etc.). Aunque no se ha incluido pequeños barómetros.

635. Las emisiones de este elemento parecen haberse ido frenando algo en el mundo desarrollado, pero están creciendo en los países en desarrollo.

636. Lo hace como metil-mercurio.

637. Prenatal mercury exposure in a multicenter cohort study in Spain. Ramon R, Murcia M, Aguinagalde X, Amurrio A, Llop S, Ibarluzea J, Lertxundi A, Alvarez-Pedrerol M, Casas M, Vioque J, Sunyer J, Tardon A, Martinez-Arguelles B, Ballester F. Environ Int. 2011 Jan 14. El estudio se basa en mediciones del contenido de este metal pesado en la sangre del cordón umbilical de 1.883 mujeres de Valencia, Sabadell, Asturias y Guipúzcoa. Los datos podrían ser extrapolables a otras zonas del país. Las concentraciones medidas se vinculan al consumo de ciertas especies de peces.

638. Ponemos entre comillas lo de 'seguro', porque los límites que se establecen son muchas veces cuestionados científicamente por ser considerados normalmente más altos de los que muchos científicos opinan. El 75% de los niños en Asturias, el 68,4% en Valencia, el 64,7% en Guipúzcoa y el 49% en Sabadell superaban el límite. Un 10% de los niños estaban expuestos a 22 microgramos por litro. Los niños son especialmente sensibles a los efectos de este neurotóxico.

639. Los efectos del mercurio se hicieron famosos precisamente tras los sucesos de la Bahía de Minamata en Japón, donde centenares de pescadores murieron tras ingerir pescado contaminado.

640. Llega a estos peces tras ser emitido o vertido desde fuentes tales como las centrales térmicas de carbón o la industria del cloro, entre otras posibilidades.

641. Con motivo de la aparición de este nuevo estudio, la prensa recordó que en 2008 la Comisión Europea pidió a los estados miembros en una nota que "las muje-

res que puedan estar embarazadas, las mujeres que estén embarazadas o las mujeres lactantes" redujeran a una pequeña ración, menor de 100 gramos, su consumo semanal de grandes peces depredadores, como el pez espada, los tiburones y el lucio. Y que "si comen esta ración, no deberían comer ningún otro pescado durante ese periodo. Tampoco deberían comer atún más de dos veces por semana". La difusión que alcanzó aquel llamamiento fue como tantas otras veces en temas semejantes, manifiestamente mejorable.

642. Un artículo de la Medical Journal of Australia es bastante elocuente sobre los efectos que puede tener esta exposición en casos graves. Se refiere a lo sucedido a tres niños de origen chino que vivían en Sydney. Su familia comía pescado al menos cinco veces a la semana, y a esos niños se les había alimentado con mucho pescado desde el destete. Singularmente con especies que se sabe que acumulan mucho mercurio, como el salmón. Padres e hijos tenían altos niveles de mercurio en sangre, orina y pelo. El propio padre acabaría siendo diagnosticado de una intoxicación por mercurio (se quejaba de alergias, dolores abdominales, etc.). Los niños manifestaron una serie de problemas neurológicos, entre ellos una mayor agresividad. Uno de ellos, de casi 3 años de edad, presentaba retraso en el habla y síntomas de autismo (del que después sería efectivamente diagnosticado) y otro mostraba un gran retraso en el desarrollo desde que nació. Existen otros diversos estudios que asocian el autismo a metales pesados como el mercurio. En ese sentido cabe citar algunas investigaciones llevadas a cabo por la Universidad de Texas en los Estados Unidos sobre la incidencia de la enfermedad en zonas contaminadas. También en este país se han estudiado algunas formas peculiares de exposición a este metal, como puede haber sido la utilización del tiomersal, compuesto conservante con mercurio añadido a muchas vacunas, y su posible asociación a un incremento de los casos de autismo.

643. Diversos países europeos, como sucede en otras zonas del mundo, han detectado altos niveles de mercurio en 11 especies de peces marinos de consumo habitual. Se han detectado altos niveles en pez espada, tiburón azul, marlín, marrajo, atún rabil, negrito, mero, etc. Otros estudios de la UE han confirmado con frecuencia presencia de altos niveles de mercurio en mero, cazón, marrajo, agujas, langostinos, emperador, etc.

644. Ver por ejemplo el estudio publicado en la revista sueca Ambio (2007). La OMS y la FAO han establecido una Ingesta Diaria Aceptable (aunque luego cada país establece sus propios niveles permitidos). La UE, en concreto, ha establecido unos límites que no pocos científicos cuestionan.

645. El trabajo científico se titula "Exposición infantil a contaminantes ambientales en Granada y posibles efectos en salud" y ha sido realizado por Carmen Freire Warden, del departamento de Radiología y Medicina Física de la UGR, y dirigido por los profesores Nicolás Olea Serrano y Marieta Fernández Cabrera. (Tesis Univ. Granada. Departamento de Radiología y Medicina Física. Leída el 15 de mayo de 2009. Accesible en: http://tesisenred.net/handle/10803/ 16843?show=full).

646. Incluye problemas de aprendizaje, problemas de memoria y disminución de la capacidad de atención.

647. Desorientación, alucinaciones, psicosis, delirios, paranoias, ansiedad, depresión, labilidad emocional, cambios de humor, euforia.

648. Incluye la ceguera, la retinopatía, neuropatía óptica.

649. Sangrado anormal, ciclos cortos, largos ciclos, ciclos irregulares, períodos menstruales dolorosos.

650. Datos procedentes de la base de datos de The Collaborative on Health and the Environment.

651. Raldua D et al. (2007) Mercury levels and liver pathology in feral fish living in the vicinity of a mercury cell chlor-alkali factory. Chemosphere. Jan 66 (7): 1217-26.

652. No debe olvidarse el poder económico y político de la industria involucrada. El 55% de la actividad económica del sector químico español esta ligada a la producción de compuestos alcalinos de cloro. En España hay plantas de cloro que emiten mercurio como las de Solvay en Torrelavega (Cantabria), o Aragonesas en Vilaseca (Tarragona) y Huelva, entre otras.

653. Ver, entre otros, estudios como el de Rimkus GC. And Wolf M.(1996) Polyciclic musk fragrances in human adipose tissue and human milk. Chemosphere 33(10): 2033- 2043 o, Rimkus G et al. (1994) Nitro musks in human adipose tissue and breast milk. Chemosphere. 28: 421-423.

654. Peters TJB. (2003). Hazardous chemicals in precipitations. TNO report R2003/198, commissioned by Greenpeace Netherlands.

655. Schreurs RH et al. (2002). Transcriptional activation of estrogen receptors ERf an ERg by polyciclic musks in cell type dependents. Toxicology and Applied Pharmacology 183 (1):1-9 Bitsch N et al. (2002). Estrogenic activity of musk fragrances detected by the e-screen assay in human MCF-7 cells. Archives of Environmental Contamination and Toxicology 43 (3): 257-264.

656. Dietrich DR and Hitzfeld BC (2004) Bioaccumulation and ecotoxicity of synthetic musks in the acuatic environment. Chapter in : GC Rimkus (d) Synthetic musk fragrances in the environment, Springer-Verlag Berlin ISBN 3.540-43706-1.

657. Schreurs RH et al. (2004). In vitro an in vivo antiestrogenic effects of polyciclic musks in zebrafish. Environmental Science and Technology 38 (4): 997-1002.

658. Smital T et al. (2004) Emerging contaminants -pesticides, PPCPs, microbial degradation products and natural substances as inhibitors of multixenobiotic defense in acuatic organisms. Mutation research 552 (1-2): 101-117.

659. Merch-Sundermann et al (2001). Musk ketone enhances benzo(a)pirene induced mutagenicity in human derived Hep G2 cells. Mut Research; 495 (1-2): 89-96.

660. Schreurs RH et al. (2002). Transcriptional activation of estrogen receptors ERf an ERg by polyciclic musks in cell type dependents. Toxicology and Applied Pharmacology 183 (1):1-9.

661. Eisenhardt S et al. (2001) Nitromusk compounds in women with gynaecological and endocrine dysfunction. Environmental Research 87 (3): 123-130.

662. Ver, por ejemplo: Takahashi S. et al. (1999). Butylin residues in livers of humans and wild terrestrial mammals and in plastic products. Environ Pollution. 106 (2). 213- 218.

663. El TPT, por ejemplo, actúa conjuntamente con algún PCB, en ese sentido.

664. Adeeko a et al (2003). Effects of in utero tributylin chloride exposure in the rat on pregnancy outcome. Toxicol Science; 74 (2): 407-415.

665. Nakata H et al. (2002). Evaluation of mitogenin-induced responses in marine mamad and human lymphocytes by in-vitro exposure of butyltins and non-ortho coplanar PCBs. Envir Pollut; 120 (2): 245-253.

666. Stridt H et al. (2001). Organotin-induced caspase activation and apoptosis in human peripheral blood lymphocytes. Chem Research Toxicol; 14 (7): 791-798.

667. Whalen MM and Loganathan BG (2001). Butylin exposure causes a rapid decrease in cyclic AMP levels in human lymphocytes. Toxicol Appl Pharmacol; 171 (3): 141-148. Whalen MM et al. (2002). Brief butylin exposure induces irreversible inhibition of the cytotoxic function on human natural killer cells in vitro. Environ Research; 88 (1): 19-29.Whalen MM et al. (2003). Brief exposure to triphenyltin produces irreversible inhibition of the cytotoxic function on human natural killer cells. Environ Research; 92 (3): 213- 220.

668. Miura Y and Matsui H (1991) Inhibitory effects of phenyltin compounds on stimulus-induced changes in cytosolic free calcium and plasma membrane potencial of human neutrophils. Arch Toxicol; 65 (7): 562-569.

669. Ying et al. (2002). Environmental fate of alquilphenols and alquilphenol etoxilates. A review. Environ Int; 28 (3): 215-226.

670. ENDS (1999), Plastic contaminate tap water with hormone disrupters. The ENDS Report (243): 4-5.

671. Guenther et al. Endocrine disrupting nonylphenols are ubiqutous in food. Environ Science and Technology. 36 (8): 1676-80.Takada et al. (1999). Bisphenol A and nonylphenols in human umbilical cords. Proceedings of the International Scientific Conference on Environmental Endocrine Disrupting Chemicals. Monte Verita, Ascona (Suiza). 7-22 March 1999.

672. Ver, entre otros, Purdom, C, et al. Estrogenic effects of effluents from sewage treatment works. Chemistry and Ecology 8: 275-85 (1994). O Jobing S et al. Detergent components in sewage effluent are weakly oestrigenic to fish: an in vitro study using Rainbow trout (Oncorhynchus mykiss) hepatocytes. Aquatic Toxicology 27: 361-72 (1993).

673. La descomposición de determinadas sustancias presentes en los detergentes industriales, así como plaguicidas y productos para el cuidado personal pueden originar nonilfenol.

674. Sharpe et al. (1995). Gestational and lactational exposure of rats to xenoestrogens results in reduced testicular size and sperm production. Environmental health Perspectives; 103 (12): 1136-1143.

675. José Ignacio García Loureiro. Jornadas sobre Química Verde y Producción Limpia. (Universidad de Zaragoza. Instituto de Ciencia de Materiales de Aragón y CSIC). Mayo 2005.

676. Éter monobutílico de etilenglicol, éter monobutílico de dietilennglico, éter monometílico de etilenglicol, éter n-butílico de propilenglicol, éter metílico de propilenglico...

677. Ley 10/98.

678. Toxicología.net. Índice de tóxicos:
http://wzar.unizar.es/stc/toxicollogianet/pages/x/x08/05.htm.

679. Guía sindical para la eliminación de tóxicos en la limpieza y desengrase de metales. Disruptores endocrinos. Un nuevo riesgo tóxico. ISTAS. 2003.

680. Blount E. (ISTAS). Uso de disolventes orgánicos en la industria. Disolventes orgánicos en la limpieza y desengrase de piezas. Curso de Verano de El Escorial sobre "Riesgo tóxico- Protección ambiental, salud laboral y seguridad alimentaria".

681. Organic solvent neurotoxicity. Current Intelligence Bulletin 48. March 31, 1987. DHHS (NIOSH) Publication No. 87-104:
http://www.cdc.gov/niosh/87104_48.html.

682. Sostenibilidad en España 2006. Observatorio para la Sostenibilidad en España (OSE). El OSE es un órgano independiente creado por el Gobierno español. El dato lo da en el indicador de exposición a sustancias químicas peligrosas.

683. Nazaroff et al. (2006). Indoor air chemistry. Cleanig agents, ozone and toxic air contaminants. Final report: Contract N0 01-336. Prepared for the California Air Resources Board and the California Environmental Protection Agency.

684. Fichas Internacionales de Seguridad Química. Formaldehído. ICSC: 0275. NºCAS 50-00-0 International Chemical Safety Cards (WHO/IPCS/ILO). www.mtas.es ATSDR (Agency for Toxic Substances & Disease Registry. Departament of Health and Human Services. USA) -ToxFAQsTM. Formaldehído. www.atsdr.cdc.gov.

685. Birnbaum L. (1995) Developmental effects of dioxins and related endocrine disrupting chemicals. Toxicol Lett ; 82/83: 743-750.

686. Porta M et al. Concentraciones de compuestos orgánicos persistentes en la población española: el rompecabezas sin piezas y la protección de la salud pública. Gac Sanit 2002; 16 (3): 257-266.

687. II Congreso de Medicina Ambiental. Fundación Alborada. Junio 2008. Brunete (Madrid) . Lo comentaba el catedrático Nicolás Olea en un reciente congreso de Medicina Ambiental haciéndose eco de los resultados de los estudios de otro científico, Longnecker.

688. Maternal levels of perfluorinated chemicals and subfecundity. Chunyuan Fei, Joseph K. McLaughlin, Loren Lipworth, and Jørn Olsen. Human Reproduction, Vol.1, No.1 pp. 1-6, 2009.

ediciones i

NUTRICIÓN CONSCIENTE

Olivia González Alonso

Nutrición consciente aborda el tema de la salud desde la óptica integral de la alimentación para el cuerpo, la mente y el alma, y cómo obtener todas las proteínas y nutrientes necesarios para lograr una excelente salud y vigor natural. Esta obra hace un repaso de los alimentos que perjudican nuestra salud y nuestro proceso interior y explica las ventajas de una alimentación vegetariana. Olivia González Alonso es pionera en nutrición consciente, licenciada en Ciencia y Tecnología de los Alimentos por la Universidad Complutense de Madrid y máster en Nutrición Clínica por la Universidad Autónoma de Madrid.

MEJORA TU VIDA

Luis García Cremades

Mejora tu vida es un libro eminentemente práctico, que plantea de forma sencilla y eficaz los cambios nutricionales, mentales y energéticos necesarios para vivir mejor. En este útil y ameno libro, el autor nos insta a descubrir lo que tenemos dentro, algo maravilloso que todos llevamos en nuestro interior: salud y felicidad.

Es un método para usar eficazmente la potencialidad del organismo y de la mente con alimentos, terapias y hábitos sencillos.

Luis García Cremades es Licenciado en Medicina y Cirugía, fue asesor de la Comisión para la Obesidad del Ministerio de Sanidad y Master en Medicina Biológica y Antienvejecimiento.

www.edicionesi.com - info@edicionesi.com - +34 963 951 959

REMEDIOS NATURALES

Las 100 mejores plantas medicinales para tu salud

Antonio Vega

El centenar de plantas que propone Antonio Vega conforma un excelente botiquín natural y representa un bagaje terapéutico capaz de afrontar la mayor parte de los males que nos afligen. En *Remedios naturales, las 100 mejores plantas medicinales para tu salud* se enseñan las propiedades curativas de las plantas y cómo usarlas. Es, en definitiva, una obra imprescindible para quien quiera conocer el poder de las plantas como fuente de salud. Antonio Vega, biólogo y farmacéutico, es uno de los mayores expertos que existen en fitoterapia y pionero en formulaciones específicas a base de plantas, y propone en esta obra soluciones prácticas, sencillas y actuales.

¿CRISIS?, ¿QUÉ CRISIS?

El poder del optimismo

Daniel Martin

Este libro nos muestra métodos y caminos para enfrentarnos a las dificultades de la vida, aprender de ellas y salir triunfantes.
Daniel Martin nos muestra cómo podemos usar estas técnicas para aprender del fracaso y dirigirnos hacia el éxito de forma sencilla y dircta:
"La medida de tu éxito, es la medida de ti mismo. Pero la medida de tu fracaso sólo lo es de si eres o no capaz de volver a intentarlo".
Daniel Martin posee una amplia y dilatada trayectoria dentro del ámbito de las finanzas y la educación para el éxito. Es un reconocido divulgador y hombre de éxito que ha querido mostrar a otros su camino hacia la conquista del poder interior que nos lleva a lograr nuestros sueños más preciados.